〈内在の哲学〉へ

カヴァイエス
ドゥルーズ
スピノザ

近藤和敬

青土社

〈内在の哲学〉へ　目次

〈内在の哲学〉へ——カヴァイエス・ドゥルーズ・スピノザ

序　現在の〈外〉を思考するために

本書の概要と構成

本書『〈内在の哲学〉へ——カヴァイエス、ドゥルーズ、スピノザ』は、青土社から出版された前著『数学的経験の哲学——エピステモロジーの冒険』に続く三冊目の単著であり、前著以後に『現代思想』誌上に掲載された拙論を中心に、いくつかの論文を加えたものをリライトすることで一冊の著作となったものである。

本書第一部では、ジル・ドゥルーズ（Gilles Deleuze, 1925-1994）とエピステモロジー（フランス科学認識論、科学思想史の哲学）を中心軸としつつ、また「シミュラークル論」、「プラトニスムの転倒」、「問題の理論」といった概念を複線として配した議論が展開されることになる。第一部は以後に続く第二部、第三部全体のための背景となる文脈を様々な形で導入するという意味合いが大きい。本書全体にかかわる文脈には、すでに挙げたキーワードであるドゥルーズ、エピステモロジー、プラトニスムのほかに、本書の副題ともなっているジャン・カヴァイエスやスピノザといった哲学者の名が挙げられる。これらのキーワードをめぐる文脈を、二〇世紀のフランス哲学史を背景にしながら抽出することが試みられる。

第二部では、カヴァイエスとドゥルーズのそれぞれの哲学から、「外」という「実在」をめぐるひとつの思考の型を抽出する。カヴァイエスとドゥルーズという一見して無関係に見える哲学者のあいだに「実在」をめぐる思考の共鳴を、スピノザという意外な補助線を導入することで浮き彫りにすることが試みられる。

第三部では、この「外」という「実在」をめぐる思考を徹底することが、後期ドゥルーズが目指していた「内在の哲学」へと至ることを明らかにする。「内在」と「外」、そして「脳」へ。しかし予め断っておかなければならないのは、ここでの「内在の哲学」はいまだその入り口への導きに過ぎないということである。しかし、二〇世紀のフランス哲学を現在の向こう側へ向けて継承するという企ての少なくとも一つのありようが、「内在の哲学」という形に至ることの理由は示すことができているように思われるし、それがどういう方向性のものであるのかということについても、ある程度は示すことができたように思われる。

思弁的実在論などとのかかわりについて

本書の試みは、いわゆる「思弁的実在論」「対象思考型存在論」「新しい実在論」「新しい唯物論」

などといった近年の大陸系の思想の動きと何かしらかかわりがあるのだろうか。流行を受けてその流れにうまく乗ってみせたものだという意味であれば、否である。そもそもわたしはそのような器用なことができない。あるいはそういった流れの全体を俯瞰して、自身のスタンドポイントを示したものだという意味であっても、やはり否である。しかし自分で読み返し、書き直すなかで、自覚していた以上にこれら現在の潮流の痕跡が深く刻まれていることに自分でも驚いたという意味では、明らかに関係があると認めざるをえない。また、第17章「現代思想の古層と表層のダイアグラム」で示したように、これら現代の思想の動きを、分析系や現象学系を含めたより広い哲学の範囲で同期している運動としてとらえなおし、それを「言語論的転回」から「形而上学的転回」へという二〇世紀から二一世紀の変化に呼応して生じたと思われるエピステーメーの巨大な変化の一部として理解するのであれば、本書の議論、とくに第二部以降の議論は、このことを自覚的に引き受けているという意味で、真に関係があるだろう。しかし客観的に見て、思弁的実在論のような近年の動きに自分の書いたものを含めるべきかどうかは、かなり評価が分かれるように思うし、わたし自身がそれをここで決してみせる必要もないように思う。

それにしても、わたしがここで提示するような議論の背後にある狙いについて、本文で書かれている以上にもっと一般的なしかたで示しておく必要を強く感じる。わたしは自ら好んで面倒な文章を書きたいのではない。いい訳めいて聞こえるとは思うが、ただ必要に駆られてそうなってしまっているだけなのだ。〈内在の哲学〉とわたしが呼ぶものは、扱おうとしているわたし自身が困惑するる程度には困難なしろものである。実際、まだ十分にそれを扱いうるだけの力量を手にしていないとも感じる。それでもそこに至らなければならないし、少なくとも至ろうとするのでなければならないのは、それが必要だからであり、その必要がわたしを駆り立てるからだ。だから本文が混乱したものに見えたとしても、それは少なくとも現時点でのわたしの力量の限界を示すものであり、回避不可能な結果であったといわざるをえない（回避可能なものについては本書として再編するにあたってリライトし、できるかぎり修正した）。しかし、わたしを駆り立てるこの必要がいかなるものであるのか、このことについてわたしは本文のなかでは十分に明らかにすることができなかったので、ここにそれを示しておきたいのである。

「人新世」、「近代社会」、「類的本質」

「人新世＝アントロポシーン Anthropocene」というキーワードをご存じだろうか。近年日本でも取り上げられるようになった学術用語で、学問分類としては地質学に属する概念である。大気化学者でありオゾンホールの研究でノーベル賞を受賞したパウル・クルッツェンと生物学者のユージーン・ストーマーが二〇〇〇年に提唱したことで広く知られるようになった（Crutzen & Stoermer 2000、Crutzen 2002）。地質学的な概念として見れば「人新世」とは、おおよそ恐竜の絶滅以後に始まる新生代に属する第四期、そのなかの特に最終氷期と呼ばれる時期が終わった約一万年前（この時期はちょうどホモ・サピエンス・サピエンスが農耕を始めた時期に相当する）から始まる完新世のあとに続く、現在が属する最も新しい地層区分を意味する。ただし、この地層区分の科学的な身分は国際層序委員会（ＩＣＳ）および国際地質科学連合（ＩＵＧＳ）においていまだ検討中であり、概念として十分に確立してはいない。特にその始まりをどこに置くべきか、またその指標を何に設定するべきかということについて様々な説が検討されている状況にあり、早晩論争に決着がつくという状況とはいえないようだ。[1]

このように説明すると、これがいったい哲学の議論とどんな関係があるのかといぶかしく思われるかもしれない。考えるべきことは、学術用語としての「人新世」という概念の行く末ではなく、この概念を提唱したクルッツェン達の意図とその意図を後押しし、またこの概念が特に英語圏を中心に広く議論されるようになった背景にある問題意識にある。「人新世」とは、その名に表れているように、人間の活動のインパクトが、火山の大噴火や巨大隕石の衝突並みに地球環境に大きな影響を与えるようになったことで、地質学的レベルでの差異を示す示準となった地質年代である。このことの含意は、単に人間の活動がそれほど量的にも質的にも大きなものとなったことには尽きない。むしろ、重要なのは人間の活動が、意図されざるしかたで、己の活動の条件となっている地球を侵食しており、結果的に負のフィードバック現象に突入しようとしている（というよりもむしろすでに突入している）という認識にある。このような認識に立つ場合、「プラネタリー・バウンダリーズ」という概念と「大加速」という概念が意味をもってくる。「プラネタリー・バウンダリーズ」とは、「完新世」というホモ・サピエンス・サピエンスにとってもっとも適合的であった地質年代（つまり完新世）の環境を持続可能にするために越えてはならない、つまりそれを越えると不可逆的かつ急激な変化が生じるとされる限界値の束である（Rockström 2009）。そこには、大気中の二酸化炭素濃度、生物多様性（絶滅率）、人為的に大気中から欠損した窒素量、人為的に海洋に流出したリン量、農地となった地表面の割合、成層圏オゾン濃度などが含まれる。この限界値の逸脱という事態は、従来、環境破壊と呼ばれてきたものだが、ここでの指標群が明らかにしていることのポイントは、第二次世界大戦後の二〇世紀後半から、ほぼすべての指標にかんして指数関数的に数値が悪化しているという事実にある。これをもって一九五〇年代以降の数値の指数関数的増加のことを「大加速」（Stephan et al. 2015）と呼ぶ。これらを併せて考えると、「人新世」の開始時点を一九五〇年代前後にもってくる議論が、説得力をもってくるのかもしれない。

これらの原因は容易に想像がつくし、これまで繰り返しいわれてきたとおりだろう。科学の発展と、それに基づく技術の科学化、そして科学技術のイノベーションに随伴する大規模な経済活動、そして医療技術の向上による爆発的な人口増加、そしてそれを支える近代社会システムのグローバリゼーション[2]。これにたいする、しばしば繰り返されてきた解決案には、大きく分けて二つの方向のものがある。ひとつは科学技術と市場経済を民主主義的な政治によってコントロールすることで、数値が持続可能なものに収まるよう当事者同士の合意を形成するべく努力すること。もうひとつはさらに進んだ科学技術によってより大規模な環境改変、環境制御を実現し、問題を科学技術の力によって解決すること。どちらも理屈の上では解決に至るわけだが、この誰でも思いつく解決案は、いまだに実現されていないし、今のところ実現される楽観的な見通しもたっていない。というよりもむしろ状況は、控えめにいって、かなり絶望的である。

なぜか。わたしは問題の次元を読み間違っているからだと考える。あるまずいことが起こっているとき、それだけをとらえて対処療法的にやめさせようとしても、うまくいかないという現象がしばしば生じる。それは原因となっているプロセスのほうに何らかのプラスのフィードバックがかかっているせいで、そのプロセスから副次的に産出されるネガティヴな結果のみを対処療法的に撃退しようとしてもきりがないだけでなく、その対処療法自体が原因となるプロセスのほうでプラスのフィードバックを返しているという場合である。したがって、問題はむしろそのプラスのフィードバックがかかっているプロセスとネガティヴな結果とのあいだの因果関係を認識し、そのうえでプラスのフィードバックがかかっているプロセスのほうに何らかの介入的な措置を講じることが必要となる。しかし問題は、当然、プラスのフィードバックがかかっているプロセスは、プラスのフィードバックがかかっているのだから、それを単純に抑えたり、減速させたりするように試みるというのはうまくいかないことのほうが多いということにある。むしろ、プラスのフィードバック自体には抵触しないしかたで、ある別のいくつかの因子を加えるか、あるいはそのフィードバックシステムの要因自体を改変するかといったしかたで、介入する必要があるだろう。単純な例題として、資本主義の要因のひとつは、個人所有へのあくなき欲求にあるとして、だからその欲求自体を消滅させれば資本主義は回らなくなるのだというケースを挙げよう。しかしだからといって、その所有への欲求自体を、たとえば他の何か別の欲求によって置き換えるなり、それによって抑えるなりするというのはうまくいきそうにもない。

このプラスのフィードバックによって自律的に拡張するシステムとして現代社会を考えてみよう。そうすると、このシステムはおおよそ、次の四つの大きなファクターから成り立っていることがわかる。それがすなわち、科学技術、資本、軍事、議会制民主主義である。これら四つが先ほど述べたシステムの基本ファクターだといえるのは、第一に、この四つのそれぞれがそれ自体で基本的には相互に独立した自律的な増殖運動を展開することができるということと、第二に、その四つの増進が互いにプラスのフィードバックをもたらす形で編成されているということにある(ちなみにドゥルーズとガタリであれば、これを「国家装置」による「捕獲」と表現しただろう)。それぞれは、独自の評価軸をもっており、そのなかで他を顧みることなしに評価すなわち力をめぐって争っていると見ることができる。科学技術には、真理＝知という評価軸が、資本にはマネーという評価軸が、軍事には軍事力という評価軸が、議会制民主主義には合意形成と利害調整の規模という評価軸が備えられている、という次第である。しかし、これら独立の評価軸は、それぞれが異なる意図でもってそれぞれの結果を自らの目的のために再編することができる。知の更新である技術革新は、新しい市場を生み出し、そのパイを巡る争いは合意形成の場において利害調整がなされ、場合によっては軍事力がその利害調整をめぐる合意形成のための道具となる[3]。もちろん、技術革新は軍事力の増大にとっても不可欠であり、軍事力の増大は利害調整のための合意形成を優位に進めるために重要なのだから、新しい市場においてより優位にパイの奪い合いを進めることができる。そしてそのように奪ったパイは、さらなる利害調整と軍事力の拡大と技術革新のために投資されるだろう。軍事と科学技術は、医学を中心に様々な形で相互に深く結びつき、お互いに独立して見える利益(駐屯地や兵団の安定とコスト削減、福祉の向上)をもたらす。そしてこのようなシステムにわれわれが依存しているかぎり、われわれにとっての生活の向上というのは、結局のところこのシステムの好調(これを「好景気」と経済人は呼ぶのだろう）によってもたらされる恩恵だということになる。

このシステムは極めて強力であり、それに接触したほとんどの人間の社会システムは、否応なしに変質せざるをえなかった。植民地となりこのシステムの客体＝資源となるか、近代国家となり己がそのシステムの主体＝プレイヤーとなるか（つまり合意形成、利害調整の共犯者となるか）という二択を迫られた結果として、地球上の南極大陸および海洋域を除くすべての地表が、近代国家の領土となったのは、せいぜいこの百数十年の間に起こった出来事である。この出来事を名付けると「グローバリゼーション」となる。そして、この強力なシステムのことを「近代社会」と呼ぶことが許されるのであれば、「グローバリゼーション」とは、「近代社会」と呼ばれるシステムが全地球の地表面を覆いつくした出来事だということになるだろう。

「近代」という時代がいつ始まったのかということについては、歴史家のあいだに長い論争があり、一九世紀の初頭とするものや一八世紀末とするもの、一七世紀とするものなど指標の設定によって様々だが、ここで述べた意味での「近代社会」と呼ばれるシステムが駆動し始めた、つまりそのアジャンスマンがはじめてセットされた時点を近代と呼ぶことが許されるなら、その始まりはおそらく一七世紀後半のイギリス、ということになる。東インド会社、イギリス海軍、王立科学協会、イギリス議会の四つが有意味な連環をもって駆動し始めたという意味で、そうなのである。そしてヨーロッパでは、このイギリスを起点として東へと「啓蒙」の運動が広がっていくなかで、社会革命が相次いで生じていくことになる。つまり「啓蒙」とは結局この「近代社会」システムの伝播プロセスだったということになる。そしてそれと同時に地球上の他の地域の植民地化が進められていった。

前世紀の二つの戦争は、このようなシステムの成長によって生じた奪い合うパイの限界によって不可避的に引き起こされた軋轢の結果だったともいえるだろう。だから、「大加速」が「グローバリゼーション」の成立と同期しているのは当然なのであって、「人新世」の到来は、この「近代社会」システムの全地球上での一人勝ちによって引き起こされた、ということもできるだろう。

状況が絶望的なのは、第一に、われわれがこの「近代社会」システムのもたらす恩恵にあまりにもどっぷりと浸かりきっていることにある。「近代社会」システムはあくまでもうまくいっている、いやむしろ人類史上最大の成功を収めているといってもよいほどにうまくいっているのである。その結果として人口は爆発的に増加し、人とモノと情報の移動は急激に加速し、生活の質は大きく改善した（生活の質をどう規定するかは難しいところではあるが）。そして第二に、最初に述べた皆が思いつく二つの解決案がうまくいかないということはいまや明らかだからだ。政治によって経済と科学技術にストップをかけることも、科学技術の革新によって状況を改善することもできない。なぜなら、政治の力は経済と科学技術（と軍事）の力に相関しているからであり、科学技術の革新は、政治と経済と軍事の増強をも同時にもたらし、むしろネガティヴな結果を引き起こしている原因を一層強化する結果になるからだ。だから「大加速」というこの「近代社会」システムが生み出しているネガティヴな結果は、そのシステムを構成する基本ファクターのあいだでいくら調整してみても止めることはできないのである。

では、この「近代社会」システムが無自覚的に引き起こしてしまっているネガティヴな結果というのをより一般的にとらえるとどうなるだろうか。それは、かつてフーコーが『狂気の歴史』『監獄の誕生』で論じ、それに続いてジョルジョ・アガンベンが「ホモ・サケル」プロジェクトで明らかにしたように、排除、隔離、無視、隠蔽、黙殺といった不可視化の力であり、それ自体目に見えない暴力的な力である（ただしフーコーの議論はそれにとどまらず、パノプティコン装置に代表されるようにそういったものを隔離したままに徹底して可視化するという逆のプロセスをも明らかにしている）。彼らの企ての意図は、このそれ自体不可視である不可視化の暴力的な力を可視化することにあった。これらの暴力的な力は、なにも悪意に基づいて振るわれているわけではない。むしろフーコーがグロテスクなまでに明らかにしたように「近代社会」システムのためにという善意にこそ基づいている。善意に基づく不可視な不可視化の暴力、これをドゥルーズは、「われわれの頭の中のミクロファシズム」と呼んだ。重要なのは、それはどこか特別な場所や時代にあるのではなく、平凡なわれわれの頭のなかに巣くっているという認識にある。われわれが「近代社会」システムの構成要素となっているかぎりにおいて、この「ミクロファシズム」を不可避的に発動させているとみなさなければならない。戦間期および戦中ドイツのようなナチズムは（戦間期および戦中日本の全体主義は）、この「ミクロファシズム」があるしかたで大規模に編成された結果として可視化された「マクロファシズム」だと理解することができる。

ここまで一般化して「近代社会」システムが副次的に引き起こすネガティヴな結果をとらえると、ジェンダー差別やトランス・ジェンダー差別、レイシズムなどに見られる多様な問題群もまた、その一部としてふくまれていることがわかる（だからフーコーの関心は、確かにセクシャリティにありながら、それだけにとどまることができないのだ）。環境破壊とは、結局のところ、自然にたいして振るわれた「近代社会」システムによる不可視な不可視化の暴力の結果にほかならない。

自然にたいする不可視化の暴力ということについて、かつて哲学においては、自然と人間あるいは同じことだが自然と社会の二分法を批判するという形で、批判がなされてきた。この点でもっとも説得的な議論を展開しているように思われるのは、ブルーノ・ラトゥールの『虚構の〈近代〉』であるだろう。そこにおいては、まさにこの自然と人間（社会）、モノと非モノ、対象と主体を純化するという二分法を公式見解として立てながら、その純化の運動を推進することで結果として同時にこの二分法を横断する準－対象を氾濫させるのが〈近代〉であり、したがって〈近代〉の自然と人間の二分法は有形無実なものにすぎない、と論じられる。したがってわれわれが額面通り〈近代〉であったことなどかつて一度もなかったのだ、という結論に至るのである。わたしとしてはラトゥールのいうことは理解できるが、むしろそのような純化と混合のダブルバインド的プロセスこそが、「近代社会」システムの本質的機構であるととらえたい。したがって、この意味で「近代」を理解しなおすなら、「近代」は終わっていないし、ますます堅調に作動しているといわねばならない。ラトゥールが「近代」とともにその意味を見出さない「ポストモダン」という語に意味があるとすれば、それはせいぜい「近代社会」システムの「グローバリゼーション」の完遂を意味するにすぎず（したがって「近代社会」システムの成長モード自体には確かに変化があったのだろうが）、「近代社会」システムの「ポスト＝あと」などというものは、やはりいまだ到来したことはないのだ。

人類学者のアナ・ツィンは、「マルチスピーシーズ」と呼ばれる近年の人類学の新潮流をけん引しながら、菌類に代表される多様な生のあり方から学ぼうとする姿勢を見せている（ツィン 2017）。

霊長類学者のダナ・ハラウェイはむしろわれわれの身体自体が多様な生から成り立っていることを可視化することで、不可視化の暴力にさらされた自然を人間のうちに回帰させることを試みている（ハラウェイ 2017）。文化人類学者の大村敬一は、「近代社会」システムの〈隙間〉に見いだされる人間の別様のあり方として人間と自然を分離しない生き方・考え方の重要性を説き、『グローバリゼーション』以後になおこのような生のありようを維持する極北のイヌイトの生から学ぶことを試みている（大村 2017）。

他方でこれらの試みは、同時に「人間」（これは遺伝学的生物集団としてのホモ・サピエンス・サピエンスとは異なる概念である）あるいは「精神」あるいは「民族」という「近代社会」システムが必要によって構築した「類的本質」を解体することを要請し、むしろ前提している。「類的本質」は、確かに「近代社会」システムにとっては〈解放の論理〉たりえた。「類的本質」は、「近代社会」システム以前のあり方を解体し、個々の人間を「近代社会」システムに組み込みなおすための論理として機能した。つまり「人類」が備えているとされるもの（権利、能力、常識、欲望、道徳感情）を設定し、それとの距離をもとに「疎外」の度合いをはかることで、既存のありようを批判したのである。したがって人間の「類的本質」という装置は、「近代社会」システムにとっては錦の御旗である一方で（それは「人間の自由と尊厳」という概念や「人類の権利」という概念で現状を批判することができると考えているひとが未だ多数いることからもわかる。このような批判は根本的に「近代社会」システムの内部での修正によって問題に対処しようという立場である）、「類的本質」は極めて「近代社会」システムと適合的であり、むしろその戦略的枢要をなすものだということである。

人間という「類的本質」を解体するならば、そこに残るものは何か。あるのは個々の特異な生たちの特異な組成からなりたつ個々の特異な生である。たとえば、人間身体という抽象的な身体は存在せず、あるのは具体的な個々の菌たちの活動や、ウィルスたちの活動や、身体を構成する個々の多様な細胞たちの活動からなる極めて複雑なひとつの個体化のプロセスだけである(cf. シモンドン2018)。つまり、われわれの身体は、根本的に無数の不可視な他者との共有関係によってのみ成立しているということである。

このように考えるなら、晩年のフーコーによる「自己への配慮」という主題(これは自己といっても自己の身体への「配慮＝気遣い」であり、その「配慮＝気遣い」をとおした主体化の過程を描き出したものだ)は、そのまま「他者への配慮」という主題に拡張されることになる。わたしの身体は、わたしのあずかり知らない他者のものでもあり、わたしの身体がそのようにあるのは、そのようなあずかり知らない無数の他者の働きとともにでしかない。わたしという自己意識は、このような身体という個体化のプロセスが引き起こした「重位相化 dépahsage」(シモンドン2018：(2)、訳注一〇)の一つの結果にすぎず、わたしはわたしの身体を〈わたしの〉身体と認識＝誤認するにもかかわらず、わたしの身体はわたしのものではない。スピノザ主義的な身体論。

しかし、このような考え方は、「近代社会」システムがその必要に応じて生み出した近代哲学には是認することができない。近代哲学の王道、つまり「近代社会」においてもっともオーセンティックな哲学は、様々なバリエーションがあるにもかかわらず、結局のところ「意識の哲学」である。「意識の哲学」は、われわれのアイデンティティである「意識」こそ哲学の出発点であると認め、「意識」

へと内在することによって、哲学の諸課題を展開する。二〇世紀初頭の「言語論的転回」は、一九世紀後半に実験的手法によって科学化した心理学から哲学の差別化をはかるために、「意識」を「言語」に置き換えたにすぎない（もちろんこの置き換えに意味がないとまではいわない。実際それによって多くのことがわかったわけだし、成果は多くあったのだから）。そのかぎりで、「言語論的転回」以後の哲学も「意識の哲学」の系譜に属することになる。

しかし、だからといって歴史上の哲学のすべてが「意識の哲学」だということではない。たとえば、その反対の極に位置するのは、まさに「近代社会」システムの黎明期に来るべき「近代社会」にたいして楔のように打ち込まれたスピノザの哲学であるだろう。「意識の哲学」がオーセンティックなものになる背景には、近代的個人と行為にたいする責任（責任概念は、行為の統制と懲罰に用いられるのみならず、有利子負債と保険を可能にするためにも不可欠である）が、「近代社会」のなかで重要な構成要素となったということを考える必要がある。したがって、哲学それ自体は「意識の哲学」以外の可能性を含んでいることになる。

ドゥルーズとガタリが『哲学とは何か』でいうように、哲学の本来の力が、徹底した「内在」にあり、特に〈外〉から思考の無法で無制約な力を借り受けることにあるのだとすれば、「意識の哲学」は確かにそのような哲学の一つの所産であるとはいえ、しかしそれは同時にひとつの所産にすぎないということにもなるはずだ。そして、まさに「近代社会」システムの揺るぎなく作動しているのが〈現在〉であるならば、〈現在〉の外を思考することができるのも哲学であるはずだ[4]。ただしそれは決して安易な道というわけではない。なぜなら、われわれの思考は、われわれが生きる〈現在〉

から簡単には自由にはならないからだ。しかしだからこそ、〈現在〉を異様なものとして、違和感のあるものとして映し出す視点を提供してくれる「人新世」という概念は、〈現在〉の外を思考しようとするかぎりでの哲学にとっても重要な意味をもつのである。

〈外〉としての実在を論じ、その無法にして無制約な力を借り受けることを論じる「内在の哲学」へと至ることの必要性は、この〈現在〉の外を思考する必要性から生じている。だから、「内在の哲学」への道は、まったく安易なものではない。実証的な思想史というディシプリンにおさまりきるものでも（しかしそれは本文の議論にとって非常に重要な役割を果たすことになるのだが）、またオーセンティックな哲学の深化的探求というありうべき哲学の方法でも十分ではない。フーコーやスピノザのようにあたかも宇宙人であるかのごとく〈現在〉を見る異邦の眼差しを獲得することが求められているのであり、そのために思いつくかぎりの手を尽くすことが求められているのだ。だからその難しさは、単なる錯綜して混乱していることから生じる類の難しさではなく、もっと本来的なもの、いわば自分の足を地面から離さずに、その足の裏の影を自分で見る類の難しさだということになるだろう。それでもそこになんとか近づかなければならない。本書がそのための最初の一里塚とならんことを願いつつ、この序論を閉じることとしたい(5)。

第一部　エピステモロジーとドゥルーズ

1 カヴァイエスの問題論的観点から見た科学的構造の生成
——来るべきエピステモロジーのために

近代から現代にかけて実効的な影響力をもってきた知の枠組みは、あるいはむしろ認識論の枠組みは、カントの超越論的観念論あるいはその模造品に基づくものであった[1]。この枠組みは近代国家とますます増殖する資本主義システムのあいだに保たれた絶妙なバランスのなかでその機能を維持し続けてきたように思われる。たとえば、このような枠組みにしたがうことで知は自然それ自体から、あるいは物自体から切り離され、認識の根拠を人間存在の側に、とりわけその意識構造の側におかれてきた。また同時に知は力から、あるいはむしろ産出的自然がもつ産出的原因それ自体から切り離され、客観的で価値中立的であるかぎりで無害なものであると考えられるようになった。これとは反対に暴力や強制力といったものとの結びつきのもとで表象されがちな力は、知の範囲の及ぶことのない、知からは独立した知の外部であるかのようにみなされるようになる。

しかし、このような知とその外部であるかぎりでの力ないし自然それ自体という二項対立図式自体は、本書の序論で述べたように「近代社会」システムの建前上の要請であって、「近代社会」はむしろ、このような前提のもと自由かつ活発にその中間領域を無自覚に増殖させてきた。

この状況から脱却するためには、知の内部に自然を回帰させ、かつ自然のうちに知を置き入れる内在的転回に至るのでなければならない。しかし、「近代社会」システムが増殖させる中間領域と内在的な知と自然の関係には、いかなる違いが見いだされるのか。中間領域をイレギュラーなものとしてではなく、常態として自覚するという点が違うのはいうまでもない。「近代社会」システムの要請、すなわち知と力ないし自然を純化せよという要請を自覚的に破棄することは、その要請のもう一つの効果である、人間の〈外〉を不可視化し、それを無化する効果を失効させるということでもある。内在的転回は「近代社会」システムが禁ずる類としての人間の〈外〉を思考可能にするはずのものである。

ところで、知とその外部とみなされた自然あるいは力という二項対立を破棄し内在的転回へと至るために、まずは人間と自然と真理という三者のあいだに受けいれられてきた関係を一から問いなおし、あらたな知の枠組みを構築しなおすのでなければならない。この課題にたいする応答のしかたにはいくつかあるし、現にそれらは様々なところで検討されてきたのだが、ここではそのなかでフランス・エピステモロジーとも呼ばれることのあるエピステモロジーの応答に焦点を当てて議論を進めていきたい。なぜあえてエピステモロジーなのか。それは、このような問題状況のなかで、科学の内部に分け入り、そこで機能している知の動的な働きを分析し抽出しようとするエピステモロジーの累々たる仕事は[2]、知の動的過程に問題論的なものを見いださんとすることによって内在的転回へと至らんとするからだ。しかし、エピステモロジーのこれまでの企てを評価するためには、まずはエピステモロジーの現在が突き当たっている限界と、未だ展開されざるポテンシャルを見極めなければならない。またそのためには、エピステモロジーの過去についての批判的な総括がおこなわれることが不可欠な条件となるだろう。

一　エピステモロジーの過去：知の構造と生成

エピステモロジーとは、科学の歴史的な生成過程を分析することで、科学の方法論とその背後にある思想的なひろがりを明るみにだそうとする知的営みである。このエピステモロジーは、とくにフランス革命を経験し実証的な自然科学を中心とした知の啓蒙運動を積極的に展開したフランスにおいて、その祖ともいわれるオーギュスト・コントから数えれば一九世紀の中葉以来、大学内の哲学講座としての座をもつという意味での祖といわれるガストン・ミヨーから数えれば一〇世紀の初頭以来、フランス哲学のなかでひとつの中心的な役割を担ってきた。このエピステモロジーという哲学的な営みに貢献してきた人物のなかから、すでに古典に名を連ねる人物を列挙することでその思想の外延的な拡がりを示唆するとすれば、おおよそ以下のようなものになるだろう。A・コント、P・タンヌリ、É・メイエルソン、H・ポアンカレ、H・メッツジェ、L・クーチュラ、G・ミヨー、P・デュエム、L・ブランシュヴィック、G・バシュラール、A・コイレ、J・ニコ、J・カヴァイエス、A・ロトマン、G・カンギレム、G・シモンドン、L・アルチュセール、P・ブルデュー、

J－T・ドゥサンティ、G－G・グランジェ、M・フーコー、J・ヴュイユマン。[3]彼らは時代も違えば、関心をむける科学分野も違い（数学、論理学、物理学、化学、生物学、社会学、経済学、心理学など多岐にわたる）、また彼らが用いる哲学的概念に不可避的にはいり込む哲学的なコミットメントにかんしても違っているといえども、さきほど挙げたような意味で生成途上の科学について、とくにその歴史的な考察を主題とするという点では共通した特徴をもっている。エピステモロジーはその由来から知の革命と切り離しがたく結びついていたこともあって、完成した科学的知を体系化し基礎づけすることを目指すドイツ観念論的な傾向の科学哲学とは対照的に、それぞれの時代のいまだ生成途上にある科学について積極的に扱い、科学的世界（と同時に哲学的世界）の価値転換をおし進めようとしてきた。

ここでは以下の議論のために、まずエピステモロジーの大域的な特徴を、とくに彼らの知と真理の概念にかかわる範囲で掴みだしておきたい。この大域的な特徴を二語に縮約すれば、おそらく「構造」と「生成」ということになるだろう。本来であれば、この「構造 structure」と「生成 devenir」が実際にエピステモロジーの多くのテキストのなかに見出すことができるということを細かく示していく必要があるのだが、ここでは紙幅の関係上、その代表的な例をいくつか挙げるだけにとどめておく。まず「構造」という語が明示的に登場するのは、Lautman 1938、Cavaillès 1947、アルチュセール 1994、Granger 1967、フーコー 1974 である。そこでいわれる「構造」とは、何らかの学問的真理に到達する認識が、個人の任意の想像の連鎖や個人的に与えられた観念の連合によってなされるのではなく、必然的な推論を可能にする知の（意識のではない）自律的な構造の内部でのみ可能であるという考えかたを表している。したがって、このように見るなら、エピステモロジーの考え方の特殊性は、認識を人間の類的存在に固有の能力としてではなく、人間存在という偶有的な条件からは独立した自律な「知−存在」とでも呼ぶべきもの、あるいはあえてスピノザにひきつけていえば「無限知性」のような次元を想定していることにある。(4) このような考えかたそのものは、とくにバシュラールの「認識論的障碍」という概念が提示されて以来、「構造」という用語でこそ表現されないものの、ほとんどのエピステモロジーのテキストのなかに見出すことができる。そこでは科学的認識は、たとえば通俗的なカント理解がそうであるように人間にアプリオリに備わった感覚器官と推論能力との総合によってなされると考えるのではなく、逆に歴史的に生み出された非人称的で多様なアスペクトをもつ知それ自体の「構造」によって可能になると考える。つまり、その場合もっとも重要な伝統的な認識論との違いは、知が人間存在、類的存在としての人間の外部にあるということである。知は人間の外部から訪れ、人間を作り替え、人間のもとを去っていく。つまり人間にとって知とは一つの他者なのだといってもよいだろう。だからこそ、バシュラールは「認識論的障碍」の議論を無意識の分析つまり精神分析の議論と直截的に結びつけることができたのである。したがって、エピステモロジーが関心をむけるのは、カント主義的な科学哲学のように人間存在の認識の「可能的条件」を限定することではなく、具体的な科学的発見や科学理論の創造や科学理論の根本的変革がなされるさいに、それを可能にしまた同時に不可能にもしている具体的な「歴史的条件」を解明すること、つまり人間の外部としての、あるいは他者としての知を解明することなのである。そこで考えられている「歴史的条件」とはさきほど述べたような意味での「構造」としての知であり、その学問に携わる学者集団たちの思考と経験を限定し、向きづけ、教育し、組織化しているかぎりで超越論的であり、しかし同時に歴史的でもあるかぎりで特異的でかつ内在的な審級のことである。

たとえばバシュラールは、『科学的精神の形成』のなかで錬金術が化学になぜなれなかったのかということの分析を通じて、この「構造」としての知が、ある時代状況と社会的背景のなかで経験と言説を形成する土台として機能している一方で、新しい知が生まれ、根本的な変身を遂げようとするさいには、その進展のための「認識論的障碍」としても機能するということを具体的に明らかにした。だからエピステモロジーが科学史を扱うのは、たんに歴史学的な方法によって哲学的な反省を実証化することを目指すためではなく、ましてや興味深い科学史的事実を実証的に収集し蓄積するためでもなく、科学者という具体的で社会的な集団のなかに内在する非人称的だが同時に歴史的でもある知の「構造」を具体的な主題としてとりだし、それを分析するためなのである。この無意識としての、あるいは主体の外部としての知の「構造」を哲学の主題として、しかも経験的なしかたで、あるいは歴史内在的なしかたでとりだしたこと、これこそがエピステモロジーの第一の功績でありまたその本質的な特徴でもある。

エピステモロジーの第二の特徴は、このような無意識的で非人称的な知の「構造」の「生成」を問題化したことである。実際、この「生成」という語そのものは、主だったものだけを挙げれば、たとえば Lautman 1938、Cavaillès 1947、シモンドン 2018、フーコー 1981 のなかに見出すことができる。エピステモロジーがその初期からフランス革命および知の啓蒙運動と密接に結びついてきたことは、この「構造」なるものが「深化と末梢による絶えざる内容の更新」(Cavaillès 1947) の運動にさらされ続けてきたと考える点に示されている。知の絶えざる更新であるかぎりでの革命のメカニズムを解明することは、エピステモロジーの主たる関心であり続けてきた。ささに見た「構造」の特徴からも推察されるように、この知の革命のメカニズムは、第一近似としては「構造」のあいだの差異によって理解される。つまり知の可能性の根拠としての「構造」のあいだに多様性と差異を、つまり「不連続性」をさしはさむことが可能であるということを明らかにすることによって、エピステモロジーはこの知の革命を説明してきた。「生成」の第一近似を「構造」の「不連続性」として理解するならば、この「構造」の「生成」という考えかたは、ブランシュヴィック、バシュラール、コイレ、カンギレムなどのテキストのなかにもすでに見出すことができる。

この「不連続性」はかつて獲得された真理が、革命のあとでは偽ものになってしまうとか、ニュートン力学が相対性理論とは根本的に両立しないとか、それらのあいだには一切の関係がないとか、そういったことを意味しているわけではない。反対にエピステモロジーが関心をもつのは、新しいものであれ古いものであれ個別的で静的な真理そのものではなく、真理を獲得しようとする様々な試みのあいだに生じる動的な編成のありかたであり、真理が生みだされる方法に付随する真理の価値づけ(評価構造)の微妙だが決定的な変化である。さらには、かつての「構造」から新たな「構造」へと「生成」することを「構造」の内部から要求する歴史的な必然性の解明であり、いいかえれば、「構造」に内在する価値転換と価値創造の必然的プロセスの解明である。構造的な差異のなかで、ある構造のなかに位置づけをもつ個別的な真理の価値づけが根本的に変化するということはありうることである。この知の「不連続性」を主張したカンギレムについてフーコーが解説した一文を引用しておこう。

> この真である言説の連続的な変遷が、その歴史そのものにおいてその修正を生産するということが起こる。長い間袋小路だったものが、ある日突然抜け道となる。側面的な試みが中心的な問題になり、そのまわりを他の問題が回りだす。わずかにずれた歩みが根本的な断絶となる。たとえば、非細胞的な発酵の発見は――パストゥールの微生物学の支配下においては傍系的な現象だったが――、酵素の生理学が発展してからは、重要な断絶をもたらすことになる。要するに、非連続性の歴史は、一度で決定的に獲得されてしまうようなものではない。それ自体によって「非恒常的」であり、不連続である。それは絶えず取り上げなおされなければならない（フーコー 2006：431-432）。

知の「構造」の歴史的な「不連続性」は、諸真理の価値転倒あるいはむしろ価値遷移として特徴づけることができる。かつての知の「構造」を象徴し、それと一体化することで絶対的な価値をもっていたある特権的真理（たとえば絶対空間、絶対時間のようなニュートン物理学体系の方向性を決定づける基礎概念）は、新たな「構造」のなかでは具体的で限定的な場所が割り当てられ、別のより強力な、つまり新たな「構造」と一体となっている別の新たな諸真理の価値に従属するようになる。(5) このズレた真理が代表するかつての「構造」は、現在を可能にしたというかぎりにおいて（つまり歴史的価値の担い手として）敬意を払われなければならないとはいえ、新しい「構造」のなかでの価値序列のなかでは古臭く不出来な方法、つまり不十分で限定的な方法として価値づけられることになる。

しかし、そのような意味での時代の先端、つまり現在的構造の視点に無批判に立つことは、現在しかもつことができず、また実践的な観点からすれば現在しかもつべきではない科学者の視点そのものであって、エピステモロジーのものではないということに注意しなければならない。なぜなら、エピステモロジーは、この新たな「構造」もまた、いずれかつてのものと同じく凋落し、ズレていくときが訪れることを同時に予見してもいるからだ。したがって、エピステモロジーにとって重要なのは、その先端性にみずからを偽装することで借り物の権威を振るうことではなく、多様で特異な動きかたをする個別の構造とは別の水準にある論理をとりだすことである。つまり、不連続で多様な生成を不可避的に引きおこす多数の「構造」に共通の本性を、つまり「構造」の「生成」の論理を解明すること、これこそがエピステモロジーの真の関心である[6]。

二　エピステモロジーの現在とそのアポリア

以上のようなエピステモロジーが、現在ある困難な問題にぶつかっていることは、エピステモロジーそのものもまた不可避的な現代性のなかにあって、その「構造」の「生成」から逃れていないということを証示しているようにも思われる。その困難とは、第一に、不連続な「構造」がある状況のなかで生成することを説明する積極的で内因的な論理が充分に解明できていないというエピステモロジーに課された固有の困難である。エピステモロジーは科学史が実際に不連続的なものであり、そこで「構造」の革命と呼ぶべきものが様々な学問領域のなかで生じてきたという事実を実証的に明らかにしてきた。まさに実証的科学史の方法にみずからを擬態させることで、エピステモロジーはこのことに成功してきたのだ。しかしこの方法と結びつく困難とは、フーコーが『知の考古学』ですでに気がついていたように、「構造」の「生成」の内的必然性やその内在的原因、つまり内的論理を解明するには至らないということにある。この「構造」がもつ「生成」に固有のメカニズムを解明するためには、フーコーが『知の考古学』でいう意味での「議論形成」の場を、つまり科学史のアーカイヴを研究の素材としただけでは充分ではない。なぜならそこでは、まさに古生物学者が化石についてそうするように、地層のなかの化石の形態やその分布の変化からは「構造」の変容過程を外的に推測することしかできないからだ。

もう一つの困難は、「近代社会」システムの中で科学がむしろ科学技術を中心とするようになり、また科学技術と非科学の中間領域こそが問題とされるようになるにつれて、エピステモロジーが得意としてきた方法が限定的なものになってしまったことから生じているように思われる。エピステモロジーは科学的言説の内部にとどまり、その概念形成の錯綜した歴史的プロセスを解明するときにその本領を発揮してきたがゆえに、社会のなかでの科学技術の機能や社会集団としての科学者を分析する「エクスターナル・アプローチ」にたいして、「インターナル・アプローチ」に類されてきた(7)。したがって、産業化した科学技術の経済的な拡がりや科学者集団の形成のメカニズム、その内的な権力関係と科学的発見との制度論的な関係、あるいは国家戦略と結びつく科学政策といったものについて、エピステモロジーはほとんどまったく批判的視点をもたらすことができなかった。だから、エピステモロジーが扱う分野は、とくに戦後の六〇年のなかで、そしてとりわけ冷戦構造崩壊後にグローバリゼーションが急激に前面化した一九九〇年以後の三〇年のあいだに、一九世紀以前の科学史に（つまり、このような現状の変化が顕在化する以前の自然科学研究の歴史に）その探求の範囲をごく自然に後退させていったように見える。これはまさにエピステモロジーが分析してきた「構造」がもたらす「認識論的障碍」の閉塞感そのものではないのか。

このような状況のなかで、一九七〇年代からこの科学技術と社会とのかかわりについて積極的に分析しようとしてきた科学社会学や科学技術人類学が、エピステモロジーから一定の影響を受けつつも、それとは本質的に異なるものとして展開され、科学論としての現代的地位を獲得するにいたった[8]。この歴史の表舞台のなかでエピステモロジーはまさに過去の遺物として、つまり現在をもたらしたという意味で敬意が払われるべきものではあるが、使い古されもはや何の価値も生みださない歴史的展示物として扱われるようになりつつある。

実のところ現在のエピステモロジーをとりまくこれらの困難は、互いに相補的なものになっている。もはやエピステモロジーそのものには現代的な価値を認めない科学社会学や科学技術人類学は、現在の状況的変化に対応することを前提とするがゆえに、科学的認識に本来的に見出される問題、つまり科学の創造的展開にともなう真理の産出ないし知の構造の根本的改訂といった問題を解明するという視座をもたない。彼らにとってこういった問題は、「インターナル・アプローチ」に類される旧来のエピステモローグが扱うものであって、もはや自分たち自身の問題とは考えられない。彼らにとってみれば、「インターナル・アプローチ」に本質的な問題について彼らが触れないのは、まさにそのように触れないことが、「エクスターナル・アプローチ」に分類される社会的、政治的、経済的なものと科学とのかかわりの問題、一言でいって科学技術についての倫理的諸問題について考えるための条件だからだということになる。なぜなら、彼らにしたがえば、まさにエピステモロジー自体がその限界を露呈しているからだ。たとえば、科学認識の「構造」のあいだの新旧の差異を強調したA・コイレの影響を受けたT・クーンは、「構造」の革命の内的原因をたんに理論的な拮抗だけでなく社会的・経済的な条件に求めることになったし（クーン 1971）、またG・バシュラールやG・カンギレムの影響を受け、真理の「不連続性」を理解したM・フーコーは、知の「考古学」的な限界を乗り越えるために、権力関係の系譜学的分析を導入しなければならなかった（フーコー 1986）。だから彼らの立場からすれば、現在の状況のなかでこの知の創造や生成といった問題にこたえるためには、「インターナル・アプローチ」に固有の問題関心を離れて、科学外的なもの、つまりは社会的なものの視点から科学について分析しなければならないということになる。

このようなエクスターナルな探求を設定するかぎり、「生成」する「構造」の内的論理の解明という本来のエピステモロジーに固有の対象は見失われることになる。そしてその結果、真理の問題は（そして真理の問題から決して切り離すことのできない存在論の問題やそれを含む形而上学の問題もまた）古典的な枠組みのままに放置され、手つかずのまま保存されることになる。しかし、真理の問題についての関心の喪失は現在の科学技術と社会の問題にこたえるべき科学論にとって本当に些細なこと、あるいは少なくとも必要な犠牲にすぎないものなのだろうか。真理の問題についてその外側からしか、つまり知の創造性といったことにとって本質的には外部でありつづける政治体制や経済体制といった、いわば力の側からしか答えようとしない科学論が、いいかえれば、真理の問題（そしてそれに付随する経験と主体と社会の諸問題）を古典的な枠組みとして保存したままその枠組みの外部に立とうとする科学論が、知と密接に結びついた力の問題にたいして本当に答えることなどできるのだろうか。科学や科学を使って認識される自然、そして自然の認識をとおして世界を描き、社会を構築しようとする人間との関係を明らかにすることなどできるのだろうか。

三　エピステモロジーのアポリアを乗り越える鍵を与えるカヴァイエスの数学の哲学

しかしながら、エピステモロジーがこの「インターナル・アプローチ」というレッテルをみずから脱ぎ捨てなければ、まさに過去の遺物と化していく運命から逃れることができないという現状は真摯に受け止めなければならない。これを否定することは時代の変化そのものを否定することであり、エピステモロジーが明らかにしてきた事実からもそのことが意味するところは暗い。しかしそのことを認めるとしても、単純に「エクスターナル・アプローチ」のなかにエピステモロジーを溶解することによってエピステモロジーの再生が試みられるべきではない。なぜなら、エピステモロジーがこのレッテルを返上するために必要なことは、第一に知の「構造」が歴史的に生成する内的原因を、知に内在したしかたで積極的に解明することであり、第二にその知が生成する場所に科学と社会、知と力、真理と自然の二項対立を内在的に埋めこみ、その根本的対立を解消することだからである。つまり、ラトゥールがアクター＝ネットワーク論で試みているように、アクター＝ネットワークの外延的な拡がりを記述し、その拡がりのなかでプラグマティックな真理観に基づいて生成を描き出しただけでは充分ではないのだ。[9] 必要なのは、知の構造の内部から新たな生成の動きを生み出していくそのメカニズムを理論的に解明することであり、エピステモロジーは現在の閉塞をのりこえ、人間と自然と真理のあいだの新たな枠組みをもたらすためのカギをたずさえた知の「構造」とともに再生することである。

この「生成」と「構造」という徹底して対立する概念を共立的・共在的・共外延的なものとして理解し、「構造」そのものの内因的な「生成」のメカニズムを解明するためには、「生成」を所与の事実として出発したのでは不充分である。なぜならその場合、「生成」そのものが原理的な地位におかれることになり、「生成」の内的原理そのものを解き明かすということは、その設定上ありえないからだ。そうではなくて、静的でかつ理念的な「構造」を先に措定し、その強制力と必然性を理解したうえで、なおそれが「生成」するということを理解しなければならない。いいかえれば、真理と存在についての根本的な考えかたをあらためて、真理をすでに完成されたものとしてみなすのではなく、つまり不活性な「もの」と能動的な「認識」との過不足ない一致という観点から真理を理解するのではなく、真理が生みだされるさいにとりもつ非真理とのかかわりのなかから、したがって解けない「問題」が提起され、それでもその「問題」が解かれるようになるという問題論的な観点から、根本的に動態的・運動的なしかたで真理を理解しなおさなければならない。わたしの考えによれば、この問題論的な観点を考察するためには、J・カヴァイエス[10]が展開した数学の生成についての議論が、最も重要なヒントを与えてくれるように思われるのだ。[11]

ところで、すでに述べたように、「構造」と「生成」というエピステモロジーのアポリアが前面化するのは、カヴァイエスの死後（彼は一九四四年にナチスの監獄で射殺されている）であり、フーコーやクーンの仕事の以前であったことを考えると、このアポリアを乗り越えるためにカヴァイエスの哲学が重要だというわたしの考えは、時間順序的におかしいのではないかと疑問に思われるかもしれない。たしかに「問題」という概念を主題化したのはカヴァイエスであったし、それはすでに戦前の彼の著作および戦後すぐに出版された彼の遺作のなかで論じられていた。[12] しかしながら、彼の哲学体系の内部で「問題」概念がすでに重要な位置を占めていたにもかかわらず、彼はその早すぎる死のせいもあって、これをエピステモロジーが提示する構造＝生成という内在的存在論の領域のための決定的な原理として提示できていたわけではなかった。それゆえ、この問題論的な観点が含むべき含意をカヴァイエスが充分なしかたで自覚的に展開したとはいえないし、またそれが引き継がれてその後のエピステモロジーの議論のなかで充分に生かされたともいえない。[13] 以下でカヴァイエスの哲学を取り上げることによって試みるのは、カヴァイエスについての分析を足がかりとしながら、カヴァイエスの「問題」という概念をいまのエピステモロジーに必要な知のありかたにとっての原理的な地位にまで格上げすることであり、それによってエピステモロジーそのものを改変するための示唆をえることである。それゆえ、いまここで改めてカヴァイエスの議論を取り上げなおすことには、この点で充分な意義があるように思われるのだ。

四　カヴァイエスの数学の哲学と問題論的観点から考察された生成する構造

数学的真理は、無時間的で永遠の相のもとに見られた真理であると伝統的には考えられてきた。二〇〇〇年以上も前に書かれたユークリッドの『原論』第I巻の第一七命題「すべての三角形においてどの二角をとってもその和は二直角より小さい」(p. 13) とそれに続く証明のセットが表現している真理は、明らかに恒久不変である。ところで数学では、証明された真理は別の証明の論理的推論のなかで前提として用いることができるので、このような真理と証明のセットは相互に差し木的に連繫しあい、全体として巨大な真理と証明のネットワークを形成する。静的な「構造」を数学において理解するために、この真理と証明のネットワークの歴史的で現実的な全体のことを「構造」と呼ぶことにしよう (Cavaillès 1947 : 22-25)。これは多くの場合は公理系そのものと単純には同一視することのできない歴史的で現実的なものであるが、しかし物質的でも、感覚的でも、言語的でも、制度的でもないある別の現実、いわば思考の理念的な条件の歴史的現実である。この条件が統制する「構造」の内部に思考がみずから滅却することによって、ひとは数学的真理をその「構造」の内部で認識することができると考えられる。それゆえ数学を学習することとは、この「構造」の内部に思考を沈み込ませることを身につけること、つまり「構造」を化体することである。

「構造」はそれが真理と証明のネットワークからなる以上、認識の条件そのものと考えることができる。つまり、その範囲が「知」の現実的領土であり、その外部には真理という述語は付されない、あるいは真理という述語が排除されているという意味で「非‐知」をなしている。このとき、もし「問題」なるものが「構造」としての認識の条件にしたがうかぎり「解けない」ものだとすれば、そしてその「問題」が現実に解けない「問題」としてその「知」の現実的領土の内部から提起することができるとすれば、その「問題」はまさに「知」と「非-知」のあいだの境界をなしているというべきものだということになる。

カヴァイエスの最大の功績は、この「問題」という境界を、つまり「知」と「非-知」の差異それ自体を数学的経験の根本に据え、あらゆる数学的認識の価値をこの差異それ自体を中心に転倒させたことである。つまり真理とその証明は、たとえ公理それ自体であったとしても[14]、歴史的かつ理念的につねに何らかの「問題」の「解」であったと考えられるということである。人が数学的真理を学ぶということの本当の意味は、その定理を字面として記憶し、証明手続きを暗記することではなく、その背後にあって、「解」の後ろに覆われた「問題」を直観することであり、それが「いかに解かれたのか」あるいは「どのような条件のもとで解くことができるようになったのか」ということを理解することである。そして「問題」はつねに「知」と「非-知」の境界そのものなのだから、そしてその「知」がまさに歴史的現実的なものであるのだから、解かれていない「問題」もまた歴史的にのみ提起可能だということになる。そして、このことが見失われるとすれば、つまり、古典的な知の枠組みにおいてはまさにそうなのだが、「問題」が「解」に埋め尽くされることで「解」の背後に「問題」が隠されてしまい、表面的には真理と「解」が完全に一致しているものと考えられているということになる。しかしカヴァイエスにしたがうならば、それとは反対に数学的真理はすでに既知のものとして与えられているものであったとしても、権利上は（あるいは、少なくとも数学史においては）つねに歴史的に提起された「問題」にたいする「解」として、歴史のなかの要求（つまり現実的な「問題」）に答えるしかたで産出されたものとして理解されなければならないのだ[15]。

数学的経験の内実をなす数学的操作や数学的概念は、まさにこのような「問題」と「解」のあいだの（いうまでもなく非ヘーゲル的な、しかしプラトン的ではある、あるいはより正確には、後の章で言及する「転倒したプラトニスム」的である）弁証論的運動のなかで産出され創造されてきた[16]。だから重要なのは、知の「構造」が「問題」という「非‐知」との差異によって縁取られ、その境界上でのの侵犯行為、越境行為によって自己を成立させている以上、そして、その「問題」が知の「構造」にとって不可欠でかつ不可避なものである以上、「構造」はその本性において内因的な「生成」を含意しているということをそこに見てとることである。この「生成」の内因性は、ある意味で「知」が「非‐知」をのりこえ、みずからの同一性を放棄してまで「知」を求める非人称的な意志の力だと表現することもできる[17]。しかもこの「生成」は、つねに限界（つまり「解けない」という不可能性）との関係においてのみ生じるがゆえに、本質的に「予見不可能」なものとなる（Cavaillès 1939）。カヴァイエスにとって、公理系でさえもまたこのような「非‐知」との境界である「問題」を起点とした産出的プロセスの歴史的結果として理解されるということは、以上のように要約された彼の思想をよく表している[18]。公理系は、それ自体が「問題」が牽引する産出的プロセスの結果であるだけでなく、そのように「解」として産出された公理系自体もまた新たな「問題」のための、つまり新たな産出的プロセスを条件づけるための質料として戻ってくるのである[19]。

この産出的プロセスのメカニズムについて、カヴァイエスは数学という範囲に限定したものではあるが、それに一定の解明を与えることに成功している。それが「理念化」と「主題化」と呼ばれるプロセスである。簡単にいえば、「理念化」とは既出の「問題」の要求に駆り立てられるしかたで、既存の数学的操作やそのうえでの性質に付随している感性的なあるいは想像的な制約をとりのぞくことであり、公理化がおこなわれるときに自覚的に用いられる思考のプロセスのことである。それにたいして「主題化」とは公理系などの設定によって、たとえば実数集合のようにそのなかでの直観的操作をともなわない対象についての操作それ自体をしばしば公理化を経て抽出する働きである。[20]このとき、この新たな操作自体は既存の（つまり公理化以前の）直観的操作には還元できないにもかかわらず、その主題化された一連の操作の連鎖自体によってあらたな直観的な場を形成し、そのなかで未知の「問題」が提起可能になる。つまり、「主題化」とは理念的なもののうえでの（つまり公理化された抽象的構造の上での）直観的経験を可能にするプロセスだということになる。いいかえれば、これら「理念化」と「主題化」は、われわれが創造的な推論を、つまり前提遡及的な推論をおこなうときに何をなしているのかということを明らかにしてくれるものなのである。

五　問題論的観点から見た新たな真理論と知の時間契機としての力

カヴァイエスの分析から見えてくるのは、知の「構造」が歴史的に生成する内的原因を解明するための必要な要素として、この「問題」と「解」の区別を核とする問題論的な観点から、真理の動的な生成プロセスを理解しなければならないということである。カヴァイエスの議論そのものが数学の認識論的分析に依拠しているということは確かであるが、彼の議論から見えてくる「問題」と「解」が織りなす「知」と「非-知」のあいだの真理の問題論的な生成は、知一般、真理一般ひいては、それを含む形而上学の水準にまで広げて理解することができる。

「非-知」を介した「知」の創造的自己改訂の運動こそが、「構造」が「生成」する内的な動因をなしているのであり、この契機においてこそ「力」と「知」のあいだの真の意味での統一を見ることができる。真理とは「問題」の要求にこたえるしかたで既存の知を改訂し変形させることで獲得された「解」であり、その意味で真理の獲得は、つねにとはいわないものの、それが「主題化」や「理念化」による知の「構造」そのものの改訂をともなう場合には、価値創造的でありまた既存の真理にたいしては価値遷移的なものとなる。「解けない」というみずからの限界が生み出す「問題」を解くために、かつての自己を放棄し他なるものに変身すること、つまり「知」がその本性上含意するこの切断への意志は、「知」と共立する「力」の概念を垣間見せてくれるのではないか。

この観点に立つならば、「知」の静的な「構造」は、「知」が「非-知」から切り離された瞬間的な契機を永遠化したものとして理解されることになり、それにたいして「力」とは「知」が「非-知」との問題論的な関係のなかでみずからの境界を揺り動かし、既存の構造を脱臼させ、遊びを生み出し、そこから別の構造が成立する際の内在的原因あるいは内的必然性の発露であることになるだろう。いわば「力」とは「知」に内在する原因のことであり、「力」が「知」に内在するということは、いいかえれば「未だ来らざるもの」が、あるいは差異の反復が、いわばニーチェ的な「永劫回帰」が、「知」という反復そのものを貫いているということを意味している。その意味で、「力」とは「知」にとっての時間そのものなのだ、と結論することができるように思われる[21]。

六　自然のほうへ

ここまでの議論でカヴァイエスの哲学から「問題」と「解」という概念を抽出し、それが生みだす「構造」の問題論的な（つまりソクラテス的な意味で問答論的な）「生成」によって、「知」と「力」があらたな結びつきを手にし、「構造」＝「生成」の問題論的な真理論を明らかにしようとしてきた。もちろん、これで充分に議論が尽くされたといえるはずがない。しかし、少なくとも「問題」と「解」という対概念によって示された問題論的な観点から、「真理」、「知」、「非‐知」といった既存のカテゴリーを解釈しなおすことで、「知」と「力」の排他的対立を解消するという方向性を示すことはできたように思う。力とは知に内在する原因なのである。

この目的を達成するためにこれからさらに必要なことは、まずこの「問題」と「解」という概念と整合的な真理論をより堅固なものにすること、いいかえれば、これが〈生成＝構造〉論へと昇華されるまで議論を展開させることである。そしてそのうえで、このように理解された真理を生み出し、真理とともに自らを生み出すものとしての自然について議論を展開すること、つまり生成する〈自然＝存在〉の学を確立することである。そのときに認識論は、もはや人間という偶然的存在者の内側という虚空のなかに見出されるべきものではなく、産出する自然と産出される自然のあいだで反復されるものとして見出される反射的共鳴として再び見出されるべきものとなるだろう。そしてそのうえで、そのような認識が共同体という人間身体を部分とすることで構成されるある社会的身体の組織化を可能にするとともに、そのように形成された共同体をとおして再び自然が変容し、別様の自然、いわば人間的自然が形成されることが明らかにされなければならない。その時にはじめて、人間と自然と真理のあいだに受けいれられてきた関係を一から問い直し、あらたな知の枠組みを再構築することになるのではないだろうか。

2　ドゥルーズの科学論
――問い－存在に向かうプラトニスムの転倒。『差異と反復』の解釈(1)

ドゥルーズの科学論は、明らかに『差異と反復』の一つの重要な主題であり、その後の『千のプラトー』、『襞』、『哲学とは何か』において繰りかえし問題にされる主題である。その意味で、この主題は、ドゥルーズの哲学全体にとって重要な位置を占めていることは誰の目にも明らかだ。しかし、この主題の探求は、ほとんどドゥルーズ哲学の内的な理由とは無関係な出来事によって、暴力的に中断されたままの状態にあるように見える。その出来事とは、もちろん、ソーカル事件とサイエンスウォーズ、そして『知の欺瞞』周辺のものである。ここでは、この出来事についての立ち入った分析はおこなわないが、その代わりに、この論を最後まで読めば、その出来事とは無関係に、いまだ考えるべき事柄が確かにドゥルーズの科学論のなかに残されていることを確信することになるだろう。

『差異と反復』におけるドゥルーズの科学論（よりフランス語の語感に忠実に表現すれば、「エピステモロジー」）は、彼の哲学史解釈とそれと相関する彼の存在論とセットになることで、実のところ、かなり体系的な構成を有しているように思われる。しかし、ここではその体系を論理的順序にしたがって検討することはあえてしない。むしろドゥルーズを少々知っている人にとっては、少なからず意外な事実を示すことから議論を始めることにしたい。

一　「問題」の「三つの側面」を論じるロトマンの「一般的な諸テーゼ」とは何か

ドゥルーズが、『差異と反復』の「第四章」で、「微分法」を「問題の唯一の数学的表現」（ドゥルーズ 2007b：40）であると述べていること、またここでの「問題」が、少なくとも微分計算にかんする文脈においては、アルベール・ロトマンへの参照とともに説明される概念であることはよく知られている。ところで、ロトマンの「一般的な諸テーゼ thèses générales」（ドゥルーズ 2007b：38）にしたがって、「問題は以下のような三つの側面をもっている le problème a trois aspects」ドゥルーズは、と述べている。

（1）問題は解〔以下複数形〕とのあいだに本性上の差異をもつ。sa différence de nature avec les solutions.

（2）問題は、それ固有の規定条件によってそれが産出する解にたいして超越性をもつ。sa transcendance par rapport aux solutions qu'il engendre à partir de ses propres conditions déterminantes.

（3）問題は、問題がいっそう規定されているほどいっそうよく解決されるというしかたで、問題を覆うことになる解に内在する。son immanence aux solutions qui viennent le recouvrir, le problème *étant* d'autant mieux résolu qu'il *se* détermine davantage.（ドゥルーズ 2007b：353, n. 8）

ただし、この「一般的な諸テーゼ」が、具体的にはロトマンのどの著作のどこの議論を指しているのかについてドゥルーズは言及していない(2)。そのかわり、このテキストの数ページ前に、ほぼ同じような内容について書かれている箇所があり（問題と解の区別、問題の解にたいする超越と内在、ドゥルーズ 2007b：38-39）、そこに附された注八に、ロトマンの著作への参照がある。それはまず、問題と解の本性上の差異について、ロトマンの「時間の問題」という論文への参照が示されており、次に現代解析学における特異点の問題提起的でかつ解を生じさせる役割をロトマンが論じている彼の博士主論文の第六章の最後の部分の引用が含まれている。前者の「時間の問題」における該当箇所を読むと、次のような文言を目にすることになる。

特異点の存在とその割り振りは、常微分方程式によって規定されるベクトル場に相対的であり、解曲線の形は、この方程式の解に相対的である。（Lautman 2001：295）

「特異点の存在とその割りふり」を「問題」と同一視することがたとえ許されたとしても、以上のテキストが示しているのは、「問題」の「三つの側面」のうちの第一の側面についてのみであるように思われる。しかも、この文章は、そもそも「問題」についての「一般的な諸テーゼ」を論じている箇所ではなく、あくまで解析学と位相幾何の関係とその相互的な組織化の方向について技術的に論じている箇所の結論部に登場するものである。また、博士主論文からの引用も、解析関数の特異点にかんする技術的な議論（Lautman2001：218-221）によって文脈づけられたものである。つまりロトマンの博士論文からのドゥルーズの引用箇所にかんしては、特異点と解の関係には言及されているものの、特異点と問題の関係について一切言及されていないのである。[3]つまり、ドゥルーズが意図しているような「問題」の「三つの側面」については、いずれの参照箇所に立ち戻ったとしても、十分には書かれていないということである。

では、ドゥルーズは、なぜロトマンが「一般的な諸テーゼ」において「問題の三つの側面」を論じたと考えることができたのだろうか。ドゥルーズ自身が言及している箇所は、高度に数学的に文脈化されたテキストであるにもかかわらず。

それは「問題」について論じられた隠されたテキスト的根拠が別にあるからだと考えるべきだろう。しかしそれは、ロトマンの他の論文や著作のなかには決してみつけることができない。大方の予想に反して、それを見ることができるのは、ロトマンとその盟友ジャン・カヴァイエスの二人の博士論文についておこなわれたフランス哲学会の公開討論会にかんする「数学的思考」と題されたシンポジウム記録文書においてである。ロトマンは、自身の研究をまとめる言葉のなかで「数理哲学の三種類の研究」としてドゥルーズがいうところの「一般的な諸テーゼ」にもっとも過不足なく対応する文言を述べている。

かくして、数理哲学の、さらに科学哲学一般の仕事がどのようなものであるべきか、ということがわかる。諸理念の理論〔イデアの理論〕を建設しなければならないのだが、このことは、三種類の研究を要請する。〔第一のものは〕フッサールが本質記述と呼んだものに表れているものので、ここでは、数学のなかで受肉しているその豊かさの絶えることのない理念的な諸構造〔イデア構造〕の記述である。理念的な諸構造の各々の相貌は、毎回、同じテーゼの支えにあたえられる新しい事例以上のものである。そして数理哲学に割り当てられた第二の仕事とは、プラトンがかつてそれを探求したように、諸理念の階層〔イデア階層〕と、次々と生じる諸理念の発生〔イデア発生〕についての理論を確立することである。そして最後に残された第三の仕事とは、諸理念それ自体のただなかに、感性的宇宙への諸理念の適用〔イデアの適用〕の諸理由を示すことである。以上が、数理哲学の主目的であるようにわたしには思われる。(Cavaillès 1994 : 609)

以上の三つの数理哲学の仕事は、先に引用したドゥルーズがいうところの「問題」の「三つの側面」と順序通りに対応している。というのも、ロトマンは、これとは別の箇所で、問題と理念〔イデア〕を相互互換的に用いて論じているからである。つまり「理念」について論じているところを「問題」とおおよそ読み替えることができる。そうだとすると、第一の「事例」(＝解)以上である「イデア構造」の研究が、「問題」と「解」の本性上の差異に相当し、第二の「イデア階層」と「イデア発生」の研究が、「問題」の内的規定、すなわち「問題」の超越に相当し、第三の「イデア適用」の探求が、「問題」の「解」への内在に相当する、ということがわかる。

しかし、ドゥルーズがこの公開討論の記録論文を読んでいたのだとすれば、なぜそれを明示的に参照しなかったのか。わたしの解釈としてはこうだ。ロトマンの議論は、ドゥルーズが構築したい「問題」の理論にとって不可欠な要素をなしているが、しかし、彼のプラトニスム的な解釈を無批判に受け入れることはできない。なぜなら、ドゥルーズは、『差異と反復』の第一章で、「コピー」と「モデル」の対で思考するプラトニスムを、「同一性の哲学」として批判し、「現代哲学の使命」としての「プラトニスムの転倒」を肯定しているからである。実際、ロトマンの著作においてこれほどまでに目につく特徴であるところの彼のプラトニスム的主張と、そのハイデガーに依拠した存在論的解釈には、ドゥルーズは一度も肯定的な言及をしていない。そのために、ドゥルーズは、この箇所への明示的な引用を避け、ロトマンのプラトニスム的な主張が登場しない技術的な議論にたいしてだけ参照箇所を付けたのだとわたしは解釈する。つまり、ロトマンのプラトニスム的な主張とは独立に、「問題」の理論は立てられうるということを暗に示すために。

ここに解釈上の分岐点があることは明白である。ドゥルーズの「プラトニスムの転倒」の議論と、彼の「問題」の理論を解釈するうえで、ロトマンに依拠することは、「プラトニスムの転倒」を見かけ上のものに格下げすることを要する。そして、このことをよく知っているバディウは、確信をもってその格下げを断行し、つまりプラトニスムの復権を宣言し、ドゥルーズをハイデガーの存在哲学の系譜のなかに位置づけることができたのだ。

しかし、しばしば指摘されるように、ドゥルーズをこのようにプラトンからハイデガーへとつながる存在哲学の系譜で解釈することは、『差異と反復』のテキスト上にいくつもの困難をもっている。

たとえば、その困難の一つには、後で議論することになるが、ハイデガーの「非‐存在」にたいして、ドゥルーズが「問い‐存在」あるいは「？‐存在」を位置づけるときに顕わになる。このことを確認するために、今一度、ドゥルーズの「プラトニスムの転倒」の議論を確認しておきたい。

二　ドゥルーズにおける「プラトニスムの転倒」

ドゥルーズの「プラトニスムの転倒」の議論は、『差異と反復』においては、もっぱら第一章の最後（ドゥルーズ 2007a：169-171）に登場する。ここでは、このテキストに限定して検討しよう。

もともと、この「プラトニスムの転倒」を「現代哲学の使命」であるとしたのは、ハイデガーである。ハイデガーは、「形而上学の超克」論文のなかで、ニーチェとショーペンハウアーの名を挙げながら、「形而上学の超克について語ることは、『形而上学』が、ショーペンハウアーとニーチェの解釈によって現代世界において描かれたプラトニスムにたいする名であるということをも意味しうる」（Heidegger 1973：92）と述べている。したがって、ドゥルーズの「プラトニスムの転倒」を精緻に解釈するためには、ハイデガーのとりわけニーチェ解釈とドゥルーズのニーチェ解釈を比較しながら、とくにニーチェとプラトンのあいだの関係について、つまりニーチェを介した「プラトニスムの転倒」の双方の解釈の違いについて分析しなければならない。しかし、ここでは、その検討は別の機会に譲ることとして、もっぱらドゥルーズにとって「プラトニスムの転倒」が何を意味しうるのかということのみを素描するにとどめたい。

表 2-1　ドゥルーズの「プラトニスムの転倒」

(1)	(2)
差異の選別	選別
円環的神話の創設	反復
土台の設定	脱根拠化
問い － 問題という複合体の定立	問い － 問題という複合の発見

ドゥルーズのここでの議論は、おおよそ次のようにえがくことができる。
（1）アリストテレス的な「同一性」の思考（下降的分割法を模範として、イデア論を否定する三段論法的かつカテゴリー的思考）による観点から、プラトン本来の「弁証法」の議論の利点を解放すること。
（2）そのうえで、さらにプラトンが含む「同じ」が描く円環の思考を転倒し、プラトン自身が含むべきだった（あるいは含むことができたかもしれない）「プラトニスムの転倒」を完遂すること。
ハイデガーのプラトン解釈と一致するのは、おおよそ（1）の段階までであり、（2）の段階こそが、ドゥルーズの本来の思考のありかである。そして、これらの二つの段階は、次のような四つの概念セットの置換関係によって表象することができる。
（1）を理解するうえで有益な思考のモデル（三幅対モデル）をドゥルーズにならって提示しよう。
①イデアそれ自体であり、質を最初に所有する「根拠」（「分有されないもの」[4]）。
②イデアによって所有され、かつ要求者によって要求される対象としての質（「分有されるもの」）。
③より多く、あるいはより少なくその質を所有する要求者（「要求者たち」）。
「差異の選別」は、このモデルにしたがって理解される。すなわち、プラ

トンにとっての普遍的定義は、アリストテレス的な並列的で類的なカテゴリーの選択と種類系列の構成ではなく、「セリー状の弁証法」を打ち立てることによって、「イデア」を分有する「要求者たち」を選別し差異化するためのものである。プラトンに依拠して述べれば、たとえば『ポリティコス』において「分割法」による「下降的弁証法」を用いて繰り返し定義される「政治家の技術」が、定義されるたびに不十分なものとして退けられるのは、各々の定義それ自体が選別の対象であり、序列化の対象であることを示している。この「セリー状の弁証法」は、さらに『ソピステス』の議論において、質を要求するものの、自己矛盾することで要求者としての資格さえもたないことが示されるソフィストを、「オリジナル」にたいする「コピー」（要求者）としての資格さえもたない「シミュラークル」とするような、差異のなかの差異、すなわち差異それ自体（いわゆる〈異〉の類）を導きいれるところまで推し進められる。

「要求者」が常に「イデアそれ自体」から差異化されることが可能であるのは、「円環的神話」が、「弁証法」の「土台」として設定されることによってである。「神話」が「円環的」であるのは、プラトンがいくつかの著作（たとえば『ティマイオス』、『メノン』）で、まさに神話的なものを「無時間的」なものとみなし、循環的な現世において不動の永遠的次元としていることによる。「土台」としてそれ自体は決して要求者と混同されない「神話」が置かれることで、「要求者たち」が選別されることが可能になる。さらに、そのような「土台」は、最初に有する「質」を多く、あるいは少なく有している正当な「要求者たち」と、そもそもそういう「質」をいささかも有していないにもかかわらず、その所有を要求する偽の要求者たる「シミュラークル」を選別することをも可能にする。そして「シミュラークル」は、「土台」が第一にもつ「質」をその「要求者」たる「根拠」としてもたないがゆえに、自己矛盾することで消滅するものとされる。

最後に、以上のような「弁証法」は「問題」‐「問い」の複合体を介しておこなわれる。「イデアそれ自体」の存在をわれわれが知ることができるのは、『メノン』において示されるように、問答によってであり、それによってのみ「イデア」説の根幹たる「想起」が説明可能となる。ただし、そこでの「問題」‐「問い」の複合は、あくまで「イデア」に到達するための「ステップボード」としてのみ認められる。神話が土台となるのも、あくまでそれ自身は分有されない真なる唯一のイデアが想定されるからに他ならない。以上が表2‐1の（1）の説明である。

ドゥルーズの本来の「プラトニスムの転倒」は、（2）においてこそ見出される。表2‐1を見て明らかなように、その大きな違いは「神話の創設」が「反復」となっていること、そして「土台の設定」が「脱根拠化」となっていることである。これは端的にいえば、「オリジナル」の存在を否定することを意味する。このことは、単に「オリジナル」と「コピー」のあいだの差異を無化することではなく、むしろ、「オリジナル」と「コピー」の対にたいする「シミュラークル」の差異を無化することである。さらにいえば、「シミュラークル」の本来の意義を回復することである。


シミュラークルは、象徴そのもの、すなわち、おのれ自身の反復の条件を内に秘めているかぎりでのしるしである。シミュラークルは、そのシミュラークルによってモデルの地位から引きずりおろされるもののなかに、構成を遂行する齟齬をとらえてしまったのだ。（ドゥルーズ

2007a：190）

つまり、「シミュラークル」こそが、「モデル」と「コピー」の対をなすようなものは実のところ根拠を欠いているものであり、それがあらかじめ定められた対をなしてあらわれるということが何らかの欺瞞を前提することであるということを示しているのである。

さて、以上のようなドゥルーズによる「プラトニスムの転倒」の議論は、従来、相対主義的なポストモダニズムのセントラルドグマとされてきたわけだが、ここでは、それとはかなり異なる解釈を提示しよう。すなわち、以上の議論は、真理を批判的にであれ無批判的にであれ最終的な目的にすえる思考にたいして、「問い」あるいは「問題」のほうにその主たる関心をおく思考を差異化するためにこそ意味があるという解釈である。先の表2－1に即して述べれば、「神話」は、真なる唯一かつ超越的な「答え」とみなされるのか、それとも反復する「問い」を徴候的に（まさに「シミュラークル」たる「しるし」として）示すものとみなされるのかという思考の根本的な方向性の違いである。「イデア」は、超越的な解としての唯一無二の真理であるのか、それともそれぞれが多様な「解」の系列をもついかなる「問題」も、「疑似問題」として退けることを可能にするべく執拗に反復する「問い」であるのか。

これら二つの相異なる思考の方向性のあいだの選択こそ、ドゥルーズが提案する「プラトニスムの転倒」の本義であるとわたしは解釈する。物と言葉の一致といわれようが、神秘的な知的直観といわれようが、いかなる真理も、解でしかないかぎりにおいて、常に「問い」と「問題」のあとにしか来ない。プラトンが『メノン』において正しくも指摘しているように、われわれはいかなる「問い」も「問題」もないところには、いかなる探求も認められず、いかなる「解」も、いかなる「真理」も人は知ることができない。

それでは、「問題」と「問い」の区別はどこに見いだされるのだろうか。それは、「問題」は規定可能であり、相互規定可能であり、規定作用をもち、その結果としてそれに対応する「解」が漸次的に発生することになるのだが、「問い」はそのような「問題」の規定可能性それ自体を覆し、規定可能性それ自体の条件を問いにふすという点である。その意味で「問題」と「問い」は次元が違うといえる。(5)

デカルトは、無前提的な第一原理を真理として、そこからあらゆる他の真理が派生し、根拠づけられるという、プラトン的な思考を近代に復活させたわけだが、「われあり」において示されるのは、実のところ、絶対無謬の真理などではなく、永遠に回帰するこの「問い」の存在だと理解するべきではなかったのか。否、もっと正確に述べれば、「われあり」に至る「方法的懐疑」の道において、その道それ自体を開こうとするその刹那、デカルトは間違いなくこの「問い」の存在に触れていた。彼が「方法的懐疑」において自らを狂人かもしれないと疑うとき、そこに開かれているのはこの「問い」との邂逅である。

しかし「問い」は、すべての「問題」が解かれ終わるかどうかとは無関係に、「問題」たちにとっての最善たる「解」の最善さを規定することを可能にしていた問題の条件そのものを溶解させるものとして介入する。「問い」の回帰によって、場合によっては、かつての最善の解はどこかよそから連れてこられた異質な「問題」における不充分な「解」としての新たな位置づけをえる。たとえば、ニュートンの力学三法則が、アインシュタインの一般相対性理論における特殊解へと格下げされて位置づけられるように。「問い」は、ある特異点の割り振りから別の特異点の割り振りへの移行を強制することで、ある「問題」群を別の「問題」群へと受け渡すのである。

ドゥルーズが指摘することの重要性は、この真理の歴史が、実のところ正解の線形的な蓄積や、ましてやヘーゲル的な意味で絶対的な完全性を目的とした意識主体の自己展開などではなく、「問題」と「解」のあいだの往還的設立と、その背後に絶えず浮沈する「問い」の無際限な反復によってこそ理解されるということだ。そして、ロトマンの先ほどの議論は、まさに数学それ自体のなかに、このような「問い」と「問題」と「解」の新たな三幅対が見出されるということの指摘なのである。いいかえれば、「問い」とは、つねに回帰する「力への意志」それ自体なのである。本来の「問い」それ自体は、具体的な問題的な形、つまり「問い－問題」の複合体のような形さえなしていない。「問題」は、「問い－問題」という未規定さを充分に残した状態から出発して、そのような複合体を裏切り、「問題」としての十分な規定を手にすることで、「解」の産出を可能にする。このことをしてヒルベルトは、「ある問題が与えられているときには、解もまた存在する」といい、「求めよ、されば見出さん」ということができたのだ。

では、「問い」とは何か。それは、「ある」、あるいはesseという不定詞によって示される、現にあるでも現にないでもない、あるということの原始的な起源、むしろそれ自身がすでに二度目であるような反復である。それゆえドゥルーズは、これはハイデガーのいうように「非－存在」ではなく、むしろ「?‐存在」だといわなければならないと指摘するのである。

そして、そうであるかぎりにおいて、ドゥルーズは、ロトマンのように、「プラトニスムの転倒」以前のプラトン解釈を「問題」の理論として受け入れることはできないのである。なぜなら、ロトマンのそれは、いまだあまりにも絶対的真理への上昇を無批判に受け入れたものであり続けているから。

三　転倒したプラトニスムにおける問題の理論

それでは、ドゥルーズのようにプラトニスムの転倒を経たうえで、なお問題の理論を論じること、そしてそれを科学論として展開することの可能性は、どのように評価されるべきだろうか。

科学論として、問題の理論を中心に据えることは、明らかにドゥルーズの独創であり、『差異と反復』のあとで、『襞』や『哲学とは何か』において、さらに議論が展開されることになる。むしろドゥルーズ解釈として重要なのは、このような観点から、これらの著作を今一度読み直してみることであるだろう。

その一方で、実のところ、このような科学論における「問題」への関心は、ドゥルーズが突然いいだしたことというわけではない。先に言及したロトマンの盟友カヴァイエスは、苛烈なレジスタンス活動の結果としてロトマンとともに早逝するわけだが、先の公開討論のなかで、まさにロトマンのプラトニスムに反対しながらも、彼自身の「弁証論」概念の使用と「問題」概念の使用を、「数学的経験」という言葉に結び付けながら、論じている。カヴァイエスは、ドゥルーズによってほとんど言及されることはなかったが[6]、彼の「数学的経験」の議論は、「問題」という概念を介して、ドゥルーズの「超越論的経験論」と共鳴する部分が多々ある。以下では彼の議論の中で、特に「問題の要求」と「認識の実在性」という語によって語られる部分を引用しておく。

> 数学者は歴史的な存在であり、偶然的な存在であるから途中でやめることも、疲れ果てることもできますが、問題の要求は、それを解決することになる振る舞いを課し続けます。お望みならば、それこそが、認識の実在性であると述べることでわたしが指し示したものであり、これは人間のなりたちをめぐる人類学や哲学の観点からすると、人間的運命の信じがたい奇跡であると思われるかもしれません。体験された世界における生から独立したしかたで、認識の実在性は、解を要求する問題を、そして必然的な連鎖によって、あるものの外でそのひとを魅惑する問題を提示するのです。この地点では、「実在」という語を除けば、わたしはロトマンからそれほど遠いところにいるわけではありません。感性的実在であるか否かを区別することが重要になるでしょうが、そこでは、彼と、そしておそらくはポール・レヴィ氏とも同意することができません。すなわち、解は、明らかに、提起される問題によって要求されているのです。
> (Cavaillès 1994 : 626)

カヴァイエスは、あくまでも「問題の要求」は経験に内在しているのであり、それを超越したものではありえないと主張する。誤解を避けるために付言するが、カヴァイエスは、叡知的なものそれ自体を否定しているわけではない。重要なのは、それが経験に内在しているということにある。この主張は、ドゥルーズが、「プラトニスムの転倒」によって、「神話の創設」と「土台の設定」を退けることで、根拠となるべき非質料的、非感性的、非身体的な「イデア」と根拠づけられるべき質料的で感性的で身体的な「シミュラークル」を、きっぱりと区別する可能性を退けたことと一致している。

しかし、ドゥルーズとカヴァイエスの思考の間の暗黙の一致をここでこれ以上主張することにはあまり意味がないだろう。なぜなら、テキスト上の根拠が何もないからだ。わたしがこのカヴァイエスからの引用で示したかったことは、ただ一つのことである。すなわち、ドゥルーズが言及するロトマンが位置しているエピステモロジーの文脈において、ロトマンによる以外にも、「問題」と「解」が区別され、かつ「問題」こそが解を「要求」し、「認識の実在性」と本質的にかかわるものであるとみなされ、そしてその「問題」は、まさに「経験」されるものであると理解されていたという哲学史的な事実が存在しているということだ。

さらにもう一つ、ドゥルーズとカヴァイエスのあいだの偶然的な一致に言及するならば、ともにスピノザの哲学を最も重要な哲学的インスピレーションの源泉としていたということを指摘することができる。カヴァイエスにとって、「問題の要求」を介した、「ある概念から別の概念への移行」、ドゥルーズ的にいうなら、「ある特異性から別の特異性への移行」は、「スピノザ的な存在論」に依拠することを要請するものであるとカヴァイエスは述べている。カヴァイエスにとってこのことが一体何を意味しているのか、ということは別に論じなければならないが、看過しがたい一致がそこに見出されることは明らかである。

「プラトニスムの転倒」を経たうえで、なお、「問い」、「問題」、「解」の三幅対で思考することは、問いを存在（ある）と同義とすることにおいてのみ可能となる。つまり、「存在の一義性」とは、この場合、「問い」の「永劫回帰」のことだということを意味する。そして、それは人間の主観的な限定的規定ではなく、存在にかんする規定であるかぎりは、すべての存在者、すなわちすべての「個体」は、永遠に回帰するその「問い」によって生み出される「答え」として構成される「個体化」なのだと理解されなければならない。そして、「問い」は、同時にそのように生じる「個体化」によって巻き込まれた「齟齬」を介して、回帰することになる。「シミュラークル」を肯定する意義は、まさにそこにおいて認められたのだった。

したがって、人間だけでなく、すべての「個体化」は、「問い」の要求にたいして答える「応答」である。そこにおいて、もはや認識をなすことと、存在をなすことのあいだに明瞭な区別はなくなる。「個体化」として現にあるということは、応答するかぎりにおいて認識する（観照する）ことであり、現に認識するということは、応答するかぎりにおいて、応答者として現に「個体化」するということに他ならない[7]。

それゆえ、認識する（観照する）ように存在する（個体化する）ことと、存在する（個体化する）ように認識する（観照する）ことのあいだの識別不可能性[8]によって、問題の理論に基づいた「理解することと」は定義される。ドゥルーズが描いていた、「問い‐存在」へと向かう「プラトニスムの転倒」を経た科学論はおそらくこのような方向を示しているのだとわたしは考える。

3　エピステモロジーの伏流としてのスピノザ、あるいはプラトン

――Knox Peden, *Spinoza contra Phenomenology. French Rationalism from Cavaillès to Deleuze* を読む

本章は、Konx Peden, *Spinoza Contra Phenomenology. French Rationalism From Cavaillès to Deleuze*, Stanford University Press, 2014（ノックス・ピーデン『スピノザ対現象学　カヴァイエスからドゥルーズへ至るフランス合理主義』）について論評しつつ、二〇世紀フランス哲学の一領域であるエピステモロジーとスピノザという一人の近世哲学者との思想史的関係を探求するのに参考となる情報を抜き出すことをその主たる目的とする。そのうえで、ピーデンの議論から見える新たな疑問として、そもそもエピステモロジーの伏流としての「スピノザ」という哲学者の役割を理解するうえで、「スピノザ」だけに注目するだけでよいのか（むしろプラトニスムあるいはギリシア哲学と科学を同時に考慮すべきではないのか）、という問いが生じることを示す。

一　『スピノザ対現象学』の意義

『スピノザ対現象学』の冒頭でも述べられているように、この本は英語でしかフランス哲学になじんでいない読者に向けて書かれている。それゆえその基本的な目的は、既存の（英語圏での）二〇世紀フランス哲学史の理解を更新することにある。標準的な二〇世紀のフランス哲学史として英語圏で参照されるのはフランソワ・ドッスの『構造主義の歴史』（全二巻、英訳は一九九七年）や、Alan D. Schrift, *Twentyth Century French Philosophy : Key Themes and Thinkers*, Blackwell, 2006 などだろう。二〇世紀フランス哲学といえば、「生の哲学」（ベルクソン）、「実存主義と現象学」（サルトル、メルロ゠ポンティ）、「構造主義」（レヴィ゠ストロース、ラカン、ヤコブソン）、「ポスト構造主義」（デリダ、ドゥルーズ、フーコー、ガタリ）という図式が長らく日本においても定着してきたが、たとえば、標準的なフランス哲学小史の一つであるSchrift 2006もまた、その範疇を大きく逸脱していない。『スピノザ対現象学』は二〇世紀フランス哲学のこのような図式的理解を覆し、現代のフランス哲学（バディウを越えてメイヤスーへとつながる）を生み出してきたフランス哲学の系譜を「合理主義」の本道へと返すことを目指しているのではないかと窺わせる。そのため、そこでとられる論述上の戦略は、理論的な分析よりも、もっぱら多様な資料発掘と思想家の言説の横断的な比較をすることで、個々の著作の世界の中に分け入るというよりも（ただし、まったく思想内容に触れないというわけではなく、ある程度までは解説がある）、その著作群の外に広がる非言説的関係性を浮かび上がらせることにある（この点ではある意味でアルシーヴ分析を特化させたフーコーが一つの手本になっているのかもしれない）。それゆえ、論述も哲学的な議論を深めていくというよりも、むしろ哲学史のヴィジョンとしての拡がりの豊かさを求めているように映る。

ただし、最初に述べたような『スピノザ対現象学』の目的も考慮したうえで、この著作での個々の節の議論を反復することは、既知のことがらを多分に含むためにおこなわないこととする。むしろここで本書の価値として注目するのは、一つの書物としてまとめられたある一つの大きなヴィジョンにあるとわたしは考える。したがってここでは、この大きなヴィジョンについて要点をまとめたうえで、さらに細部について意義のあると思われる情報を部分的に取り上げる。最後に、批判しうる点についていくつか述べたのち、わたしの見解を論じる。

二　『スピノザ対現象学』のヴィジョン

『スピノザ対現象学』のヴィジョンは、図3－1を見るのが最も手っ取り早い。『スピノザ対現象学』にしたがえば二〇世紀のフランス哲学の起源は、ブランシュヴィック（Léon Brunschvicg, 1869-1944）のスピノザ論にある。[1] その影響はカヴァイエス（Jean Cavaillès, 1903-1944）とゲルー（Martial Gueroult, 1891-1976）という二人の弟子によって批判的に受け継がれ、カヴァイエスからはドゥサンティ（Jean-Toussaint Desanti, 1914-2002）を介して、ゲルーからは直接にアルチュセール（Louis Althusser, 1918-1990）へと至る。そして、ゲルーからヴュイユマン（Jules Vuillemin, 1920-2001）を経てドゥルーズ（Gilles Deleuze, 1925-1995）へ、またスピノザについてはゲルーから直接にドゥルー

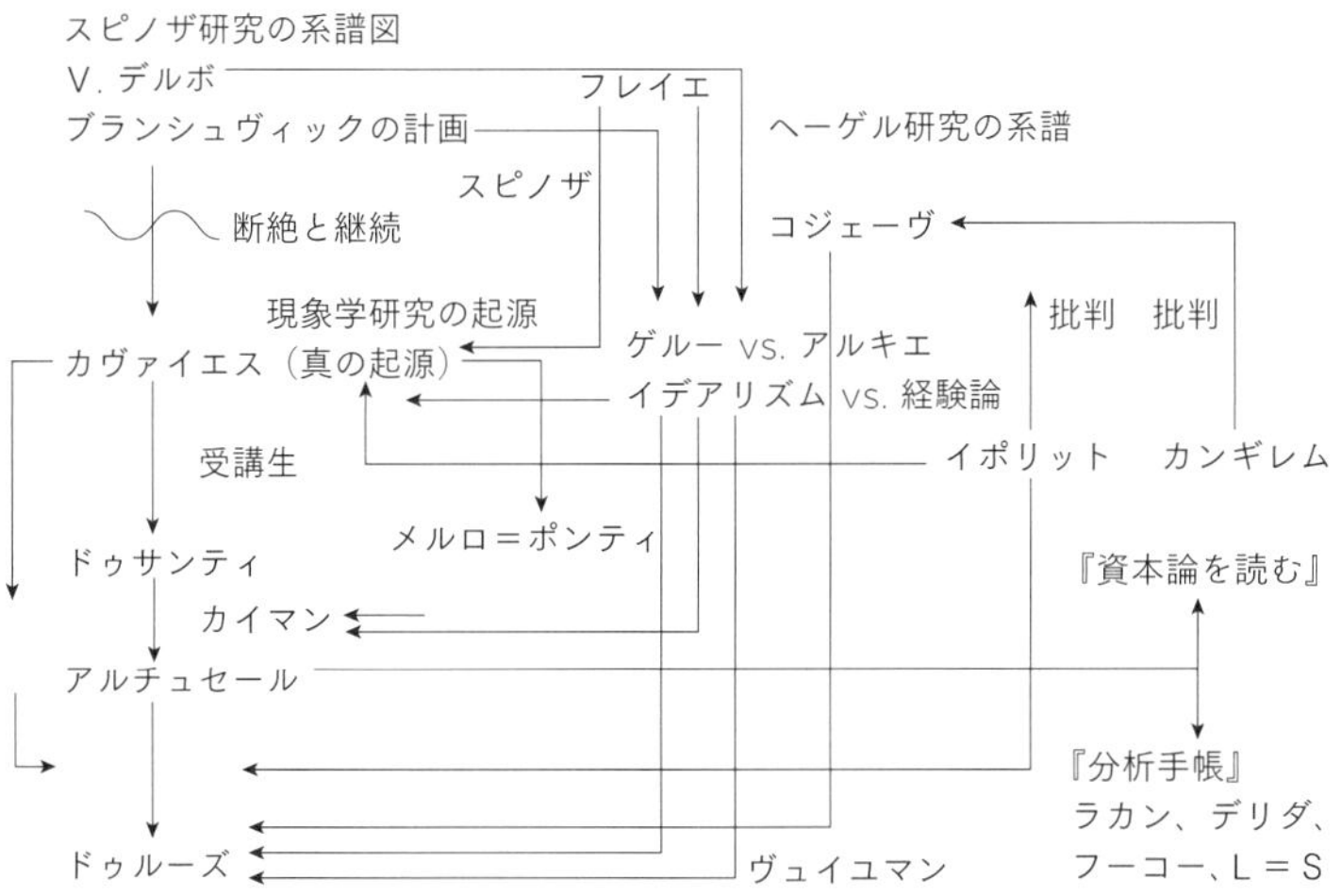

図 3-1　『スピノザ対現象学』で描かれる人物相関図

ズへと続く。

この関係図のなかで、カヴァイエスは現象学の最初のフランスへの紹介者の一人であり、また同時に最初の内在的な批判者でもあったというしかたで、スピノザと現象学の関係がつけられることになる。カヴァイエスにとって内在的であったこの問題は、ゲルーにおいては、アルキエ（Ferdinand Aluquié, 1906-1985）との対立というしかたで現れる。アルキエのデカルト論は、フッサールの『デカルト的省察』の影響下にあることが『スピノザ対現象学』では描かれている（また、アルキエのハイデガー批判がドゥルーズに間接的に影響しているのではないかとの指摘もある）。「エゴ」あるいは「主観性」の経験が形而上学の中心問題となるアルキエと、閉じた哲学体系内部における「概念」と「構造」が問題となるゲルーという対立け、ドゥサンティにおいては、カヴァイエスから引き継いだ

表 3-1　ソルボンヌ、IHST（高等社会学研究所）、カイマンにかんする各系譜

ソルボンヌの哲学および哲学史の講座	ソルボンヌ「厳密科学との関係における哲学」講座の系譜	科学（技術）史研究所の系譜	カイマンの系譜
ヴィクトール・ブロシャール（Victor Brochalrd, ??-1907?） オクターヴ・アムラン（Octave Hamelin, 1905-1907） ヴィクトール・デルボ（Victor Delbos, 1904-1916） レオン・ブランシュヴィック（Léon Brunschvicg, 1909-1939） レオン・ロバン（Léon Robin, 1913-1936） エミール・ブレイエ（Émile Bréhier, 1919-1925） エティエンヌ・ジルソン（Étienne Gilson, 1921-1932） マルシアル・ゲルー（Martial Gueroult, 1945-1951） フェルディナン・アルキエ（Ferdinand Alquié, 1952-1976） ジャン・イポリット（Jean Hyppolite, 1954-1962）	ガストン・ミヨー（Gaston Milhaud, 1909-1918） アベル・レイ（Abel Rey, 1919-1940） ガストン・バシュラール（Gaston Bachelard, 1940-1954） ジョルジュ・カンギレム（George Canguilhem, 1955-1971）	アベル・レイ，1909-1940 ガストン・バシュラール，1940-1954 ジョルジュ・カンギレム，1955-1971 スザンヌ・バシュラール（Suzanne Bachelard, 1972?-1985?） フランソワ・ダゴニェ（François Dagognet, 1986?-??） ジャン・ピエール・セリ（Jean Pierre Séris, 1991-1992） ジャック・ブーヴレス（Jacques Bouveresse, 1992-1995） アン・ファゴ＝ラルジョー（Anne Fagot-Largeault, 1998-2001） ジャック・デュブッフ（Jacques Dubcus, 2002-2009） ジャン・ガイヨン（Jean Gayon, 2010-）	ジャン・カヴァイエス，1931-1935 モーリス・メルロ＝ポンティ（Maurice Merleau=ponty, 35?-39） ジョルジュ・ギュスドルフ（Jeorges Gusdorf, 39-48） ルイ・アルチュセール（Louis Althusser, 48-80） ジャック・デリダ（Jacques Derrida, 65-67） （Shrift 2008：45 より）

スピノザ論ともう一人の師であるメルロ゠ポンティ（Maurice Merleau-Ponty, 1908-1961）から引き継いだ現象学をどう折り合いをつけるかという問題として再び内在化される。この対立関係は、アルチュセールにおいて、今度は科学とイデオロギーの対立関係になり、科学の理論としてのエピステモロジーとイデオロギーの理論としての精神分析という関係に鋳なおされる。

要するに、フランス哲学の本道は、カヴァイエス以来一貫して現象学とスピノザの内的、外的な対抗関係が生み出す振幅現象として理解されるということである。

このヴィジョンが説得的であるのは、その思想的な言説体系によるというよりも、むしろ制度的な言説の分析によるところが大きい。表3－1を見ると、『スピノザ対現象学』で主に扱っているのが、高等師範学校（以下ENS）の「カイマン」の系譜に属している哲学者と、ソルボンヌの哲学あるいは哲学史講座に属している哲学者とに集中していることがわかる。「カイマン」とは復習教師の通称であり、一通りの勉強を終え、哲学教育資格試験（アグレガシオン）の受験に向けた勉強をする高等師範学校の学生のためだけのクラスの教師である。ソルボンヌの教授職は、当時ENSの教授職と兼任であり、アグレガシオン制度において、ENSの教授職とカイマンからの影響力は絶大であることはしばしばいわれることである（Schrift 2008）。そのように同時代にたいして影響力を行使するもの同士のあいだでの世代を超えた直接的な影響関係に焦点を当てることで、ドゥサンティとアルチュセールのような一見すると個別作品内の言説に現れない影響関係を明らかにしているところが、『スピノザ対現象学』の醍醐味であるともいえる。

さらにこのカイマンとソルボンヌの哲学者の系譜が、フランス哲学の本道であるとみなしうる別の理由として、『スピノザ対現象学』でも詳しく扱われている二〇世紀前半から後半にかけてのフランスの政治体制の変化とそれに対応する左派的思想の内実の変化との照応関係が挙げられる。簡単に述べれば、戦前と戦後で、特にフランス共産党の前景化とその後の後退（ポーランド革命などを契機として）を境に、「連帯主義 solidalism」（労働組合を中心とした国家社会主義）から「スターリニズム」、そして「毛沢東主義」へとENSを支配する左派的思想傾向が変化するということである。「連帯主義」と強い関わりのある著名な社会学者はエミール・デュルケイムだが、ENSで影響力をもっていたのは、デュルケイム派の社会学者のセレスタン・ブーグレ（Célestin Bouglé, 1870-1940）であり、カヴァイエスの世代は彼から教育的にも制度的にも強い影響を受けていた。その後、パリの占領と解放において「フランス共産党」がかなり大きな役割を果たすことになることを契機に、それ以前からすでに徐々に拡大していた共産党系の勢力が、戦後になってかなり強化される。その際に思想の側で先頭に立ったのがドゥサンティである。この役割は一九五六年に彼が党を去るまで続くことが、党機関紙の分析などから『スピノザ対現象学』では詳細に描かれる。その後、「スターリニズム」の問題点が明らかになるにつれて「毛沢東主義」が注目を集めるようになり、毛沢東主義をとるアルチュセール（彼はドゥサンティが去った後も党に残っている）の発言力が政治的文脈のなかで強化されるようになるが、その時彼はすでに「カイマン」としてENSの多くの学生に影響力をもっていた。つまり、いずれもここで扱っている哲学者たちによって、当時の政治的、社会的思想の潮流が生み出されていたかあるいは少なくともそれと緊密に結びついていたという歴史的事実が、この系譜の学史的な正当性を補助的に示唆しているのである。

ところで、スピノザをめぐる二〇世紀フランス哲学の迷走の一つの重要な原因は、この政治思想の潮流の変化にあると考えられる。すくなくともカヴァイエスとゲルーは、自らの政治的で宗教的な立場を、スピノザの『エチカ』によって基礎づけようとは考えなかったように見える。確かにカヴァイエスの政治的行動も宗教的行動も、本人も述べているようにスピノザ主義者のものであるとみなされうるが、その一方でそれらの行動が『エチカ』によって、つまり形而上学によって正当化が為されうるとは認められていない。その一方、ドゥサンティもアルチュセールも、ともに『エチカ』という形而上学的体系によって、自らの立つ政治的な立場の正しさを基礎づけようとする（アルチュセールにおける科学としての歴史的唯物論がその最たるものであり、ドゥサンティの場合、たとえば『哲学史入門』における議論に見られる）。この思考様式は、アルチュセールの後にドゥルーズへと引き継がれ、さらにネグリの『構成的権力』およびハートとの共著である『帝国』の議論にまで至る。しかしこの正当化という目的にしたがって、スピノザの『エチカ』それ自体が歪曲されてきたということは、しばしば指摘されてきた(2)。問題がさらに複雑化するのは、この時正当化された立場から批判される対象が常に一つの同じ現象学であり、したがって現象学の対立項としてのスピノザというものの姿が捻じ曲げられている以上、この現象学にたいするスピノザに依拠した批判というものもまた同様にある種の捻じれを含むことになるということである。

スピノザ主義者たちの現象学あるいは実存主義にたいする反感というのは、したがって一枚岩ではないのではないかということは容易に想像することができる。ドゥサンティ以降、そしてアルチュセールに至っては極端に、実存主義と近接関係におかれた現象学は、明確に新トマス主義や宗教系保守派の思想と一緒にされながら退けられる傾向が強くなる。この時、「スピノザ主義＝唯物論＝無神論」という極端な等号化が無自覚的におこなわれることになる。

しかしながらわたしの見解によれば、カヴァイエス自身のスピノザ主義は、その後継者たちのスピノザ主義よりももっと微妙な点で、実存主義的な宗教認識を批判していることになるはずで、その点において唯物論の立場をとる彼らの批判とカヴァイエスの批判を簡単に等号で結んでしまうことはできないように思われる。微妙な点でとここでわたしが述べるのは、カヴァイエスが宗教的なものそれ自体をまるごと否定するのではなく、宗教的なものについての理解をめぐって、理解の内部に対立軸を置きいれるということである。端的にいえば、彼の批判の矛先は、宗教的なものの理解に先立って、その理解の枠組みとして行為と認識が明示的に分けられるという立場（この立場は、エデュアール・ル＝ロワのそれを想起させるが）に向けられる。それとは反対に行為と認識は分離不可能であると考えるカヴァイエスは、認識を戯画化してそれを退けたうえで、人間の行為を住処とする「存在論的神秘」に耽溺する哲学（具体的にここでカヴァイエスが名指しているのはガブリエル・マルセルの『行為と存在』である）を、「哲学の自殺」行為として退ける（Sinaceur 2009 : 28）。認識と行為は分離不可能であると考えるからこそ（つまり認識が行為にたいして優越するがゆえにではない、ということに注意されたい）、カヴァイエスは、数学や現代物理学という思考に内在した概念の哲学を目指したのだった。

したがって、ドゥサンティやアルチュセールのスピノザをスピノザそのものとして受け取れないのと同様に、彼らの現象学批判もまた無批判に受け入れることのできないものである。後で見るように、ドゥサンティの現象学批判がカヴァイエスの現象学批判に基づいたものであり、アルチュセールのそれがドゥサンティとカヴァイエスに基づいたものであるならば、その起源となったカヴァイエスの現象学批判の内実が何だったのかということを理解することが最も重要な課題となるだろう。

カヴァイエスの現象学批判を、先ほどの行為と認識の不可分理性というところから導くなら次のようにいわれうることになる。[4] 認識は行為であり、行為はまた認識でもあるならば、[5] 作出的な effective 認識を離れた認識なるものは存在しえない。カヴァイエスは、フッサールがこの作出的な思考を離れて「超越論的エゴ」へと向かうところでフッサールと袂を分かつ。少なくともカヴァイエスにとっては、概念の思考を基礎づける超越論的エゴにおいてではなく、概念の産出的思考それ自体のうちにこそ、「神的なもの du divin」があると考えられたのである。[6] そこで見出される「神的なもの」においてはもはや、理性と信仰の区別、あるいは理性と感情のあいだの基礎づけ関係的優劣といったものは存在しない。それらは同じしかたでことにあたるのだ。

カヴァイエスの『論理学と学知の理論について』と『連続体と超限無限』の議論を見るかぎり、カヴァイエスのフッサール批判の本質的な点は、人間的な自己意識としての「エゴ」の役割を、あるいはむしろ当時の多くの議論において無批判に前提されていた類的存在としての人間の役割を、イデアの内的連鎖からなる産出的知性へと至る、それ自体不可欠（あるいは不可避）かもしれないが、最終的には捨てられるべき一段階として制限することにあるように思われる。[7] カヴァイエスにとって「自己」＝「エゴ」の「滅却 l'oubli」によって、すなわち「数学のなかで内在的に、愛のなかで超越的に神への接近を顕示するこの必然性に喜んで恭順すること」（Sinaceur 2009 : 27）によって、道は進んでいくである。このカヴァイエスの発想は、単にスピノザの哲学にのみ由来するものと考えるよりも、ブランシュヴィックのデカルトからスピノザへと至る合理性の理解[8]、そしてデカルトとスピノザの合理主義哲学の起源を、プラトンおよびプラトン主義に見るブランシュヴィック、ミヨー（Gaston Milhaud, 1858-1918）、ロバン（Léon Robin, 1866-1947）、ブレイエ（Émile Brhéier, 1876-1952）、レイ（Abel Rey, 1873-1940）、コイレ（Alexandre Koyré, 1892-1964）らの当時の科学史と哲学史の横断領域で研究をしていた哲学者たち（ブランシュヴィックを除けば、『スピノザ対現象学』では彼らについてまったく触れられていない）の見解がその下敷きにあると考えた方が、説得的であるように思われる[9]。

本節での議論をまとめると、『スピノザ対現象学』の議論は、哲学的言説内部の分析に留まるならそれほど説得力をもちえないかもしれない[10]。図3－1のような二〇世紀フランス哲学史についての新しい理解を、教育上の制度の分析と、政治思想と社会状況の変化の分析を関連付けることで、またそのために様々な主著以外の資料を駆使することで説得的なものとしているところにその最大の特徴をもつといえるだろう。

三　『スピノザ対現象学』の細部

『スピノザ対現象学』の細部にかんする重要性は、個々の哲学者の思想内容の要約にあるというよりもむしろ、その個々の哲学者の間の具体的で思想的な連関の根拠にこそある。これについて、特に図3－1と関連する相関関係で、『スピノザ対現象学』から取り出しうるものについて、ドゥルーズに関連するものを除きほぼ網羅的なしかたで本論末尾に附された表3－2において示した。細部において表3－2にまとめられているもののなかでもとりわけカヴァイエスと関連すると思われるところだけ、簡単に抜き出しておく。先ほどの図3－1においては、重要なラインが、カヴァイエス、ドゥサンティ、アルチュセールというものと、ゲルーからアルチュセール、ゲルーからドゥルーズと続くものとして示されていた。このとき、このカヴァイエスからのラインと、ゲルーからのそれという二本のラインが単に平行線以上の内的関係をもちうるということの根拠とされているのは、おおよそ以下のことがらである。(11)

・ゲルーとカヴァイエスの両者がスピノザ主義者である。
・両者がブランシュヴィックとブレイエの弟子であり、この二人から強い影響を受けている。またブランシュヴィックのスピノザ的合理主義を受け継いでいる点でも同じ（Peden 2014 : 69）。
・一九四〇年、クレルモン＝フェランのキャンパスに疎開していたストラスブール大学で一年間ほど同僚だった（ただし実際の交流があったかどうかは不明）（Peden 2014 : 277, n. 94）。
・カヴァイエスとゲルーの両方から影響を受けているグランジェとヴュイユマンがそれぞれ両者のあいだの共通性について論じている（Peden 2014 : 281, n. 8）。

少なくとも確実にいえるのは、この両者の哲学がブランシュヴィックのスピノザ論の影響下において形成されているということであり、これは動かない事実である。しかし、それ以上の根拠については、状況証拠と呼べるものしか挙げられていない。したがって、この点については、おそらくブランシュヴィック以外の筋を考える必要があるだろう[12]。

次にカヴァイエスとドゥサンティの関係である。カヴァイエスから直接教えを受けて影響を受けている哲学者には、ドゥサンティ、ヴュイユマン、グランジェなどがいるが、一九三五年頃からドゥサンティはブランシュヴィックよりもカヴァイエスに惹かれて数理哲学と論理学に取り組み、彼の現象学批判を吸収したことが、ドゥサンティの伝記と講義ノートなどを根拠にして示されている。

ドゥサンティがカヴァイエスから吸収したことがらは、一九四〇年代後半におこなわれた戦争で勉強の中断を余儀なくされた学生のための復習セミナーにおいて、ドゥサンティからアルチュセールへと伝えられることになる。このときに教えられていた内容については、ドゥサンティとアルチュセールの双方のアルシーヴに残されたノート類によって証左されているが、その内容は「古代哲学から「論理主義」や現象学、そしてスピノザの哲学にまでいたって」(Peden 2014 : 98) おり、とくに論理主義と現代物理学の講義のなかに、カヴァイエスからの影響が示されている (Peden 2014 : 139)。

また、アルチュセールから直接カヴァイエスへとつながるのは、ドゥサンティを介するほかに、彼の親友であり早くに自死したジャック・マリタンの影響があることがアルチュセールの伝記資料から知られている。また『スピノザ対現象学』によれば、「アルチュセールのアルシーヴは、彼が比較的若いときに、カヴァイエスの博士論文に親しんでいたことを示すノートブックを含んでいる」(Peden 2014 : 139 ; ALT-A56-11) ということで、当時公刊されて読むことのできた『論理学と学知の理論について』のほかにも、『公理的方法と形式主義』に何かしらの関心をアルチュセールがもっていたことがうかがえる。

四　『スピノザ対現象学』の問題点

根本的な問題点を指摘するなら、『スピノザ対現象学』における「合理主義」や「合理性」という語彙の内実が最初から最後まで曖昧なままに留まっている点が挙げられる。あえていえば、経験や主観性よりも概念や客観的構造を重視し、知覚や感覚よりも知性を重視し、主にスピノザの『エチカ』における二属性の平行論と『知性改善論』における真理の内的規範論に依拠する哲学、ということになるだろう。いいかえれば、『スピノザ対現象学』の見取り図である図3－1のような拡がりにおいて共通点を探せば、せいぜいのところこの程度のものにしかならない、ということなのかもしれないが、これではなぜスピノザでなければならないのか、という疑問に答えることが充分にはできないように思われる。

またカヴァイエスの数理哲学についても、いわゆるカントール主義から続く形式主義者たちの主張をそのまま擁護しているように書いており（Peden 2014：41-42）、またそのことによってスピノザの無限概念と集合論的な超限無限概念とが、カントール的な（つまり実在としての連続体という）発想のもとで結びつけられていることは、カヴァイエス数理哲学の解釈の上でも、スピノザの無限概念の解釈の上でも問題が大きいといわざるをえない(13)。まず、超限無限概念が、（フッサールの意味での）直観的内容をそのまま充足することができないことは、連続体仮説の独立性を考えれば自明である。にもかかわらず、われわれはある種の操作によって非可算無限濃度をもつ集合概念を（公理系の措定という形ではあれ）形成することができるし、それを前提して超限帰納法を用いた証明をおこなうことさえできる。このような事情にたいして、可算無限のみを実体とし、非可算無限を虚構とするのでもなく、非可算無限を実体として可算無限をその制限物とみなすのでもなく、その両者を概念的構成物であるかぎりにおいて（したがってその概念的内容においてではなく）等価とみなす、というのがカヴァイエスの立場であるように思われる。そのうえで、そのような概念的構成を支えるのが、合理的連鎖、イデアの産出的連鎖である以上、そのような知性の能作を受け入れる「場」が必要であることとなる。それこそがプラトン以来の「アペイロン」、つまり「無限（定）」であるということではないのか。むしろスピノザが「無限」と呼ぶのは、こちらの無限ではないのか。そして、カヴァイエスの「無限とともに真の数学は始まる」（カヴァイエス 2013：63）という言葉も（当然、無矛盾性の自己証明が成立しない無限を扱う数学という意味と重ねながらも）この意味において多重に理解されうるのではないか。

『スピノザ対現象学』の議論のもっとも重要な限界は、それが設定している範囲にある。おそらく現代思想、とくに構造主義におけるスピノザの重要性というところから遡行してカヴァイエスに至ったというのが、本書執筆における著者ピーデンの実際的なきっかけであるように推測される。そのため、カヴァイエス以前の文脈から、どのようにカヴァイエスの議論が出てくるのか、ということがここでの議論ではわからない。ピーデンがおこなった制度的分析をさらに推し進めるなら、

表３−１（一行目）にあるように一九三二年に創設された「科学史研究所」ＨＩＳ（後に「科学技術史研究所」ＩＨＳＴと改名、現「科学技術と哲学の歴史研究所」ＩＨＰＳＴ）の役割は看過できず、さらにこれを設立するに至る過程において一九〇九年にガストン・ミヨーのために作られた「厳密科学との関係における哲学」講座、そして、この一九〇〇年前後に非常に活発に活動し始めることになるフランスの科学哲学と古代哲学研究とのかかわりを見る必要があるのではないだろうか。たとえばこの時代、古代の哲学と科学と現代の哲学と科学の関係の平行性と断絶という問題について論じた哲学者として、先ほど述べたブランシュヴィックやミヨーに加えて、タンヌリ（Paul Tannery, 1843-1904）やデュエム（Pierre Duhem, 1861-1916）などがいることを想起せねばならない。さらに、この時期のソルボンヌにはスピノザとカントの研究で知られるヴィクトール・デルボ（Victor Delbos, 1862-1916）がいた。そしておそらくはその背景にあって、ミヨーやデルボと深く関係している、ドイツにおける哲学史研究の蓄積の影響を受けたブロシャール（Victor Brochard, 1848-1907）などの仕事を参照せねばならないだろう。

そして、この観点を導入することの一つのメリットは、ベルクソンの位置とその影響をもう少しはっきりとさせることができるということにある。ベルクソンの位置自体が、まさに科学史、科学哲学、古代哲学の三領域にまたがるものであることを考慮すれば（ベルクソンのコレージュ・ド・フランスでの最初の講座は「ギリシア・ラテン哲学」である）、ブランシュヴィックとバシュラールのベルクソンにたいする親近感と批判の両面を理解することができるのではないか。つまり、親近感とはその背景にある問題意識、つまり科学史、科学哲学、古代哲学という三領域を横断した新たな形而上学を目指すという意識にたいするものであり、その批判は、その問題意識にたいするベルクソンの解決の不十分さの指摘、より完全な観念論の構築を目指した視座からでの指摘であったと理解することができる。したがって、この共通点をしっかり押さえないかぎり、そこでの論争は（たとえば主知主義か主意主義かといったような）不毛な党派争いに過ぎないということになりかねない。

さらにブレイエの新プラトン主義をめぐる議論はカヴァイエスに強い影響を与えているように思われるが（cf. Cavaillès 1928）、この影響はブレイエがベルクソンの「プロティノス講義（一八九八－一八九九年）」（『ベルクソン講義録　第四巻』所収）を受講したことにまで遡る。またブレイエは『現代哲学入門』で、ベルクソンとブランシュヴィックとブロンデルの三人を当時の二〇世紀の新傾向（スピリチュアリズム）を代表する思想家とし、「ベルクソンの師匠だとしてもベルクソンを貶めることにならないスピノザ、及びプロティノスの説」（ブレイエ 1953：12、強調は引用者による）と述べているように、カヴァイエスにおけるスピノザ的な「ラディカルな合理主義」も、このような新傾向のなかの一つの変奏として見るべきではないだろうか。

このような『スピノザ対現象学』が設定している枠をさらに拡張することで得られるヴィジョンにおいて、もはや現象学かスピノザかという対立は消え去り、いずれもが古代から現代へと続き（あるいはむしろ現代において復活した？）、また厳密科学の進展とともにあったイデア論を理解するひとつの試みとして理解されることになるのではないか。[14] 以上の論点を『スピノザ対現象学』にたいする根本的な批判とそれを越えたさらなる研究の方向性として示し、本章を閉じることとしたい。

表 3-2 『スピノザ対現象学』における詳細部分

	『スピノザ対現象学』内からの引用あるいは要約（冒頭の数字は、『スピノザ対現象学』の対応頁数）
ブランシュヴィックとカヴァイエス	「ブランシュヴィックの計画」：科学史の内的原理としてのスピノザの認識論、すなわち「観念の観念」＝「意識の観念」としての真理の方法と見る批判的観念論あるいは合理主義的観念論。『数理哲学の諸段階』 「カヴァイエスは、ブランシュヴィックが代表していた時代精神である「共和主義」（第三共和政の精神）に強く共鳴していた。」 （補足：ブランシュヴィックと同様に強く影響を受けているセレスタン・ブーグレは、この「共和主義」の社会学的かつ政治的実現を目指す「連帯主義」solidalism の伝統を受け継ぐデュルケイムとの関連の深い社会学者。ブーグレの前が、レオン・ブルジョワ。系譜にはほかにプルードン、モースなどが位置づけられる。ブランシュヴィックの政治的立場は、これらの社会学的な実質を伴っていた者と思われ、またさまざまな制度的、社会的な決定（講座新設等含む）もこの理念とある程度合致しているものと思われる。30 年代後半から、ポール・ニザンの『番犬』に現れるように、フランス共産党系から、この「共和主義＋連帯主義」にたいする批判が激しくなる。）
ブランシュヴィックとゲルー	(69)「ゲルーは、ブランシュヴィックとブレイエから大きな影響を受けた。ブランシュヴィックのあとで、その代わりに 44 年からソルボンヌで教えた。」
ブランシュヴィックとドゥサンティ	(106-107)「ドゥサンティがブランシュヴィックについて好んだことは、第 1 章でブランシュヴィックのスピノザ主義と同定されるものである。ブランシュヴィックは、エンゲルスの意味でイデオロギー的な本質を残している点で批判される。」 (272n24)「1993 年の『数理哲学の諸段階』への序でドゥサンティは、ブランシュヴィックが彼自身のスピリチュアリズムと対抗馬であるベルクソンのそれとをいかに巧みに和解させたのかということについてコメントを書いている。」
カヴァイエスとドゥサンティ	(8, 47)「ドゥサンティは、カヴァイエスがカイマンだった時代とその後、およびパリに戻っての二年のあいだに大きな影響を受けた学生のひとりである。」 (61)「カヴァイエスのもっとも直接的な後継者。」「カヴァイエスは常にヘーゲルを「信用」していなかったとドゥサンティは述べている。」 (95)「コルシカ生まれ。数学、ラテン語、ギリシア語という古典的な科目の知識を強化するためにパリに来たが、数学的背景によってカヴァイエスの教えを受けるように導かれた。当時哲学の『王道』だったブランシュヴィックによって与えられていた哲学にはなじめなかった。つまり、それはプラトンであり、デカルトであり、スピノザであり、最も人気だったカントである。カヴァイエスは論理学に技術的な焦点をより狭く当てていたので、このことがドゥサンティを彼にいっそう近づけた。」 (97)「35 年以降、カイマンとなったメルロ＝ポンティから現象学の教育を受ける。カヴァイエスとメルロ＝ポンティのあいだの緊張関係が、ドゥサンティの哲学を形成している。」

	(98)「ドゥサンティはカヴァイエスの最後の学生の一人であり、同時にアルチュセールの最後の教師でもある。1940年代にドゥサンティはENSで非公式のセミナーを開催しており、第二次世界大戦で教育が中断されていた学生、アルチュセールのような、の再教育のためにおこなわれていた。アルチュセールのアルシーヴにはこのときの授業のノートを含んでおり、それは、古代哲学から「論理主義」や現象学、そしてスピノザの哲学にまでいたっている（注15：ファイルALT2-A56を参照せよ。そこにはフッサールについておよび物理学の発展についてのドゥサンティの講義に充てられており、そこでは古代思想と現代の出来事にも言及されている。ALT2-60-09は、ドゥサンティのスピノザ講義に充てられている。これらのファイルはIMECのアルチュセール文庫にある。287 n15)。ドゥサンティのアルシーヴにはこの同じ時期からスピノザについてのノートが含まれており、そのいくつかは講義の教材のように見え、そのほかは公式の出版物のためのドラフトのようである（注16:ドゥサンティの書類は、公式にはIMECの管理下に置かれているのだが、整理の過程で、（正式にはフォントニー・サン・クロードに、しかし現在はリオンにある）ENS-LSHのキャンパスの、ジャン・トゥサン・ドゥサンティ研究所に保存されている。研究所のヴァーチャル資料で閲覧可能。)。 (108)「ドゥサンティの後期の著作は、カヴァイエスのプロジェクトを要約したものであって、それは彼の最初の師によって解かれなかった問題のいくつかに挑戦するものとして読むことができる。実際、『数学的理念性』におけるプロジェクトは、「イデアのイデア」というスピノザ的原理からインスパイアされている「主題化」の神秘を開くための努力である。スピノザの観点において、またカヴァイエスによる拡張された観点においては、唯名論的である「第一の」イデアは、そのようなプロセスにとっては物質性をもたないものが何であれ、何らかの物質的現れの認識である。しかしながら、このアプローチの問題は、のちにドゥサンティを試すことになる。すなわちプラトニスム的観念論への後退。(Desanti, “A Path in Philosophy”, in Philosophy in France Today ed. Alan Montefiore, trans. Kathleen McLaughlin, 51-60を参照)」 (286n5)「カヴァイエスのMAFのHermann社からの再販版へのドゥサンティの序「ジャン・カヴァイエスの思い出」を参照せよ。そこで彼は、彼のメンターについて「自身のことをスピノザ主義者だと考えていた彼（カヴァイエス）」というしかたで言及されている。」
カヴァイエスと メルロ＝ポンティ	(96)「メルロ＝ポンティがカヴァイエスの後任のカイマンで、ドゥサンティの教育にあたった。」 （カスー＝ノゲスによる調査結果など（メルロ＝ポンティと一緒にルーヴァン・カトリックのアルシーヴに行ったことなど）は書かれていない。）
カヴァイエスと イポリット	(61)「イポリットは、カヴァイエスの議論の多くとヘーゲルの『論理学』の議論の多くが近い関係にあることについて熱心に註釈をつけている。」 (28n130)「『論理と実存』52-53と「数学的思考」でのイポリットの発言で、数学が自律的な本質的生命をもつことに同意している。」
カヴァイエスと アルチュセール	(8-9)「マルクス主義は、後にアルチュセールがその砂の上に彼の線を描くことになる地面ではあるのだが、彼の議論の実体は、それとは別のところでカヴァイエスとゲルーによって展開されたスピノザ主義的合理主義と共鳴している。」

	(139)「より困惑させるのが、カヴァイエスの主題である。というのもカヴァイエスはアルチュセールの著作を通じて一貫して称賛されるものの、スピノザ自身ほどには理論的な関心が向けられていないからである。ドゥサンティの論理実証主義と現代物理学の講義は、カヴァイエスの理論的な影響を示している（注 52 ALT2-A56-12）。そしてアルチュセールのアルシーヴには、彼が比較的若いときに、カヴァイエスの博士論文に親しんでいたことを示すノートブックを含んでいる（注 53 ALT-A56-11）。大仰なレジスタンスの神話的立像は、彼のアピールのなかで更なる役割を演じさせたはずである。カヴァイエスは、彼の時代の最も高く評価されたノルマリアンであり、彼のヒロイズムは伝説であった。彼の現象学のヴァリアントである実存主義にたいする反感はよく知られていたし、彼のフッサールとのより技術的な決裂は、彼の出版された本の中で読むことができた。」 (140)「アルチュセールの友人であったジャック・マルタンが、カヴァイエスとカンギレムを発見し、アルチュセールに影響を与えたらしい。」 (302n37)「バタイユの論集に所収のアルチュセールの「唯物論」の項目を参照。バタイユとカヴァイエスに似ているところがないわけではないことが示唆されている（実質的な関連資料はなし）。」
ゲルーと カヴァイエス	(277n94)「カヴァイエスと同様に、ゲルーはブランシュヴィックの教育によって形成されているが、彼のブランシュヴィックとの接触は、第一次世界大戦前にまでさかのぼる。カヴァイエスとゲルーは短い期間ではあるが、第二次世界大戦のあいだ、一時的にクレルモン＝フェランのキャンパスに移動していたストラスブール大学で同僚だった。しかし、これらの思想家がお互いに影響を与え合ったという証拠はない。構成主義から区別された生成主義についてのカヴァイエスとゲルーのあいだの類縁性を考えるために、ドッス『構造主義の歴史Ⅰ』とグランジェ「ジャン・カヴァイエスと歴史」を見よ。」 (281n8)「カヴァイエスとゲルーの間に個人的な関係はほとんど存在しないが、グランジェとヴュイユマンの著作がそのあいだの実質的なつながりを代弁している。」（ただしグランジェの論文には、一回だけゲルーへの言及があるがそこでゲルーについて詳述しているわけではない。ゲルーへのまとまった記述は、*Hommage à Martial Gueroult* のグランジェとヴュイユマンの記事。その他はヴュイユマンなどの著作からの間接証拠のみ。雰囲気以上の決定的証拠と呼べるものはないように見える。）
ドゥサンティと メルロ＝ポンティ	(96)「（メルロ＝ポンティがメンターだった時の話。ドゥサンティ曰く、）「わたし自身は遍在する神として思考しているので、わたしのなかにあるイデアの連結と内的産出と一致している。」それにたいしてメルロ＝ポンティは、目線を上方に泳がせつつ曰く、「ドゥサンティ。君が今しがた述べたその言葉に何らかの意味を君が真剣に認めることは、それがどんな意味であれ、不可能であるようにわたしには思う。わたしの立場としては、今わたしが聞いたとおそらく考えられるいかなることをうそぶくことはできない。」ドゥサンティはこのとき、メルロ＝ポンティがいったことの意味を真剣には理解することができなかった。できるようになったのは後年になって、連続体の記号標記について考えるようになったとき。2 の χ 乗という記号の「意味作用の直観」を実効的に「満たす」ことは不可能であるということを考えるようになってから。」

ドゥサンティとアルチュセール	(100-102)「ドゥサンティは、1940年代に、アルチュセールを党（フランス共産党）に勧誘している。」 (135)「ドゥサンティとアルチュセールは、40年代に、前者が後者にスピノザとフランス共産党を教えたという点で強く結びついているし、実存主義（さらには諸々のブルジョワ哲学）を敵としている点でも一致している。その亀裂を決定しているのは、一つは、ドゥサンティの政治的な判断ミス、つまりフランス共産党におけるスターリニズムの固持と、現象学における意味の源泉としての「自我」の保持である。アルチュセールの哲学は、この二点への批判として理解することができる。」 (291n71)「1948年3月18日におこなわれたドゥサンティによるスピノザについての講義のアルチュセールによる手書きノートからの抜粋。「宗教と数学のあいだでのこの感染。」「数学の知識は救済を意味している！」「この物理－宗教－数学のあいだの感染、この相互作用は、それらの反省の水準の外部であるある起源を必要とする。」「スピノザの時代のこれらの［等しくない］要素のあいだの具体的なリンクを求めること？三つの要素は、ブルジョワジーの誕生を表している。」」（すべての強調は原典による。ALT2-A60-09, Notes sur Spinoza (2), Fonds Althusser。ここでいわれる宗教－数学－物理学のトリアーデは、カヴァイエスのそれとよく似ている。）
アルチュセールとメルロ＝ポンティ	(136-137)「若きアルチュセールにとっての教師、メルロ＝ポンティ。」 (140)「アルチュセールは、メルロ＝ポンティを、一九世紀のフランス思想（クーザン、ラヴェッソン）のなかで制度的に最も支配的であったスピリチュアリズムの復活として見ている。」 (296n36)「アルチュセールは、サルトルよりもメルロ＝ポンティを好んでいた。」
アルチュセールとグループスピノザ	(176) グループスピノザの図 (177-178)「不幸なことに、「他者のイメージにおけるスピノザ」と、この箱に入っているスピノザとをつないでいるラインによって意味されているかもしれないことを示唆する補助資料は、この文章資料の中には存在しない。(Michel) Tortがいうように、フランス哲学のなかで当時いくつかの流行のスピノザのイメージがあることを伝えようとしていたということがもっともらしい。」
アルチュセールとゲルー	(282n8)「ゲルーのスピノザ論が、ENSの学生のあいだで「グレートヒット」だったことをアルチュセールは『未来は長く続く』で述べている。」「ゲルーの徹底したノンポリなスピノザ解釈に不満を述べている。」

4　ドゥルーズはシモンドンの議論をいかに理解し使用したか

――ドゥルーズの忠実さと過剰さ

一　導入と概要

ジルベール・シモンドン（Gilbert Simondon, 1924-1989）の哲学は、メルロ＝ポンティの現象学とカンギレムの科学認識論の影響のなかで形成された彼特有の個体化論と技術論が、ドゥルーズやラトゥールを介して近年のフランス哲学に大きな影響を与えていることで知られている。シモンドンの哲学を科学認識論的な観点から見たなら、特に物理学（宇宙物理、量子力学を含む）、機械学、電子工学、サイバネティクス、生命科学、認知科学についての認識論的研究を多く残していることが注目される。特にその文体は極めて認識論的なものであり、科学技術という対象についての「厚い記述」のなかに、間欠的に認識論的なメタ分析が挿入され、それらが一体となって著作のなかに織り込まれている。また、彼の主著『形態と情報の概念からみる個体化』（一九五八年に書かれたとされるシモンドンの国家博士論文。このうちの第一部が一九六四年に『個体とその物理生物学的発生』としてフランス大学出版局より公刊された。ドゥルーズが参照するのは主にこの版）では、科学の歴史を扱うというよりも、「宇宙発生論」（コスモゴニア）的観点から、[1]物理的なもの、生物的なもの、心理的なもの、集団的なものが、それぞれの「個体化」をとおして順次構成的に発生していく（つまり階層を創発していく）過程が描かれる。[2]本章で用いる「宇宙発生論」（的）という語の意味の広がりは、それほど確定的なものではないが、その語が適用される範例としてプラトンの『ティマイオス』の記述を含むようなものとして理解されたい。現代風のいい方と比較すれば、ある意味では英語圏における「自然主義 naturalism」という語の使用と重なる部分も少なくない（ただし、それらのあいだの根本的な差異は、「宇宙霊魂」（プシュケー・コスムー）の議論を含むかどうかにあると思われる）[3]。

シモンドンの記述においては、当の過程を統一的に見ることを可能にする「トランスデュクション」「情報」「個体化」「内的共鳴」「準安定性」「ポテンシャル」というメタ的な（記述的な）諸概念が、実際に用いられることをとおして、その記述を読むものの目にそのような認識論的な諸概念として実際に浮かび上がってくる。そのようなシモンドンの記述がもつ科学認識論の文脈における固有性は、この階層創発的な「宇宙発生論」の視点にあるといえるだろう。シモンドンの個体化論における形相‐質料図式への批判の起源（形相‐質料図式は、根本的には形態分類学の発想と結びつき、そこにおいて発生学的、系統学的発想はうまく機能しない）は、この視点にあるのであって、この点を理解しなければ、その批判の意味もなさないことになろう。

それにたいして、逆に科学認識論がもっている、学知固有の内的生成の線的あるいは面的な歴史を記述するという側面は、他の科学認識論者（たとえば、カヴァイエス、カンギレム、フーコー、グランジェ、シナスールら）の記述と比べて幾分弱いといわざるをえない[4]。ただ、「宇宙発生論」的視点と、学知固有の内的生成の視点をどうやって連絡させるのか、という問題意識は、（ブランシュヴィックにおいてはいまだ潜伏的であったが）次世代のジャン・カヴァイエスやアルベール・ロトマンの記述にはすでに垣間見られる[5]。特にカヴァイエスの影響を強く受けつつ、またシモンドンにたいして指導教員として強い影響を与えたジョルジュ・カンギレムの論文（一九六六年）の「概念と生命」（『科学史・科学哲学研究』ヴラン社一九六八年刊所収）にもそれは比較的はっきりと見られる[6]。したがってその意味では、シモンドンの固有性は、科学認識論の研究文脈に伏してあった問題意識を、一つの方向に明確に分化させたことによって生じたのだともいえるだろう。

本章は、シモンドンの哲学それ自体を論じるのではなく、あくまでジル・ドゥルーズによるシモンドン哲学の使用に問題を限定して論じる。それにあたって、まず本章末尾に付された表4－1に、ドゥルーズによるシモンドンへの明示的言及を列挙して配列した。最初にこの表4－1からわかることを簡単に述べる[7]。そのうえで、ドゥルーズの論じるシモンドンとシモンドン自身の哲学との差異について論じる。最後に、より大きな視点から（特に宇宙発生論的視点から）ドゥルーズとシモンドンの共通性、あるいはドゥルーズがシモンドンを貫いてその外に見ている忠実さと過剰さについて論じる。

二　資料からわかること

（1）シモンドンへの言及箇所を類別すると、大きく三つの部分とそれ以外に分けられる。

（Ⅰ）強度的な内的共鳴システム（『個体とその物理生物的発生』：20以下：つまり「序論」に相当）

（Ⅱ）質料形相図式批判、煉瓦造り、木のひき割り、冶金術（同上：28-60：つまり第一部第一章[8]「形相と質料」に相当）

（Ⅲ）生体膜、内と外、脳、位相幾何（同上：260-265：第二部第二章第二節「情報と個体発生」特にそのなかの「五　トポロジーと個体発生」に相当）

（Ⅳ）それ以外（ホドロジー空間批判、『技術的対象の存在様態』第一部第一章第四節「ある技術系統の絶対的起源」への参照）

（2）type I に属するシモンドンの強度的な内的共鳴システムは、『差異と反復』の主題であったが、『意味の論理学』の第一五セリー以降、明示的には登場しない。ちなみに、第一五セリーでは、『差異と反復』で特異点の理論家として登場するロトマンと並置されているが、「膜」についての言及が付加され、参照箇所も序論ではなく type III に向けられている（type I の言及先である「序論」には「膜」の議論が存在しないことに注意されたい）。

（3）第二八セリー以降、type III に属する表面、内部と外部の境界、位相空間、脳という主題が明確にせりあがってくる。これは、『シネマ2』、『哲学とは何か』で重要な主題として再び取り上げられる。しかし、『シネマ2』で同個所の参照はあるが、『哲学とは何か』で脳について論じている箇所など、ありそうな場所は多数あるが実際には参照されていない。

（4）表面、内部と外部の境界は、そのまま type II『千のプラトー』における「中間的媒介」の議論につながる。中間的媒介の議論は、シモンドンの質料形相図式批判と関連付けて『千のプラトー』で中心的に論じられる。特に、これが「物質の流れ」、「機械状系統流」、「冶金術」（「マイナーサイエンス」）と関連付けられる点で、『千のプラトー』では『差異と反復』とは異なるしかたで、シモンドンが前景化されている。

（5）しかも、シモンドンをフッサールと併記していることも、ドゥルーズが用いる「超越論的」という語の内実を理解するうえで重要である（『意味の論理学』では暗に、『千のプラトー』では明示的に、『フーコー』でも暗に）。

（6）『意味の論理学』第一五セリー以前までは特異点の思想家だったシモンドンだが、『千のプラトー』では「此性」としての特異性の理論家というしかたで、復活している。しかし、理論的な問題としては、『千のプラトー』の「此性」と関連付けられた「特異性」の議論が、どこまで実質的に『差異と反復』などにおいて論じられた「特異性」（「特異点」）の議論と一致するのかということは別の問題である。

（7）鋳造と変調という主題は、type II に属し『千のプラトー』のなかにすでに表れているが、主題的には論じられていない。むしろ『感覚の論理』以降で前景化し、『シネマ1』、『襞』で繰り返し論じられる。

（8）時間系列で見れば、「強度的な内的共鳴システム」→「膜あるいは表面」→「脳（大脳新皮質）

＝形而上学的表面」→「中間的媒介」→「機械状系統流＝物質の流れ」→「鋳造と変調による対象の連続的規定」と進んでいる。

（9）type I で論じられる内的共鳴が生じる「場」milieu と、type II の「中間的媒介」は、シモンドンにとっては同じものである。そしてこれが、生物においては type III で論じられる「膜」あるいは「脳表面」ということになる。

（10）その意味では、ドゥルーズの参照は一貫している。しかし、ニュアンスの置き所が、システム論的なところから、内在的なところへと移っている。いいかえれば、原理的なものから、中間的なもの、媒介的なもの、膜、表面的なものへと移行している。この移行は、ドゥルーズが『意味の論理学』イタリア語版への覚え書き」（『狂人の二つの体制　一九七五―一九八二』所収）で書いているドゥルーズ自身の関心の遷移（「高所」と「深層」の対から「平面」への移行）とおおよそ一致している。

三　ドゥルーズとの差異

シモンドンの議論それ自体は、徹底的に階層的であり、その意味では、ドゥルーズの議論よりも分析系科学哲学の議論にある物理主義＋創発的階層の議論のほうにむしろ近いと評価することもできる。[9] 最も基礎的な分子的なものから順に、大きな物体が形成され、生物が形成され、生物集団と心理的なものが形成されていく。その際、常に下位の階層の余剰（これがシモンドンのいう情報の根本である）が異なるスケールをもつ次の階層の組織化を促し（そのとき、下位の階層の余剰は上位階層にとっての問題として現れる）、それが次々と繰り返されていく。したがって、シモンドンの議論それ自体は、万物の生成つまり「自然」を論じつくすものとなっている。

しかし、ドゥルーズの議論の観点から見た場合、この「階層性」（階梯性 échelles）と「スケール」ordres de grandeur の存在、より正確には線形的な「階層性」と「スケール」のもつ整列性は極めて不都合である。『差異と反復』で、ドゥルーズは繰り返し、このような線形的な「スケール」と「階層性」のもつ整列性を厳しく批判しているからだ。だから、シモンドンの議論において「階層性」と「スケール」が線形性と整列性をもつという一点だけが、ドゥルーズの議論のうちに取り込まれるときに意図的に退けられている。その作業がなされているのが以下の個所である。(10)

異質なあるいは齟齬する諸セリーそれ自身を関係＝比の状態に置くような二階の即自的差異、つまり暗き先触れを、わたしたちは齟齬をきたすものと呼ぼう。関係＝比の状態に置かれた差異の相対的な大きさを決定するのは、どの事例においても差異の置き換え空間とその偽装プロセスである。あるいくつかの事例においては（つまりあるいくつかのシステムにおいては）活動状態にある差異の差異は、「きわめて大きく」なる可能性があり、別のシステムでは「きわめて小さく」なるはずだということは、たしかに周知の事実である。（原註25）（ドゥルーズ 2007a：323-323、一部訳を変更したところがある。）

齟齬する諸セリーとそれらの内的な共鳴が、システムの構成において重要であるということについては、ジルベール・シモンドン『個体と個体の物理・生物学的発生』二〇頁を参照されたい（ただしシモンドンは諸セリー間の類似の要請、あるいはそこで作動する諸差異の小ささの要請が条件となると主張している）。（ドゥルーズ 2007a：462、第二章原註二五）

しかし、後者の事例に、類似を事前に要請することの純粋な表現があるとみなし、この類似は、前者の事例ではただひたすらゆるんで、地球的な規模で広がるのだと考えるなら、それは間違いだろう。たとえば、齟齬するセリーにほぼ似ているという必要性、振動数は隣接している（ωがω_0と隣接している）という必要性、要するに差異は小さいという必要性が主張されている。しかし正確には、もろもろの異なるものを連絡の状態におく作用者の同一性を前提する場合、たとえ地球的な規模であっても「小さい」差異など存在しない。小と大は、わたしたちがすでにみたように、《同じ》ものと似ているものとの基準に即して差異を左右する以上、その差異に対しては、到底うまく適用されるものではない。（ドゥルーズ 2007a：323、下線による強調は引用者による。）

以上のシモンドンにたいするドゥルーズの批判を、ドゥルーズ特有の「プラトニスムの転倒」の観点から読むことができる。「プラトニスムの転倒」といっても、プラトンの全否定ではないことに注意されたい。むしろ後期プラトンが行きつく先、あるいはそれが含みもっていたものとしての「プラトニスムの転倒」をこそドゥルーズは肯定する。同一性、類似性だけで議論が成立することはなく、差異が、つまり〈異〉[11]の類が不可欠であり、それによって、「あらぬ」(異－有)があるという議論を展開したのが、後期プラトンの『ソピステス』であり、この「あらぬ」を論じるにあたって、「ある」ものの模倣である「似像」(＝エイコーン)から区別された、「あらぬ」ものの模倣としての「見かけだけの像」(＝パンタスマ)が措定される。ソフィストは、この「見かけだけの像」を「物真似」によって提示する技術をもつものとして、定義される。そして、この「見かけだけの像」こそが、ドゥルーズが「コピー」(＝「似像」)から区別された「シミュラークル」と呼ぶものである。「階層性」は、ドゥルーズが『スピノザと表現の問題』「第一一章」や「内在性の浜辺」(『狂人の二つの体制　一九八三―一九九五』所収)で論じているように[12]、類似性、コピーとモデルの関係によって成立する。これにたいして『差異と反復』の論理は、徹底して「シミュラークル」の論理である以上、このような「階層性」をそのまま引き受けることはできない。それゆえ、シモンドンが非常に重視した「スケール」と「階層性」そして、それらがもつ線形性という特徴を、ドゥルーズは徹底して排除したうえで、自身の議論に取り込んでいるのである。

ちなみに、そこで反論の根拠となっている小と大の批判についても、後期プラトンの『テアイテトス』(154B-155D)におけるプラトン自身による批判と同型のものとみなしうる。要するに、基準がなければ、大も小もないが、基準とはそもそも「同一性」に基づくのであり、差異がそうでない以上、大と小を、差異について適用することはできないというものである(プラトン自身による小と大の批判については、藤沢 2014：130-152 を参照されたい)。

このシモンドンの議論からの「スケール」と「階層性」のもつ線形性と整列性の排除という点に

ついては、『差異と反復』以降でも維持されており、特に、「リゾーム」と「機械状系統流」とシモンドンの議論との関係が明示的になる『千のプラトー』では、この前提抜きにはシモンドンを参照する議論はまったく理解できない。しかしその一方でシモンドンの立場からすれば、ドゥルーズがいうような「スケール」と「階層性」が線形性と整列性をもつという条件の排除は、シモンドンの議論を本当に無傷なものに残すのか、ということを問い返す必要がある。この点では、ドゥルーズとシモンドンの技術論ないし個体化論は、安易に同一視することができないのである。

四　ドゥルーズの過剰なる忠実さ

ドゥルーズの『千のプラトー』の議論は、マヌエル・デランダが印象的に描きなおしているように（DeLanda 2000）、一つの現代的な「宇宙発生論」として読むことができる。ただしそれはあくまで地球生物の進化史の観点にとどまっていると指摘することはできる（これにたいしてデランダ自身は、宇宙進化史の観点ともそれをはっきり接続させている）。それが『千のプラトー』「一二　戦争機械と遊牧論」で展開される「機械状系統流」と「冶金術」の問題である。「宇宙発生論」的な視点を介在させて『千のプラトー』を読むことで理解可能になるのは、シモンドンとドゥルーズが共有する技術論の文脈が、なぜハイデガーのそれ（技術批判のための技術論）と大きく異なるように見えるのか、という点である。プラトンがかつて論じていたように、宇宙と自然と生物を生み出す神（デミウルゴス）の技術は、人間の技術と類比的（比例論的）に理解されるのであり、すなわち人間の技術は、神の（つまり自然を生み出す自然の）技術の「似像」あるいは「模倣」として理解される。比例論的には、人間的技術は、自然的技術の一部に過ぎない以上、人間的技術は、その根本において自然的技術を前提し、それにしたがうものでなければならない。シモンドンが描きドゥルーズが参照する「木のひき割り」の例は、まさにその典型であろう。

たとえば、木のひき割りという操作が木の繊維の波状の変化や歪みといった変化に合わせて行なわれるように。他方では、形相的本質から導かれ物質に実現される本質的諸特性に、あるときは操作の結果として生まれ、あるときは反対に操作を可能にする、強度の可変的情動を付け加えなければならない――たとえば、木材の多孔質の程度や弾性や抵抗力の程度。いずれにせよ、重要なのは、木に随うことであり、質料に形相を押しつける代わりに、さまざまな操作と木の物質性を連結しながら木そのものに随うことである――法則に服従した質料よりもノモスを持つ物質性に、質料に特性を伸しつけうる形相よりもさまざまな情動を構成する表現の物質的特徴にしたがうことである。（ドゥルーズ＋ガタリ 2010c：123）

ドゥルーズはシモンドンの議論から「スケール」と「階層性」が線形性と整列性をもつという条件を取り払いながらも、その冶金術的な側面、つまり自然の技術と人間の技術の連続性を主題化することで、シモンドンの意図とは異なるしかたで、宇宙発生論的な側面を取り出すことに成功している。そして、この宇宙発生論的な議論の文脈こそが、ある意味では、「超越論的哲学」（つまり、超越論的経験論）が解体再構成されるべき場所である、ということが、二度にわたるシモンドンとフッサールの併記によって示されていると考えられる。

なぜ機械状系統流すなわち物質の流れは本質的に金属的なのか、あるいは冶金術にかかわるものであるのか、という問いである。ここでもまた、ただ明確に区別された観念だけがこの問いへの答えを与え、移動生活と冶金術のあいだには特別な基本的関係（脱領土化）があることを示しうる。しかしながら、フッサールやシモンドンを引きながらわれわれが援用したもろもろの例は、金属だけでなく木や粘土にかんするものであった。さらに、草や水や獣の群れの流れも存在し、それぞれ系統流つまり運動する物質を形成するのではないだろうか？（ドゥルーズ＋ガタリ 2010c：127）

宇宙発生論的な文脈それ自体を超越論的なものとしてとらえる（ここにドゥルーズの後期哲学を「自然主義」と呼びうる一つの根拠がある）ことで、シモンドンとフッサールをその中で癒合することがドゥルーズの意図であろう。もしそうでないのだとしたら、シモンドンとフッサールの併記は、シモンドンの記述的な（メタ的な）諸概念を、元の意味での超越論的哲学のカテゴリーとしていったん認めなおしたうえで、技術的対象の個体化を現象学的に解釈しなおすということを意味することになるのだろうか。しかし、そのような読みは、シモンドンの意図とも一致しないだけでなく、ドゥルーズの議論ともまったく一致しない。むしろ、宇宙発生論として「超越論哲学」つまりドゥルーズの用語でいう「超越論的経験論」を理解するということのほうが、ドゥルーズの意図にそっているのではないか。

ただし、そのように理解された「超越論哲学」つまり「超越論的経験論」にとっての最大の問題になるのは、（ラカン的な意味で）欠如あるいは捻じれの位置としての主体の問題であろう。ドゥルーズはこの点を、「経験論」という彼のきわめて奇怪な用語によって考えようとしていたのではないか。[13] ただしこの点について、シモンドンとドゥルーズの比較から何かを論じることはおそらく不可能だろう。なぜならシモンドンの記述のなかでは、この主体の欠如あるいは捻じれに相当するものが存在しないとみなされることでこそ、「スケール」と「階層性」が完全な線形性と整列性をもつという条件が成立可能なものとして描かれているからだ。たとえばこのことは、個体化の過程を記述するシモンドンの位置が記述それ自体の外部にしかないことによって示されている。[14]

ドゥルーズのシモンドンにたいする批判、つまり「階層性」と「スケール」が線形性と整列性をもつという条件の排除は、捻じれの位置としての主体がドゥルーズにとって極めて重要な問題であったことと結びついていると考えることができる。[15] というのも、内在から超越を作り出す（ドゥルーズによる新プラトン主義、とくにプロクロスへの評価）のでも、超越のうちに内在を位置づける（ドゥルーズによるフッサール現象学への評価）のでも（これらはいずれも「階層性」と「スケール」の線形性と整列性に結びつく）ないところにとどまることこそが、ドゥルーズにとっての内在性の問題だからである。ここにこそ、ドゥルーズがシモンドンとフッサールを併記することの背後に潜む意義があるのではないか。

表 4-1　ドゥルーズによるシモンドンへの参照の一覧

type[*1]	D（D&G）の著作	キーワード	cite	シモンドンの参照個所[*2]	引用されたシモンドンの文章
I	『差異と反復』1968	齟齬するセリー、内的共鳴	2, not25	20	
IV		ホドロジー空間にたいする批判、対立ではなく連絡しあう齟齬	5, not11	232-234	
I		齟齬する働き、準安定状態、前個体的状態、ポテンシャルエネルギー、問題的な場	5, not16	なし（20と同じと思われる）	
III	『意味の論理学』1969	場のポテンシャル・エネルギー、セリーの内的共鳴、膜の位相的表面、意味（＝方向）の組織化、問題性の地位	15, not3	260-264	「生体は、自己の境界[*3]の上で生きている生命に特徴的な極性は、膜の水準にある。この場所で、生命は本質的なしかたで動的位相の局面として実在する。この動的位相そのものは、メタ安定性を維持し、それによって生命は実在する。［……］内部空間の全内容は、位相的には、外部空間の内容と生体の限界で接触している。実際、位相において隔たりはない。内部空間にある生ける物質の集塊は、生体の境界上で活性化して外部世界に現前する。［……］内部環境の一部をなすという事実は、中にあるということだけでなく、境界の内側に向かっているということでもある」
III		身体表面、内部と外部	28, not1	263	「内部空間の中身が、外部空間の中味と、生体の境界で位相的に接触する」

III		表面、脳、位相空間	31, not3	262	「実際は、投射はユークリッド空間を位相空間へ変換する。だから、ユークリッド的なしかたでは皮質を適切に表象することはできない。厳密には、微小領域にたいしてなら幾何学的意味で投射はあるが、皮質にたいしては投射について語るべきではないだろう。そして、ユークリッド空間の位相空間への変換というべきだろう」
II	『千のプラトー』1980	「質料－形相」モデル批判、特異性または此性を担った、運動するエネルギー的物質性、特異性や此性はすでに幾何学的というよりはトポロジー的な潜在的形相を暗示する、木のひき割りの例、重要なのは、木に随うことであり、質料に形相を押しつける代わりに、さまざまな操作と木の物質性を連結しながら木そのものに随うこと、中間的媒介的帯域、エネルギー的分子的帯域、フッサールとの並置から機械状系統流＝物質の流れへ、金属的なものと冶金術	12, 123-127[*4]		「形相と質料のあいだに、口間的媒介的な帯域が存在するということ」
II		特異性と力をそなえた質料、すなわちエネルギー的諸条件にもとづく力動的図式	12, not28	42-56	「形相とは、命令する人間が自己の内部まで考えたものであり、命令を実際に与えるときには積極的に表現しなければならないものである。すなわち形相は表現可能なものの次元に属している」
IV		技術系統の絶対的起源	12, not84	41以下[*5]	「技術系統の絶対的起源」ディーゼルエンジンや真空管のこと

II		鋳型と変調、質料形相図式の力は技術的操作に由来するのではなく、技術的操作を従属させる労働の社会的モデルに負う（47-50）	12, not85	28-50	「変調することは、連続的に変化するように型取りをすることである」42
II		シモンドンの冶金術への礼賛、電子工学の起源としての冶金術	12, not86	59	「冶金術は質料形相モデルによって完全に思考されるものではない。冶金術の型取りは目に見える形で瞬間的に成就されるのではなく、継起するもろもろの操作の結果である。厳密には型取りと質的な変容とを区別することはできない。鋼の鍛造と焼き入れは、本来の型取りと呼ばれるべきものよりも、前者は以前であり、後者は以後である。しかしながら鍛造と焼き入れは対象を構成するものなのである」
II	『感覚の論理』1981	内在的鋳型、型取りと変調、鋳型と変調	14, not18	41-42	「鋳型から取り出す（démouler）に際して停止は決して存在しない。なぜならエネルギー媒体の循環は、永久に鋳型から取り出すことと等価であるからである。移調装置とは時間的に継続する鋳型である［……］鋳型を作るとは決定的な方法で移調すること、移調するとは継続的で絶えず変化する方法で鋳型を作ることである」
II	『シネマ 1』1985	鋳型と変調の一般的差異	2, not21	40-42	
III	『シネマ 2』1986	内部と外部、環境、脳、位相幾何	8, not31	260-265	
III	『フーコー』1988	内、外、境界、位相幾何、時間	224-225 *6, not51	258-265	直前にフッサールへの言及在り。フッサール『イデーン』の賽子一擲、点の配置としての意思決定（未確認）

II	『襞』1990	対象の新しい規定は、もはや対象を空間的な型に、つまり形相 － 質料の関係に結びつけるのではなく、時間的な変調に結びつけるのだが、これは質料を連続変化にみちびくだけでなく、形相の連続的発展をもたらす	35＊6, not11	41-42	「型から取り出す作業にとって停止は決してありえない。なぜなら、エネルギーの支えの循環は、たえまない型取りに等しいからである。一つの変調器は、時間的な連続的型である。型取ることは決定的なしかたで変調することであるが、変調することは連続的な、たえまなく変化しうるしかたで型取ることである」

＊1　引用個所は、おおよそ 20 以下、28-60、260-265 の三カ所である。20 以下を type I：内的共鳴のシステム。28-60 を type II：煉瓦、木のひき割り、冶金術。260-265 を type III：内と外、膜、脳。それ以外を type IV とする。

＊2　L'individu et sa gen_se physico-biologique, P.U.F., 1964.

＊3　限界（limit）を境界と訳しなおした。以下、境界で統一。

＊4　新版（ドゥルーズ＋ガタリ 2019c）の邦訳ページ数。

＊5　Du monde d'existence des objets techniques, Aubier.

＊6　新版の邦訳ページ数。

論文では、「ジルベール・シモンドン　個体とその物理 － 生物的な発生」1966 のみに言及あり。要点は『差異と反復』に同じで type I に属する。ここでは省略した。

5　アナロジーとパラロジー

本章では、[1]アナロジーは不動の同一性へ存在を回収する究極の思考の枠組みとして考えるべきであり、むしろアナロジーが含むとみなされる創造性を突き詰めて考えるということは、アナロジーとアナロジーのあいだを考えることだと論じることになる。このアナロジーとアナロジーのあいだにあるのは、アナロジーそれ自体ではなく、むしろそれとは似て非なるものであり、それを本章ではパラロジーと名付ける。このパラロジーは本性上それ自体一種の賭けであるが、この賭けは、事後において再びアナロジーの構造が重ね描かれ、それに回収されることが不可避である。この時アナロジーは同一性を再び構築する。たとえそうであったとしても、その際にアナロジーに創造性を担保しているのはパラロジーの次元である。パラロジーとは、偶然には起こりえないことに賭ける思考であり、単なる偶然を超えた（あるいはそれにすら至らない）ところで生じる賭け的な出来事を生きることである。

一　アナロジー的思考

アナロジー（類比、類推）は、思想史的に見れば、「演繹や帰納と並ぶもうひとつの認識拡張の原理」（菅野 2003 : 312）とみなされてきた。ある事象Aと別の事象Bがアナロジカルであるといわれるのは、「前者に帰属する関係が後者のそれに類似するという仕方でまさに両者が類似すること」（菅野 2003 : 312）である。その用法は、アナロジーの語源であるアナロギアにおいて見ることができる。古いピュラゴラス派のピロラオスの筆として帰されている断片のうちで、「アナロギア」は、オクターヴ、四度および五度音程をなすそれぞれの「ハルモニア」（調和）の「比例」、つまり「3 : 4」および「2 : 9」という算術的比例を表すものだった（廣川 1997 : 226）。この算術的比例は、ピュタゴラス派、とくにプラトンに直接影響を与えたといわれているアルキタスにおいて特別な意味をもつものだった（シュル 1985 : 29, 77）。それは音階の比例関係という以上に「天球の調和」を、つまり数がこの宇宙の本質として存在し、すべては数を模倣するという思想を象徴する「テトラクテュス」と結びついていた（ベッカー 1992 : 13-16、シュル 1985 : 28）。

「アナロギア」と「ハルモニア」は、以来密接な類縁関係をもつことになるが（プラトン 1975b、ケプラー 2009、ベッカー 1992）、ピュタゴラス派の影響を強く受けたプラトンにおいて、「アナロギア」は、この宇宙に潜在する比例関係に基づく、比例による認識という側面が強調されるようになる（プラトン 1975b : 35A-36B）。算術的比例は、数の類比関係を超えて、事象それ自体の類比関係へと認識の対象を拡張する。いわく、「司法術に対する弁論術の比は、体育術に対する化粧法、医術に対する料理法に等しい」(プラトン 1974:464B-465C、シュル 1985:77)。また『国家』「第六巻」末尾のよく知られた「線分の比喩」では、理性的知識とドクサ(臆見)のあいだの比例は、ドクサ内部でのピスティス(確信)とエイカシアー(間接的知覚)のあいだの比例と、理性的知識内部での非仮定の原理に遡るディアレクティケー(弁証法)と仮説的方法を用いるエピステーメー(数学および厳密科学)のあいだの比例に等しいとされた。これが「線分の比喩」と呼ばれるのは、この比例関係が線分によって例示されたからである。さらに「洞窟の比喩」では、「可感界において太陽が事物を見させるものであると同時にそれなしには事物が存在しないのと同じように、善は宇宙を理解させるものであると同時にそれなしには宇宙が存在しないようなものである」(シュル 1985:80)という、「イデアのイデア」としての「善のイデア」との比例関係が例示される。

二　アナロジーとイデア的思考

このようなプラトンの意味でのアナロジーによる認識は、現代の科学哲学が考える帰納法の一種としてのアナロジーの議論に一見収まっているようにも見える。帰納法の一種としてのアナロジーは、科学的仮説の「発見の文脈」(内井 1995:163)において重視される。たとえば、水の流れと電気の流れのあいだの類似性に基づいて、電流の性質についての仮説が形成されたとしよう。この事態を、もしベースアナログと呼ばれる集合Aとターゲットアナログと呼ばれる別の集合Bを用意して、そのあいだの部分集合(特性と考える)の上に射が成り立つことから、その射が成り立つ領域を集合AとBの範囲においていくらか拡張するものとしてモデル化するのなら、プラトンの意味でも、そしておそらくは「発見の論理」の意味でも不十分だろう。少なくともベースアナログとターゲットアナログのあいだの還元不可能な不等性を付け加える必要がある。プラトンの比例による認識にとって、真の実在であるイデアは、それ自体感覚的には認識不可能であり、かつ仮説的方法に基づく厳密科学によっても認識不可能であるがゆえに、その認識間の階層構造がもつ比例関係から、類比的にその不動の極限としての位置を定めなければならない。それは比例によって極限を認識する方法であって、「ディアレクティケー」の本性が「上昇的認識」であるといわれるのはそのゆえである。認識は、かく定められる極限との距離に応じて、固有のしかたで運動を続ける。その運動は相対的な極限である不動のイデアの認識に至っても「ディアレクティケー」と呼ばれる認識の上昇的運動によってなお続けられるが、その運動も最終的には「イデアのイデア」つまり「善のイデア」の認識に至って静止をえる。「善のイデア」は運動の終局という意味で永遠の「同一性」である。

三　上昇的認識＝イデア的思考の方法一：カヴァイエスの「範例」

アナロジーは、すでに見たように、その語源的にも思想史的にもピュタゴラス派の数論的比例関係と結びついている。しかし、後のピュタゴラス派のヒッパソスが証明したように、数論的比例関係では対角線の長さを一般には表すことができない。つまり、数論的比例関係を超えたものが事物のうちにあることが示され、数論的比例関係に依拠したアナロジーと上昇的認識の議論もその存立が危うくなったということである。そうだとすると、先に述べたプラトンがアルキタスの数論的比例関係に見出したディアレクティケーの上昇的認識の埋め合わせが、それ以後の数学史と哲学史においていかになされたのかと問うことができる。おそらくその時哲学史的にも数学史的にも重要なフィギュールとなるのは、普遍記号学を構想したライプニッツであり、それを主要な源泉とする二〇世紀初頭の記号系にかんする様々な野心であろう。ジャン・カヴァイエス（Jean Cavaillès, 1903-1944）は、遺稿となった一九四七年刊の『論理学と学知の理論について』でライプニッツ以来の試みを支える思考の動きを概括して、「範例」（パラディム）と呼んだ（カヴァイエス 2013：30-33）。そこではっきりとはプラトンにおける「範例」（パラディグム）としてのイデアが言及されているわけではないが（しかしプラトンの『パルメニデス』における「一」と「有」のイデア的類がもつパラドックスの引用はある）、「範例」という命名において意識されているのは、プラトン的なイデアであろう。このことは、「範例」を、この遺稿以前の主著である一九三八年刊の『公理的方法と形式主義』およびその前後の文章における「理念化」（イデアリザシオン）の延長において把握する通常のカヴァイエス解釈をその傍証としてもつ（Sinaceur 1994：96、グランジェ 1996：94、近藤 2011a：ch.4）。

カヴァイエスのいう「範例」は、「変項」に注目することで、その関係や式がもつ変化するものと変化しないものを形式化、構造化する思考の動きである。たとえば、算術の式において一般に成り立つ「結合則」は 2+(3+4)=(2+3)+4 などの式で成り立つが、問題になるのは数それ自体ではなく、数と演算を変項に置き換えても成り立つ不変な形式である。$a^*(b^*c)=(a^*b)^*c$ は、このような項の「変項」への置き換えによって浮かび上がる「範例」であり、これが数学において実際に用いられる上昇的認識による（「結合則」という概念をえるという）概念化、すなわち構造化である（カヴァイエス 2013 : 31)。この「範例」によって、まさに多様なアナロジーが組織される。たとえば、「結合則」が成り立つという点では、和算とベクトルは類似している。この類似性は、算術によるベクトルのモデル化という方向（たとえば行列について考えることができる）と、抽象代数学における結合則それ自体の研究という方向の両方によって、数学のなかで実質を手にするだろう。

四　上昇的認識＝イデア的思考の方法二：ロトマンの「イデア的弁証法」

カヴァイエスの指摘する「範例」は、数学の内にとどまったかぎりでの概念化＝構造化だが[2]、これにたいしてカヴァイエスの親友であり戦友であり弟子でもあるアルベール・ロトマン（Albert Lautman, 1908-1944）は、数学理論を越えた、まさにプラトン的な意味での上昇的認識を、二〇世紀前半の現代数学の展開の内に見出した。この主張はもっぱら彼の博士論文であり一九三八年に公刊された『数学における構造と現実存在の概念について』で論じられる。この著作の内容を概括した一九三九年の公開討論会での要約を引用しよう。

同時代の数学の展開の研究は、えられた結果がある種の主題のもとでどのように組織化されているのかということを示している。その主題を、哲学者（＝ロトマン）はイデア的弁証法の用

語のあいだの可能なつながりによって解釈する。（Cavaillès 1994：595）

ロトマンにとっての関心は、多様に見える数学諸理論が、現実に生成しているその背後で働いている「問題」による統一性を把握することである。

様々な数学理論を再び近づけてくれる論理構造の類縁性が、その類縁性がそれぞれの弁証法的な同じ問題に異なった解の試みを与えるという事実によって見出される。（Cavaillès 1994：595）

ロトマンにとって、「イデア的弁証法[3]」とは、根本的には「問題」の水準にあり、現実の数学理論は「解」としてそれから厳密に区別される。この点で、カヴァイエスの「範例」よりもいっそうプラトンのイデア論の発想に忠実であるようにも見える。「イデア的弁証法」は数学の外部にあることで、実際の多様な数学諸理論の深遠なる統一を可能にしている。その一方でそのような「弁証法」は、まさにプラトンが「質料」をイデア論のための必要条件としたように（藤沢 2013：35-37）、数学をその必要な「場」とするのだ。

可能性の場の境界画定として、弁証法は純粋に問題的であり、図式の下絵であって、それが肯定されるためには、特殊数学的な質料の上で身体をもつ必要がある。この弁証法の無限定は、その本質的な不十分さをそこで明らかにしているのだが、これは同時に科学的概念の時間的な

発生にたいする外部でもある。（Cavaillès 1994：596）

ロトマンは以上のような数学と「イデア的弁証法」のあいだの類比関係に加えて、後年の『対称と欠対称』という論文で、さらに感覚的経験と物理学的認識と、数学的認識と「イデア的弁証法」のあいだの類比的関係を描こうとする。

対称と欠対称の混合というイデアは、物理学においてだけではなく、数学においても支配的な役割を負っている、ということを示してきたが、このことは、先ほどいった観点からすれば、確実なことのように思われる。このように、数学的実在性と物理的実在性という二つの実在性は、一つの同じ弁証法の区別された実現として互いに一致するものとして、自らの姿を呈しているが、それは弁証法が比較可能な発生の現実態の中に、二つの実在を生み出しているからである。（Lautman 1946：22）

対称と欠対称は、プラトンの『ティマイオス』で「宇宙霊魂」を形成する〈同〉と〈異〉の類にそれぞれ対応していると、ロトマンは先の論文のなかで考えている（Lautman 1946：11）。この対称と欠対称は、まずは感覚的経験である右手と左手の関係において見いだされ、つぎに化学的分子構造のエンチオマー型、そして電場と磁場および量子スピンにおいて見いだされる（Lautman 1946：10, 12）。さらには、この対称と欠対称の関係が数学理論のなかに、とくに双対性が見出される理論（ブール代数、射影幾何学）を例に見出される（Lautman 1946 : 16-18）。ロトマンが認める数学の特権性を考慮すれば、以上の関係はまさに、プラトンが「線分の比喩」で描いた認識の比例関係と一致した関係を描いていることがわかる。つまり、（①感覚的経験：物理理論）＝（②数学諸理論：イデア的弁証法）＝①：②という関係である。

ロトマンの上昇的認識は、「イデア的弁証法」という数学諸理論の外部に至るがゆえに、数学の内部での相対的な極限のみを思考するカヴァイエスの「範例」よりもいっそう極限の認識となっている。方法も戦略も全く異なる理論同士、たとえば解析接続とリーマン多様体論がその背後にある「局所」と「大域」という用語のあいだで生じる「イデア的弁証法」、つまり同じ「問題」によって、ある種の相補性にいたる様子が描き出される（Lautman 1938 : 19-39）。したがって、表面的には互いに全く似ていないものさえもが、弁証法的な用語を介して二つ組にされることで、高次の「イデア的弁証法」とのアナロジーの関係に置かれうる。

ロトマンのプログラムの目標は、数学諸理論や物理学理論の現実の動きのなかにこの「イデア的弁証法」を実際に読みとることであり、その一方でそれ自体では不完全で無限定な「イデア的弁証法」のほうから、その具体的限定としての数学諸理論や物理学理論の生成を理解することである。この発想は、数学を構造の建築術だととらえたブルバキの思想を、数学の外部の極限にまで推し進めたものだともいえる。そしてヒッパソスによる数論的比例関係の万能性の否定をへた後で、数学諸理論それ自体がもつイデア的弁証法との比例関係、つまりは上昇的認識を現代に再構築したのだともいえるだろう。

五　ドゥルーズの「プラトニスムの転倒」と「シミュラークル」

以上のような上昇的認識としての「ディアレクティケー」は、確かに中期プラトンにおいて重要な役割を担っている。それは『国家』、『饗宴』、『パイドロス』を見れば明らかである。それにもかかわらず、ここまでで見たようなアナロジーによる「ディアレクティケー」を用いるプラトンは、プラトンの一側面に過ぎないともいわなければならない。特に後期プラトンにおいては、これとは全く異なる側面を見いだすことができる。この側面をかつてもっとも印象的に描き出したのが、ドゥルーズによる「プラトニスムの転倒」の議論であり、そこから生じる「シミュラークル」概念である。ただし、重要なことは、そのまったく異なる側面を含めてのプラトンであり、少なくともドゥルーズの理解によればプラトン自身が、この異なる側面を含めてのプラトンであったということである(4)。つまり上昇的認識としてのアナロジーの議論は、それ自体で自足していない。上昇的認識は、常に下降的認識としての「分割法」を伴うのであり、「ディアレクティケー」のもう一つの重要性は、『ソピステス』、『政治家』を特徴づける「分割法」において見出される(松浦 2006：37-97)。ここから、アナロジーとアナロジーのあいだに構想されるパラロジーの思想史的根拠が見出されることになる。

プラトンは『ソピステス』において最重要の五類として〈有〉〈動〉〈静〉〈同〉〈異〉を挙げている(プラトン 1976：253D-255E)。特に〈有〉と〈異〉の類は特別なものであり、その他のあらゆる類を貫通して分取されるものといわれる。〈有〉は、静止したイデアにのみ付されるのでもなければ、生成消滅する現実にのみ付されるのでもない。「万有は静止しているという説を受け入れてもならないし」、「あるものはあらゆる仕方で動いていると説く人々にも絶対に耳を貸してはならない」（プラトン1976：249D/105）。むしろ「あるものと万有は、動かぬもののすべてと、動いているもののすべてとの、その『両方とも』であると言わなければならない」（プラトン1976：249D/105）。〈静〉の類がもっともよく妥当するのは、「イデア」であり（プラトン1976：248A）、そのなかでも特にすでに見たような「イデア」の認識運動が静止をえる「イデアのイデア」である。それにたいして〈動〉がよく妥当するのは、生成界、現象界であって、〈動〉における認識とは、線分の比喩で見た「ドクサ」の形成である。

中期プラトンの議論は一見すると、価値序列が明示的に前提されているように見える。多よりも一、具体的なものよりも一般的なもの、「ドクサ」よりも「イデア」である、などと。しかし後期プラトンでは、このことにも疑義が呈される。たとえば、『パルメニデス』では、老パルメニデスによって、若きソクラテスが描く中期プラトンのイデア論が徹底的に批判される。ソクラテスは「髪毛」、「泥」、「汚物」などの些末なものには対応する「イデア」を認めることができないのだが、このことについて老パルメニデスは、それはソクラテスがまだ若く、哲学に慣れ親しんでいないからだと諭す（プラトン1975a：130B-E）。ここからわかるのは、生成よりも実在やイデアを重視するというプラトンに付与される通常のイメージは、すでに後期にはプラトン自身によってはっきり否定されているということである。

この後期プラトンは、ドゥルーズにしたがえば『ソピステス』の末尾において極まる（ドゥルーズ 2007a：171-184、ドゥルーズ 2007c：137-138)。プラトンは、ソフィストを定義するために、「あらぬ」を語ることについて論じるが、そのとき、「あらぬ」もある意味では「ある」のでなければならないというパラドックスに至る。ドゥルーズはここに「シミュラークル」の根拠を見いだし、後期プラトンが「分割法」を駆動する意図は、「コピー」(「似像」＝「エイコーン」)と「シミュラークル」(「見かけだけの像」＝「パンタスマ」)のあいだの本性上の差異を分割するところにまでいたると主張する。

「コピー」とは、「モデル」つまり「範例」にたいする「似像」に相当するものであり、それが「範例」としての「モデル」をもつかぎりにおいてそれは「コピー」である。「コピー」は「モデル」との一対一の関係であるよりも、多数の競争者たちである他の「コピー」との階層序列関係において把握される。数学や厳密科学は「ディアレクティケー」のよき「コピー」であり、「ピスティス」である「よきドクサ」は数学に劣るが「エイカシアー」(似像的知覚、間接的知覚)よりは「モデル」に近い。「エイカシアー」はもっとも不完全なしかたで「モデル」との関係をもつが、その不完全さゆえに、「モデル」への上昇の欲望を引きおこすことができる。かくして「コピー」と「モデル」の関係は、順序付きの多対一からなる階層関係となる。このとき、一が一にたいしてもつ関係が「同一性」つまり〈同〉の関係であり、多が一にたいしてもつ関係が「類似性」つまり不完全な〈同〉、〈異〉を含む〈同〉の関係である。

アナロジーは、それが比例的で多対一であるので〈異〉を含み、それが上昇的認識の運動を導くので〈動〉を含むが、極限としての一をもつので〈静〉によって支配的であり、この極限の同一性によって〈同〉が支配的である。その意味でアナロジーは、知の不安定性、運動性をも含みこんだ盤石の安定性を確立しているように見える。無制限に拡張可能な階層性による超越への内在、あるいは内在の超越にたいする従属が、アナロジーによって可能になる。

では、そのような「コピー」から本性上区別される「シミュラークル」とは何か。それは〈異〉と〈動〉に支配されるしかたで〈同〉と〈静〉が分有されることである。「シミュラークル」とは差異である。すなわち、「シミュラークル」とは何ものにも似ていない何か、つまりいかなる類も分有しない何かである（プラトン 1976：256D-257C）。それがあるということが何かしらの類を分有することであるのであれば、それはあらぬものがある、ということだ。〈動〉と〈異〉に支配されるしかたでの〈同〉とは、いかなる類でもない類、いかなる〈同〉でもない〈同〉、つまり〈異－同〉である。〈動〉と〈異〉に支配されたしかたでの〈静〉とは、（永遠という静ではなく）そのような〈異－同〉が、シミュラークルのうちにある一定の期間、むしろ「ここ・いま」という瞬間性において存立することである。ドゥルーズは、このような「シミュラークル」もまた、イデアやコピーにおとらず「存在する」ということを表現するために「存在の一義性」という言葉を用いた。「あらぬ」に基づいて定義されるソフィストが、「見かけだけの像」（パンタスマ）を「物真似」（ミメーシス）によって、それが「あらぬ」であること知りながらもあらしめる技術をもつものであるならば、「あらぬ」を「ここ・いま」において存続させることができるのは、「物真似」（ミメーシス）という身振りによってである。

シミュラークルは、多対一からなる比例的なアナロジーの構造において、それが「あらぬ」に基づく以上、いかなる対応関係ももたないと同時に、それゆえにいかなるものとも対応関係をもつことができる。それはまさに「物真似」である。そして重要なことは、「物真似」される「いかなるもの」のなかに、いかにもあらぬもの、いかなる類とも異なるものが含まれることである。ここにドゥルーズが論じる「内在性」の特質がある。プラトンはいう。

『あらぬ』や『ない』を示す否定詞「非」が前に付せられる場合、この否定詞は、あとに続く語とは別の——むしろ否定詞の後に発音された後に対応するところの事物とは別の——さまざまなもののうちの何かを告げているのである。(プラトン 1976 : 257C/137)

「シミュラークル」として存立した「あらぬ」の類、つまり差異は、事後の論理によって、アナロジーという「超越」の捕獲装置にとらえられるや、知の一部となる。事前にはあらぬ類似性が事後にあることになる。これこそアブダクションが、事後において帰納の一部として正当化される理由であろう。「あらぬ」が「ある」になった後であれば、アブダクションは単なる類から類への類似性に基づく推論に過ぎなくなる。アナロジーはすでに見たように一対多の階層関係を構成するがゆえに、それは万象を表象し秩序化する「超越」を実質的に可能にする。(5) ドゥルーズはアナロジーによる再捕獲をガタリとの共著である『哲学とは何か』で破れた天蓋の修復をする者たちの業として描いた。彼らによって事後においてあらたな階層秩序が生み出され(既存の階層に収まるなら、差異ではない)、既存の階層秩序が更新される。アナロジー的思考とは、もっとも柔軟であるが、それ自身は思考しない表象的思考である。それにたいしてシミュラークル固有の〈動〉、すなわちいかなる類とも異なるものを〈異〉において現に有らしめる思考の力を、ここではパラロジーと名付けよう。

パラロジーは、ギリシア語におけるパラロギアを語源としてもつ。パラロギアとは、誤謬あるいは無意味による推論のことであり、ロゴスの傍ら（＝パラ）にあるものという程度の意味である。[6]ただし、それはロゴスでもある。あるいはむしろロゴスの傍らにあって人間的なロゴスではない「ヌース」とでもいうべきか（藤沢 2014：34-38）。人間的なロゴスは、高々アナロジーであり、パラロジーはその批判の先にあるロゴスを目指すものである。

六　パラロジーと賭け：カヴァイエス「コレクティフから賭けへ」

「シミュラークル」には「賭け」のイメージが伴う。ドゥルーズはいう。

問題は、自由な決定の能力から、フィアットから切り離せないのである。そしてこのフィアットが、わたしたちを貫通するとき、わたしたちを半‐神的な存在に仕立てあげるのである［……］そのような力はむしろ賽子一擲であり、開かれた空間としての天空の全体であり、唯一の規則としての投擲である。［……］偶然を廃棄することは、偶然を、多くの賽子振りに基づく確率の規則によって粉砕することであり、しかも結果的に、問題を、そのときすでに仮定のなかで、つまり勝ちと負けに関する仮定のなかで解体し、また命令を、勝ちを規定する〈最善なものの選択の原理〉のなかで道徳化することである。これとは反対に、賽子一擲は、一回で偶然を肯定するのであり、賽子振りのそれぞれが、そのつど、偶然の全体を肯定するのである。［……］〈子供－神〉としての子供のゲーム［……］。（ドゥルーズ 2007b：84-85）

「パラロジー」とは、このような思考における「フィアット」の力であり「賽子一擲」である。なぜなら、ここでドゥルーズに描かれる「フィアット」としての「賽子一擲」こそが、アナロジー的思考、類比的思考、類似性の思考の徹底的な批判の先の彼岸において見いだされる思考（あるいはむしろ「無思考」ともいわれる）の極だからである。しかし、このような「賽子一擲」、「〈子供－神〉としての子供のゲーム」が、いったいいかなる意味をもちうるのか、それをいかに理解しうるのか、ということが問題である。ここでは先に言及したカヴァイエスが書いた「コレクティフから賭けへ」という論文の助けを借りながら、この問題について考えていこう。なぜなら、ドゥルーズ自身が、これ以上踏み込んだしかたで、賭けと確率の実質的な議論をしていない一方で、カヴァイエスはドゥルーズよりも三〇年程前に、当時の確率論の哲学的議論を批判的に検討しながら、その実質に肉薄していると評価されうるからだ。そこでは、確率の内に含まれる原理としての「賭け」が、客観的確率（ライヘンバッハとケインズ）においても主観的確率（ボレル）においても過剰なものとしてあることが示される。カヴァイエスにとって「賭け」とは、まさにイデア的な対称性と行為のあいだにあるのであって、アナロジー的構造を逃れるものとして描き出されるのである。

カヴァイエスのこの長い論文は内容が稠密であるので、その詳細は論文本体を参照していただくとして、関連する帰結の部分だけ簡単に論じることにしたい。この論文では、主にライヘンバッハの客観主義確率を批判するが、その主たる点は、「賭け」の問題を起点に論じられる。

いいかえれば、確率の判断とは、常に賭けなのであって、その賭けは、その判断が結び付けられる事象の産出に論理的に先立つのである。(Cavaillès 1940 : 158-159)

カヴァイエスのライヘンバッハへの批判は要するに、客観主義的な基盤とみなされる対称性あるいは頻度と確率の極限における一致があるという前提は、結果的に「賭け」が存在しないということを含意するがゆえに問題がある、というものである。カヴァイエスは、ライヘンバッハの客観主義確率の問題点を三つ挙げるが、ここでの議論にかかわるのはその三番目のものである。

この手探りそのものは、〔ライヘンバッハの確率解釈において〕効力をもたない。[……]〔ライヘンバッハの確率においては〕この『規則性の公理』に従う列だけが、学問としての価値をもつ。それらの存在に、学問の存在が依存している。しかしこれはあまりにも問題を制限しすぎている。もし、賭けと手探りが存在しているとすれば、それらのモデルは全体的に未規定なままである。常に、科学へのその道を命じてしまうという危険がある。確率そのものは、その頻度の極限としての定義にはおさまらない。(Cavaillès 1940 : 155、〔 〕は引用者による補足。)

論文の表題にある「コレクティフ」とは「規則性の公理」にしたがう列のことなのだが、これはつまり試行のなす集合の要素が大きな数になれば、その頻度は確率に近似するという性質をもつような列のことである。骰子をたくさん投げると、どの事象の頻度も六分の一の確率に近似するというような事例が、そのモデルになっている。カヴァイエスは、ドゥルーズとともに（むしろ時間順序でいえば、ドゥルーズがカヴァイエスとともに。しかし、ドゥルーズによるカヴァイエスの参照は存在しない）、客観的確率による「偶然の廃棄」は、「賭け」を根本的なものととらえるのであれば、不可能であると論じる。

確率解釈には、ライヘンバッハの客観主義やそれとは独立のケインズを代表とする客観主義のほかに、ベイズを祖としデ・フィネッティによって復興した主観主義解釈がある。カヴァイエスは、ベイズについては触れていないが、デ・フィネッティについては言及しつつも、主にエミール・ボレルの主観的確率解釈を検討する。なぜなら、ボレルもまたカヴァイエスと同様に「賭け」の重要性を論じているからである。主観的確率では、あるひとがテニスの勝負で自分が勝つかどうかに賭けるときには、そのひとがテニスの能力と知識をもち合わせているかどうかによって、勝ちに付与される確率が主観的に変化する（Cavaillès 1940 : 157）。そのうえで、このような主観的確率の言明が複数の人間から出されることで、そこから客観的な確率が導き出される(7)。

カヴァイエスのボレルの主観的解釈にたいする批判のポイントは、事象のサイズにしたがって相関的に「小さい確率」をボレルが除外することにある。カヴァイエスはこの点を批判することで、ボレル式の主観的確率においてさえも、「賭け」が充分に考えられていないことを論じる。まず「小さい確率の出来事の不可能性」というボレルの仮定は、実際に誤りであると論じる。人為的に、小さい確率の出来事はいくらでも起こすことができる。できないのは、その出来事が生じることではなく、その出来事が特定の未来の時点において生じることを実際に当てることである。この両者を厳密に区別しなければならない。第二に、「小さい確率の出来事の不可能性」というボレルの仮説は、それと一緒に、1に近い確率は確実であるというライヘンバッハの前提への不正な移行を許している疑いがあると批判される。つまり、この仮定によってライヘンバッハ的な客観主義の不正な侵入が生じるからには、それは受け入れるべきではない、というものである（Cavaillès 1940 : 158-160）。

以上から、カヴァイエスは「賭け」についての論を次のように述べる。

> 賭けは、生きられた純粋な行為と自律的な思弁のあいだの分割線に位置づけられている。すなわち、一方では、未来への跳躍、根本的な新しさの認めなおし、危険がある。同時に他方では、秩序を課すことによる支配、対称性の確立の試みがある。（Cavaillès 1940 : 163）

ここでいわれる「秩序を課すことによる支配、対称性の確立の試み」とは、本章で論じたアナロジーによる階層秩序に回収すること、つまり対称性をもつ知へと編入する思考であると解釈することができる。したがってパラロジーとして重要なのは、「未来への跳躍」、「根本的な新しさの認めなおし、危険」のほうである。では、「未来への跳躍」とは、実際にどのように考えればよいのか。単に、朝に今日は晴れると予想して、あえて傘をもたずに出かけるというようなことではないだろう。問題は時相と様相が複雑に絡み合ったところにあるが、根本的にはプラトンが『ソピステス』で述べるように「テアイテトスは坐っている」と「テアイテトスは飛んでいる」という二つの単純な言表において（プラトン 1976：263A）、「あらぬ」がかかわるということにある。

七　確率ゼロの賭けとしてのパラロジー：カヴァイエスのその先へ

カヴァイエスの思考をさらに推し進めるべき点は、「小さい確率の出来事の不可能性」の否定にある。カヴァイエスは「小さい確率」が、宇宙規模での小ささを越えるものも認めるべきだと論じるが、その極限にあるのは確率ゼロの事象のはずである。確率ゼロの事象とは、つまり「あらぬ」出来事である。カヴァイエスはここまで進むべきだったのではないか。未来においてそれがありえないと判断することではなく、現に「ここ・いま」において「あらぬ」出来事に賭けることである。「未来への跳躍」は、過去から未来への線分上での現在における跳躍ではない。むしろそれは「ある」から「あらぬ」への「跳躍」であって、その「跳躍」はまさに「ここ・いま」においてなされる「跳躍」である。

では、このような「ここ・いま」における「あらぬ」への「跳躍」としての「賭け」とはいかなるものか。プラトンは、ソフィストの真の定義として、「あらぬ」ことについての見かけだけの像を、自分自身を道具として、つまり「物真似」によって作りながら、しかもその「あらぬ」ことについて知識ではなく「ドクサ」をもって物真似しつつも、その自らの「無知」を意識しながら、私的な議論の相手を矛盾に追い込む人間的な技術をもつものと述べた。「知」に編入されていない、つまりアナロジーの階層構造に取り込まれていない「あらぬ」が、その「あらぬ」が「あらぬ」であることを知りながら「物真似」によって現在に作用するものとして描かれているのである。

現在において「あらぬ」に賭けることは、単なる恣意的な遊びではなく、現在に作用を及ぼす真剣な子供のゲームである。そうでなければ、なんの「危険」があろうか。賭けることはその賭けを生きることであり、賭けたことで現実を「ある」と「あらぬ」に二重化し、そのことによって現実を揺さぶることである。

本物の「賭け」は、それ自体が未規定な問題として次なる行為を命じ生み出す「あらぬ」の思考である。これはある意味では、後に空想的社会主義と呼ばれることになるシャルル・フーリエの壮大な賭けであり、第二次大戦における敗戦後、収容所から逃亡の末一二を争う速さで私的なレジスタンスを組織したカヴァイエスの賭けである。一九四〇年六月にフランスがドイツに敗れてヴィシー政権がドイツ軍と休戦協定を結んだときに、「実はフランスはまだ戦っている」という「あらぬ」に「賭ける」ということは、「現に戦っている」ものとして行動することである（「戦うフランス」「戦う哲学者」）。彼は南部の自由フランス地帯でストラスブール大学（占領を逃れてクレルモン＝フェランに移転していた）の教員に復帰しながら、同時にそこの学生や後輩で同じくストラスブール大学に赴任していたジョルジュ・カンギレムらとともに「南の自由」という組織を立ち上げた。この二重生活は、彼がパリ（ドイツ軍の直轄地域）にあるソルボンヌの論理学講師代理として招聘された後、さらに苛烈を極めることになる（彼は最後まで自分の本名とレジスタンス組織の関係について、フランス警察はもとより、終に彼を捕縛し銃殺したドイツ軍にも知られることはなかった)。その姿が二重の世界を現実と矛盾なく生きるだけのドンキホーテと異なるのは、それが「あらぬ」ことであることを知っている点であり、現実に矛盾を引き起こすことである。「あらぬ」ことを宣言しながらも、それを生きないで安全なイギリスに亡命していただけのドゴールとカヴァイエスが異なるのは、その賭けが未来にたいする期待ではなく、「ここ・いま」において行為を生み出す命令だということにある。

それは無謀に見えるかもしれないが、非合理的な賭けではない。確率的には「あらぬ」と合理的に判断された現実と勝負する賭け手にとって、その人間的なロゴスつまり確率的な合理的判断に抗する唯一の合理的判断は、「人間的なロゴスは絶対的でもなければ、すべてでもない」というより高次のロゴスを肯定することである。その高次のロゴスの観点からは、「ここ・いま」において「あらぬ」に賭けることだけが、唯一合理的な判断となる。なぜならその観点からは、現実を規定している「ある」も「あらぬ」も、それらを未来にたいして投射することは「賭け」でしかないからだ。その意味では実のところ、いかなる「ある」も「あらぬ」のである。だから結局のところ未来を生み出すのは、いかなるものであれ「あらぬ」を巻き込んだゲームなのだといわねばならないし、未来を生み出すことができるのは、それが善きものであれ、悪しきものであれ、「あらぬ」を巻き込んだ賭け手のみである。それはまさに「子供のゲーム」だ。苛烈な二重生活を嬉々として子供のように享受したといわれる(Ferriére 2003)カヴァイエスは、まさにそのことを知っていたのではないか。

パラロジーとしての「賭け」とは、世界を複製し、複製された世界（パラログ）のほうで、現実とは異なる「あらぬ」を生み出すことで現実に作用しようとすることである。ここに、アナロジーに実質を与えつつ、それとは本性上区別されるべきパラロジーが見出されるのである。

6　存在論をおりること、あるいは転倒したプラトニスムの過程的イデア論
――ポスト・バディウのドゥルーズ

一　情況判断(1)

思考の可能性を条件づけている地殻が、劇的に変化する時期を迎えていることが感じられる。細かい事例を挙げ連ねればきりがないし、ここでは状況分析が主たる目的ではないから、象徴的な事案を四つ挙げるにとどめる。「イスラム国」（ＩＳＩＳ）の拡大と定着（そして二〇一九年に至っては、その地表面からの消失と拡散）。グローバル資本の国家を横断、横領した浸透と拡大。先進諸国における議会の右傾化。世界各地の大学における人文学的要素の凋落（とそれに反比例する科学の国家産業化）。これら四つは、すべて同じひとつの出来事を指し示している。すなわち、国民国家およびそれに基づく思考様式（個々の身体と思考を条件づけている集合的身体と集合的思考の随伴関係）がすでに瓦解したという現実である。国民国家とそれに基づく思考様式とはすなわち、一九世紀以来の

思考の可能性を条件づけてきた思考の枠組みであり（フーコーはこれを人間の時代と呼んだが）、私見によれば、教育と医療と治安と生存保障、すなわちいわゆる社会保障と安全保障が成り立つようにすることを目的とし、同時に前提ともするような思考の可能性の条件である。国民国家（集合的身体としての）においては、これら教育などの諸制度は、国民という概念を実現するアクターの再生産を担うべく国家によって展開、維持される一方で、この再生産された国民アクターが「権利上」、国家というシステム全体の制御にかかわることになる。国家が生み出す国民と国家を制御する国民という両輪によって動く国民国家を現実的に実現するのは、それらの間で絶えず機能し続けるこれらの諸制度である。そして、これらの諸制度が再生産を担う国民は、その品質条件として、（これについては諸制度の現実的な配分によって各国民国家毎にばらつきが見られるものの、いずれにせよ）モラル、教養、健康の各パラメータにかんして、その国家が認めたコストに見合う一定程度の水準をクリアしていることが不可欠である。この水準をクリアするために用意されている猶予期間が、いわゆる未成年期であり、成年期以後の逸脱については、何らかの制度的な矯正（たとえば、監禁や治療、保険制度による保障）が介入することになる。

　このような国民国家およびその諸制度を批判することには、すでに何の意味も見出しえない。なぜなら、もはやそれはどこにも存在しないから、あるいは早晩跡形もなく消え去るからである。事態はより深刻だ。なぜなら、国民国家を前提としない思考の可能性をわれわれは、これまで真剣に模索することも生きることもしてこなかったからだ。(2) したがって、国民国家とその思考様式に依拠するものに残されていることは、もはや国民国家とそれに随伴する思考様式の復活を主張するノスタルジーに浸ることのみである。

さきほどの四つがなぜ国民国家の崩壊を指し示すのか、ということを説明する代わりに（なぜならそのことは多少考えれば自明だから）、国民国家の崩壊したのち、国民なしの国家がいかなるものになるのか、ということを簡単に記しておこう。端的にいって、国民国家体制において第三世界と呼ばれる国々に封じ込めてきた様々な諸問題、というよりもむしろその構造的差異が、各国家内に置きいれられるようになる。そして、この構造的差異は、国家間の差異ではなく、国家を横断した新しい階級的差異、すなわちグローバル人間とローカル人間という差異として形をとることになるだろう。(3) そこにおいては旧来の国民はもはや必要なくなる。いいかえれば、旧来の国民は新たな国家の集合的身体を形成する形成素とはならない。だから、先ほど述べた国民の再生産のための諸制度も当然ながら不要になるか、あるいはこれまでとは異なる機能を担うべく、新たな国家によって簒奪されることになる。このとき、ローカル人間がグローバルに連携できる可能性が残されるなら、一九世紀に労働者階級が誕生したその刹那のように、まだ一抹の希望を抱くことが許されるかもしれない。しかし、現実に起こっていることはその逆であって、先進諸国においては、まさにこのローカル人間によってこそ、ポピュリズムによる国家的差異への執着の基体としての役割が担われている。したがってローカル人間は、国家を横断した差異として実現するにもかかわらず、現実には、国家的枠組みを保存強化する方向において、心理的集団的に組織化され、機能することになる。

この構造的差異がすでに現実であるということを、「イスラム国」ははっきりと示している。かの現象のアクターはもはや国民ではない。それは新たな国家的枠組みにおいて、ローカル人間としての国家求心的な組織化の方向性から漏れ出たものたちからなる集塊であるだろう。「フランス人がアメリカ人をイスラム国内で殺害する」という命題の意味は、すでに「イスラム国」以前の国民国家的思考におけるものとはすっかり変わってしまっている。「イスラム国」が旧来のパラダイムにおける国家でないのは自明だが、そのことは、すでに現在のアメリカが旧来の意味での国民国家ではないこととのあいだに、程度の差異しかもたないのではないか。したがって、先の命題に先例があるとすればそれは、「アメリカ人（軍）が、パキスタンでアフガニスタン人を殺す」というものだろうが、先の命題のほうがこれを先鋭化させ、（主語の軍人という例外的特徴をもたないという意味で）非例外化しているという点では、それらはもはや完全に同じというわけではない

「イスラム国」は、報道されているような「洗脳」や「サイバーメディア戦略」や「奴隷制」や「多国籍性」にかんして、例外状況であるどころか、現代の現実そのもののパロディなのであって、それゆえ最大の問題は、既存のいかなる言説の体制も、かの現象を適確に評価する根拠をもたない、ということにある。

二　問題構成

問題の核心を哲学の側面から捉えるとするなら、既存の「評価」すなわち evaluation のオーダーそのものを無効化する出来事が到来した時代にあって、現に無効化した条件、すなわち国民国家とその思考様式に依存せずに実効性、すなわち産出的な力をもつ、あらたな「よさ」、あらたな「善」

の方向性、あるいは同じことだが「善」の意味を構成し、確立することにある。

三　アプローチ

上記の問題にたいするアプローチにかんする選択肢をあらかじめ制限することは誰にもできない。だから正しいと思った方法をやってみるほかはない。しかしそれにもかかわらず、あるいはだからこそ、歴史はそのときときわめて重要な導き手となる、とわたしは考える。そして、わたしは、後に説明する理由によって、バディウとともに、プラトン的な思考様式を採用する。新しい思考様式を方向づけるためには、「善」なら「善」一つのみを考えるのではなく、相補的な四つを同時かつ共立可能なしかたで考えなければならない。そして、バディウはこの四つを、真、善、美、エロス（あるいは同じことだがバディウの用語に忠実には、「数学素、政治的創意、詩、愛」の四つ。バディウ 2004：22）と定めたが、いうまでもなくこの四つは、プラトンが「離在的存在」とした「イデア」を代表する四つであり、彼が対話篇のなかで繰り返し論じた諸対象である。

したがって、ここで採用するアプローチは、この四つの「イデア」の意味のそれぞれを、同時に構成し、相互に関連させることで、それらを確立することである。その方向を定めるために、まずは直近の時代の思考の枠組みにおいてそれら四つの「イデア」がどのようなしかたで現実化されてきたのかということを概観しておく。それはつまり、その方向ではもはやだめだということを確認する喪の作業でもある。

四　脱縫合のための準備

バディウの『哲学宣言』は、いまだドゥルーズもデリダもガタリもラカンもレヴィナスも健在だった一九八九年に書かれたものである。しかし現在からの回顧的な視点から見て、すでにこの時点でバディウは、一九―二〇世紀の思考の枠組みの総括に着手しており、かなり的確に問題点を見抜いていたと評価することができるように思われる。その意味で、現在の新しい思考の枠組みは、今初めて動き出したというよりも、冷戦崩壊よりも以前の時期（バディウはこれを、六八年前後と見ている）に遡ることができ、それ以降徐々にせりあがってきた思考の地盤だとみなすことができるかもしれない。このまさに現在生じている地盤のせり上がりの中心にバディウが位置するわけだが、この位置は、必ずしも彼の学者政治的な振る舞いによってのみ生じたわけではないと、いまは確信している。[4]その理由は、プラトニスムと数学的なものとに彼が早々に認めていた役割にあるのだが、その点は追々確認していくことにしよう。

バディウは、ニーチェからハイデガーのあいだにある一九世紀的な哲学の主たる「縫合」sutureとして、（マッハを起源とし、英語圏の講壇哲学へと引き継がれる）実証主義的科学哲学とマルクスを起源とする政治哲学の二つを挙げている（バディウ 2004：65-74）。

バディウは、ここで用いる「縫合」という概念[5]を以下のように説明している。まずその前提条件として、哲学は、先ほど述べた四つの「イデア」（これをバディウは、「類生成的条件」conditions génériques と呼ぶ[6]）が「共立可能」compossibles であるということを思考において「配置」configuration することだとしたら、哲学の「停滞」suspension は、そのような四つのイデアの「共立可能性」が可能にする思考の、あるいはバディウのいい方であれば「真理」の生成移行の出来事的過程を「阻害」blocage することによって生じると考える。そしてこの「阻害」の原因は、しばしば「その時代の思考が遂行されるための共立可能性の空間を建設するかわりに、哲学が自らの機能を諸条件のうちいずれか一つに委譲すること、すなわち哲学が思考の全体を一つの類生成的手続き procédure générique に明け渡すことにある」[7]（バディウ 2004：64）。すなわち、バディウはこのように、四つの「イデア」のいずれか一つに、哲学の思考の全体が結び付けられ、還元されるような「状況」の「タイプ」を「縫合」と呼ぶのである。

バディウの「縫合」概念の主たる機能は、ある時代に属する異なるタイプの哲学的言説群が織りなす布置の全体を見渡す統一的な視点を与える点にある[8]。哲学的言説は、しばしば同時代においていくつかの異なる閉域を生み出す傾向にあり、それらの閉域のあいだでは、相互無視や相互批判、無言の共働関係などが成り立つことが知られており、哲学者の自伝的な言説においてしばしば明に語られる。バディウの「縫合」概念は、このような状況が何を意味しているのかということを説明可能にしてくれる。

バディウの診断では、括弧つきの「現代思想」の発生条件は、この二つの「縫合」にあるのであって、実証主義的科学哲学とマルクス主義の二つの「縫合」から逃れるものとしての「詩」を発見したことこそが、ニーチェの最大の功績であるとされる。バディウによれば、「ニーチェ以降、別の条件への縫合化へと身を委ねることで自らを解放しようという誘惑が強く働いた」のであり、「ハイデガーとともに頂点に達するのは、哲学を詩へと委ねるという反実証主義的かつ反マルクス主義的努力である」（バディウ 2004:72)。そして、この「縫合」に参与するものの名として、ベルクソン、ブランショ、デリダ、そして控えめにではあるがドゥルーズが挙げられている。これがバディウの考える「ポストモダン」の正体である。

この評価は、少なくともある一面においては、的確であるといわざるをえないだろう。すなわち、時代の思考として彼らの哲学を総括するかぎりにおいて、この評価は正しく、かつ説明能力も高い。もちろん哲学者が真に哲学者であるかぎりにおいて、このような時代の思考にきれいに還元できない部分がその思考には含まれるし、この還元しきれない特異な部分こそが、異なる時代の思考において哲学が再生するきっかけを与える。したがって、この審判に従順に服するかどうかは、その哲学者の思考の潜勢力次第であり、それによって異なる布置のなかでその哲学者は再び生き、あるいは死ぬことになる。

以上が、真、善、美の三つだが、愛については、あまり論じられていない。レヴィナスの「他者の倫理」が、この愛への縫合可能性であるということが述べられるに過ぎない。『哲学宣言』の書かれたのが八九年であることを考慮すれば、この不足は致し方ない。実際にはこの前後から、英語圏を皮切りに世界中が「生命」と「倫理」との関係において、ケア、感情労働、コミュニケーション、触発について論じ始めるのであり、まさにレヴィナスはそれ以来、この思考の動きにおけるきわめて重要な極を形成してきたのである。そして、このことを敷衍するなら、一九世紀からこの道筋は、科学との関係において詩への「縫合」と共約可能であるが、それとははっきりと独立したも

表6-1　バディウの「縫合」

	ロゴス中心	パトス中心
言語的形而上学	実証主義的科学哲学（数学素）	ポストモダン哲学（詩）
倫理的実践	マルクス主義（政治的創意）	宗教哲学・生命倫理（愛）

のとしての宗教的道徳哲学という形で厳然と存在してきた。

以上の状況を表6-1で示しておく。

以上の状況にたいしてバディウは、それぞれの「縫合」に対応する四つの「出来事」によって、これらの「脱縫合」をおこない、哲学を再生することが現に要請されていると述べる（バディウ 2004:92）。その四つの「出来事」とは、すなわち、「数学素」におけるモデル論あるいはポール・コーエンのジェネリックの概念、「詩」における パウル・ツェラン、「政治的創意」における六八年五月革命、「愛」におけるラカンである。

そしてバディウは、これら四つの「出来事」が条件づけている哲学の再開は、「プラトン的」であるという（バディウ 2004：122)。バディウのプラトン主義は、四つの出来事のタイプにかんするプラトンの時代性との偶然の一致というよりもむしろ、これら「出来事」によってその限界が示されている四つの「縫合」のすべてが、根本的に「反プラトン主義」であることによる。「この上なく多様で分裂している諸々の哲学諸派にあって、反プラトン主義ほど広くいき渡った主題を私は知らない」（バディウ 2004：124)。分析哲学においてプラトニスムは蔑称であり、マルクス主義においてプラトンは「奴隷所有者たちのイデオローグ」に過ぎず、ハイデガーにおいては「プラトン的転回」によって忘却が始まったのであり、ラクー＝ラバルトは、西洋における政治の運命の起源をプラトンの模倣にたいする曖昧な関係から導こうとさえしている（バディウ 2004：124）。これらはすべて二〇世紀の反プラトン主義、絶えざるプラトンの脱構築を示している。

だからこそ、とバディウはいわないが、それらの「脱縫合」の後に到来する時代において、プラトンこそがその導き手となる、とバディウは主張する。そして、そのことを先駆けて示していたのが、一九〇八年に生まれ、一九四四年にナチスによって銃殺されたアルベール・ロトマンの数理哲学的なプラトン主義理解である、と。

五　戸口に立つバディウ

バディウは概ねその方向性において正しいことをいっているとわたしは思う。ただし、そこにはいくつかの躓きが含まれており、その躓きがどういうものであるのかということを理解するなら、彼の立っている位置は新しい時代の戸口であって、それゆえ以前の時代の思考が、産後すぐの嬰児をくるんでいる母親の胎盤のように付着していることが見て取れる。必要なことは、この胎盤を産湯できれいに拭い去り、新しい時代の産声を響かせるという産婆としての最後の仕事を完遂することである。

彼の躓きは、次の二つの用語に注目することで見て取ることができる。すなわち、「存在論」と「一者」である。

バディウは、プラトンの名において「存在論」を語り、「数学素」との関連においても、「存在論は数学である」とはっきり述べる（Badiou 2004:71、Badiou 1990）。彼にとって哲学の思考は、「存在」についての思考においてこそ（より正確には、「存在論は数学である」と論じるメタ存在論の思考においてこそ）、やはりその真の価値を発揮するべきものであるということが、アリストテレスにたいする自覚的批判を逃れて暗に前提されている。さらに、バディウは、ドゥルーズの哲学が「一者論」であると評定し、それにたいして自らの哲学が、「多」の「存在論」だと述べる時（Badiou 2004, chap.6、Badiou 2013）、そこでの「一者」という語において彼自身によって理解されているものが、いったいどのような枠組みに基づいているのかということに自覚的ではないように見える。この二点について、バディウは、明らかに彼自身が退けようとしている時代の思考に足を取られてしまっている。そして、この二つの躓きは、「思弁的実在論」としての「形而上学」の再開を謳うバディウの忠実なる弟子、メイヤスーにまで引き継がれている。

六　アリストテレスの時代、あるいは言語論的展開と存在論

独断論的形而上学を時代遅れのものとしたカントの時代から約一世紀の後、二〇世紀の哲学の歴史において、二度、まったく異なる系譜において「形而上学」が華々しく再生した。一つは、ハイデガーという名の周囲において「存在論」という横顔とともに、もう一つは、ラッセルやラムジー、クリプキやルイス、アームストロングらによって「普遍（者）」という横顔とともに、である。この両者は、相互に全く無関係を装うか、あるいは相互に悪態をついているにもかかわらず、同じ時

代のヤヌスの双面をなしている。バディウはこれを「反プラトン主義」と呼んだ。確かにそのとおりなのだが、なぜかくも執拗に（それにもかかわらず軽薄なしかたで）反プラトン主義なのかといえば、それらがともに根本的にアリストテレス的な思考の枠組みの再生だからだと考えてみれば、筋が通るのではないだろうか。

「存在論」がアリストテレス的な思考の枠組みに固有のものであることは容易に理解することができる。ハイデガーも『存在と時間』の第一章で論じているように、存在論は、存在の多義性の問題、特にそのなかでも存在範疇としてのカテゴリアと、最大類からなるがゆえに相互独立であるはずの一〇個のカテゴリアを横断する存在概念の問題を考えなければならないという設定抜きには、成立しない。存在の意味が特別でありうるのは、繋辞としての「〜である」が相互独立なカテゴリアを横断するものであるがゆえに「存在としての存在」について問うことが、いかなるカテゴリアのうちにおいても遂行できないだけでなく、特定のカテゴリア内での探求の前提となっているかぎりで、それに先立って探求されなければならないからである。

それにたいして「普遍者」がアリストテレス的な思考の枠組みに固有であることは、比較的見て取りにくいかもしれない。しかし、「普遍者」とは、そもそもアリストテレスの定義において、複数の個物について述語づけられる（種＝普遍者が本質を成す場合は）概念である。そして、普遍者と個物という区別は、そもそもアリストテレスに由来するものであり、しかもこの区別は、文法上の区別と重要な相関関係にある。つまり、主語と述語のあいだの関係である（個物とは本性上いかなるものの述語にもなりえないものである。ここで慣例上「個物」と書いたが、これはいわゆる「第一ウーシア」に相当するもので、アリストテレス本来の意味での個物である「形相」と「質料」の「結合体」ではない。ちなみに、その個物の「何ものか性」を担うより一般的な答えが、「種」概念、すなわちその個物の「第二ウーシア」である。「第二ウーシア」が、ここでいう「普遍者」の範例に相当する(9)。アリストテレスにおいて「普遍者」の役割は、その対象概念の「定義」において不可欠なものである。すなわち、「人間とは、理性のある動物である」という定義において、「人間」という「普遍者」は、「動物」という類概念となる「普遍者」に「理性のある」という「種差」を付加することで確定される。「定義」は、学問的認識であるエピステーメーを構成する「命題」のなかできわめて重要な役割を果たすことになるのであり、この「定義」がアリストテレスにおいては単なる「ドクサ」との区別を正当化しているといっても過言ではないだろう。さらに、この「形相」と「質料」の結びつきについて、「現実態」と「可能態」の区別を考えることで、対象の生成消滅、変化、運動について語ることが可能になる。つまり、ソクラテスは、可能的には「死ぬ」し「生まれる」し「成長する」し「老いる」(つまりこれらの性質が述語づけられうる)が、それらの「形相」のうちで実際に今、現実化しているのは、「死ぬ(死んでいる)」という述語であって、それゆえ、「ソクラテスは死んでいる」という命題が「真」になる。このような可能的な「形相」を含めたすべての「形相」の全体系を見渡すことができるのは、「神の知性」であって、そこに含まれる「形相」の数は増えも減りせず、しかも永遠に不変であるのだから、「神の知性」は、「完全現実態」として、このような可能的「形相」の全体を現実にもっていることになる。われわれの何事かについての認識は、この「神の知性」によってわれわれが目的をあたえられ、感覚器官をとおして「感覚的形相」としてその可能的「形相」

を受け取ることから生じる。その意味で、「神の知性」とは、可能的に存在するものの現実的な全体であり（なぜなら、あるものがあるものといわれるのは、それがあるものとしての個別の「形相」をもつかぎりにおいてだから）、知性の生成消滅にとっても（自然の生成消滅にとってと同様）「不動の動者」である。

これらのいずれもが、思考の剥き出しの力を、言語的な平面に制限することで、統制可能にすることが必要であるということを大前提としている。この発想抜きには、一〇個の「述語範疇」および「存在範疇」が、なぜすべて質問の形式表と一致するのか（あるいは質問の形式と一致するがゆえに、それらのあいだの相互独立が証明されたことになるのか）を理解することも、何ゆえ「第一ウーシア」としての個体が、「これは何か」という質問の形式の答えであるのかということも理解することができない。さらには、何ゆえ「これは何か」という質問の形式が、あらゆる学知において根本となるなどといえたのかもまた理解することができない。たとえば、アリストテレスが、一度もまじめに考えていないというと明らかにいいすぎではあるが、実際そのように見える数学的探求における根本的な問いは、それは何かではない。むしろ「〜であるのはいつか」、「〜であるのはどこでか」、「〜であるのはなぜか」、「〜であるものはいくつあるか」、「〜はどのようであるか」、「何にたいして〜であるか」のほうである。三角形が何であるのか、群が何であるかは、定義を見れば理解できるが、関数がいつ連続であるのか、群がいつ連続となるのかという問題は、関数の定義や連続の定理をいくらひっくり返してもそれだけでは答えは出てこない。そしてむしろそれらこそが、その三角形なら三角形という概念の内実を差異化する。

七　アリストテレスのプラトン批判

　このような言語平面への思考の力を制限することで可能となる思考の枠組みは、プラトンのイデア論が本性上もっている野生的な思考の力（のちに述べるが、私見によれば、これは思考と呼ぶべきではなく、ヌースと識別不可能となるプシケーの力あるいは働きと呼ぶべきように思うが[10]）をどうやって制御するのか、いいかえれば、「悪しきクロノス」へと堕落する危険性のある（あるいはアリストテレスの眼にはすでに堕落していると映る）イデアを、いかにして「よきクロノス」にしたがわせるのか、という問題意識が背景として働いていることが見て取られる[11]。

　プラトンは、タレス以来の「アルケー」を求める自然学の本質的な成果を、ソフィストたちによる叡知的なものの擬人化と言語相対主義から擁護するために、「離在的存在」たる「イデア」へと魂を向きかえることで応えようとした。そこにあるのは、タレス以来、開かれつつあった自然探求の道を確固たるものとし、その継続を可能にしなければならないという使命感であるだろう。プラトンは、誰よりもこの探求の道が、きわめて危険なものであることを熟知していたようにわたしには思われる。それは明らかに現にあるものから、現にないものを「見て取る」（観取する）ことであり、にもかかわらず、この現にない「見て取られたもの」（イデア）が、現にある雑多なものを真にあるものへと生まれ変わらせる力をもつということである。そのとき、この「観取」は、きわめて希少かつ高貴であり、崇高にして美しく、すべてのものにまして欲されるものであるとプラトンはいっている。哲学の可能性は、この「観取」の秘密とともにしか存在しないと、プラトンは考えていたのだろう。

それにたいしてアリストテレスは、このような「観取」それ自体は、つねに誤った妄想的思い込みや一見もっともらしい詭弁と形式によって区別するための基準と方法をもたないと考えていたように思う。学的認識たるエピステーメーは、そのような危険な秘密とは無関係に、言語分析と三段論法と感覚経験によって合理化可能だし、そのような危険を冒すことをせずとも合理化された部分のみを学的認識と呼べばよい。学的認識の内的駆動原理に寄り添うことでそれと合一化することに恋い焦がれるのではなく、外的な枠組みから学的認識の可能性の全体を取り押さえてしまえばよい。したがって、それが確かに真理であることを主張することのできる条件（真理条件）と、そのような真偽を付与される命題と、その命題と合致する存在の構造があればよい。かくして、哲学の歴史において、アリストテレスによって、言語論的哲学あるいは言語的平面へと思考が抑制されたかぎりでの「存在論」による「イデア論」の封殺がなされたのち、思考を条件づける存在論と認識論、そして行為を方向づける倫理学が哲学の分科として成立していく。そしてその過程のなかで、この「観取」の秘密は、ごくわずかな例外を除いてすっかり忘れられていく、あるいは「トラウマ」として「抑圧」される。

アリストテレス的な意味で言語的平面へと思考が制限されたかぎりでの「第一哲学」としての「形而上学」は、プラトンのイデアを殺したあとにしか原理的に生み出されない。二〇世紀の言語論的転回も存在論も、そしてバディウにしたがえば、マルクス主義も生命倫理も、根本的にはこのイデア殺しの反復として理解されることができるし、そうしなければならない。

八　プラトンのイデア論をどう理解するか、あるいはドゥルーズのイデア論

ドゥルーズの哲学には、明らかにバディウによって腑分けされているような「詩」へと「縫合」された哲学の側面が含まれている。問題は、バディウがまさに躊躇しているように、ドゥルーズのテキストそれ自体のなかには、それでは解消不可能な「残滓」が、むしろ中心的な部分に残り続けることである。たとえば、わたしも含めてのことであり、自省を込めてのいうのだが、ドゥルーズ（&ガタリ）を、「存在論」として読むという傾向が確かにドゥルーズ研究において存在してきた。この読みの特徴は、たとえば、『差異と反復』と『スピノザと表現の問題』における「存在の一義性」という彼の有名なタームを、中心的な解釈課題とすることにある。この傾向は、複数の傾向と連動する。たとえば、スピノザやニーチェやフロイトやベルクソンを「存在論」として読むという傾向である。この読み筋は、簡単に誤読として退けることはできない。なぜなら、ドゥルーズ自身が、あるいは、ドゥルーズの周囲の解釈者たちが完全にではないにしても、そのような筋で読めるタームを随所にちりばめてきたからだ。そのかぎりで、ドゥルーズもハイデガーという時代の子である。

しかし、ドゥルーズの思考がハイデガーのそれと重なりながらも厳密にずれるその場所において、ドゥルーズは「存在論」に留保をつけて、「イデア」を選択している。たとえば、『差異と反復』における「プラトンによる差異の論理学と存在論」と徴されている数頁。そこで、問題となるのは、ハイデガーがいう「非-存在」は、存在の「否定」としての「否定-存在」ではなく、存在の「否認」としての、つまり、存在にたいする肯定も否定も宙吊りにするものとしての「？-存在」であ

るとドゥルーズが自らの思考をハイデガーから差異化している点である（ドゥルーズ 2007a：183-189）。この「？－存在」は、同書第四章の「差異のイデア的総合」において「問い－問題」の複合としての「多様体」たる「イデア」についての議論において、基点となる概念である（ドゥルーズ 2007b：77-83）。

しかも、この議論に至る前段階において、ドゥルーズは、アリストテレスの差異の哲学、存在論の発生条件たる言語論的差異を、最小の差異としての「種差」においても、最大の差異としての「類的差異」（範疇の差異）においても、自らの哲学的構成素としては退けている（ドゥルーズ 2007a：93-109）。そして、しばしば、言及されるその後で登場するライプニッツの最小の差異（微分的差異）とヘーゲルの最大の差異（矛盾的差異）の両方への言及とその批判が、この所作を反復する（ドゥルーズ 2007a：131-142）。

これらはいずれも『差異と反復』のなかでも難解な箇所だが、ここでドゥルーズは、時代の思考にからめ捕られながらも、そのなかで、「イデア」それ自体をアリストテレスの呪縛から解放することで、いかにしてそれが通俗的なプラトンによる、ライプニッツによる、ヘーゲルによる概念化という試練を潜り抜けられるのか、ということを思考していると考えれば、多少理解しやすくなる。ライプニッツもヘーゲルも、アリストテレス的な枠組みのなかでいかにしてイデアの力を取り戻すのかを考えたという点では一致していることを想起しよう。しかし、ドゥルーズの理解するところにおいては、それらでは不十分、不徹底なのであって、彼らによる概念化は、「イデア」がもつ「差異」としての力を制限し、擬人化し、人間の慰みものにすることにしかならない。

「純粋な差異」としての「イデア」、これを手に入れることこそが主題であるというのが、『差異と反復』の一つの可能な読み方であるとすれば、バディウによるドゥルーズ批判は、ドゥルーズのなかの前時代的な部分のみに妥当するのであって、まさにその批判によって精錬されたドゥルーズ、ポスト・バディウのドゥルーズという像が浮かび上がってくるのである。

九　プラトンをどう読むか

通俗的なプラトンのイデア論は、一、イデアの分有説、二、イデアの想起説、三、魂の不死説の三つの「よきドクサ」の配置によって構成される。現にあるものが美しいのは、それが美のイデアを分有する（あるいは模倣する）からであり、われわれがそれを美しいと思いなすのは、「美」を分有する個物に刺激されて、失念していた「美」のイデアをわが「魂」が「想起」するからであり、そのような「想起」が可能なのは、（あるいは可能であるから）それをなす力をもつ「魂」は不死だからである。

これは、どうしたって、一つの「神話」、ミュトスである。もし仮に、これがプラトンの学説としてのイデア論の完成形態の要約であるとすれば、アリストテレスの批判を免れることはできないように思われる。

ドゥルーズは、間違いなくこのことを認めるだろう。しかし、彼のプラトン解釈は、両義的だという点で、ハイデガーのそれとは根本的に異なる。要するにドゥルーズは、こういいたいのだ。プラトンは依然中途半端である、と。

「プラトンは、最初にプラトンを転倒させる者、少なくとも最初にそのような転倒の方向を示す者であるべきではなかったのか」（ドゥルーズ 2007a：193）というドゥルーズの言葉は、プラトンにたいする過剰な要求であるどころか、ある意味では正当な読み筋でさえある。実際、ドゥルーズも指摘しているように、後期プラトンは、『パルメニデス』において自らの中期イデア論を根本的に批判したうえで、問いの状態へと差し戻させているし、『ソピステス』の最後では、「シミュラクルを深く究めることによって、そのシミュラクルがオリジナルあるいはモデルから区別できないということを証明している」（ドゥルーズ 2007a：193）のである。

プラトンの有名な『第七書簡』や『パイドロス』において、言葉による思想にたいするプラトンの強い警戒心が述べられていることはよく知られている。これはデリダが指摘するような、直接の教えあるいは直接の思考としての声の優位という「形而上学」のドグマを示しているのかもしれない。しかしもっと素直に受け取るなら、哲学の経験性、体験性、その不可避的な過程性、非完結性を強調していると読むこともできる。それは真なる学説が、師によって秘匿されているというイメージではなく、いかなる師も、いかなる言葉も、いかなる学説も、永遠性の前では（永劫回帰を前にしては）過程的なもの、シミュラークルに過ぎないということだと読むこともできる。

プラトンの初期、中期、後期の全体を統一的に読むならば[12]、彼の思考は、基本的にアポリアとミュトスの両輪によって成立していると見ることができる。初期においては、ソクラテス的方法によって相手のドクサ（意見）から矛盾が導かれることを繰り返し、異なるドクサにおいて矛盾を「反復」

することで、最終的に対話相手が「アポリア」に陥り、必ずしも明示的な結論のないまま終わる。すなわち、もはやいかなるドクサももちえないと「思い込む」状態へと至るよう導く（あるいは読み手に自らその「アポリア」を越えて見せるように誘惑する）。中期においては、今度は「アポリア」で終わるのではなく、むしろプラトン自身が、それらの議論によっていまだ無傷のままに「選別」された「よきドクサ」たる「ミュトス」を、イデア論として、つまり「根拠」として措定する。そして後期においては、この「根拠」もまた一つの「ドクサ」に過ぎないこと、これもまたシミュラークルの一つでありうること、すなわち中期イデア論の「脱根拠化」を、自らの論証にたいして自己言及的に示してみせる。したがって、そこにおいて哲学は、もはやいかなる学説でもなく、「選別」、「反復」、「脱根拠化」、「問い－問題という複合」が形成する終わりなきプロセス、思考の実践そのものとなる。「さてそうなると、差異のそれぞれの契機は、おのれの真の形態、すなわち選別、反復、脱根拠化、〈問い－問題〉という複合を発見しなければならない」（Deleuze 1968 : 93/116）。

これはバディウが肯定するような「一」なしの「多」でもなければ、彼がドゥルーズに割り当てようとする「多」なしの「一」でもない。多種多様の諸々の「ドクサ」を「選別」し、系列としてそれらを「反復」させる「一」なる「イデア」が働くが、それを捉えようとするいかなる「ミュトス」も、その根拠たる「イデア」そのものではなく、その一つのシミュラークルとして「脱根拠化」されたしかたで「反復」し、それによって「アポリア」という「問い－問題の複合」もまた「反復」する。「一」なる「イデア」は常に不在だが、その不在は、「イデア」が存在する別の「可能的な世界」を「表現」している。(13) なぜなら、それがなかったなら、いかなる「選別」も不可能になり、したがってすべてのシミュラークルは、それ自体がもはやシミュラークルでさえないものになる。

ドゥルーズは、ソフィストたれといったのではないし、もちろんソフィストの定義の対比項として哲学者が規定可能だと述べたのでもない。哲学者は根源的にソフィストと識別不可能なしかたでしか成立しないということをプラトンが見て取っていたといっているのである。つまり、哲学者は、あらゆる既存の「ドクサ」を「アポリア」へと解体し、それらを越えてさらなる「ドクサ」を提示するかぎりで、外形的にソフィストと識別不可能だが、それが同時に「ドクサ」であるということを知るかぎりで、つまり、その「反復」に非ドクサたる「イデア」が介在していることを知るかぎりで、哲学者でもある。哲学者は、分類のためのカテゴリーではないから定義不能である。もし、それが恒久的に不変なる定義が可能であるとすれば、プラトンは自身の考えに反することになるし、プラトンのすべての著作は、判読不可能になるだろう。哲学者とは、言説や振る舞いといった外面性においてではなく、「イデア」にたいする「魂」の態度によってのみその都度再生するのだ。

ドゥルーズをこのようなプラトンの註釈として読めるなら、彼の『スピノザと表現の問題』の第一一章の系譜学的探求が、何ゆえ、新プラトン主義者たるプロティノスの「一者論」的「流出論」からスピノザの「一－多」の「表現」的関係へと至るものとして描かれるのか、ということを理解することができるだろう。さらには、大陸合理論やフランス・エピステモロジーなどの「合理論」や「主知主義」と一般に呼ばれるものが実のところなんなのか、ということについてもこれまでとは別の見方が可能になる。つまり、それは、プラトン的イデア論が前景化した際の問題系なのである（デカルトの神の観念論的証明を想起せよ）。さらには、ドゥルーズのヒューム論の異様さもヒュームとデカルトの関係から、同じ読み筋で解釈可能になるかもしれない（つまり、中期プラトンと後期プラトンの関係としてのデカルトとヒューム）。もしそうだとすれば、ドゥルーズがいう「超越論的経験論」についても、これまではカントやフッサールとの関係で読まれてきたけれども、その無理筋が解消されるかもしれない。もっといえば、哲学史上における一九―二〇世紀フランス哲学を一貫して覆っている一種の異様さを説明することができるようになるかもしれない（ラヴェッソン、ラシュリエ、ブトルー、ベルクソン、ブランシュヴィック、ブレイエ、カヴァイエス、サルトル、ロトマン、メルロ＝ポンティ）。

こういったことを始めるためには、まずは、これまでの「言語論的なもの」によってからめとられたかぎりでの「存在論」の時代に、きっぱりと別れを告げなければならない。

十　イデア論とアブダクション

本論を閉じるにあたって、最後にもう少しだけ、ここでドゥルーズへの参照とともに語られたイデア論にたいして実質を与えておきたい。ただし、この実質は、四つのイデアのうちの「真」のイデアにとりわけ強くかかわっている。同時に、ここで論じることのイデア的な図式は、他の三つについてもいえることであり、明らかに共立可能であるが、そこを前景化すると余計に議論が見えにくくなるので、まずは「真」の「イデア」の様態に特化して、少し具体的に見ていくことにする。

アリストテレスの三段論法は、命題論理に基づく推論式とは異なり、含意式である（山下

1983:20)。私見によれば、アリストテレスの三段論法の肝は、含意式の前件（γがβに述語づけられ、βがαに述語づけられるなら）から、含意式の後件（γがαに述語づけられる）への変換可能性のうち、必然性が成り立つものを選別するその手続きにある。細部は別の機会に譲りたいが、大枠では以下のようである。すなわち、含意式の前件と後件のいずれにも真偽値を割り振る必要がないというのが、アリストテレスの三段論法の貴重な点であり、三段論法が参照している後期プラトンの「分割法」的弁論術にそれが忠実な点である。もし、前件の二つの項関係を命題と見て、真偽値を割り振るなら、この「ならば」は含意式ではなく、推論式になるし、「ならば」関係は、命題関数の実質含意と同じになる。しかし、『パルメニデス』における、たとえば「もし一があるとして、あるものが一を全体として有するならば」のような反現実的条件文からしかはじまらないプラトンの議論を真に受けるなら、この条件文に最初から真偽値を割り振ることはばかげたことになる。このことを踏まえたうえで、アリストテレスは、三段論法を、推論式としてではなく、含意式として分析しているように思われる（命題論理による三段論法の哲学的解釈は、ストア派の登場を待つことになる）。

アリストテレスは、このような含意式としての反現実的条件文を制御するために、演繹の理論としての三段論法と、帰納の理論としての感覚形相論を用意しているように思われる。学識たるエピステーメーは、演繹によるか、あるいはその前提となる認識として感覚による直知によるか、あるいはそこから生じる表象を記憶によってえられる帰納によるかによって獲得されると考えたわけだ。したがって、推論の構造としては、反現実的条件文の構造を残しながらも、それの前件がすべて感覚形相に由来する知識によって真偽が確定できるとみなすことから、実質的には、プラトンのイデア論を封殺したことになっている。そして、この点が、アリストテレスの「形相」論のプラトンの「イデア」論と似て非なる点である。

もう少しはっきりいえば、こういうことになる。アリストテレスの「形相」論において、「形相」は「離在的存在」ではなく、あくまで「結合体」たる「個物」に内在し、それの「原因」（形相因）としてのみある。そして、「生成消滅」は、「個物」の「質料」と「形相」の結合関係の変化（可能的形相から現実的形相へ、現実的形相から可能的形相へ）としてのみ理解可能である。したがって、「形相」それ自体の「産出」はありえない。

これにたいして、とりわけ後期プラトンにおいて、またプラトンの書かれなかった思想である「一」と「不定の二」[14]を原理とするイデア論においては、イデアの「産出」、あるいはむしろより厳密には「限定」[15]の過程が描かれる。[16]

この論理は、アリストテレスによって徹底的に排除されるように見えるが、その一方で、プロティノス以降の新プラトン主義においては、その思想の根幹部分において保存されることになる。ここから、プロティノスにおける、「知性」と「有」にたいする「一者」の優越および、後者から前者の「湧出」が理解される。「知性」は、それ自体「一なる多」であるが、それはまさに「知性」が「一者」を「観照する」ものであり、そのかぎりにおいて「知性」は「二」でなければならないからである。「知性」が「一者」を「直観」することで、諸々のイデアが生まれる。そして、この「知性」もまた、ある意味では「一」であるので、「一者」と同じく、「魂」を「湧出」する。「魂」は、それが「質料」と混合されるかぎりにおいて、「知性」とは異なり、また「知性」が運動なしに働くのにたいして、「魂」は、動くことで働く。つまり、「魂」は、生成消滅を伴う働きを根本とし、「知性」は、生成消滅なしの働きを根本とする。そして、この「魂」の最も重要な特徴が、「知性」への「還流」（また「知性」の「一者」への「還流」）であるとされる。ここから、プロティノスの有名な「一者」との「合一」の思想が導かれる。

パースが古代哲学研究から導き出した、帰納と演繹を補完する「アブダクション」という思考形態は、その思想的背景に「連続主義」をもつといわれるが[17]、それは、これまでに見てきたような、プラトンのイデア理解、すなわち学的認識において「アポリア」を解決可能にする上位概念の産出＝発見（「知性」の視点において「産出」であり、「魂」の視点において「発見」であるのであって、ドゥルーズの「存在の一義性」はこの二つが一義的であるという主張として理解可能である[18]）のこととして、理解することが可能であろう。

プラトンによるアブダクションの成果とは、彼の諸々の哲学的概念（イデア、限定－非限定、一－不定の二）であり、これらは、生成消滅と永遠の、生と死の意味というアポリアにたいする一つの解決可能性を提示する論証されえないよき「ミュトス」である。こういったよき「ミュトス」の創設は、哲学の以前において、第一に数学の証明において、第二に法の創設において、第三に数理諸科学（天文学、音楽、機械学）の発明において用いられてきたはずである。

このとき「魂」の動きは、「知性」との「合一」によって、生成消滅の時間順序に逆転交差するように流れ、その刹那、永遠と一体となる。

アルキメデスが、風呂のなかで浮力や適温による快の感情に浸っている最中、雑多なものを「抱握」している最中、その雑多のなかにあるけれど、それを分離したいかなるものにも対応しない「強度ゼロ」の純粋概念たる「比重」を感知したとき、そしてそれによって懸念だった王冠の鑑定だけでなく、あらゆる現象にかんする古今の特定の諸問題を解決できると確信したその瞬間を思い描く必要がある。

この「直観」（ヌースの働きとしての）がただの「妄想」から区別されるのは、それが「アポリア」の「解決可能性」を示していること、つまり「問題化の場」（Deleuze 1968：297-298/253）による制限条件が付帯していることと、その「直観」が示している「ミュトス」が、既存の「アポリア」に陥った無数の「ミュトス」とは異なっていることである。

ただし、そこで最も重要なのは、結果としてのよき「ミュトス」と、それ以外の多数の「ミュトス」という二元論的価値へと分類される以前の、「知性」と一体化した「魂」の働きである。ここにドゥルーズのいうところの、擬人化とは縁のない新たな主体性による「フィアット」が、ドゥルーズ＆ガタリのいう「絶対的脱」が蠢いている。

謝辞

本章は、鹿児島大学での学部生、大学院生との議論および鵜戸聡先生との議論が大いに役立てられた。ここに感謝の念を記しておく。

追記

本校執筆の時点では、（回顧的に見ると興味深くもあるのだが）いまだ「形而上学的転回」とでもよぶべきものへの理解が十分ではないことが、アリストテレス的な思考の枠組みを批判することが、すなわち「形而上学」それ自体を無化することになると考えているように読めるところに見て取ることができる。プラトンに形而上学があるのか、という問題は確かに難しい側面を含むのだが、新プラトン派、たとえばプロティノスの議論は、アリストテレス以後において可能となった形而上学という思考の枠組みにおいてプラトンの著作を読み直し、再解釈しているところにその特徴を見出すことができるわけで、この一例をもっても、すべての形而上学をアリストテレス一人に帰することには無理がある。むしろ九〇年代を前後して実際に起こったことは、二〇世紀初頭にあったとされる言語論的転回のあとで、様々な文脈と動機によって形而上学的探求へと回帰する動き、「形而上学的転回」とでも呼ぶべきものの動きである。二〇一五年一月に公刊されたこの論文を執筆している時点では、わたしはいまだこの「転回」を感じ取っているが、理解していなかったことが、今この文章を読むとよくわかる。この観点からすると、問題なのは「存在論」を降りることではなく、むしろ「形而上学的転回」以後のドゥルーズという読み筋を展開することであり、それは「存在論」を降りるのではなく、言語論的転回の範疇内における存在論にたいして「否」というにしても、むしろ「存在論」それ自体を多型化することに主眼を向けるべきだろう。実際、本章の最後で論じられているイデア論は、スピノザの存在論（実体‐様態論的存在論）とその知解可能性を支える論証システムの全体との関係においてより整合的に説明可能であるだろうし、そのことがまさにわたし自身の「内在の哲学」への関心を惹き起こすことになる。つまり、バディウは一九八〇年代のフランス現代思想の文脈のなかにありながら、この「形而上学的転回」にいち早く取り掛かったものの一人であり（フランスにおいてもバディウ一人というわけではないだろう。ミシェル・アンリの名を挙げることができるし、この観点から見たら、九一年に出版されたドゥルーズとガタリの『哲学とは何か』もそうだといえる可能性がある）、ポスト・バディウのドゥルーズとは、この「形而上学的転回」以後の観点から、再度ドゥルーズを論じなおそうということだとまとめることができる。

7　メイヤスーとバディウ
――真理の一義性について

一　問題提起

カンタン・メイヤスーの「思弁的唯物論」について、国内外において議論されるようになって久しいが、現代の一思想としてというよりもむしろ哲学の、あるいは形而上学の近年の動向の一つのバリエーションとしての十分な検討はいまだなされていないように思われる。本章では、このような状況にあってメイヤスーの「思弁的唯物論」の哲学的・形而上学的含意と射程がどのようなものであるのかを見積もるために、メイヤスーの哲学的議論と深くかかわっているように見えるアラン・バディウの哲学との比較検討をおこなうことを試みる。その目的は、メイヤスーの哲学の含意、つまりそれを引き受けることが何を帰結することになるのかという含意関係の特徴を、バディウの哲学を背景にすることで明らかにすることにある。

本章では以上のような問題提起に答えるために、メイヤスーとバディウの二つの異なる思想を互いに並べて体系的に比較するという方法ではなく、メイヤスーによってバディウについて書かれた三つの論文[1]とその他いくつかの関連論文を基本的な参照資料とし、またそれらの論文で言及されるバディウの主著およびバディウ自身がそのなかでメイヤスーの哲学について論評しているいくつかの箇所に基づくことで、当の比較をおこなうものとする。こうすることで、体系的な比較においては見落とされがちな微妙な差異に着目し、その共通点と差異のあいだの緊張関係を浮かび上がらせることができると考えるからである。

メイヤスーとバディウのあいだの表面的な関係を見るのはたやすい。メイヤスーは二〇世紀末から高等師範学校で哲学の教師をしているが、そこで一時期バディウと同僚の関係にあった。また一九九六年末に提出されたベルナール・ブルジョワが指導教員であった博士論文『神の非存在』について、一九九八年末に出版されたバディウの『推移的存在論』のなかでバディウが言及している。また一九九九年一〇月にボルドー大学でおこなわれたバディウ哲学の国際コロック（この記録は二〇〇二年にラルマッタン社から『アラン・バディウ　多を思考する』（シャルル・ラモン編）として出版されている）に参加し、後の論集に本章でも取り上げる「新規性と出来事」という論文を提出している。またバディウはメイヤスーの最初の主著であり、博士論文の一部を展開したものとされる[2]『有限性の後で』（スイユ社、二〇〇六年）では、その序文を書いている。また同じ二〇〇六年に今度はバディウの主著第二作目となる『世界の論理』（「世界」も「論理」も複数形）が出版されると、メイヤスーは同年に高等師範学校でおこなわれたバディウ・コロックにおいて本章でも言及する「主体化された物体の運命」を発表（Meillassoux 2011a として Rabouin et al. 2011 に所収）。そのほかに、メイヤスーは自身のマラルメ論でバディウについて論じるなど実質的に多くの言及関係がある。それにたいしてバディウからの直接的な論評というものは、二〇〇六年の『世界の論理』ではいまだ見られなかったものの、二〇一八年の『真理の内在』においては複数回メイヤスーに言及し、自身の立場との関係について論じてもいる。また、「思弁的実在論」という二〇一〇年前後に、仏語圏と英語圏を中心に盛り上がった一連の動きにおいて、その背景としてバディウとスラヴォイ・ジジェクが置かれることがしばしば見られるように、党派的な意味合いにおいてもその関係が存在していることは明らかである。

では、そうなのだとして、そのような表面的で世俗的な関係の向こう側には、実際のところどのような哲学的関係を両者のあいだに見出しうるのか。結論を先んじて述べれば、それは同一の関係でも、単なる派生の関係でも、従属・被従属の関係でもなく、メイヤスーが好んで使う用語に倣えば、亡霊的関係 relation spectrale とでも呼ぶべきもの、あるいは《亡霊的バディウ主義》とでも呼ぶことのできるようなものだろう。この帰結を導くために、まずはバディウの側がメイヤスーの哲学と自身の哲学をどのように関係づけているのかということを『真理の内在』（『存在と出来事』の第三巻にあたる）という近著におけるメイヤスーへの言及箇所によって確認することから始めよう。

二　バディウ『真理の内在』におけるメイヤスーへの言及

まずもって断らなければならないのは、本章ではこの物理的に巨大な近著について体系的な言及をおこなうことはできず、次のような一般的な提示にとどめざるをえないということだ。バディウは『存在と出来事』において出来事の理論と普遍的存在論を提示したが、『存在と出来事』の第二巻にあたる『世界の論理』でそれらを踏まえた主体と世界の現れの理論を確立した。そして近著の『真理の内在』においては、真理の「絶対性」の理論が展開されることで、まさに議論が弁証法的に展開したのだといわれる（Badiou 2018 : 681）。

『世界の論理』の冒頭においてバディウは自身の立場について、他のこれまでのフランス現代思想（これはざっくりと「ポストモダン」と呼ばれる）との差異を明らかにするために、「民主的唯物論」と自身の立場である「唯物弁証法 dialectique matérialiste」の立場とを区別する。この「民主的唯物論」という立場を規定するにあたってバディウは以下のような定式を立てる。

民主的唯物論：物体 corps と言葉 langages のほかには何もない。

この規定の含意を少し展開しておこう。この世界は、言葉によって何がしか表されたものか、あるいは物体として存在するものから構成されている、という発想は前世紀以来日常のあらゆる場面にまで浸透したイデオロギーの一種であるだろう。Démocratique という形容詞には、批判的な意味合いとしては「大衆的」という意味合いが含意されているだろう。そしてその語源である「デーモス＝民衆」ということを考え、またドゥルーズとガタリの『哲学とは何か』におけるギリシア政治への言及を想起し、そして最後にプラトン哲学の反大衆的性格およびバディウのプラトンへの変わらない好意を引き合いに出すならば、「大衆的」という語の含意を、それ自体で決定する絶対的審級をもたない相対的状態というように理解することができる。もちろん、この状態をどのように評価するかということは、政治哲学上の重要な問題であり続けたのであり、これを肯定する立場も否定する立場もありうる。ところで、その流れで行くと、バディウはこれを否定する、あるいは少なくとも批判する立場に与することは自明であるように見える。

「民主的唯物論」に属するものとして、ある種の構成主義が含まれるといわれる。それはほとんど経験論的な構成主義の立場であって、感覚的に経験されるものが基本的な存在者で、それよりも抽象度の高いもので実効性のあるものは、その経験から出発し何らかの構成過程によって生じるものだと考える立場である。認識不可能なものは存在しないと考えるような、「物自体」を見失った俗流カント主義、あるいは同様に俗流アリストテレス主義がこれにあたる。

要するに、メイヤスーの用語でいえば「相関主義」と彼が呼んだもの、すなわち「有限性」にとらわれた立場のすべてが、この「民主的＝大衆的唯物論」に相当することになる。バディウは、この点にかんして、自身の立場をメイヤスーの相関主義の克服との関係に置きなおしている。

カンタン・メイヤスーは今日「諸々の自然法則は、それらが偶然的であることが必然的である

> ことを除くなら、いかなる必然性ももたらさない」という定式を立てている。これにたいするわたし自身のバリエーションはこうだ。「対象の現れ l'apparaître のどこにも、現れる当のものが多の純粋理論に絶対的に帰属しているということを除くなら、絶対的価値は存在しない」。そして現れる「当のもの」の断片をある世界のなかに現れさせるものを、わたしはある真理と名付けるので、わたしのバリエーション自体のバリエーションはこうなる。「物体と言葉のほかには、真理を除くなら、何もない」(Badiou 2018 : 64)

「現れ」の論理がどのようなものであるのかについてここで詳述する余裕はないが、[3] ここでの物体と言葉と真理の関係について図式的に見るなら、メイヤスーが『有限性の後で』で「事実性の原理」と呼んだもの、すなわち「思考不可能なものが存在する」ともいわれるところの絶対的なものに対応するものとして、バディウは己の「真理」概念を位置づけていることになる。そして、このような立場のことを、つまり「言葉」と「物」のほかに、第三次元として[4]「真理」が存在することを認める立場のことを(ただしもちろんこの「真理」をどう概念化するかということによってはバディウとは異なるバリエーションがあるべきだが)、「唯物弁証法」であるとバディウはいう。

唯物弁証法：言葉と物のほかに真理が存在する。

俗流カント主義および俗流アリストテレス主義においては、真理は、言葉と物との一致の結果に還元される。バディウの唯物弁証法は、この結果にたいしてある過剰を要請するものとして真理という次元の存在を認める。その過剰のせいで、結果は事後において乗り越えられるものとなるべく、真理を追いもとめる過程が駆動される、と考えているように思われる。バディウにとって、メイヤスーの議論は、細部において違いはあるものの、大枠として、この第三の次元、ある絶対性を主張するかぎりにおいて、同じ方向を向いている。つまり、相対主義と理解されたかぎりでのポストモダン的な「民主的唯物論」を乗り越える議論を展開していることになる。

では違いはどこにあるのか。数学的に形式化された物理学の基礎方程式について、メイヤスーはその偶然性が必然的であると主張するが、バディウ自身はまずは数学となる存在の形式法則と、「自然」の形式法則とを区別し、前者には偶然も必然もなく、後者はその内部から絶対性やましてや必然性には決して届くことがないと考えるところが違うと述べている（Badiou 2018：593）。しかし、これから見るように、その違いは単に数学と物理学の理解の違いというにとどまらず、根本的には、真理をどう理解するのか、そして形而上学（バディウの場合これは「メタ‐存在論」と呼ばれる。なぜなら存在論は数学だから）をどう考えるのかというより大きな違いから生じる派生的帰結にすぎないように思われるのだ。

三　メイヤスーによるバディウ読解（1）：「新規性と出来事」を中心に位置づける理由

メイヤスーによるバディウ理解ということを検討するにあたって、『有限性の後で』よりも前の、メイヤスーの最初期の論文に相当する「新規性と出来事」（出版こそ二〇〇二年だが、その元となる発表がおこなわれたコロックは一九九九年に開催されている）に注目する本章での目論見について簡単に説明する必要があるかもしれない。

　メイヤスーはこの「新規性と出来事」という比較的長い論文のなかで、あとで論じるように、バディウの『存在と出来事』の二つの定式から導かれるバディウ自身が支持していないように見えるある別の可能な立場があることを指摘し、しかもバディウの哲学者とは異なる顔、すなわち小説家としてのバディウが著した『カルム・ブロック・イシ＝バ Calme bloc ici-bas』（ガリマール社、一九九七年）[5]を詳細に検討することを通じて、むしろその可能性を哲学者のバディウではなく、小説家のバディウが支えていると主張するかなり凝った議論を展開している。ほのめかされているだけだが、あとで確認するように、メイヤスー自身の議論は、この可能性としてのバディウの議論のほうを支持しているように見える。ここではしかし、そのメイヤスーの方向性自身がバディウから離れるものではなく、バディウのなかにジレンマの形で含まれている選択肢のうち、バディウが哲学者としては選択していないほうを、メイヤスーはあえて支持するという形式にとどまっているように見える。

　二〇〇六年のバディウ・コロックのときの原稿を再掲していると思われる「主体化された物体の運命」（Meillassoux 2011a）では、この哲学者と小説家のあいだの差異にはもはや言及されず、『存在と出来事』と『世界の論理』のあいだに見出される拡張関係がどこに見られるのか、ということについてかなり丁寧に（それゆえほとんどバディウ自身の議論からそれることなしに）論じられている。

特徴をあえて述べれば、『世界の論理』においてむしろ目立っている「現れの理論」としての「数理−論理学」について、ほとんど数行しか触れていないことである。

最後に、同書に所収されている第二論文「『存在と出来事』第一巻、二巻における決意と出来事の決定不可能性」（Meillassoux 2011b、以下本論中では「決意」論文と略記）は、『存在と出来事』第一巻の主たる特徴であった出来事の決定不可能性が、『世界の論理』においてどうなったのかということを問題にしている。メイヤスーがここで特に気にしているのは、『存在と出来事』にはなかった「対象」の論理が入り込み、出来事もまたある意味で「対象」であると論じられるようになることで、「出来事」の本質的特徴が失われる可能性はないかという懸念である。最終的にこの懸念は、「対象」とはいっても実証主義的な意味での「対象」ではなく、「出来事」はその「存在」の次元においては「不知 insu の対象」であることを確認し、この「出来事」にたいする主体の「決意」によって、「出来事」が「客観的な知」に開かれ、世界における「現れ」となると理解されることで、解消される。つまり、この論文でもメイヤスー自身の議論に直接つながるものがそれとしてはっきり述べられることはない。

メイヤスーが珍しくバディウの議論にたいしてはっきりと否定を突き付けているのは、二〇一二年の講演記録である「繰り返し、繰り返し直し、反復」（Meillassoux 2012）において、非意味的記号の論理を論じようとする際に、数学について論じなければならなくなり、その行きがかり上、バディウの「存在論とは数学である」という命題に触れなければならなくなって、それを否定して、数学は根本的にいかなる指示関係ももたない、というメイヤスー自身の主張を展開している箇所である（Meillassoux 2012：24)。同様に、メイヤスーは同じ記録のなかで、バディウと違って、数学と論理学を区別しないという趣旨のことを述べているが、こちらはバディウが「数理－論理学」というしかたで議論していたことを繰り返しているように見えて、実際にバディウの議論とどう違うのか判然としない。

いずれにせよ、この数学観についてのメイヤスーの批評や、メイヤスーのバディウ論全体の様子からわかることは、メイヤスーはバディウの議論のなかの特に数学と存在論にかかわる部分について強い違和感を覚えているように見えるということである。メイヤスー自身はそれなしに展開できる議論を考えたいし、バディウの著作もそのように読めるのではないかと考えているように見える。このことは、『有限性の後で』における集合論の議論の箇所で、バディウの『存在と出来事』を参照しているだけに、若干奇妙な印象を与えるが、おそらくメイヤスーの初期から一貫した態度だということを、これから確認することになる。

このような全体の議論の調子のなかで、やはり「新規性と出来事」の論調はとくに目立って挑発的である。この論文でメイヤスーは、自身の議論を、バディウを逸脱するものではないとあえて繰り返しているが、しかしメイヤスーがそこで自らを位置づけている場所は、その後の論理展開、『世界の論理』、『真理の内在』をとおして、バディウの哲学からほとんど失われたように思われるだけに、回顧的に見て一層挑発的となる。そしてその挑発こそが、まさにメイヤスーの哲学の本質を反映していると見るべきだろう。それゆえ、メイヤスーとバディウを比較するという目的にあって、あえてもっとも古い論文である「新規性と出来事」（以下「新規性」論文と略記）についてこそ、詳細に検討する価値があると考えられるのである。

四　メイヤスーによるバディウ読解（2）：「新規性と出来事」を中心に

メイヤスーはこの「新規性」論文の冒頭でバディウの『存在と出来事』における中心的な命題を二つ取り出して見せる。

命題1（Énoncé 1、以下E1）：数学は存在論である。（les mathématiques sont l'ontologie.）
命題2（E2）：あらゆる真理は事－後的である。（toute verité est post-événementielle.）（Meillassoux 2002：39）

メイヤスーの「新規性」論文の議論は、この二つの命題の関係が、最終的にジレンマ（両立不可能な関係）に至ることを明らかにすることにその大きな筋がある。しかし、最初に指摘してもよいように思うのは、本当にこの二つの命題から出発してよいのか、という疑いである。メイヤスーは、「決意」論文において、バディウの「対象」の議論の問題点を指摘するときに、それが「実証主義」に陥るのではないか、という可能性を懸念していた。その懸念から感じ取られることは、真理という次元にたいするメイヤスーからの違和感、あるいはメイヤスーが議論したいであろう形而上学的な真理（これに「事実性の原理」はかかわっている）と、彼が議論するつもりがあまりないであろう科学的真理とを分けたいという意志である。したがって、これらの命題に加えて、バディウが別のところで主張していると考えられる命題3、「真理とは、存在である」あるいは「真であるとは、存在についていわれるタイプの述語である」というパルメニデス的命題を用意するべきかもしれない。これを用意するとどうなるのか、ということの検討については、別の機会に譲ることにして、いまはメイヤスー自身の議論を再構成することを急ごう。

　これらの命題を構成する諸概念（数学、存在論、真理、事後的、出来事）についてその意味内容を確認することから始めたい。ここでバディウがいっているとメイヤスーが想定している「数学」とは、もろもろの数学諸学の歴史的な生成態としての数学である。重要なのは、メイヤスーにとって「数学」という概念が意味しているのは、現実の歴史のなかで生み出されてきた、そしてこれからも生み出されていくであろう「数学」であるということだ。そしてその数学の現在の姿が、現在の存在論の姿そのものである、というのがバディウの命題1が意味している内容である。

　ではバディウのいう「存在論」とは何か。存在論とは存在についての理論であるだろう。もちろん、具体的な存在者について、それが存在するかしないか、ということについては、たとえば各種の自然科学が扱うことになる問題となり、それは数学とはならない。数学となるのは、その純粋な学、あるいは形式存在の学である。[6]バディウ自身は以下のように定義している。

> 存在論：存在としての存在の学。提示の提示。純粋な多の思考として、したがってカントール的数学つまり集合論として実現されなければならない。存在論は、主題化されてこなかったと

> しても、数学の全歴史においてすでに実現されてきた。《一》に依拠しないで純粋な多を思考するためには、存在論は公理化された数学でなければならない[7]。(Badiou 1988：551)

《一なしの多》を完全に擁護すること、あらゆる《多》を《一》の専制から解放することが、バディウ哲学の主たる動機であり、いわばその根本的直観である。しかし《一》を減算することは、たんにアトミズムに至るわけでもなければ、相対主義に至るわけでもないというのがバディウの議論の全体の背景文脈となっている。したがって、バディウは「存在論」もまたこの背景文脈のうえで議論されうるものでなければならないと考えるし、まさに「存在論」こそが、古来「一者」の学と哲学者によって考えられてきた伝統があるだけに、脱《一》化の先頭に立つものでなければならない。したがって、存在論に哲学から手を切らせ、数学へと送り返すことの意味は、常に回帰する《一》の専制の根源を、《多》の絶対的支配下に置きなおすことにこそある。数学こそが存在論であるという主張は、それ自体をどう擁護するかという難しい問題を引き起こすが、彼がそれを断行する根本的な理由のひとつは、ここにある。

「真理」とここでメイヤスーが考えているものが何であるのか、ということは判然としないが、ある判断を偽とし、ある判断を真とする何らかの基準に照らして真とみなされた個々の判断のことを指しているように読める。つまり、タルスキー的な意味での「真理」という概念それ自体が事後的なのだといっているのではなく、いまここで真とみなされた判断に付随する真理性が、あるいは真であるとみなされた個々の判断の成立が、事後的であるということを意味しているものと考えられる。具体的には、科学的真理にしても、ある出来事があり、それを潜り抜けてある判断が真になるという過程について考えられているように思われる。

最後に「事後的」および「出来事」である。前段落の「事後的」という語の使用に若干の違和感があるように、「事‐後的」というのは、単に後から遡及的に、という通常の意味ではなく、何らかの「出来事」を経過した後で、という意味で考えられている。Post-événementiel(le) という形容詞は、まずは événement の派生語であり、この場合の「事‐後」の「事」も、「出来事」として読まなければならない。では、「出来事」とは何か。その典型例は、「六八年五月」とか「フランス革命」とかに見られるような政治的出来事であるだろう。何かが《そこ》で《起こった》、その《何か》が「出来事」である。この《何か》が何であるのか、どういう意味であるのか、ということについて確定する方法は実際のところ存在しないか、あるいは非常に困難を伴うように見える。それにしてもいえることは、「出来事」は、それが《起こった》かぎりにおいて、その《何か》によってそれ以前と以後を決定的に切り分けるものであり、そのあいだの「切断 rupture」を引き起こすものであるとバディウは考えているということだ。出来事の意味を、少なくとも簡単には確定できない理由は、この「切断」が、モノ的な要素の組み合わせに還元できないように見えるところに由来する。ここに出来事と因果[8]が絡まりあう地点があり、そここそが形而上学上の根本問題の少なくとも一つが生み出される場所となる。

バディウが「出来事」を「現れ」となった「存在」から区別する理由は、「出来事」が現存する「多」から構成されたもの以上のもの（これを「過剰 excès」と呼ぶ）を含むからだ（Badicu 1988 : 543）。

そしてこの「過剰」にかかわって、その「過剰」から「現れ」を選択するのが、（あるいは真理が生産される「過程」のなかでの）「主体」における「決意」ということになる。以上から、「あらゆる真理は、事 - 後的である」という命題E2は、要するに、あらゆる真理は、何かしらの出来事をとおして生み出されるということとして解釈することができる。

メイヤスーはここで、数学が歴史的であり、その進展は全く予見不可能で、完成不可能であるというカヴァイエス的な見解を、バディウに基づいて明示的に前提している。実際バディウは、メイヤスーが参照を指示している箇所で以下のように書いている（引用しないがこの同じページで、カヴァイエスとロトマンの名が言及されていることは偶然ではない）。

> 存在とは数学である、すなわち存在は数学的客観性から成り立っているというこのわたしのテーゼは、歴史的生成の只中にある数学が存在としての存在についていいうることを述べるということを主張している。［……］存在論は豊かで、複雑で、完成不可能な inachevable 学である。（Badiou 1988 : 14）

メイヤスーは以上のバディウの文言を受けて、おそらくバディウ自身が想定していないであろう次のような帰結を導いている。

> かくして、数学の未来の歴史が、そして真理の別の進行 procédures の歴史がどんなものであれ、

来るべき数学の規定にかんして一つのことが予期される。すなわち、数学の事－後的で戦闘的な立場であり、探求への忠誠をとおして強制的介入から生じる、系列への数学の挿入である。(Meillassoux 2002 : 40)

バディウの強調点は、数学こそが、存在についてわれわれが何かいいうることのすべてを合理的に述べることのできる学であることにある。つまりその歴史的現実を超えて何事かを合理的に述べる手立ては哲学にも残されていないということである。確かにその数学は歴史的な生成の只中にあり、これが存在論のすべてといいうるものには決して到達しないと想定されている。だからむしろ存在論はあくなき探求に（ただし哲学によるのではなく、数学による探求に）開かれていると同時に歴史的現実によって限界づけられてもいる、というのがバディウの趣旨であるだろう。

それにたいしてメイヤスーは現在の数学については、あるいは現在の数学によって語りうることに存在論を制約することはあまり問題にしておらず、いまはない、現在と異なりうる将来の数学、すなわち現在の数学の達成を部分的に否定するような可能性をも含意した別様の数学の可能性に開かれていることを強調している。評価は措くにしても、このセンスの違いは非常に大きいといわざるを得ない。

次にメイヤスーは、これら二つの命題E１とE２のあいだの関係について、それらが両立可能であることは主張しているが、実際どのような関係が考えられるのかについては、バディウ自身はいかなる規定も与えていないと述べる。したがって、これらのあいだに想定される二つの従属関係は、いずれもバディウ自身の思考から導かれうるものとして認められうるはずだと述べる。その従属関係とは以下の二つである。

従属関係1（subordination 1：S1＝E2/E1）：E1はE2に従属する。
従属関係2（subordination 2：S2＝E1/E2）：E2はE1に従属する。

ここでいう従属関係というのは、演繹関係とは異なっており、解釈上の優先順位のようなものであり、形式化しようとすると難しいが、概念のスコープ（あるいはタイプ）間の順序関係のようなものであると解釈することができるだろう。少しかみ砕いて見てみよう。

S1では、「すべての真理は事－後的である」という命題に、「数学は存在論である」という命題が従属するといわれる。そして、この命題に「数学は歴史的生成である」という補助命題を加えて考えるなら、「数学」という概念の外延は、歴史的に変化することが帰結する。ところで、数学の外延となるものは、数学的な真理、つまりバディウ的にいえば、形式存在についての真なる知識である。ところで、命題2の「すべての真理」という概念のなかには、この「数学的な真理」も含まれていると見ることができるなら、

命題E3－S1：（歴史的な）数学は事－後的である。

という命題が帰結する。これらE2、E3の命題の述語である「事−後性」あるいは端的に「出来事性 événementialité」という性質は、存在論たる数学の過去・現在・未来の生成変化を含めてすべての「真理」という主語概念にたいして成り立つ。この時、それを否定する可能性はゼロである、という主張が成り立つなら、

命題E4−S1：出来事性は永遠的性質である。

という命題が帰結する。メイヤスーはこれを「存在論の歴史が、出来事性の至上命令によって措定された限界の範囲内に書き込まれている」(Meillassoux 2002：42) と表現している。そしてバディウ自身の立場はこの立場だとも述べている。またメイヤスーはこの立場が「数学の歴史を出来事の思考に従属させる」(同上) ことに帰着すると述べ、バディウの「出来事主義的バージョン」と呼ぶ。つまり、メイヤスーによれば、バディウは自身の哲学的措定から導出可能な二つの立場のうち、可能な一つを無自覚的に (かつメイヤスーにしたがえば、いかなる決定的根拠もなしに) 選択しているということになる。

これにたいしてメイヤスー自身が検討したいと考えているのは、S2の立場の可能性である (歴史主義的バージョン)。S2は「数学は存在論である」のなかに、

命題E2−S2：数学は歴史的である。

が無制約的に含まれるとみなす。無制約的にとは、この命題E3をE2（真理の事後性命題）の制約下に置かないという意味である。いいかえれば、数学の歴史性は、出来事性を裏切ることがありうるということである。これについてメイヤスーは「第二の選択肢は、出来事の哲学を、数学／存在論の同一性に従属させることからなる」（Meillassoux 2002：42）と表現している。このようにいわれうるとすれば、存在論が歴史的である以上、その存在論＝数学の新規性は、出来事の哲学による制約の外部に置かれることになる。いわば、

命題E4‐S2：存在論的新規性は、出来事的切断によっては生じない。（Meillassoux2002：42）

という事態である。

つまりここで問題となっているのは、「新規性」概念の設定である。S1の立場（出来事的バディウ主義）の場合、あらゆる正当な「新規性」は、出来事性に従属すると考えなければならない。それにたいしてS2の立場（歴史主義的バディウ主義）の場合、「新規性」のすべてである必要はないが、少なくとも一つあるいはいくつかのものについては、出来事性を逃れる特権を付与されたものを認めることになる。

われわれがそこで非‐出来事的な新規性を暴露すると措定してみよう。そのとき、出来事性それ自体を思考不可能にするような数学の到来を検討することが可能となるだろう。換言すれば、

出来事の思考と共立不可能な数学の勝利を検討することが思考可能になるだろうということである。(Meillassoux 2002 : 43)

つまり、S2の従属関係から生じるのは、

命題E5–S2：出来事が永遠的性質ではなく《なる》という可能性は排除できない。

という命題である。これは事実を述べているのではなく、その「可能性」を排除できないという意味で、そうであるかもしれない、あるいはむしろそうであるように《なる》かもしれないことをあらかじめ排除することができない、ということを述べている。

一点、メイヤスーの議論が成立するために引くべき補助線について触れなければならない。それは「すべての真理は」というE2に登場する全称量化子の解釈についてである。「すべて」の解釈次第によっては、このS2バージョンは単純な矛盾に帰着する。なぜなら、数学と存在論の同一性(E1)に優先権を設け、その歴史性が絶対的であるとしても、「存在論的新規性は出来事的切断によっては生じない」という命題E4–S2は、その新規性もまた「真理」であるならば、「すべての真理」のスコープに含まれるはずである。したがってその場合、存在論的新規性は、出来事的であり、かつ出来事的ではないとなって矛盾が帰結することになる。メイヤスーはこの可能性についてまったく検討していないから、おそらく自身の議論に矛盾の可能性を見ていないものと思われる。

だとすると、考えられる解釈は、この「すべての」という全称量化子のスコープ自体が「歴史化」されているモデルを彼が想定しているというものだろう。

要するに、「すべての真理は」の「すべて」が渡るのは、歴史的に到来したすべての真理（真であると述語づけられた個々の判断）であって、これから到来する真理のすべてを含んでいるとはかぎらない、とメイヤスーは想定しているということである。モデル自体が時間遷移すると考え、「すべて」という量化子が、無制約的ではなく時間遷移にたいして制約的であると考えるということである。このように考えるなら、たしかに現に数学をふくめてすべての真理は「出来事的」であったとしても、そのことから必然的に未来の数学やその他の真理も同様に「出来事的」であるということが帰結しない。

要するに、Ｓ２の歴史主義的解釈とＳ１の出来事主義的解釈のあいだの違いは、妥当性の検討される命題Ｅ１およびＥ２のレベルでの違いではなく、その命題を真と解釈するために措定されるモデルのレベルにこそ違いがあると考えられなければならないということである。つまり、Ｓ１は、「出来事性」を真にするモデルについて無時間的な解釈をしているのにたいして、Ｓ２は「出来事性」を真にするモデルについて時間的な解釈をしているということになる。

そしてこの二つのうち後者こそ、バディウの哲学の真の「ライバル」（Meillassoux 2002：43）であるとメイヤスーは述べている。このライバル（「亡霊的バディウ主義」と呼ばれる。なぜならバディウが追い払った、あるいは追い払いたいと思っているにもかかわらず、追い払えないから）が成立するためには、それ自体が出来事性を否定するような数学が数学の歴史のなかから到来する必要がある（あるいはメイヤスー的には、到来すると想定することが不可能でないことが確証される必要がある)。まさに「反-出来事的数学の可能な創発」(Meillassoux 2002 : 49) が問題となる。

メイヤスーが考えている「反-出来事的数学」とはいかなるものであるのか。実際ここでメイヤスーが考えていることをどこまで擁護できるかわからないが、実際に問題となる箇所を引用してみよう。

ご存知のように、バディウにとって存在論は、出来事について何も語る必要はない。なぜなら、出来事はまさに、存在が失調するその場所に組み込まれているからだ。出来事が作用するこの場所は、多がその命名のうえで構成される空虚が、制御しようとするあらゆる試みをはみ出す場所——存在の隙間 déliaison の契機——であって、この場所をバディウは連続体の袋小路から、つまり可算なものにたいする連続体の過剰を量化することの数学的な不可能性からじかに探り当てる。しかしながら、もし出来事について、存在論が何も論じる必要がないのなら、そしてバディウにしたがって出来事の思考を提起するのが数学ではなく哲学に属しているのであれば、われわれが述べたように、バディウにとってもまたあらゆる存在論が、出来事の哲学と共立可能であるわけではない。なぜならまさに、それ自身の議論を提示し取り囲むことのできる存在論だけが、出来事にたいして空間を、すなわちその謎めいた決定不可能な配置にとって必要な窪地を与えうるからである。かくしてある数学が連続体の袋小路を解決し決定したとしたら、その数学はその場から量の隙間を、すなわち出来事の可能性が根付く存在の隙-間

dé-liasioon〔脱‐繋がり〕の痕跡をバディウが探り当てるこの量の失調 défaillance を強制退去させるということになる。(Meillassoux 2002 : 50)

メイヤスーがここで論じ、問題にしているのは、バディウがどこに「出来事性」の根拠を見出しているかということである。かなり微妙な問題についてメイヤスーは突っ込んでいることがわかる。バディウは、「出来事」と「存在」を、かなりはっきりと分けており、前者を哲学に、後者を数学に割り当てている。そして、そのバディウ的確信を支えているのは、メイヤスーによれば「連続体の袋小路」という数学の歴史にある。なぜ「連続体の袋小路」が「出来事」の入り込む「隙間」を可能にするのかということには説明が必要だろうから、これについては後で見ることにする。いずれにせよ、そうであるとすれば、その出来事の可能性を擁護する哲学が選択されていること自体が、数学の歴史に依存しているとも解釈できるはずだ(歴史主義的バージョン)。そしてもしそうであれば、同じ根拠に基づいて、もしこの連続体の袋小路を解決し乗り越えるという出来事が数学に起こったなら、出来事の哲学は、もはや数学である存在論と共立可能ではなくなる、つまり出来事性が入り込む隙間が存在論たる数学から失われるということになるのではないか。このとき、このような新しい数学の生成という出来事においては、「出来事性」それ自体が歴史的なテーゼである(つまりそれは過ぎ去りうるものである)と認められ、出来事が数学の「原‐決定不可能な archi-indécidable」生成にしたがっていると考えられる。それが「原‐決定不可能」であるとは、メイヤスーによれば、「数学が受容しうる切断の出来事的立場それ自体が、予見不可能であることが明らかになるという意味」においてであり、「なぜなら、連続体の袋小路を乗り越える数学は、もはやそれ自体が出来事性の様態では解釈されえないだろうからである」(Meillassoux 2002 : 50)。なぜならそこにおいて数学＝存在論には、出来事が入り込む隙間がないことが明らかとなっているのだから。

バディウの本来の意味での「決定不可能性」は、「出来事性」の特徴であり、したがって「出来事性」に従属すると考えられる。それにたいしてメイヤスーが提起する「原－決定不可能性」は、「決定不可能性」を内包する「出来事性」それ自体の存続についての「決定不可能性」を容認するものとなっているかぎりで「原－」が付されていると理解することができる。つまり、この「原－決定不可能性」のもとでは、数学の予見不可能な生成の結果として、「出来事性」それ自体の成立を反故にするような生成の可能性も容認されるということになる。

問題になるのは、「連続体の袋小路」が「出来事性」の入り込む「隙間」を可能にしているということの意味である。それが成り立つなら、メイヤスーがいうように、「連続体の袋小路」を乗り越える数学が(もし仮にありうるのだとして)、そのような隙間を「強制退去」するということの意味も理解できる可能性がありうる。

わたし個人の考えを述べれば、ここで必ずしも「連続体」の問題に言及する必要はないように思うし、もっと軽い(一般的な)装置でもって同等のこと(わたし自身の表現に置き換えれば、構文論と意味論の間の齟齬、あるいは公理系とモデルのあいだの隙間、となる)を述べることができるように思う。[9] さらにバディウがいっていることそれ自体の正当性と、それについてのメイヤスーの解釈の妥当性もそれぞれ別に、本来であれば検討すべきところでもあるが(それぞれについて細部について批判的に疑問を投げかけることができるだろう)、いまここでそのすべてをやる余力はない。それゆえ、メイヤスーがこの点、どのように述べているのかということを確認するにとどめることにしたい。

メイヤスーが基づいているのは『存在と出来事』の第二七省察「思考における方向付けの存在論的運命」での議論である。

> この省察において、バディウは、連続体の袋小路が彼によれば決定的であるとはっきり述べている。すなわち、ω_0 とその部分集合の集合 $p(\omega_0)$ のあいだに存在する過剰――したがって可算集合と連続体のあいだの過剰――を量化する〔数える〕ことの不可能性が、永続的な *pérenne* 不可能性であって、この永続的な不可能性が、真理それ自体の出来事的立場の乗り越え不可能性を印づけている――その錨が、存在としての存在とは別のところに、つまり存在論的な語りには到達不可能であり続けるところに下ろされる。わたしの眼には決定的なものとうつる一節を引用する。「現前と表象のあいだの脱-関係である概念へのこの扇動が存在において開かれているのは、常に pour toujours であるということを信じる十分な理由がある」(Badiou 1988 : 311)(Meillassoux 2002 : 51)

繰り返しになるが、わたし個人は、この存在の「隙間」について肯定するにあたって、連続体問題の行き詰まり(?)を問題にする必要は必ずしもないとは考えている。端的にいって、レーヴェンハイム゠スコーレムの上方および下方定理で十分であり、同様にゲーデルがその存在を証明した決定不可能文の存在で十分であるように思われる。いうべきことは、可算以上のモデルを必要とする形式理論、つまり算術を含む多くの数学においては、意図しているモデルの一意性を必ずしも確定することはできない、ということである。あるいはこれ自体はまた別の水準の議論になるが、シャピロの議論にしたがえば、数学的帰納法のような二階以上の論理を必要とする公理系にあって、意味論と構文論のあいだの範疇的性格が保存できないということでもよいだろう。バディウが『存在と出来事』の時点で好んで言及するコーエンによる「強制法」というモデル論的手法を用いた選択公理等の独立性証明も、このパラダイムのうえで理解されるように思う。したがって、バディウがいうように「強制法」が特権的なわけでもなければ、「強制法」を用いた独立性証明が特権的なわけでもなく、それらが依拠するモデル論的パラダイムのほうが根本的であるようにわたしには思われる。ただ、わたしからすると若干曖昧なしかたではあるが、バディウはこのような点を起点として示唆しているようにも見える。つまり、バディウの「出来事主義バージョン」は、このような現代数学のパラダイムに対応しつつ、それを受け入れているということである。

このようなパラダイムを乗り越える可能性がもし仮にありうるとすれば（それがどのようにして可能になるのかわたしには想像もできないが）、あらゆる（文字通りすべての可能な）モデルが明示的に構成可能であるということが確定できるか、あるいはすべてのモデルが階層的かつ明示的に位置づけられるような超巨大な全体というものが確定できるかであるとメイヤスーは考えている（メイヤスーが後者の道を「超越的、あるいは思弁的道」（Meillassoux 2002 : 51）と呼んでいることは十分示唆的である）。

バディウ自身は、メイヤスーが指摘しているとおり、もちろんこの二つの可能性が実現されることをまったく信じていない。あるいはわたしなりの見解にしたがえば、それらの道が不可能であることをあらかじめ確定する証明が現に存在するわけではなく、それらは常に探究にたいして開かれており、実際その成果を上げ続けているように思われるのだが（構成主義数学や有限数学の成果および巨大基数集合論の成果など）、それらによってこのモデル論的パラダイムが決定的に無効になる事態というのは想定できないように思われる（むしろそれらはこのパラダイムのうえで意味をもっているように見える）ということになる。いずれにせよ、だからこそ、それなりにはこのメイヤスーは否定する可能性を見ているモデル論的パラダイムの道を信じるに足る理由があるように見えるのである。

しかし、まさにメイヤスーはこの点を逆手にとる。つまり、現時点において信じるに足るだけ﹅﹅であれば、当然裏切られる可能性をあらかじめ排除することはできない、ということでもある。そして、メイヤスーは先の二つの道のうち、後者「巨大な全体 Grand Tout」の道の可能性に、まさにパスカル的な意味で賭ける。「新規性」論文の興味深いところは、その道に賭ける欲望を、実はバディウ自身がもっており、ただしそれは哲学者としては引き受けられないので、哲学者からは徹底的に区別された「小説家バディウ」がその欲望を引き受けているのだと主張するところだ。実際『カルム・ブロック・イシ＝バ』という数理論理学的サイエンス・フィクションは、この「巨大な全体」の存在が数学的に証明（？）されることを巡る物語となっているとメイヤスーは論じる。また、物語を語るというその語りの様態自体が、プラトンの『ティマイオス』におけるデミウルゴス神による世界創造についての神話的語りとの連関を想起させるという仕掛けも確かにある。これらから、メイヤスーは、このような哲学的には「無意味」な「かもしれない peut-être」について論じることの正当性を示そうとするのである。

メイヤスーの巧妙であるところは、この「かもしれない」が現実であるとか、現実になるとか、そうなる見通しがあるとかは絶対にいわないことである。いったんそういってしまえば、それは数学についての実際上の議論に移行しなければならなくなり、メイヤスーがバディウの主張を覆せる可能性は少なくとも現時点ではゼロに近くなる。しかし、この「かもしれない」の可能性を、原理的に排除する手段をバディウがもたない以上、その可能性に基づいて思考を進めることそれ自体は、完全に無意味だとはいえない（無意味だと判断し、そう信じる趣味に一定の合理性がたとえあったとしてもだ）。それはまさに科学の外にある「フィクション」の上に成り立つ「思弁」として意味をもつはずだと彼はいうだろう。

そしてまさに、この「かもしれない」道の先では、出来事性のための場所は、その場所が「連続体の袋小路」と直結しているかぎりにおいて、数学のなかから締め出されることになる。それではそのとき、バディウの哲学はどうなるのか。

バディウの第一命題が、存在論と数学との同一性の命題であることを肯定し、その結果、出来事の哲学は、《巨大な全体》の形而上学的な存在論によって破棄されなければならないことを肯定するか、さもなくば、バディウの第一命題が、あらゆる真理の出来事性を肯定する命題であることを肯定することであり、その場合には、存在論と数学との同一視を、存在論の仕事を己の仕事として再び引き受けた哲学のために、諦めることになる——そしてそのとき、数学は存在論とは異なる学問へと戻ることになる。(Meillassoux 2002 : 56)

この論文中で、この最終的に構成されたジレンマにおいて、メイヤスーがどちらの選択肢を選んでいるかは明示されていないように見える。しかし、種々の状況証拠から推測するに、後者であると考えるほうが妥当であるようにわたしには思われる。つまり、彼はE1とE2がジレンマに陥ることを確認したうえで、E2を、つまり出来事の哲学をとる、ということである。そしてその立場は、ほとんどメイヤスー自身の哲学の姿と近似的な関係にあるように見える。

しかし、そのためには、まずはS1かS2かという従属関係についての二者択一において、S2(E1へのE2の従属:歴史主義的バージョン)を選んでいることが前提条件である。そうでなければ、そもそも非出来事的生成を肯定できないから。繰り返しになるが、メイヤスーも述べているように、バディウ自身はこの段階でS1(出来事主義的バージョン)を選択している。したがって、そもそも彼の選択においては、非出来事的な生成あるいは「原-決定不可能」な出来事の生成は生じる余地がないことになる。そしてS2を選択しつつ、かつメイヤスーにしたがうなら、《巨大な全体》が将来肯定される道に賭けた場合においてのみ、E1とE2は、以上で見たようなジレンマに陥る。そしてメイヤスーはおそらくこのジレンマにあって、E2つまり出来事の哲学を擁護し、数学が存在論であるという命題E1のほうを捨てることを選ぶように思われるのである。そしてこのとき、この「亡霊的バディウ主義」はメイヤスー自身の立場とほとんど見分けがつかなくなる。
（1）歴史主義：非出来事的生成の肯定。
（2）《巨大な全体》を認める思弁的で超越的な道。
（3）数学を存在論とはみなさない。
（4）数学とは独立に思弁的な形而上学によって存在論が可能になる。
（5）科学の外のフィクション（fiction hors de la science）への哲学的な賛同。

特に（1）の歴史主義は、メイヤスーのそれまでとは全く無関係な創発の可能性（宇宙の創発、生物の創発、意識の創発、神の来るべき創発）および「思考不可能なものが存在する」という「事実性の原理」と軸を一にしている。

また《巨大な全体》の「創発（？）」の可能性は、「亡霊のジレンマ」における「神の来るべき創発」を連想させずにはいない。

そして最後に（4）はまさに『有限性の後で』における「事実性の原理」の証明こそが形而上学であり、相関主義の向こう側における形而上学独自の知であるという議論と結びつけて理解することができるだろう。かくして、メイヤスーとバディウの関係は、メイヤスーの立場を「亡霊的バディウ主義」と見る《亡霊的関係》と見ることができるという、最初に述べた帰結へと至ることになる。

五　総括

以上の議論を引き受けるなら、メイヤスーとバディウのあいだの根本的な違いはどこに見出されるのか。それは真理概念の一義性と多義性のあいだの違いにあるとわたしは考える。おそらくバディウは、以上のメイヤスーによる細部の議論が自身の立場から可能性であれ導かれることを認めないだろう。それは、真理のジェネリックな特性が否定されるような帰結は、そもそも前提とどこかしら矛盾していると考えるだろうからだ。

メイヤスーは明らかに、形而上学が達成しうる真理あるいは知を、他の真理から区別したがっている。これは彼の形而上学的設定から要請されるものでもある。なぜなら、あらゆる科学的真理が偶然であることが必然であるということが真であるとすれば、そのことそれ自体は偶然ではありえないからだ。もし偶然でありうるなら、科学的真理が偶然であることは、たまたま必然的であることになり、要するに偶然であることになるからだ。そうであれば、この偶然性が必然的であるということの真理性は、偶然性のスコープから逃れていることが不可欠である。つまりここに真理の多義性が入り込まなければならない。

それにたいしてバディウは、数学、政治、詩、愛の四つが真理の過程であると述べ、とくに愛は個人的なレベルでの性愛を問題にする。しかしメイヤスーはこの些末なものに真理を割り当てる寛大さを許容していないように見える。つまり、メイヤスーにとって真理には、位があるということ、つまり多義的だということだ。それにたいしてバディウは真理について「一義性」を擁護しているように見える。ここに、かつてドゥルーズの「存在の一義性」を、全体主義でありファシズムであると批判して見せたバディウが再来することを見るかどうかは（あるいはそう見るとして、見ることに意義を見出すかどうかは）、解釈者によるだろう。

ただ、以上の考察からいいうることは、メイヤスー自身の哲学（あるいはそれと近いレプリカ）がバディウの「亡霊」として立ち上がるということ（メイヤスーがそのように立ち上がる可能性を自ら暗示していること）である。そしてその「亡霊」の存在が明らかにしているのは、形而上学的真理の立場をめぐる問題、あるいは真理概念の意義の問題が、メイヤスーとバディウのあいだにある哲学上の差異を浮かび上がらせるだろうということである。(10)

第二部　カヴァイエス、ドゥルーズをへて
スピノザへの回帰と〈外〉の思考

8　カヴァイエス、エピステモロジー、スピノザ

一　カヴァイエスの歴史的位置づけと第二次スピノザ・ルネサンスとの関係

本章では、これまで何度か登場した本書の重要人物の一人であるカヴァイエスについて、その哲学史的位置づけを確認する作業から始めたい。日本で受容されてきたフランス哲学史が主にアンリ・ベルクソンを起点とし、モーリス・メルロ゠ポンティとジャン゠ポール・サルトルを介するものであったがゆえに見えづらいのだが、より深くフランス哲学史の歴史的動態をたどろうとすると（そしてこのことは、畢竟、哲学史全体の理解の方向に影響を与えることになるだろうが）、カヴァイエスの立ち位置は非常に重要な場所にあることが見えてくる。まずはこのことについて簡単に確認するために、当時の数学の哲学の文脈を確認することからはじめよう。

現在でこそ「数学の哲学」というと集合論や論理学を中心にしたいわゆる基礎論周辺の哲学的議論であるという常識が認められるが（たとえば、シャピロ 2012）、カヴァイエスがいた当時は数学の

哲学といってもそういったものはいまだ主流ではなかった。イギリスでは確かに論理学の哲学が、バートランド・ラッセルとアルフレッド＝ノース・ホワイトヘッド、ルードヴィッヒ・ヴィトゲンシュタインらを震源に進展を見せており、二〇世紀初頭にはこれがルイ・クーチュラやジャン・ニコらを介してフランスなどの大陸でも、また論理実証主義を介してオーストリアなどでもイギリスとほぼ同時並行的に受容されはじめていた（とはいえ、フランスではクーチュラとニコの両名が早く亡くなることでそのあと半世紀ほどこの動きに遅れが生じるのだが）。

しかし当時の大陸哲学において数理哲学のアリーナを形成していたのは、ヘルマン・コーヘン以来のドイツ新カント派マールブルク学派に属するエルンスト・カッシーラーらの観念論的な数学の哲学的分析（『実体概念と関数概念』一九一〇年刊）や、レオン・ブランシュヴィック（『数理哲学の諸段階』一九一二年刊）やガストン・ミヨー（『ギリシアと現代における科学的思考』一九〇六年刊）らによる特に近世数学史とのかかわりにおいて近世哲学や古代哲学と数学史の関係を問う研究（ピエール・ブトルーによる一九二〇年刊『数学者の学問的イデア性　古代と現代における』もこの文脈に置かれるだろう）であった。またこれらとは別に、少し遡るがエトムント・フッサールによる『算術の哲学』（第一巻が一八九一年刊、第二巻は未刊）と『論理学研究』（第一巻が一九〇〇年刊）もまた、大きな枠組みとしては以上の文脈で受容されていたといってよいだろう。

その一方で現在でこそ名の知れたゴットロープ・フレーゲ（『算術の基礎』一八八四年刊）は、ブランシュヴィックの『数理哲学の諸段階』における記述を見るに、ヴィトゲンシュタインやフッサールとの関連性が充分に評価されていなかった当時ではむしろヘルマン・ハンケルやヘルマン・グラスマンら代数学者に近い数学者とみなされていたし、チャールズ゠サンダース・パースの論理学関連の仕事も当時の大陸ではほとんど知られていなかった（パースが知られるのは、ジェームズのプラグマティズム受容を介するか、あるいは論理実証主義との関係でのチャールズ・W・モリスによる紹介を介するかであって、第一次大戦期前後ではなかったものと思われる（cf. Cavaillès 1934））。また論理実証主義あるいはウィーン学団の成立もおおよそ第一次大戦前後の時期だが、科学哲学としては、エルンスト・マッハの物理学の哲学に起源をもつがゆえに、現代数学についての議論よりも現代物理学についての議論に集中していた。またヴィトゲンシュタインの『論理哲学論考』（一九二一年刊）の影響もあり、数学そのものよりもそれを表現する論理学のほうにその主な関心を向けていたといえる。

このようななかで一九二六年にはスイスの科学哲学者フェルディナン・ゴンセトの手による『数学の基礎　ユークリッド幾何学から一般相対性理論と直観主義へ』（仏語）が、また同年ドイツでは現象学派でハイデガーの助手でもあったオスカー・ベッカーによる『数学的存在　数学現象の論理と存在の探求』（独語）が出版され、これらがとくに現代数学と、現在の意味での「基礎論」をあつかった点で時代を画するものとみなされていた。ただし、ゴンセトにせよベッカーにせよ、特にカント的な問題設定、つまり人間の認識能力における数学的認識の位置づけとその妥当性の根拠と限界を問うという問題設定は共有されており、その点ではフッサール、ブランシュヴィック、ミヨーらと連続的であったと評価することができる。

ところで、これらの哲学者による「基礎論」の研究に先んずる形で、二〇世紀初頭に現代数学の基礎や対象について数学者自身の手によって議論されたものとして、アンリ・ポアンカレ、ラッセル(1)、ジャック・アダマール、ジュゼッペ・ペアノ、エルンスト・ツェルメロ、エミール・ボレル、ダフィット・ヒルベルト、L・E・J・ブラウアー、ヘルマン・ワイルらによる論争的議論が展開されていた（Heinzmann 1986、田中(尚) 2005)。いわゆる「数学基礎論論争」と呼ばれるものである。哲学者らによる数学の基礎論についての批判的な議論が可能になったのは、彼らによって下地となる言説が生み出された後のことだということには注意しておく必要がある。要するに、ゴンセトやベッカーの「基礎論」をめぐる哲学的な議論は、数学者らによる論争的議論を経たうえで、もう一度、前世代の問題設定でそれを問いなおしたのだとまとめることができるだろう。ちなみに、田辺元の『数理哲学研究』は一九一八年に博士論文として東京大学に受理されており、位置づけとしては、ゴンセトやベッカーの方向だが、彼らよりも若干早い時期に書かれている点で、当時として先端的な仕事だったことがわかる。

このような文脈の中で研究を始めたカヴァイエスの哲学は、いまだ珍しかった現代数学の基礎を（当時の）現代数学と同時代的な観点から問う議論を中心に練りあげられている。ゴンセトらとの違いとしては、プラハ国際哲学会以降、その重要性が意識され始めていた論理実証主義の議論や、一九三〇年および三一年のゲーデルの諸定理、チューリングやチャーチらの計算論の動向、ハイティングによる直観主義の形式化の動きといった特に三〇年以降のトピックを思索の対象に加えている点にある。しかし、このような当時の先端的な数学基礎論を扱っていることが、彼の哲学の一般的な哲学史からの縁遠さという印象を与えてきたこともまた確かである。フランスにおいてもさることながら、日本においてカヴァイエスの哲学があまり研究されてこなかった理由のひとつもここにあるだろう。

　しかしながら本書第一部第3章で詳細を見たように、彼の制度上の立場を見てみると、彼の哲学史的な重要性を示す一側面は比較的容易に理解することができる。彼の姉で彼についての伝記の作者でもあるガブリエル・フェリエールによれば（Ferrières 2003 : 77, 127）、一九二九年の新学期（フランスの大学暦では九月）から、一九三六年の春学期（年度としては三五年度後期）まで[2]、カヴァイエスは高等師範学校の教授資格試験復習教師（agrégé-répétiteur、通称「カイマン caïman」）の役を担っている。このポストは先に見たように、一九世紀以来のフランス哲学史を、教授資格試験との関係で考える場合には、きわめて重要なものであり、歴史上の影響力は大きいといわなければならない。というのも、このカイマンという役職は、教授資格試験を受験する学生のための、つまり後に哲学教員となる可能性の高い優秀な学生のための準備学級で、試験合格のための直接的な指導役を担っているからであった。彼のあとには、モーリス・メルロ＝ポンティ、ジョジュ・ギュスドルフ、ルイ・アルチュセール、ジャック・デリダ（アルチュセールの代理、後に正式にカイマンになる）などが続き、教師としてまさに一番近くでフランス哲学の思想的系譜の再生産の役を担ってきたポストだといえる。カヴァイエスのカイマン期間に彼に直接指導を受けたことで有名なのは、メルロ＝ポンティやアルベール・ロトマン、エティエンヌ・ボルヌ、ギュスドルフなどがいることは既に見たとおりだ。

　またフランス哲学史を教授資格試験という制度との関連で考えるのであれば、ポール・ニザンやサルトルから批判の標的にされ、そのため不当に軽視されてきた講壇哲学の文脈をこそ理解しなければならないだろう。その講壇哲学において当時教授資格試験の審査委員長であり、ソルボンヌ大学の教授でもあったブランシュヴィックは、絶大な影響力をもっていた。ブランシュヴィックは、先ほど言及した『数理哲学の諸段階』など近世哲学研究を基盤としながら、数学史や科学史全体を見通すことで形成された哲学を展開したのだが、彼にはそれこそ数えきれないほどの弟子がいた。なかでも有名でここでの議論と関連するのは、マルシアル・ゲルー、ガストン・バシュラール、ジョルジュ・カンギレム、メルロ＝ポンティ、ロトマン、カヴァイエスらであろう。ゲルーとメルロ＝ポンティを除いた彼らが後のいわゆる「エピステモロジー」の中核メンバーを形成することになる。

さらに繰り返しになるが、「エピステモロジー」について制度的な面を確認すれば、このブランシュヴィックの影響に加えて、一九〇九年にミヨーとともに創設されたソルボンヌ大学内の「厳密科学との関係における哲学講座」と、そのミヨーの後任（一九一九年から）のアベル・レイ（バシュラールのもう一人の指導教員でもある）が一九三二年に創設した「科学史研究所」（翌年科学技術史研究所に改名、現「科学技術と哲学の歴史研究所」（ＩＨＰＳＴ））の存在が、その後の「エピステモロジー」のフランス哲学における位置づけに深くかかわっている。たとえば、先の講座は、アベル・レイのあとには一九四〇年にバシュラールが受け継ぎ、さらに一九五五年にカンギレムへと引き継がれることになる。要するに、フランス・エピステモロジーは、カヴァイエスがエコル・ノルマルに入学する一九二〇年代にはすでに、当時のフランスの哲学者の再生産における主流をなしていただけでなく、制度的に公認された講壇哲学の主要な一部をなしていたということである（だからこそ、サルトルやニザンによる彼らへの辛辣な批判が効果をもったのだともいえる）。このような雰囲気のなかで育ったカヴァイエスにとって、数理哲学のエピステモロジーをおこなうことは、たしかに当時でも先進的であったのは確かだが、しかし時代に適ったものだったともいえる。つまり、以上の意味では、カヴァイエスの数理哲学は、決してフランス哲学史から孤立したものではなかったことを確認することができるのである。

ところで、今述べたフランス哲学における「エピステモロジー」の文脈に深くかかわる論者たちが、一様に、ただしひっそりとスピノザの名を口にするという現象が起こることも先に確認したとおりだ。まさにこの文脈とスピノザとの関係を明らかにするという課題において一つの中心となるのが、やはりこのカヴァイエスである。

というのも、カヴァイエスが遺作で掲げた「概念の哲学」というスローガンと彼の生前に口にしていた「スピノザ」への参照は、彼の友人であったカンギレム（Canguilhem 1945, Canguilhem 1947, Canguilhem 1996）、彼の学生だったジャン＝トゥサン・ドゥサンティ（Desanti 1981）、ジル＝ガストン・グランジェ（Granger 1947）、そしてドゥサンティの学生であったアルチュセールらによって彼の死後に繰りかえされることになるからだ。そしてこの「概念の哲学」と「スピノザ」への参照が、六〇年代の『分析手帳』にまでこだましている。まさに「エピステモロジーの伏流としてのスピノザ」にとって、あるいは現代フランス哲学における第二次スピノザ・ルネサンスにとって、そのもっとも重要な謎のひとつは、このカヴァイエスとスピノザの関係というその起源において、まずは集中して現れることになる。

二　カヴァイエスの著作の概要

では、そのカヴァイエスはいかなる著作を書いたのか。彼は第二次世界大戦中の苛烈なレジスタンス活動の結果、一九四四年の冬にドイツ軍の監獄で本名不明のまま銃殺される。彼の遺作となる『論理学と学知の理論について』は一九四二年のフランス警察による収監の時期に監獄内で書かれており、博士主論文の受理と審査が一九三七年の冬、エルマン社からの出版が一九三八年だということを踏まえると、彼の実質的に執筆可能であった時期は（もちろん三七年以前にも論文や書評など細かい仕事はたくさんある。先ほど参照した「プラハ会議におけるイェーナ学派」（一九三四年）はその中でも重要なものの一つに挙げられる）、軍役期間と収監期間を含めてもたったの六年間ということになる。そのことを踏まえてこの間に書かれ、場合によっては出版もされた重要な著作および論文（書評は除外した）は以下のとおりである。(3)

- エミー・ネーターとの共編『カントール・デーデキント往復書簡』エルマン社、一九三七年。
- 「数学の基礎への反省」（一九三七年の国際哲学会議（デカルト会議）での発表原稿）『叢書　科学と工業の現在』第五三五分冊、エルマン社、一九三七年。
- 「数理論理学と三段論法」『哲学雑誌』第三―四号、一九三七年。
- 『公理的方法と形式主義　数学の基礎づけの問題についての試論』エルマン社、一九三八年。
- 『抽象集合論の形成にかんする注解　歴史的批判的研究』エルマン社、一九三八年。

・『数学的思考』（一九三九年二月四日のフランス哲学会の公開討論会の記録）『フランス哲学会紀要』第四〇号、一九四六年。
・「コレクティフから賭けへ」『道徳形而上学雑誌』第四七号、一九四〇年、一三九―一六〇頁。
・『超限無限と連続体』（一九四〇年頃に執筆されたと思われる）エルマン社、一九四七年。
・『論理学と学知の理論について』（一九四二年頃、収監中に執筆）、フランス大学出版局、一九四七年。
・「数学と形式主義」（一九三八年から四三年のあいだに執筆された可能性が高いが正確な執筆時期は不明。一九四九年にカンギレムによって『哲学国際雑誌』第九号に掲載された）。

題名を一瞥してわかるように、カヴァイエスのこの時期の著作は、(4)数学のなかでも基礎論と呼ばれる分野とその周辺領域にかんする哲学的考察にその関心が向けられている。それも歴史的に過去の数学というよりも、ほぼ同時代の数学にかんするものばかりである。主題的には、集合論、証明論、計算論、モデル論という分野が主たる関心で、「コレクティフから賭けへ」だけは、これらと派生的関係にある当時の確率計算の集合論による基礎づけ問題をあつかったものとなっている。遺作の『論理学と学知の理論について』は、これらの認識論的な仕事を高密度に縮約したうえで、カントの認識論、ブランシュヴィックの認識論、論理主義と論理実証主義の認識論、フッサールの認識論を順次批判していくなかで、自身の「概念の哲学」と呼ぶことになる立場を透かし見せるようなものとなっている。つまり、これらの仕事のうわべだけを見たのでは、彼のスピノザとの関係は、わからないままなのである。

三　カヴァイエスとスピノザという謎

この複雑な謎を解くためには、次のような比較的単純な四つの予備問題にこの謎を分解してそれぞれを解いたのち、それを複合しなければならない。

第一に、カヴァイエスによる言外のスピノザへの参照を明らかにするためには、カヴァイエスのスピノザ主義が置かれているそれ以前のスピノザ理解の文脈との連続性と断絶を明らかにしなければならない。この問題はとくに、カヴァイエスの哲学とその師であるブランシュヴィックのスピノザ理解との関係を、両者のエピステモロジーの理解の差異から照射するというしかたで検討されなければならないだろう。

第二に、カヴァイエスとブランシュヴィック両者の違いを正確に把握し、またカヴァイエスのスピノザ理解を立体的なものにするためには、両者のスピノザ理解とヘーゲル理解の関係の違いを把握する必要がある。カヴァイエスから強く影響を受けているといわれるジャン・イポリットの『論理と実存――ヘーゲルの論理学試論』では、カヴァイエスの『論理学と学知の理論について』の議論とヘーゲルの「論理学」との近接性が注意されている（イポリット1975、第一部第三章原注一四）。確かにカヴァイエスがヘーゲルの『大論理学』を読んでいたことはおそらく間違いないが、その一方でドゥサンティによれば、そしてまた同じ箇所のイポリットによってもまた、カヴァイエスはヘーゲルではなくスピノザをはっきりと肯定していたという証言もある（Peden 2014：280, n.130）。このことは特に、一八世紀末の汎神論論争を起点とする第一次スピノザ・ルネサンスとの関係を考えるうえでも重要な論点をなすことになるだろう。

第三に提起されるのは、カヴァイエスの数学の哲学の内実におけるスピノザ理解の意味を理解するために、カヴァイエスの数学基礎論の議論と、スピノザの著作のなかでもとくに『エチカ』の議論との関係をはっきりさせなければならないという問題である。この問題はとくに、すでに述べたようなカヴァイエスによるスピノザへの言及の少なさという困難と正面から向き合うことになる。そのためこの問題を解くために、スピノザと一七世紀の普遍数学にかんする一連の議論（佐々木2003、第Ⅱ部）との関係と、カヴァイエスが『論理学と学知の理論について』で参照する普遍数学と学知の理論の関係、とくにデカルトから由来し、ボルツァーノの『学問論』（一八三七年刊）へと至る学知の理論の道筋との関係を明らかにするという問題を経由することになるだろう。

第四に普遍数学の文脈とフィヒテの「知識学」構想との関係の絡み合いを明らかにしなければならないという問題が提起されうる。そのためにはカヴァイエスの影響下にあったジュール・ヴュイユマンの『代数学の哲学』（一九六二年刊）においてとくにフィヒテについて論じている議論において、スピノザを虚焦点として浮かび上がらせると同時に、第二の問題同様、第一次スピノザ・ルネサンスとも再び関連づけて理解される必要があるだろう(5)。

これら四つの予備問題は結局のところ相互に独立したものではなく、その理解のためには相互に参照し合うことになる。そして、その全体が最終的には、カヴァイエスのスピノザ主義を深く理解することへと導くこととなるはずである。

四 『公理的方法と形式主義』とスピノザという謎

カヴァイエスの「スピノザ主義」については、さきほども述べたように、一九四五年以来の（一九四七、一九六七、一九六九、一九七四年と続く）カンギレムによる言及と、一九四七年に出版された若きジル＝ガストン・グランジェの筆による「ジャン・カヴァイエスあるいはスピノザへの上昇」（『哲学研究』第二号）を始まりとし、一九五〇年に初版となるフェリエールによる伝記『ジャン・カヴァイエス 戦争のなかの哲学者 一九〇三―一九四四』（フランス大学出版局）のなかでのスピノザへ言及した私的な手紙の公刊によって知られるところとなる。ところで、このカヴァイエスの「スピノザ主義」の内実をはっきりさせるためには、カヴァイエス自身がスピノザについて言及した根拠資料を求める必要があるのだが、これがきわめて少ない。カヴァイエスが実際に署名した公刊物においてスピノザの名が現れるのは、『論理学と学知の理論について』[6]（以下、『論理学』カヴァイエス 2013：23）にある次の一か所きりである。

必要なのは、観念の観念というスピノザ主義的な重ね合わせ superposition spinoziste de l'idée d'idée を合法なものにする叡智的な〔ヌーメナルな〕絶対性に依拠することか、あるいはその性質が真正の作用 actes authentiques のなかで無媒介的にとらえられる産出的意識 conscience génératrice に依拠することか、このいずれかである。（カヴァイエス 2013 : 23、〔　〕は引用者による補足。）

この箇所はカヴァイエスの哲学を解釈するうえで決定的に重要な係争点をなしている（ここで提示される二択のうち、前者がカヴァイエスの立場、後者が批判されるべきブランシュヴィックの立場と解釈されることが多いし、わたしもそう解釈している）。とはいえ、これをもって「スピノザ主義」というには、根拠が弱いし、その内実もあまり明らかではないように思われるだろう。ところが、これ以外では、本人が公刊を許したわけではない私的な手紙を含めても、スピノザの名が明示的に登場するのは、ボルヌ宛書簡のなかではっきりと二回（Sinaceur 2009 : 29, 33）、ジョルジュ・フリードマン宛ての手紙で集中して一回（Ferrières 2003 : 77-79）、家族宛の手紙のなかで計四回（Ferrières 2003 : 85, 114, 115, 141）のみである。この中でも重要なのは、一九三〇年一〇月七日付のボルヌ宛書簡と一九三八年一月二四日付の父宛書簡なので、ここでこの二つを順次引用しておく。

わたしが自問しているのは、神の接近を顕わにしているこの必然性にたいして、これは数学の中では内在的であり、愛の中では超越的なのですが、これに前もって服従することなくして、聖人の真なる素朴さは、どこまで到達可能なのかということなのです。そして、ここにこそマルセルにたいするわたしの不満があるのです。つまり叡智的なもの l'intelligible の、つまり理性的なものの絶対的価値にたいする無理解です。概念のなかには、あるいは少なくとも概念から別の概念への移行のなかには、何か神的なものさえ存在しているのです。ここにこそ不完全ですが、しかしそれ〔叡智的なものの絶対的な価値〕が主張している点では決定的なスピノザ主義的な真の存在論があるのです。存在と価値を、戯画と同一視された思考の上や下に置くことは、哲学を単なる記述に還元することであり、外的なものの認識は、哲学を断念することなのです。（Cavaillès 1947 : 28-29、傍点による強調は引用者）

二つ目の報告（主論文（『公理的方法と形式主義』（以下『公理的方法』））にたいするものです）は〔副論文＝『抽象集合論の形成にかんする注解』（以下『抽象集合論』）の報告よりも〕もっと明確にできたので、やりやすいものでした。時間は三〇分。わたしは最後に数学的経験を定義しようと試み、スピノザの加護を求めました（その途中、エルブランの才能にオマージュも捧げました）。（Ferrières 2003 : 141）

これらの引用からはっきりいえるのは、カヴァイエスにとってスピノザが何かしら重要な哲学的フィギュールを形成していたという事実である。したがって、以上の引用箇所から見ても、たしかにカヴァイエスのスピノザ主義が、彼の死後に作られた虚構だという可能性は否定してよく、そこには検討に値する問題があると見てよいということになろう。

ところで、これまでカヴァイエスとスピノザの関係についてはいくつかの解釈が提示されてきた（Cassou-Noguès 2001、Sinaceur 1994、Sinaceur 2009、中村 2010、近藤 2011a）。これまでの解釈の個々の問題点については、近藤 2011a を参照していただくとして、ここでは近藤 2011a で提示された わたし自身の解釈の問題点について指摘することにしよう。[7] この解釈にかぎらず、多くのカヴァイエス－スピノザ関係の解釈では、『論理学』で提示される「概念の弁証法」の内実とみなされうる「範例 paradigm」と「主題化 thématisation」という二つの思考の産出的過程の原理をベースに、その産出過程にスピノザ的な「必然性」を見出すという作業がおこなわれてきた。これらの解釈に共通する最大の難点は、スピノザの『エチカ』においては、このような思考の産出的過程は、実のところ主題になっていないというところにある。この難点を回避する方法には、これまでだいたい次の二つのやり方があった。まず、Cassou-Noguès 2001 がそうしたように、『知性改善論』と『エチカ』を連続的なものとみなすブランシュヴィックによるスピノザ解釈に基づき、カヴァイエスもこの解釈を踏襲していたと仮定したうえで（ただしこの仮定には資料的根拠はないが）、『知性改善論』における知性の弁証法的な進展の議論として、カヴァイエスの思考の産出過程論を読むもの。あるいは近藤 2011a でわたしがそうしたように、『エチカ』の議論をカヴァイエスの議論から切り離したうえで、『知性改善論』のみとそれが対応するものとして後者の議論を解釈するものである。[8] しかしこれらの回避方法は、前者はとくにそれが『知性改善論』と『エチカ』を連続的なものとみなさない現在のスピノザ解釈と整合的ではないという点で、後者は結局『エチカ』が置き去りになったままで根本的な解決にはなっていないという点で、いずれも同様に難点を含んだままである

またこれとは別の根本的な問題として、先に引用した三八年の父宛書簡にあるように、カヴァイエスは『公理的方法』とそこから派生する「数学的経験」の弁護のためにこそ「スピノザの加護」

を求めたのであり、それは実際にスピノザの名が参照されている『論理学』の段階ではないということも指摘されなければならない。『公理的方法』と『論理学』のあいだでカヴァイエスの哲学（要するに前者の「一般化の方法」と後者の「範例」と「主題化」）は連続的なのか非連続的なのかということもカヴァイエス研究者のあいだでいまだ一致を見ていないが、いずれにせよ、なぜ『公理的方法』あるいはそこから派生する「数学的経験」の弁護のために「スピノザの加護」が求められたのか、ということは謎のままに放置されているというのが現状である。

したがって、ここでこの問題にアプローチするための一つの方策は、スピノザの名が直接言及されている『論理学』によらずに、「スピノザの加護」が求められた『公理的方法』にのみ基づいて、カヴァイエスの「スピノザ主義」の内実を明らかにするというものであることになる。

五　『公理的方法』のスピノザ『エチカ』との関係で見るポイント

この問題について考えるにあたって、まずは『公理的方法』の目次によって、この書の全体像を把握することから始めよう。目次の構成は以下のとおりである。

導入　集合論の危機によって提起された問題
第一節　技術的解決　α．ボレルの経験主義　β．ルベーグと命名可能性
第二節　合理論の必然性：問題の由来　α．デカルトにおける数の優位と延長　β．ライ

要約の意味も込めた目次となっているので、この目次だけで『公理的方法』の内容のおおよそは理解することができる。大筋としては、基礎論論争から初めて（導入）、形式下と公理的方法の起源を一九世紀の議論に求めたうえで（第一章、第二章）、ヒルベルトがそれを論理学の形式化の仕事をふまえて自身の形式論のうちにいかに統合していったのかということを論じ（第三章）、公理系の無矛盾性の証明という最後の難関とその解決の限界点を明らかにし（第四章）、結論において以上の分析を踏まえたカヴァイエス自身の数学論が展開されるという構成になっている。そして以上のどこにもスピノザの名は参照されないし、一見してスピノザの哲学への言及が入り込む余地などないように見える。

この『公理的方法』の表面的な内容の多くは、現在では比較的よく知られているものであり、なかには現在はもはや重視されにくい事項（たとえば、ヒルベルトのε公理や、ルベーグの命名可能性概念）などもふくまれてはいるものの、ある意味で基礎論の初期の数学史記述として網羅的でかつよく配慮が行き届いたものといえる。それだけに、彼がこれを「哲学」として考えていたということの意味が、あるいは「スピノザの加護」が必要であると考えたこととの理由がわかりづらい。

そこで、カヴァイエスがここで記述された内容のなかの何を注意して見ていたのかということを理解するために、「数学と形式主義」という短い論文の観点を取りあげることにしたい[10]。この論文は、『公理的方法』の出版の前後に書かれたものと推測されており、内容的にはその要約になっている。以下の引用の当該箇所の直前では、論理主義やすべてをひとつの形式論に還元しようとする根本的形式主義の不可能性を論じるにあたって、レーヴェンハイム＝スコーレムの下方定理と上方定理の両方が言及されている。ここでいう「上方定理」とは、いくらでも大きな可算モデルをもつ一階の理論は、非可算なモデルをもつということを意味しており、それにたいして「下方定理」とは、非可算モデルをもつ一階の理論は、それよりも小さい可算モデルをもつということを意味している（Cavaillès 1994：663、Shapiro 2000：80）。

したがって、現実の数学は、われわれに可算なものを破裂させることを強いるが、その数学は普遍的な形式論にしたがうことはできない。おそらくは、次のように答えることができよう。すなわち、一方では、普遍的な形式論はつねに開かれているのであり、新しい対象に到達することを可能にしてくれる新しい公理を付け加えることを妨げるものは何もないのだと。また他方では、実効的に構成された数学的対象の集合は、認識されている超越数が有限個しか存在しないように、有限を越えることはないのだと。しかしだからといって、すべての超越数――あるいはすべての実数――の集合を起点とするあらゆる推論を棄却しなければならないのだろうか？（Cavaillès 1994：663）

Shapiro 2000 に見られるような現在の観点からすれば、この引用箇所では（ただしそれほど明らかというわけではないが）一階の理論と二階の理論のあいだの差異が少なくとも潜伏的には問題とされていると見ることができる。どういうことか。個体のみを量化の対象とする論理を一階述語論理とよび、その論理によって記述されうる理論を一階の理論と呼ぶ。それにたいして述語を変項の領域として含む場合、これを二階の論理と呼び、その論理によって記述されうる理論を二階の理論と呼ぶ。また理論にはその文を充足するものとして、個体定項、論理定項の解釈を可能にする個体と個体間の関係からなるモデルが想定される。形式化された理論は、基本的には何らかのモデルを意図して形成されるとみなされる。たとえば、集合論（要素と集合のあいだの包含関係についての理論）の一階の理論による公理化（たとえば、ＺＦＣ公理系）は、歴史的あるいは本来的には非可算濃度をもつ実数集合をモデルとしてもつことが意図されている。同様に、解析学も実数連続体という非可算濃度のモデルをもつことが意図されている。それにたいして一階の自然数算術の理論（たとえばＰｅａｎｏ公理系）は、可算無限濃度をもつ自然数集合がモデルとして意図されている。

ところで、上記のレーヴェンハイム＝スコーレムの定理によって認めなければならないことを具体的にいいかえれば、集合論の一階の理論には、かならず意図されてはいない可算モデルが存在するし、同時に一階の理論で書かれた自然数算術には、かならず意図されてはいない非可算モデルが存在するということである。このことは、「可算」という概念が、理論にたいして相対的である（同じことだが、モデル論の意味で「絶対的」ではない）と一般には理解される。ところで、このように理解された事実は、一階の理論がもつ理論的限界を指し示すものであり、それが記述することが意図されているいくつかの構造が一階の性質ではない（「一階の言語は、無限構造を特徴づけるうえで不適切である」）ということだという解釈を許す（Shapiro 2000 : 80）。たとえばそのような構造には、Ｐｅａｎｏ公理系においては、数学的帰納法の公理（図式）によって表現されている構造が、ＺＦＣ公理系においては、置換公理（図式）によって表現されている構造が考えられるだろう（Shapiro 2000 : 81-83）。いずれの公理（図式）もそれらが、代入の操作によって、無限個の公理を産出することを許している点で、公理自体の産出を許さないその他の公理から区別されて公理図式と呼ばれることもある。

カヴァイエスがさきの引用で考えているのは、Shapiro 2000 がそうするように、二階の論理による記述によってそのような構造（Shapiro 2000 の表現では「無限構造」であり、以下ではそれに倣う）を一意的に記述する（範疇性を回復させる）ことを目指さなければならないということよりも、一階の理論によってはそのモデルの範疇性が確保できないような無限構造が現にあり、それは明らかに実効的に構成可能な対象を越えているが（もしそうでないなら、それは範疇性をもつだろう）、それでもなお（一階であるか高階であるかを問わず）新しい公理を措定することによって、その構造を記述するという要請に答えなければならず、それを妨げるものは何もない、ということである。この実効的な構成と公理の措定のあいだに見られる不一致、この実効的な操作と抽象的な構造のあいだの修復不可能な断絶（しかし、この断絶は、その構造が操作の場とみなされることで入れ子状にもなりうる）こそが、数学の無尽蔵な生成の根拠となりうるのだと、カヴァイエスは考えていたふしがある。つまり、公理的方法の能産性は、一方ではそれが問題の解決のために新しい公理（あるいは概念）を措定することができることにあり、他方ではそのような公理（あるいは概念）を措定することで、操作の実行的なゾーンには、変化、修正、拡張といったことが施される（可算性という概念は、その理論にたいして相対的なのだから）ことのうちに見いだされるのである。

しかし哲学的に問題にすべきことは、この公理的方法による新しい公理の措定にともなうある不安、いわゆる「確実性」の問題が未解決なままにとどまっていることである。一階の理論で一意に記述できない無限構造があり、それが一階の公理では一意に記述できないにもかかわらず、それにたいして（一階であれ高階であれ）公理の措定によって答えなければならないのだとすると、その公理を措定することの正当性はどこに認められるのか。

有限主義的な方法での形式論それ自体による当該形式論の無矛盾性の証明というヒルベルト・プログラムの破綻は、上記引用にあるように数学が普遍的な形式論にしたがうことができないことを示している。それにたいして、形式論それ自体による確実性の基礎付けなしに、「一般化の方法」と『公理的方法』の段階では呼ばれている思考産出の原理（これが『論理学』における「主題化」と「範例」の原型的概念になっていると思われるのだが）によって、新しい公理による数学の拡張が可能であり、必要であり、また現にそうなっているというのが、『公理的方法』におけるカヴァイエスの結論である。この主張だけであれば、数学における「自由主義」、レッセ・フェールの主張とも解せるが、さらに『公理的方法』にかんするフランス哲学会での討論の記録である『数学的思考』では、その思考産出の過程、すなわち数学の生成は、予見不可能であるが自律的であり、別のところでは「内的」とも形容される「必然性」にしたがうのだともいわれることになる（Cavaillès 1994 : 600-601）。したがって、カヴァイエスは、この思考の産出過程、いいかえれば新しい公理を措定する思考にたいして「内的必然性」という観点から、あるいはほぼ同じことだが〈予見不可能な自律性〉という観点から、何らかの規範が作用していると見ていたと解される。この点において、カヴァイエスは単なる数学における自由主義者（あるいは同じ意味として解されたかぎりでのプラグマティスト）から区別されなければならない。

そうだとすると、この結論にたいして、数学的な観点からというよりも、むしろ純粋に哲学的な観点から次のように問うことは可能である。すなわち、そうはいっても「内的必然性」ということで新規に措定される公理の確実性の問題に充分に答えたことにしてよいのか、と。いいかえれば、そのような「内的必然性」はいかにして保証されるのか、と問うても同じである。このような問いが提示された可能性は、後で見るように、この確実性の問題が近世哲学の数学の哲学の問題でもあり、口頭試問の審査員であり指導教員でもあるブランシュヴィックがその近世哲学の数学の哲学の専門家であったことを考えると、あながち考えにくいことではない。そして、この問いにたいする答えが、冒頭に引用した、「スピノザの加護」を求めるというものだったのではないか。ボルヌ宛書簡にあらわれる「ある概念から別の概念への移行における」「叡知的なものの絶対性」という観点は、以上のような数学的には基礎づけることのできない確実性の問題にたいする哲学的な要請として導かれるのではないか。もしそうであれば、この数学基礎論の果てにあらわれる確実性の問題に答えるスピノザ主義の哲学的内実とは、いったいいかなるものでありうるのか。

六　普遍数学という問題とスピノザの関係

では、以上の議論が、いったいどのようなしかたで、スピノザの『エチカ』とかかわるのか。まず想起すべきは、『エチカ』の正式名称、『幾何学的秩序で証明されたエチカ』における「幾何学的秩序での証明」である。そしてこの『エチカ』の第一部の冒頭が「定義」によって始まっているということである。これらが、カヴァイエスの『公理的方法』の議論とどう関連するのかについて理解するためには、スピノザの「幾何学的秩序」と「定義」が位置づけられていると思われる「普遍数学 Mathesis universalis」の議論を参照しなければならない。

デカルトやライプニッツであれば、それぞれ『精神指導の規則』と「普遍記号学」との関連において「普遍数学」と明示的な関係があることがすぐにわかるが、スピノザとなるとあまり関連付けて論じられることがない。それゆえ「普遍数学」の議論の概略を述べるまえに、まずはそれが関連する点について先に一言述べておく必要があろう。スピノザ自身が、「普遍数学」について直接論じることはないが、この文脈が彼の議論にかかわってくるのは、パスカルの「幾何学的精神について」を介してである。というのも、あとで詳しく見るように上野 2012 によれば、スピノザの定義論は、『知性改善論』と『エチカ』のあいだで、決定的に改善されているのであり、その改善の原因となっているのが、一六六二年刊の『論理学あるいは思考の技法』、いわゆる『ポール・ロワイヤル論理学』であったと予想されるからだ。そしてパスカルの遺稿となった「幾何学的精神について」は、そのために使用されている（佐々木 2003：490、佐々木 2014：419）。そして、佐々木 2003 で議論された「普遍数学」の文脈に照らして、佐々木 2014 によるパスカルの「幾何学的精神について」の意義（佐々木 2014：420-425）を理解するならば、それが、少し上の世代のデカルトや少し下の世代のライプニッツとは異なる角度から、つまりは現代的な意味での公理論的な観点から「普遍数学」にまつわる問題群にこたえるものであった可能性が浮かび上がる。スピノザと「普遍数学」というのは、したがって、直接的な関係というよりも、以上のようなかたちで浮かび上がってくる当時の背景的文脈からスピノザが「定義論」という形で引き受けた発想と、それとの関係における哲学と数学との関係という間接的なかかわりであることになる。

以上の注意を踏まえたうえで、主に佐々木 2003 に基づいて、[10] ここで必要な範囲で、「普遍数学」の議論の概要を示そう。「普遍数学」をめぐる議論の発端は、アリストテレスの『形而上学』E巻1026a23-27 にあらわれる以下のテキストにある。

> 数学的諸学においては、そのすべてがその対象にかんしては同じであるわけではなく、幾何学や天文学はそれぞれ特殊の実在を対象としているが、普遍的なそれは、これらすべてに共通である。(アリストテレス 1968：195、訳は概ね全集版出隆訳にしたがったが、一部漢字等を本章の使用に合わせて変更した。また下線部は引用者による。)

ここで下線のひかれた「普遍的なそれ」は、ἡ καθόλου (1026a) の訳であり、この代名詞ἡが、数学を指しているのか、この前後で言及されている哲学や神学を指しているのかというのが「普遍数学」をめぐる議論の端緒をなすことになる(ただし、現代では多くの場合「普遍数学」と解釈する方向で定まってはいるようだ)。実際、中世以前のギリシアの注釈家であるアフロディシアスのアレクサンドロスもトラレスのアスクレピオスも一様に(ただしその内実には、若干の差はあるものの。詳細は佐々木 2003：354-359 を参照のこと)、ルネサンス以前のギリシア語哲学圏において、この代名詞が指しているのは「数学」であると解釈されてきた。

しかし、中世になるとこの『形而上学』のラテン語訳の問題も介することで、「普遍的なそれ」の箇所は、たとえば、アルベルトゥス・マグヌスによっても、その弟子トマス・アクィナスによっても、神学と同一視されたかぎりでの「第一哲学 philosophia prima」といいかえられ、解釈されることになる。そしてルネサンス以前のヨーロッパにおいては、むしろこちらの解釈が支配的なものとなる。この解釈の歴史的なゆれに現れているのは、数学と第一哲学（中世の意味では神学）との関係をめぐる問いであり、まさにトマスの時代に数学的な自然主義を唱道していたオックスフォードプラトン主義者たち（ロバート・グロテストやロジャー・ベーコン）との彼らの論争においてかけられていたものの一つであろう。

この論争はトマス以後いったん沈静化するが、ルネサンス期の一五二七年にまずはアレクサンドロスの注解がギリシア語からラテン語に、アゴルティーノ・ニフォーによって翻訳されたことで再燃の兆しをえる。アレクサンドロス自身は当該箇所をあらゆる数学に共通の「単純に数学的なるもの ἡ ἁπλῶς μαθηματική」と解釈しており、それを受けてニフォーはこれを、mathematica simpliciter とラテン語訳することになる。この「単純に数学的なもの」の内実は、アレクサンドロスによってはそれほど明らかにされていないのだが、以上のようなアリストテレスの当該テキスト解釈とは、直接には関係のないところから与えられることになる。それが、一五三三年刊のシモン・グリュナエスによるプロクロスの『ユークリッド『原論』第一巻について』のギリシア語テキストと、一五六〇年刊のフランチェスコ・バロッツィによる同テキストのラテン語訳によってルネサンスに知られることとなったプロクロスの「普遍数学」概念である。プラトン主義者プロクロスの「普遍数学」概念はルネサンス以後のその理解に決定的な影響を与えたように思われるが、その内実は、抽象主義を認識論的枠組みとするアリストテレスの数学論とは大きく異なるものだった。というのも、プロクロスの「普遍数学」概念は、個別の数学（幾何学、算術、天文学、音学）に普遍的に妥当するある高次の構造を実在するものとして論じる数学として「普遍数学」という語を用いているからである（佐々木 2003: 402-403）。まさに、本章で問題になっている「無限構造」の（ただし、それそのものではないが少なくとも）思想史的起源をここに認めることができるかもしれない。

ところで、このバロッツィのラテン語訳は、アリストテレス主義者アレッサンドロ・ピッコローミニによって一五四七年に出版された『数学的学科の確実性にかんする注釈』によって批判された数学的論証の不確実性にたいする反論としてバロッツィ自身によって書かれた『ひとつの演説と、数学の確実性と中間性という二つの問題が含まれる小編』を援護するものとして企図されていた。

このピッコローミニ－バロッツィによる確実性論争にたいして、クリストフ・クラヴィウスはバロッツィを支持する立場を表明するが、その支持は同時に、数学的論証にたいする古代の懐疑論者ピュロンのルネサンス期における復活によって推し進められた懐疑論（cf. ポプキン 1981 : 24-53）への反論となることが期待されたものだった。この懐疑論による数学的論証の確実性にたいする疑義は、クラヴィウスの後の世代に属するデカルト、パスカル、ライプニッツへと反響を引き起こし、それぞれが異なるしかたでそれにたいしてこたえることになる。なかでも、デカルトとスピノザの関係を考えるうえでは、クラヴィウスとデカルトの影響関係は極めて重要である。なぜなら、先ほどのべた一六六二年の『ポール・ロワイヤル文法』出版のあと、定義論を修正したスピノザが最初に著したと考えられるのが、一六六三年刊の『デカルトの哲学原理』だからである。

デカルトは、ポプキン 1981 によれば、ピュロン主義的懐疑を真剣に引き受けることで、クラヴィウス由来と思われる『精神指導の規則』における「普遍数学」構想と数学的規則にたいする直観主義的立場を放棄し、方法的懐疑へと身を投じる。その結果、数学的真理の確実性は、第一哲学的な神の誠実性の認識のあとに導かれるものとして位置づけなおされる。

それにたいしてスピノザは、『デカルトの哲学原理』の「緒論」末尾において、まさにこの点について、自身の見解を提示し、デカルトの立場を退けているように読める。すなわち「われわれが神の観念に注意する場合（われわれは今そうした観念を所有していると仮定する）、神を欺瞞者であると考えることは、三角形の観念に注意する場合その三角の和を二直角に等しくないと考えると同様に不可能である」（スピノザ 1959：32）。ここで神という第一哲学的概念の確実性は、数学的概念の確実性と同等であるとスピノザによってみなされていると解される。ここに、「普遍数学」が提起する一つの問題である、数学と第一哲学との関係とかかわるかぎりでのスピノザの特異な立ち位置が浮上してくる。

次に、スピノザの「定義論」に決定的な影響を与えたのが、パスカルの定義論であったことはすでに述べたが、このパスカルの定義論は、佐々木 2014 にしたがえば、先ほど言及したクラヴィウスや、ヴィエトらによる代数学による抽象的な量の概念を正当化する議論の文脈に位置づけられる。この抽象的な量とは、算術があつかう単位の量でも、幾何学があつかう大きさの量でもなく、それらに共通して用いられうる抽象的な量と考えられていた。バロッツィ以下のプロクロス的「普遍数学」が、ルネサンス期の現実の数学の文脈で意味をもちえたことを理解するためには、実際にはアラビア由来の代数学が、記号法の開発にともなって当時急速にヨーロッパで発展しつつあったことと結びつけて把握する必要がある。そしてよく知られているように、この代数学は、古代幾何学の三大問題のひとつである円の求積問題と結びつくことで、無限小量という概念をふくむものへと徐々に拡張される。そしてパスカルの主な標的はこれであったというのが、佐々木 2014 のいうところである。近代数学史の概説にこれ以上紙数をさけないが、この無限小量が、結局、一九世紀の集合論とその公理化を要請し、前節で述べたカヴァイエスの『公理的方法』における議論にいたることは人のよく知るところであろう。つまり、実のところ、このときに提起された確実性の問題は、レーヴェンハイム＝スコーレムの定理と結びつけて考えるなら、集合論や公理論に進展にもかかわらず、現代にいたってもなお完全な答えはえられていない、ということになるだろう。

七　スピノザの定義論とカヴァイエスの概念の哲学

現代の『公理的方法』の文脈との比較で考えるなら、ライプニッツの現代版ともいえる論理主義が退けられ、形式論による数学内的で自足的な基礎づけも退けられる以上、数学の確実性の問題への答えとして残されるのは、デカルト（あるいはカント、フッサール）の意識の哲学がそうするように「その真正の作用において無媒介的にとらえられた産出的意識」に依拠するか、スピノザのように「叡智的なものの絶対性」に依拠するかのいずれかである。前者の現代版としてカヴァイエスが考えるのがフッサールの超越論的現象学であり、後者の現代版がカヴァイエスの概念の哲学であろう。フッサールの立場へのカヴァイエスの批判はここでは繰り返さないが(詳細は、近藤 2013 を参照)、問題は後者のカヴァイエスの立場における「産出的意識」に代わるものとされる「概念」の位置づけである。というのも、カヴァイエス自身は、『論理学』においては明らかに哲学、しかも「存在論」という意味では第一哲学を考えているにもかかわらず、彼の「概念」は、いまだに数学における概念のことが想定されているように読めるからである。いいかえるなら、フッサールのほうは、カヴァイエスの批判にもかかわらず、それが第一哲学としての独立性をまさにその超越論的なコギトによって保証することができるかぎりで、少なくともその方法においては明らかであるようなのにたいして、カヴァイエスの「概念の哲学」は、数学の進展にとって概念が重要であることは事柄として明らかであるとしても、第一哲学の方法としてはフッサールの志向性の分析に代わるようなものとして何が想定されているのか明らかではないということである。

しかしこの問題にたいしては、スピノザの定義論を紐解くことで答えることができる。上野 2012 にしたがえば、スピノザの定義論は、『知性改善論』においては、いわゆる「発生的定義」と呼ばれるものであり、「事物の内的本質を説明する」「真なるかつ正しい定義 vera et legitima definitio」とは、まさに発生的定義のようなものであるといわれる(『知性改善論』九五段)。このような定義は、まさにその言葉のとおり、実在的定義と解されうる。しかし上野 2012 は、『知性改善論』が未完のまま放置された理由として、この実在的定義によっては、その定義の発見方法において明確な循環が生じることを挙げている(上野 2012：45)。要するに、定義の発見それ自体が、定義することの目的（真なる認識の獲得）と一致してしまうがゆえに、そのような定義を発見することが不可能になる。

この頓挫が一六六二年頃のことだとすれば、スピノザの新しい定義論（書簡九、以後これを「定義書簡」と呼ぶ）が登場するのは、一六六三年三月のころと推定されている。すでに挙げた問題の『ポール・ロワイヤル文法』は、一六六二年版であり、スピノザがこれを手にしていたことは間違いないようだ（上野 2012：49）。ところで、この問題となる定義書簡は、『エチカ』の草稿を輪読していたシモン・ド・フリースというスピノザの友人から送られてきた質問（書簡八）にたいする回答として書かれている。その質問とは、要するに、『エチカ』冒頭に登場する定義は、実在的定義なのか、それとも名目的定義なのか、どちらかであるとすれば、実在的定義であると（ド・フリースは）思うのだがどうか、というものだった。前者は、定義によって与えられるものは、「真の本質的性格ないし構成からなるのでなければならない」（ボレリの定義論）というものであり、後者のそれは「真の性格であるかないかは大事ではなく、ただ与えられた定義がある実際の物と一致することを主張しさえすればよい」（第二節で言及したクラヴィウスの定義論）というものである。

これにたいして、スピノザは、はっきりとどちらであるとは答えずに、「あなたがそのような疑問をもつのは、定義の種類を区別しないからだ」と返す。そのうえで、スピノザは、「吟味されるためにのみ立てられる」定義は、「真である必要がない」と述べ、たとえば、「一定の空間を囲む二つの直線を図形と呼ぶ」という定義は、通常の用法とは異なるけれども、それとして定めて、一貫して「図形」という概念をそのように使用するのであれば、問題ないという。また、「公理」と「定義」の違いについては「定義は十分に理解されうるものでさえあればよいのであって、公理のように真理にかんしなくともよい」という点が挙げられている。したがって、『エチカ』における「公理」は、読者との間に共有する文脈的知識を明示化したものであり、「定義」は、以下の議論を思考するために読者が引き受けることを要請されたかぎりでのものと解することができる。

ヒルベルトに先んじること数百年、「公理」ではなく、むしろここでいう「名前 nom」の定義こそが、幾何学に固有のものであると主張したのが、パスカルの「幾何学的精神について」（Ⅲ 定義について）であり、『ポール・ロワイヤル文法』（第一部第一一章、第一二章）であったのだ。これは佐々木 2014 の指摘するとおり、ヒルベルトの『幾何学基礎論』を想起させずにはおかない。

スピノザはこの「名前」の幾何学的な定義方法によって、『エチカ』の定義を設定しており、それゆえそれ自体無限にして永遠の属性を無数にもつ唯一の実体としての神を証明によって構成するその途上で、一属性のみをもつ実体を通過することができると考えられる。なぜなら、上野 2012 が指摘しているように、もしそれが最初から実在的定義であったなら、実体と呼ばれているところの当のものが、『エチカ』の第一部のある段階で、劇的に変容したことになるからだ[11]。それが可能であるためには、定義が、それが指示する（あるいは構成する）対象によって固定されるのではなく、それが導く思考によってのみ固定されるとみなされる「名前」の「定義」でなければならない。

そして、このスピノザの「定義」によって「あるということの全域 omne esse」としての「神」が証明によって構成されるのであり、まさに出発点において真である必要がなかった定義によって、真そのものの全体それ自体がリブートされると考えらえる。

八　スピノザ『エチカ』における第二種認識

『エチカ』の証明構成を理解するためには、それが「第二種認識」と呼ばれるものであることを心にとめておく必要がある（『エチカ』第五部定理三六備考をみよ）。「第二種認識」とは、『エチカ』第二部定理四〇備考二にしたがえば、「事物の性質について共通概念あるいは妥当な観念を有することから」「一般的ないし普遍的概念を形成すること」である（以下、『エチカ』からの引用はスピノザ 1951 による）。またここでいう「共通概念」とは、第二部定理三八系における「この帰結として、すべての人間に共通のいくつかの観念あるいは概念が存在する」という文言を考慮すれば、定理三八である「すべての物に共通であり、そして等しく部分の中にも全体の中にも在るものは、妥当にしか考えられることができない」というところでいわれた「妥当にしか考えることのできないもの」が「共通概念」の内実であることになる。また第一部定理八備考二などにもあるように「共通概念」と「公理」が並置ないし等値されうるのだとすると（真にこれが一致するとみなしうるのかには疑義がありうるが）、たしかに共通概念の定義、「妥当にしか考えられないもの」というのは前節で見たような「公理」の理解とも一致している。しかし、そうすると問題になるのは、「定義」のほうである。「定義」には、「妥当性」ではなくその概念の思考にかんする「一貫性」のように、外的事物との一致のような妥当性とは異なる内的基準のみが適用されるのだとすると、これはここで見たような意味での「共通概念」には類されないことになる。

ただ、『エチカ』第一部の認識が「第二種認識」であるというスピノザの言葉を信頼するなら、解釈の可能性としては、そういった「定義」ないし「定義」された「概念」も、実は暗に「共通概念」と呼ばれるものに類されているとみなすか、あるいは「定義」は「公理」とは異なるというド・フリース宛書簡を重視し、また「公理」と「共通概念」は同じだという従来の解釈も重視し、そのうえで、「第二種認識」と呼ばれるものは、この「公理」と「定義」からなっているということが暗に認められていると見るかである。前者の解釈の場合、ド・フリース宛書簡にある「定義」の固有性が失われることを考えると、後者のほうが適当であろう。

さらに後者の解釈をとる場合、「定義」の身分について、これは「第二種認識」に固有のものであるとみなすか、妥当なものでしかありえない「第二種認識」および「第三種認識」に共通して組み込みうるものとみなすか、あるいは認識の類によらずに認められうるかの三つの解釈がありうる。妥当性の有無とは独立に「定義」が立てられうるということを考慮すれば、もっとも適当なのは、三つめの解釈、すなわち、「定義」は認識の類によらずその一部に組み込むことができるというものであるかもしれない。ただし「定義」は、実際には存在するとしないとにかかわらないものについてなされるという意味で、それだけでは存在する個物にかかわることができない。個物にかかわらないという点に留意すれば、「定義」は「公理」に近く、また「第一種認識」「第三種認識」のいずれにせよ、永遠の相における真なる認識であるという大きな違いがあるとはいえ、それらが「個物」にかんする認識である以上、「定義」と「公理」だけによって、そのいずれかの類の認識をえることはできず、何らかのしかたで個物にかんする観念と「定義」や「公理」が結合されなければならない。したがって、「第二種認識」だけが、「定義」と「公理」のみによってえられると考えることができる。
いずれの解釈が妥当であるにせよ、この「よく定義された」概念と「共通概念」＝「公理」との違いは重要であり、それらのみからなる「第二種認識」によって『エチカ』第一部が読まれるということが、まさに「幾何学的秩序にしたがって証明されたエチカ」といわれることの理由をなすことになる。[12]
このような「第二種認識」の典型例が「幾何学」であることを理解することが肝心である。しかし、そこで理解された「幾何学」は、数学史的に認められた伝統的なエウクレイデス以来の幾何学でもなければ、当時の最先端だったデカルトの代数幾何学でもおそらくはなかったのかもしれない。その「幾何学」は当時はいまだ知られざる幾何学であり、スピノザはパスカルの「幾何学的精神」の助けを借りてそれに接近したのだと推測される。つまりスピノザの「幾何学」とは、すでに述べたようにヒルベルトが『幾何学の基礎』で初めて世に知らしめた意味での「幾何学」に近いものだったと思われるのだ。正確にいえば、それは「幾何学」の内実そのものの新しさではなく、「幾何学」の本質的要素である「概念」の「定義」の理論こそが、両者のあいだで一致を見ているというものである。

九　結語

以上から、スピノザがなぜデカルトの懐疑を不要なものとして退けたのかがわかる。スピノザにとって、第一哲学としての形而上学、つまり神や永遠や原因や無限といった概念を定義し、それについての定理を証明する学問は、その出発の方法として、幾何学と同様の方法、つまり「名前」の定義から始めることができる。そして、それが可能なのは、まさにそのような「名前」の定義が、「吟味されるためにのみ立てられる」のであり、それ自身「真である必要がない」からだ。つまり、その定義は、意味のあるしかたで疑うことができるほど一貫したものであるのなら、それ自体真でも偽でもある必要はないし、デカルトの意味で「明晰判明」の基準を満たす必要がないからだ。だからこそ、第一哲学においても、そのような「吟味されるためにのみ立てられる」定義を、その学を開始するにあたって使用することが許される。[13]

そして、このスピノザの答えは、「産出的意識」に依拠する「意識の哲学」とは根本的に異なる、カヴァイエスの「概念の哲学」のための方法に向けられた問いにたいする答えをも与えてくれている。なぜカヴァイエスは『公理的方法』なるものを数学史としてではなく、「哲学」として書いたのか。それは「概念の哲学」における「方法」それ自体が、まさにスピノザが考えているように、幾何学的な定義論であり、そのかぎりで、少なくとも方法論上においては、第一哲学と数学のあいだに差異はないからだ。つまり、数学における定義論の研究が、そのまま第一哲学における方法論の錬磨へとつながっている。そして、スピノザが、そのように定義する知性そのものの力能を、この定義論において展開された証明のなかで「無限知性」（思惟属性の直接無限様態）および「諸観念の総体」（間接無限様態）として、導出したように、数学的な「公理的方法」それ自体の「確実性」の問題は、カヴァイエスが書きなおすべきであった『エチカ』のなかで、その解答が与えられていたはずである。これが、カヴァイエスが『公理的方法』を弁護するために「スピノザの加護」を求めた理由だったのではなかろうか。

9　カヴァイエスの哲学における「操作」概念の実在論的理解のために

カヴァイエスの「概念の哲学」を理解する上で、初期から遺稿に至るまで一貫して「操作」概念が重要な位置を占め続けている。そしてこの「操作」概念の解釈をめぐって、現在、二つの立場（以下で規定する意味での観念論と実在論）が並立している。本章では、この「操作」概念の検討をとおして、カヴァイエスの「概念哲学」の内奥に迫りたいと思う。

このような「操作」概念をめぐる二つの立場の並立は、第一節で論じるような「操作」の遂行的側面にのみ注目するかぎりでは、本質的な対立を引き起こさない。しかし、「概念の哲学」において最も重要な主張であるところの数学の生成、あるいは真理の歴史的進展のプロセスを説明するというより大きな枠組みと関連付けると、この立場の違いは「概念の哲学」全体の解釈を決定づける分岐点として現れることになる。

最初に以下のことを断っておかなければならない。本章で使用する観念論という語は、哲学の中での複雑な含意とは別に、「概念の哲学」の解釈にかんするかぎりで、真理の歴史的進展のプロセスの説明根拠を（超越論的であれ、現象的であれ）数学をおこなう人間の意識の次元に求める立場を表している。ここでいう実在論も、それにたいして真理の歴史的進展のプロセスの原因が、「操作」を遂行する意識とは独立に、意識の外の何らかの実在とかかわっていると主張する立場を表している。この立場の違いは、数学的真理の歴史的進展を説明する際のスタイルから生じる表面的な違いではなく、本論が明らかにするように、真理の本質を何として理解するかということに起因する実質的な違いである。一方の観念論では、真理の本質を、意識にたいして真理が現前するしかたとその機構に基づく現れの「明証性」に求める。それにたいして実在論では、真理の本質を「概念」によって把握されると同時に「概念」によって他なるものとして疎外されるような「無尽蔵 inexahstive」な「規則」が引き起こす「問題」に求める。かくして、「操作」概念の観念論的解釈にたいする実在論的解釈の優位を擁護する本章では、自己超克的に生成する真理のプロセスにおいて、「問題」という審級が本質的に機能しなければならないことを指摘することとなる。

以下の第一節では、真理の自己超克的生成にかんする観念論的解釈と実在論的解釈に共通する範囲で、カヴァイエスの「概念の哲学」における「操作」概念の本質的特徴を明示する。第二節では、カスー＝ノゲスによって論じられた数学の生成の観念論的解釈と、メルロ＝ポンティ現象学を介入させた「操作」概念の解釈を検討する。第三節では、「操作」概念の実在論的解釈を擁護するために、真理の自己超克的な生成プロセスにおける「問題」という審級の不可欠性と、その審級とカヴァイエスが「外」として名指すある場所との関係について論じる。最後に結論で、わたしがここで用いた「実在」という語の意義と、一般的な実在論および数学的実在論の上のこの語の意義との区別をおこなう。

一　観念論的解釈と実在論的解釈に共通する範囲での「操作」概念の特徴規定

カヴァイエスは「操作」概念を一貫して重視する。しかし、カヴァイエスがなぜ「操作」概念を重視するのかということには説明が必要だろう。カヴァイエスは「数学は特異な生成をなしており」、その「数学の生成は、自律的であり」、かつ「この生成は、本物の生成として展開する。すなわち、それは予見不可能である」と主張する（各引用は Cavaillès 1994 : 600-601）。数学の歴史とは数学的真理が自己超克的に生成するプロセスであるという理解は、カヴァイエスの「概念の哲学」の最も基本的な考えの一つである。これに対立する立場は、数学一般を論理的定義に置き換える論理主義と、一つないし複数の形式体系と定理導出手続きに置き換える根本的形式主義の立場である。なぜなら、これらの立場は、「操作」概念が含意する構成的プロセス（ある種の綜合作用）を排除するからである。しかしこれらの立場は、ゲーデルの二つの不完全性定理などの数学的事実から維持不可能である。それゆえカヴァイエスは、構成的プロセスとしての「操作」が再び焦点化されることになると考えたのである（cf. Cavaillès 1994 : 598-599）。

では次に、この「操作」概念を、カヴァイエスがどのようなものとして規定するのか確認しよう。カントの「直観における構成」というアイデアは、数学の「操作」にたいして初めて哲学的に注目したものとみなされうるだろう。カヴァイエスは、この「直観における構成」のアイデアを、証明のための「積極的構成」の概念として現代数学に蘇らせたブラウアーの直観主義を高く評価している（Cavaillès 1938a：32-44）。その一方でカヴァイエスの立場からは、直観主義の本質的な欠点は、直観主義が主張する「積極的構成」にブラウアーがこだわる余り、公理的方法が示す非可述的定義の役割を看過していることにあると指摘される（Cavaillès 1938a：43-44）。つまり、カヴァイエスの立場とブラウアーの直観主義との本質的な違いは、「操作」にたいして「概念」がもつ「操作」の拡張という役割を積極的に認めるか否かという点にあることになる。

直観主義との違いを形成する「概念」の本質的な役割については第三節で詳細に論じるとして、ここでは、このようなカント哲学とブラウアーの直観主義から敷衍されるカヴァイエスの「操作」概念の基本的な特徴についてまとめておこう。その特徴は以下の三つにまとめることができる。

（1）遂行される「操作」は意識において明証的に現前している。この意識にたいする明証的な現前としての確実性をカヴァイエスは「実効的 effectif」という語によって把握していたと考えられる。ただし「実効的」とは、「操作」が主観的に把握されているという印象のことではなく、何らかの「規則」に則った「操作」がなされているという具体性の経験を意味している。換言すれば、実際に5に7を足して12をえるという数学に固有の経験であり、実際に明示的な手続きに則って「操作」を遂行し、何らかの結果を現実に手にすることができるという経験である。[1]

（2）実効的に遂行される「操作」は直観的、あるいはむしろ構成的である。これによって一連の「操作」は、数学的対象の産出のプロセスとして理解される。

（3）右の（2）に基づいて、数学的対象は、「操作」の実効的で構成的なプロセスにたいして相関的にのみ存在が認められる。したがって、実効的な「操作」の遂行の伴わないような虚構的な対象（例えば、「丸い四角」といったもの）は、論理的矛盾によらずに、その存在が認められないことになる。

以上のような「操作」概念の特徴は、互いに一体のものであり、どれ一つを欠いても数学の生成を論じることが根本的に不可能になるような特徴である。また、この「操作」概念の特徴は、認められるべき数学的真理にたいするある種の制限条件でもある。なぜなら、この制限を設けなければ、数学的真理は最初から全て見渡されている（つまり、数学的認識は、地理学的な発見と同じになる）ことになり、数学の生成ということを全く考えられなくなってしまうからである。

二　観念論的なしかたで「操作」と数学の生成を理解する可能性の検討

次に、以上のような「操作」概念の特徴を踏まえたうえで、カヴァイエスが主張する数学の生成、すなわち真理の生成を、観念論的な立場から説明するカスー＝ノゲスの議論を検討しよう。彼の試みの最終的な賭金は、カヴァイエスの「概念の哲学」を現象学的に拡張すること、あるいは、現象学を「概念の哲学」的に変容させることである。

彼は Cassou-Noguès 2001 で、カヴァイエスの「操作」概念を三つの水準へ分析している。まず「操作」は一般に「振る舞い geste」として規定される。「振る舞い」は一般に、規則と相関的に数学者よって遂行される記号の上での経験として規定される。その上で「振る舞い」は、①「感性的振る舞い」、②「結合的振る舞い」、③「操作的振る舞い」の三つに分類される。

①は「感性的対象としてのみ見做された記号の取り扱い」(Cassou-Noguès 2001：12) を意味しており、これは最初にヒルベルトによって指摘された記号の役割であるとされる。これは②や③に至る準備段階としてのみ評価され、それ自体は哲学的には重視されない。

②は、カヴァイエス固有の概念である「結合空間 espace combinatoire」によって定義される。「結合空間」は、単なる「感性的対象」ではなく「理念的統一」と見做された「記号」と、「記号」の使用様態を規定する「使用規則」からなる「記号使用」(「規則的綜合」と呼ぶ) によって描き出されると同時に、当の「規則的綜合」が書き込まれるところの抽象空間でもある。この抽象空間を可能にするが、「形式化 formaliser」という手続きであり、これはヒルベルトらによる公理的方法と形式体系の研究に基づいたものである (ただし、ここで最も重要な役割を担うべき「概念」の機能の分析が Cassou-Noguès 2001 からは抜け落ちている。それゆえ、「形式化」に伴う必要条件の分析やそれが引き起こす様々な効果については考慮されていないように思われる)。

Cassou-Noguès 2001 にしたがえば、この「結合空間」とは、カントの「直観の中での構成」から純粋悟性概念と直観形式という外的制約が取り除かれることで、「内的条件」にのみしたがう「構成」が可能となった空間である。そして、この「結合空間」によって「経験の延長」が実現され (Cassou-Noguès 2001：12, 106-112)、前節に述べた明証的「操作」が遂行される。

③の「操作的振る舞い」は「数学者の思考作用であり知的活動である」(Cassou-Noguès 2001：12) とされる。あるいは、「理念的統一」としての「記号」から区別された水準の「意味」を扱う

経験であるとされる。これはつまり「操作」の全体が開示するような操作体系の「地平」であり、「操作」全体の意味的統一である。カスー＝ノゲスは、この「結合的振る舞い」から区別される「操作的振る舞い」によって開かれる地平的水準を、本来的な語義での「意味」（カスー＝ノゲスはここで、現象学的な「地平」概念との連関を考えているようである）と呼び、カヴァイエスの「操作」概念ではこれを解明できないと論じている（Cassou-Noguès 2001：187）。

こう論じた後で、カスー＝ノゲスはこの欠点を補うことを理由にして、「概念の哲学」を現象学に接続する。しかし彼は、フッサール自身の「志向性」の議論と直接的には接続しない（カヴァイエスが「この方向に参与している」（Cassou-Noguès 2001：210）と述べるにとどまっている）。その代わりにカスー＝ノゲスは、メルロ＝ポンティの議論に接続する。(2) そこで重要な概念となるのが「侵食empiétement」、「表現 expression」、「自己自身に透明でない意識」である。

簡略化して説明しよう。例えば、集合論の公理系があり、それを学習した人が集合論の「操作」を記号規則に則って明証的に遂行したとしよう。その段階は、②の「結合的振る舞い」の段階である。しかしその「操作」を遂行する中で、人は、現に「操作」されている記号の背後に隠れてはいるが、未だうまく記号化されていない「集合論の操作全体が前提するところの意味的統一」といった意味地平を経験するようになる。この意味地平は、「結合空間」の中の「結合的振る舞い」として実現されてはおらず、当の「結合空間」によって「非本来的」にのみ「表現」されていると考えられる（「潜伏的 latent」と呼ばれる。例えば、カントールが前提していた「一貫した多様体」）。そして、この「非本来的」に「表現」されている内容を綜合するために、既存の記号規則を書き換えたり、それを違反したりする思考作用が生じる（例えば、ツェルメロによる「選択公理」の措定）。これを彼は「侵食」と呼ぶ。「非本来的」に「表現」されていた「潜伏的」な「意味」、つまり、操作体系の意味的統一としての意味地平は、「侵食」という「綜合作用」によって、新たに設定される記号と記号規則からなる「結合空間」の中で明証的な真理として受肉することになる。この時、意味地平が「潜伏的」であることを可能にしているのが、意識の「不透明な反省性」である。意識は、真理を「結合空間」によって明証的にするが、意識の志向性が不可避的にもつ地平構造のために、すべての真理を一挙に明証的なものとして把握することはできない。したがって、観念論の立場からは、真理の生成は、この意識の「不透明な反省性」が「侵食」を引き起こすことで実現されると説明されることになる（Cassou-Noguès 2001 : 174-197）。

かくして、カスー＝ノゲスは、メルロ＝ポンティ的な現象学にカヴァイエスの「概念の哲学」を接続することで、観念論的な立場から、すなわち（超越論的な）意識の内的機構の問題（非顕在的意味地平が記号的に表現されることによる明証化）として、数学の生成を説明するのである。

三　数学における「問題」の審級とそれにたいする「解」による応答という弁証論的プロセス

以上のカスー＝ノゲスの解釈は、カヴァイエスの議論を現代の現象学の議論に接続することを可能にし、また、カヴァイエスの謎めいた「概念の哲学」にたいして、何かしら理解しやすい描像を提供するという点で評価できるかもしれない。しかし、わたしは、このような利点を認めた上でもなお、欠点の方が大きいのではないかと考える。その欠点とは以下のものである。
（1）数学の生成の本質的特徴とされる「予見不可能性」と「内的必然性」という互いに対立する二つの特徴によって維持されている数学の歴史に固有の緊張関係を、十分に説明できていない。
（2）「概念」の役割が不当に軽視され、その分析が不十分のままである。
特に数学の哲学一般の観点からすれば、（2）の欠点は非常に大きい。「概念」の役割が不当に軽視されるということは、数学的な「定義」や「公理」にかかわる重要な論理的問題（公理の内包性の問題や非可述的定義の問題）について議論する余地を失うということである。しかしながら、カヴァイエスは、第一節で述べた直観主義との本質的な差異として、公理系の設定における「非可述的定義」の役割を重視している[3]。したがって、直観主義との差異を理解するうえでは、カヴァイエスがどのような意味で、「操作」概念に、「概念」の役割を相補的に対置させたのかということを理解することが不可欠であるとわたしは考える。また、（1）の欠点は、カヴァイエスの「概念の哲学」の解釈ということにおいて本質的である。というのも、カヴァイエスはこの「予見不可能」だが「必然的」であるというところに数学の生成の本質的な特徴を見てとっているからである。そして、この「予見不可能」な「必然性」を理解するためには、原理的に解けない「問題」が、それにもかかわらず解けるようになるというパラドックスに向き合う必要があるとわたしは考える。

以上の点を考慮して、わたしは、「操作」に加えて、「概念 concept」、「規則 règle」、「問題 problème」、「解 solution」、「弁証論 dialectique」というカヴァイエス自身が使用する用語との連関を考慮することで、「概念の哲学」における数学の生成、あるいはむしろ真理の自己超克的生成の説明を提示することができることを示そうと思う。

わたしの解釈においては、「問題」という用語が非常に重要な役割を担っている。実際、カヴァイエスは、一九三九年のフランス哲学会の終盤のやり取り、特にポール・レヴィとロトマンとのやり取りの文脈の中で、自らの「問題」という概念について次のように解説を加えている。

> 歴史の中にいる偶然的な数学者は、疲れてやめることができるが、問題の要求は、それを解決することになる振る舞いを数学者に求め続ける。このことこそ、認識の実在性とはそのことであると述べることでわたしが示そうとしたことだといってよいと思う。これは人間学あるいは人間形成の哲学の観点からは、人間的宿命を逸脱した奇跡であるといわれるものかもしれない。しかし、生活世界の中の生から独立している内的必然性によって解を要求し、今あるものの外へと導く問題が現前しているのである。(Cavaillès 1994 : 629)

この引用中でカヴァイエスは、数学の歴史的な生成の自律性を「問題」の要求にたいする「解」の応答の運動として把握しているように思われる。そして、第一節でも述べたように、そもそもカヴァイエスが「操作」という実効的で構成的である数学的経験を意味する用語にこだわった理由は、この「問題」という審級を真剣なものとして考えることにあったと考えられるのである。

この「問題」が「今あるものの外へと導く」ということを正確に解釈することが、ここでの本質的な課題である。つまり「今あるもの」と「外」に当たるものを数学の事例において具体的に理解することが肝心である。実際に、数学の例を見ながら検討していこう。

ここで扱うのは、数を数えるという「操作」の事例である。ここでの「操作」は、実効的かつ構成的（つまり「明証的」）である。したがって、数という数学的対象は数えることによってのみ構成されていくことになる。自然数というカテゴリーに含まれる対象は、0から始めて1を加えていくことで順次構成することができる。もし仮に、数を数えることがこの0から順次数えていくことによって構成される数によって完全に尽くされうるのであれば、何ら「問題」は生じなかっただろう。しかし事実はその反対である。カントールが明らかにしたように、仮に自然数の全体に一つの集合としての存在を認めたとしても、その集合の要素にたいして一対一対応する集合のみから数学が成り立っているわけではない。少なくとも実数連続体上の解析学が成り立つということを認めるのであれば、その実数連続体は、この自然数全体の集合でもってしても数えること、つまり一対一に対応付けることができない。ここに、構成的特徴を伴う数を数えるという「操作」によっては解くことのできない「問題」が提起される。既知である数を数える「操作」（自然数集合に含まれるような対象を構成していくこと、あるいはその集合と一対一対応を付けること）では、数えることのできないものを数えるにはどうするべきであるのか、あるいは実数連続体を含む順序をどのようにしたらわれわれは考えることができるのか、という「問題」が提起される。

この「問題」にたいする「解」の歴史的な詳細をここで述べることはできないが、その「解」が提示されるための形式的条件を取り出すことはできる(4)。ここでは、再帰的に定義された超限順序数を考えることにする。実効的で構成的な「操作」を拡張するために、カヴァイエスは「概念」の働きに注目する。[5]「概念」とは、「操作」の遂行によって非明示的に（あるいは部分的に）実現されている「規則」を、明示的に普遍化する働きをもつ。例えば、ここで0から1ずつ数え上げていく「操作」がしたがっている「規則」は、後続者関数「S」による再帰的定義として明示化される。カヴァイエスは、この「概念」による「規則」の明示化のことを、「理念化 idéalisation」として考えている。「理念化」は、第一に、「操作」をその質料的な制限から切り離し、第二に、極限移行のような構成的な範囲を超えている「操作」を公理的に定義することを可能にする。ただし、その際に、二つの制限条件が伴う。（1）「理念化」された「概念」は、「操作」の遂行が伴わない場合には、対象を産出することができない。（2）その「概念」は、「操作」が実現していた「規則」を普遍化したものである。第一節で述べたような直観主義との間の本質的な違いは、以上のような「理念化」による概念の拡大を、新しい公理[6]の措定という形で積極的に認めるという点において生じる。

「理念化」の第二の効果によって、極限移行の「操作」は、後続者関数の極限として公理的に定義される。かくして、自然数全体の集合としての「ω」が「操作」の極限として定義される。さらに、このようにして定義された「ω」が、再び、「理念化」の第一の効果と「主題化」によって「操作」「S」の新たな出発点となる。この既存の「操作」を「理念化」したことで得られた拡張された概念（つまりここでいうと「ω」）を、新たな探求の場所ないし出発点とする「操作」を措定する「概念」の働きを、カヴァイエスは「主題化 thématisation」と呼んだ。[7]

ここでは、「概念」による「理念化」と「主題化」のための制限条件について十分に議論する余裕はない。しかし今理解することが必要なのは、「操作」と「規則」と「問題」と「概念」の間の関係である。「操作」は第一節で見たように、何らかの「規則」にしたがって構成的に遂行される。このときそれがしたがっている「規則」は、その遂行によって示される範囲でのみ知られる。したがって、無条件的な「規則」としてはどのようなものか分からない。それを明示化し自覚することを可能にするのが、「概念」の一つの役割である。後続者関数「S」による有限順序の再帰的定義は、有限の範囲での数を数えるという「操作」がしたがう具体的「規則」を、そのかぎりで明示化したものと考えることができる。しかし、探求の場所を拡大し、それを超限順序の範囲で考えるとき、そのように自覚された有限順序の「規則」は、より大きい「規則」全体（超限順序）の部分にすぎないことになる。そして、このような全体への拡張を可能にするのもまた「概念」の役割であった。かくして、超限順序の「操作」がしたがっている「規則」が「概念」によって明示されることになる。しかし、それでも数を数えることの全てが知られ尽くしたわけではないことは、その「概念」の設定が新たな「問題」（例えば連続体仮説という問題）を提起することから知られることとなる。そうであったとしても、この超限順序の概念的定義が単なる恣意的な虚構から区別されるのは、それによって当初の「問題」であった可算無限を超える数を数えるにはどうすればよいのかという「問題」を、この概念的定義によって、部分的ではあれ、確かに数学的に解決することが可能になるからである[8]。

つまり数学において不可避的に発生する「問題」という審級は、実効的で構成的な「操作」がしたがっている「規則」の潜在的な実在性とでもいうべき「無尽蔵性 inexhaustivité」の反転的現れとして理解することができる。「問題」が完全に消滅するということは、数学的には数学全体を完全に形式化できるということを意味しているが、ゲーデルの証明した事実が示すように、このことが成り立たない。このことから、この「問題」という審級が永遠に消滅しないことが知られる。(9)

新たな「問題」は生成する数学の本性から不可避的に提起され、「概念」の力によって証明という形で「解」を生み出すことを要求する。しかしその一方で、この「概念」が新たな「問題」を提起し、それが新たな「操作」と「概念」による「解」を要求することになる。この一連の「問題」と「解」の間の「弁証論」的プロセスこそが、カヴァイエスが「今あるものの外へ」と表現していたものである。数学において「問題」が存在する場合には、その時点で与えられている「明証的」な手続きによってはそれを原理的に解くことができない(つまり、今あるものの「外」にある)がゆえに、解けるようになる契機において、「概念」によって「操作」を拡張することが、つまり、今あるものの「外」へと出ることが要求される。現に解けない「問題」の存在は、意識の「明証性」の「外」にある「実在」が潜在的なしかたでそこにあることを示しているのである。

観念論がそうするように意識に現れる「明証性」を真理の基準とするかぎりは、真理が「明証性」としての「操作」の「外」とつながっているというこの事態を、そして、「明証性」の範囲を超えて進み、「明証性」の範囲そのものを確定しなおすことのみが、実効的な「明証性」の範囲にまで「真理」が下りてくることを再び可能にするというこの事態を理解することができない。ここに、「真理」の歴史的進展のプロセスの説明を、意識の次元にのみ求めることが不可能であることの根拠が存在する。少なくとも数学における「問題」の審級とそれにたいする「解」による応答という弁証論的プロセスを理解するには、意識の「外」に潜在的なままにとどまる「実在」を認める必要がある。(10)

四　「概念の哲学」において「実在」の意味するところ

以上の議論をまとめると次のようになる。数学の生成においては、「問題」の審級が不可欠であり、その「問題」の本質が、現に与えられている「操作」の「明証性」においては解けないということであるからには、その「明証性」の「外」へと出て、その「操作」の本質をなすところの「規則」を、新たな「概念」によって把握しなおすことが不可欠である。そして、この「問題」と「解」の弁証論的プロセスにおいてこそ、数学の生成の「予見不可能」であるにもかかわらず「必然的」であるという相反する特徴の緊張関係を、真の意味で理解することが可能になるのである。

したがって、ここでわたしは、観念論的な解釈では、「問題」とは本質的に解けないものであるということを厳密に理解できないと指摘していることになる。そしてわたしは、この解けない「問題」という意味でのみ、つまり意識の「外」を表すためにのみ「実在」という語を用いている。それゆえ、わたしが論じた実在論的立場は、通常の実在論とは全く異なったものであることになる。

通常の実在論は、認識とは独立に、しかしそれをあらかじめ想定した存在論の一つの立場である。したがって、認識内容と認識対象という二分法を予め認めたうえで、認識対象が認識内容からは独立に存在しているということを主張する立場である。この立場は、多くの場合、日常的な水準での知覚経験をそのモデルとしている。

通常の数学的実在論も、この日常的な知覚経験のアナロジーからなりたっている。すなわち、数学的概念や命題が意味している外延が、認識や証明から独立に、何らかのしかたで実在しており、概念や命題の意味は、それらが指示する外的実在としての外延であるという考えである。[11]

これにたいして、「概念の哲学」における数学的対象は、「操作」の遂行と相関的にしかその存在が認められない。この立場は、むしろ、通常は反実在論あるいは構成主義と呼ばれる立場に近い。それらの立場との違いは、「概念の哲学」が公理の措定をとおして拡張された「概念」による部分的な俯瞰（つまり非可述的定義の制限付き使用）を認めることにある。したがって、「概念の哲学」における実在論的解釈は、通常の意味での実在論とも、また数学的実在論とも異なっているどころか、むしろそれらと対立する。

それにもかかわらず、わたしが本章で提示する立場を「実在論的」とあえて呼ぶのは、「概念の哲学」が主張する数学の生成を理解するためには、「問題」という審級によって示される意識の「外」を、「操作」の遂行にかんする相関の「外」を、意識にたいする〈異〉を認める必要があるからであり、そしてこの「外」として示されるものという意味においてのみ、もっぱら「実在」という語が理解されているからである。

10　ある理論が美しいといわれるとき、その真の理由は何でありうるか

哲学において理論あるいは叡智的なものにかんする言説が美と結びつくという考えは、プラトンにより見いだされ、新プラトン派のとくにプロティノスによっておおいに発展し、初期近代にケプラーやドイツ神秘主義を介して近代盛期のドイツロマン派へとたどり着き[1]、今日においてもなおその残滓を見ることができる。

この哲学的理論と美のイデアの西洋的伝統の淵源には、プラトンに影響を与えたといわれるアルキタスを介したピュタゴラス派の思想を確認することができる（シュル 1985：29, 77）。ピュタゴラス派からの影響が複雑なのは、イアンブリコスやプロクロスのようにプラトンの数学的な宇宙を奉戴する哲学に関心をもつ註釈家たちが、エウクレイデス（ユークリッド）などのギリシア数学者たちの数学理論を註釈しながらその観念を発展させ、それがプラトン経由のものとは別に、初期近代の普遍数学論争を介して近代の伝統に入り込んでいることによる。おそらく現代においてもしばしば見出される数学理論（あるいは宇宙物理学）における美という発想は、この系譜のなかから派生

したいくつもの傍流によって支えられているのであって、歴史的根拠なしに生み出されたものではない。このことを示すように、東アジアに見られる数学的思考において美と積極的に結び付けられる伝統が（宗教的様式は別として）ほとんど見られないこと、また逆に東アジアの芸術の歴史において数学的な構造に積極的な参照がほとんど見られないことを確認することができる。高度に抽象的な理論（哲学、数学、宇宙物理学）と美が結びつくという発想は、西洋的伝統に特異な歴史的な構築物であり、抽象的な理論と美を当然のごとく同一視するような無批判な一般化は避けるべきだろう。

そのうえで、なおこう問うことができる。抽象的な理論と美の一般化された結びつきがア・プリオリなものではなく、地中海域という一地方における歴史的な構築物であるのだとして、それでもなおある特定の理論が与えられたとき、それが与えられたあるひとに、ある美しいという情感を引きおこしうることがあるとすれば、その真の理由は何でありうるのか、と。

高木貞治（1875-1960）は『解析概論』のなかの解析函数を論じる箇所（このすぐ後で解析接続について論じることになる）で、以下のように述べている。

> この意味において、複素数の世界では、微分可能も積分可能も同義語である。驚嘆すべき朗かさ！　Cauchy およびそれに先立って Gauss が虚数積分に触れてから約百年を経て、我々はこの玲瓏なる境地に達しえたのである。（高木 1961：216）

ここでは上記文言のなかの用語の定義には一々触れない（興味のある方は原書を参照されたい）。なぜならもっぱら「玲瓏なる境地」という情感的な表現にのみ関心を向けるからである。この文言は明らかに主観的な判断であるが、まったく独断的というわけでもない。なぜならやはりそれと似通った情感を、高木とまったく交流のないものも抱くことがあるからだ。たとえば解析学の専門家ではないが、数学基礎論の歴史をとくに一九世紀の解析学の歴史との連続のなかで著したジャン・カヴァイエス（1903-1944）は上記の複素解析と密接に関連のある解析接続という語を用いて次のような表現を与えている。

ガヴァルニー大圏谷は、ルルドの解析接続なのです。（Cavaillès 2010：22）

ガヴァルニー大圏谷とは、南フランスとスペインのあいだのピレネー山脈の中腹に位置し、断崖から灌ぐ滝の美しい観光地であり、マリア信仰で有名なルルドの町から街道にそって山中へとわけいったところに出現する土地の名前である。もちろん、上記の引用は解析学にかんする判断ではなく、この美しい景観と宗教的な伝統の密度をもった地理との結びつきを表した比喩表現であり、そのためにこそ「解析接続」という解析学用語のもつイメージが利用されている。その点で、理論それ自体の美しさを表現した高木の「玲瓏なる境地」という表現とは対称的であり、そのような抽象的な理論からの眺望にかんする「境地」の感性的対応物をカヴァイエスの見た「カヴァルニー大圏谷」に見出すこともできるかもしれない(2)。

「美しい」という直接的語彙こそここには出現していないものの、以上の二つの対照的な判断は、それぞれその背後に「美」にかんする情感を抜きには理解することができない、という点で、理論と美というものの具体的な結びつきを示しているといえる。

さて、ではこのような高度に抽象的な数学理論が美しいという情感と結びつくことはいかにして説明されるのだろうか。

たとえばカントは、美にかんする判断を論じる『判断力批判』のなかで、とくに構想力（想像力）の限界との関係で「崇高」について論じている(3)。そこでは力学的崇高と数学的崇高を区別し、後者をとくに数学的無限によって引き起こされる崇高概念であると考えていた。たしかに複素解析も解析接続もともに無限と深く結びついており、その他の多くの無限にかんする数学、たとえば集合論や位相幾何学において、そのような崇高さをひとが見いだすことは、さほど想像しがたいことでもない。カントの議論においては、このような崇高さは、想像力による把握の不可能性、その能力の限界を示すとともに、その不可能性を補うしかたで、理念が用いられることで可能になるとされる（ドゥルーズ 2008）。カントのこの箇所の議論を特に参照するジル・ドゥルーズにとっては、この想像力という能力の超越的使用、あるいは諸能力間の不一致こそが、出会いによって引き起こされる決定的な契機であり、真正の出来事であるとされる（山森 2013：55、江川 2003：65）。

しかし、以上の崇高概念の理解を一般化すると、無限遠点であれ、超限数であれ、デーデキントのカットであれ、カントールの対角線化であれ、無限と深く結びついている現代数学の諸概念は、何であれ「崇高」の概念が（カントの主張とは反対に）何らかの美的判断と結びつくと考えられるかぎりで、美的情感を引きおこす対象ということになってしまうのだが、それでよいのだろうか。さらには、デカルトが『方法序説』においてまさに想像不可能なものとして例示した千角形もまた、場合によっては美の判断の対象となるということになってしまうだろう。このようなアノーマルな例示で何をいいたいのかというと、現代数学において無限を含む理論や概念との遭遇は常態であって、それ自体何ら特別なことではないのだから、その文脈にあって高木やカヴァイエスが上で参照したようなしかたで、現代数学のなかからあえて複素解析や解析接続にたいして美的な情感を抱くことが説明できないだろう、ということである。[4]

それでは、そのような現代数学に固有と思われる高度に構造化された抽象的理論であることが、美しいことの理由となるのだろうか。たしかによく整理され、見通しのよい公理系などは、そのような美しさを体現していると考えられるかもしれない。たしかに抽象数学の公理系には近代建築のような合理性と機能美が備わっているといえなくもない。しかしそのような計算されつくされた合理性や機能美は、結局のところ面白さにかけ、たとえば近代建築を批判してポストモダン建築の道を拓いたクリストファー・アレグザンダーの言葉を借りるなら、生命にかけており、真の意味で美しさを体現しない、と指摘することができる。少なくとも、カヴァイエスが自然豊かなガヴァルニー大圏谷を表現するために譬えたような理論の美しさを体現はしないだろう。[5][6]

しかし、以上の説明は、まったく真実を欠いているというわけでもない。第一の議論において欠いているのは、数学的無限という概念の正確な位置づけであり、第二の議論において欠いているのは、構造化を要請した真の要因である。それ以外の点で、つまり無限というものを能力の超越的使用に結び付け、また高度に構造化された抽象的理論に注意を向けている点までは正しいのではないか。

ところで、先ほど言及したアレグザンダーは、自身の提唱した「パターン・ランゲージ」を批判するなかで、「センター」という概念に行き着いた。この理路を簡単に説明することはできないが、機能による構造化を否定するのではなく、その自律的な構造形成の再帰的な起点となる「センター」こそが、構造化された建築にたいして生命の「強度」を規定するという議論である、と解することができる(7)（アレグザンダー 2013、長坂 2015、郡司 2018 : 21）。

同様に、ドゥルーズとガタリは、『哲学とは何か』において、「概念」は「強度的な座標」を「合成」することで創造されるのだが、そのための「場」となる「内在平面」をまずは描く必要があり、その際には「特異点の配分」があり、それは「問題」の「直観」によってなされると述べていた(8)。

ドゥルーズとガタリは、このように述べる際に実際には公理系にかんする議論をまじめに扱っていない（それと同じ理由で定義についてもまじめに扱っていない）が、概念や理論を「作る」という側面を前景化させることは、必然的に公理系にかんする議論を巻き込むことを含意する。そうでなければ、そのような「作る」とはせいぜいのところ、「思いつく」とか「いってみる」といいことと区別のできないものとなるだろうから。

そのような数学の公理系の議論の歴史的な分析のあとで、先ほど言及したカヴァイエスは、「数学と形式主義」という論文のなかで次のように述べている。

唯一の語、思考の一つの直観的な跳躍 saut intuitif があり、そしてここに感性的なつながりとかぎられた妥当性にたいする観念とが再び導入される。（Cavaillès 1949 = 1994 : 659）

公理系を支える最初の語の定義が肝要なのである。ただし、形成された数学の観点から見れば（つまりは逆数学の観点から見れば）、理論のなかのどの文を公理とし、どの文を定理とするかは、ある程度の任意性が認められることが知られている。しかし、気を付けなければならない。確かに公理化された諸理論は、「区別された学説の間での予見不可能な類似性を表す」（Cavaillès 1949 = 1994 : 664）のだが、それは公理系による構造化によって明らかにされるのであって、構造化される以前に構造化を要請した「直観的な跳躍」をなかったことにするということにはならない。それは異なる地点からの異なる「跳躍」によってなされた公理化が、予見不可能なしかたで互いの類似性をあらわにし、それらが重ねられるのであって、この構造化以前の「直観的な跳躍」を可能にする前－数学的なゾーンは、数学の本来的な性質上、数学の学問的標的の〈外〉にしか置かれない。つまり、これについて数学的な知識として何かを主張することはできない。

「直観的な跳躍」とは、何らかの水準において実現されている経験において遂行される振る舞いがあるとき、その振る舞い、それが経験された範囲を越えて、原理の位置へと格上げすることであり、パースの意味でのアブダクションによってその振る舞いが纏う実際的な制限を取り除くことである。解のない方程式の虚解（$x^2+1=0$）の存在から、そのような数（複素数）の次元そのものの解放へと至る「跳躍」のように、それはおこなわれる。このとき、この「跳躍」は、「問題の要請」

によって導かれ、部分的であれその解決によって正当化が事後的にされる。これこそが現代数学の本質であると同時に、現代数学が公理化という方法を獲得した少なくとも一つの理由でもある。

ある高度に構造化された抽象的な理論において、その「センター」となる概念（ファンクション）は、この「直観的な跳躍」の残滓を引きずることで、その構造のなかでの再帰的で、ある意味では特別な位置を占めることになる。あるいは、またそのような「直観的な跳躍」の真の理由を十全に表現するような定理もまた、その理論のなかで特権的な位置を占めることになる。「玲瓏なる境地」とは、まさにそのような位置を表していると理解することができるだろう。

だから、ある理論が美しいといわれるとき、その真の理由は次のようなものになる。あるひとが、ある理論の展開のなかで出会った定理や概念（ファンクション）が、その理論を引き起こした「直観的な跳躍」の残滓をその身に引き受けていることを感得したとき、その時そのひとは、その理論のなかの定理や概念にたいして美しいという情感を抱くのだ、と。つまり、部分のなかに全体を見るとき、ただし全体とはその理論の現実的な全体ではなく、理論以前においてその後の理論の展開をインプリシットに包摂している直観的なゾーンという意味での非全体的な全体を見るとき、そこにある卓越した「力」あるいは無限の「強度」を感じとり、美しいという情感を引き起こす。だからこの意味での無限は、数学的概念（ファンクション）のなかにはなく、前‐数学的なゾーンにしかない。そして、このようなインプリケイトされた力は、十分に構造化された抽象的な理論のなかでしかその真の姿を表現する（エクスプリケイトする）ことができない。なぜなら、その表現のためには、「直観的な跳躍」が決定的な条件としてあり、それなしには自然言語との紐帯を断ち切る「経験の超出」が不可能だからである。

　この意味で、哲学の作品のなかで美しさを備えているものは極めて少ないが、おそらくはスピノザの『エチカ』はそのようなことが哲学においても可能であることを実際に示しえた数少ない範例である。哲学者は異国の言葉で語るように書かねばならないとはドゥルーズが述べたことだが、まさに公理論的な定義によって始めることで哲学をするのでなければ、真に在らざる国の言葉で語ることなどできようはずがないのだ。

11 カヴァイエスの「一般化の理論」の形式化に向けた考察
——フロリディの「情報実在論」とカヴァイエスのフッサール批判(1)

一 概要

本章の目指すところは次のことである。ジャン・カヴァイエス（Jean Cavaillès, 1903-1944）の数理哲学における「一般化の理論 la théorie de la généralisation」（Cavaillès 1938a：171）について、それを現代の科学哲学の文脈においてより一般的なしかたで理解し、また現代の科学研究の文脈でより広範な応用を可能にするために、一つの妥当な形式化を試みることである。ただし本章では、この目標を最終的なものとして据えながら、ひとまずその「一般化の理論」が文脈上位置づけられているカヴァイエスの数理哲学の全体像を、以上のような文脈のなかで再解釈しようとするにとどめる。このときこの最終目標を鑑みて、通常の解釈においておこなわれるように、カヴァイエスのテキストそのものの逐語的解釈に終始するのではなく（逐語的解釈については近藤 2011a を参照されたい)、カヴァイエスの哲学の文脈に固有の用語を、現代の科学哲学の文脈とかかわる語彙に置き換えながら、とくここではルチアーノ・フロリディ（Luciano Floridi）の「情報実在論 Informational Realism」（以下ＩＲ）の語彙とその議論の文脈を参照することで、解釈モデルを構築することとする。フロリディのＩＲが解釈項として採用される理由は、本文中において明らかになるように、カヴァイエスとフロリディの両者の哲学に、全部ではないものの、ある程度以上の重なり合いが認められることによる。したがって、本章は、以下のような手順で議論を進めることとする。

（１）フロリディのＩＲの置かれている「構造的実在論 Structural Realism」（以下ＳＲ）内部での論争的文脈とＩＲの関係について概観する。

（２）フロリディのＩＲの枠組みを、とくに彼の「抽象化レベル」の議論を中心に素描する。

（３）カヴァイエスのフッサール解釈（カヴァイエス 2013）について検討し、それが（２）で素描されたＩＲの議論と確かに対応していることを確認する。

二　フロリディのＩＲとＳＲの関係

フロリディは、Floridi 2004 において、ＩＲを、ＳＲをめぐる二つの論争的立場である「認識的構造実在論 Epistemic Structural Realism」（以下ＥＳＲ）「存在的構造実在論 Ontic Structural Realism」（以下ＯＳＲ）[2]を調停しうるものとして、ある意味ではそれぞれのいいとこ取りによって構成し、自らの立場の有用性を立証しようとしている。ただし、後で見るように、彼の議論は、ＳＲの本来の文脈からは離れて、とくにそれぞれの世界観（あるいは存在論的な設定）にのみかかわっているように見える。まずはこのことを確認しながら、彼の議論の方向性がどこに向かうものであるのかを明らかにすることから議論をはじめよう。

SRは、野内 2012 による説明にしたがえば、科学理論そのものが真理をとらえているのか、さらに具体的にいえば科学理論が含む理論語の指示対象をとらえているのかということにかんする実在論と反実在論のあいだの論争において、実在論側からの反実在論への反論の一候補として提起されたものである。科学的実在論論争全体にかんする詳細は野内 2012 によるものとして、ここでSRの議論を展開するうえで必要なかぎりにおいてこの議論を野内 2012 に依拠しつつまとめなおしてみよう。この論争は、もともと科学的実在論側の比較的素朴な議論を封殺する反実在論側の強力な議論にたいして、何とかして最初に期待した取り分のうちのいくらかでも取り戻すために、実在論側から反論を組み立てていくという形で展開したといわれる。その反実在論の議論の代表的なものは、Laudan 1981 において展開された「悲観的帰納法」と呼ばれる議論と、フラーセン 1980 において展開された「経験的構成主義」の議論からなっている。

反実在論側からの反論以前に前提されていた科学的実在論の主張には、おおよそ次のような考えが含まれていた。

（1）科学理論は世界の真理を解明している。つまり真に実在している存在者についてそれは解明している（いいかえれば、科学理論に含まれる真である命題は、それが言及している実在する存在者について妥当な命題である）。

（2）したがって科学理論が含む理論語（たとえば、電磁場、エーテル、放射性崩壊）は、実在する指示対象をもつ。

（3）このように理解された科学理論は、先行する理論を前提としながら後続する理論を生み出していくことで歴史的に発展する。そしてそのように進展する科学理論は漸次的に真理を解明し、真に実在する存在者の解明へと近似していく。

科学的実在論の以上のような主張の大枠は、当初もっぱら「奇跡論法」（Putnam 1975）と呼ばれる「最善の説明への推論 Inference to the Best Explanation」（以下ＩＢＥ、Harman 1965）の一種によって正当化されてきた。

ＩＢＥとはある証拠が与えられていて、その証拠を説明する仮説が現に複数存在するとき、その仮説のなかで、もっともよくその証拠を説明する仮説が真であると結論付けるような推論のことを意味する（Harman 1965 : 89）。いいかえれば、それは与えられている仮説のなかでもっとも真実らしいものを残して、それ以外の仮説を消去するタイプの、消極的推論である。

そして「奇跡論法」は、科学が成功しているという経験的証拠を説明するうえで、それを奇跡によるとする仮説と、科学理論が少なくとも近似的に真であるとする仮説の二つの競合する仮説を並べて、後者（つまり奇跡ではない）のほうがより合理的であるので、後者を真であると結論付ける論法である。

また、科学理論に含まれる理論語が真に実在を指示していると結論付けるのも、ＩＢＥによって、現にその理論語を含む理論による予測や既存の理論の統合がうまくいくという事実に基づいておこなわれる。つまり、それらがうまくいくのは、現にその理論語が真に実在する対象を指示しているからだと考えるということである。

以上の「奇跡論法」を含むIBEによる正当化は、直観的な説得力をもつが、充分な議論に耐えるものではない。いずれの場合においても、そもそも検討されるべき競合する仮説が少なすぎて（理論語の説明の場合競合仮説さえ検討されていない可能性もある）、仮説の二分法そのものが科学的実在論を擁護する仮説の真剣な探求を阻害しているということを指摘することができる。ファン・フラーセンが「構成的経験論」で提示した実在論への反論の骨子となる趣旨を、野内 2012 は、おおよそ以上のようなことであったとまとめている（野内 2012：29）。

その一方で、ラウダンの「悲観的帰納法」は、次のような議論によって科学的実在論にたいする反論を構成する。科学史の進展の歴史を踏まえると、

（1）科学理論においては、その進展のなかで理論語の指示対象がまったく変わるとか失われるということが何度も繰り返されたし、

（2）かつて成功していた理論のなかには、後に存在することが否定される理論的対象を指示する理論語（たとえばエーテル）が含まれていたのに、ある程度は成功していた。

以上から、その理論が現に成功しているという事実は、理論語が現に指示対象をもっているという存在論的なコミットメントを正当化することはできない、ということが帰納法的に帰結される。

SRは以上のような文脈のなかで、特に「悲観的帰納法」に反論すべく、提示された立場だと見ることができる（Worrall 1989、Ladyman 1998）。その反論のポイントとなるのは、次の主張である。

すなわち、たしかに歴史的には指示対象そのものは変化したり、存在しないことになったりしてきたが、数学的構造（この場合、とくに方程式が念頭におかれる）は、そのような指示対象の変化のなかにあって一貫して実在を指示し続けてきたというものである。いいかえれば、歴史上すべての科学理論が、実在をとらえていたのではなく、そのなかで構造的な記述において成功していたもののみが、実在を真にとらえていたとみなし、科学理論内部で、実在をうまくとらえているものとそうでないものを篩にかけるということでもある。

次にＥＳＲとＯＳＲの違いについて概観しておく。その最大の違いは、実在しているものの最終的な身分にある。ＥＳＲは、構造とは別に一次的対象が実在しており、構造はこの一次的対象のあいだの二項以上の関係を数学的構造（典型的には方程式）によって記述しているとみなす（Morganti 2004）。そして、われわれの認識がうまくいくときには、この対象間の関係を構造によって少なくとも近似的にはとらえているということになる。したがって、一次的対象自体は、直接認識することができないが（したがって、一項関係、たとえば「x は赤い」なども認識できない）、そのあいだの相互作用や二項以上の関係を、数学的構造を介して、近似的にわれわれは知ることができるということになる。このとき、ＥＳＲもＯＳＲも、ともに数学的構造が心依存的である、つまり人間の知的産物であるということが共通に前提されることに注意する必要がある。そして、物理的構造が、外的対象の間の関係として措定されるのだが、ＥＳＲとＯＳＲの違いは、このとき世界の実在を外的対象にたいして直接認めるのか（ＥＳＲ）、それとも外的な対象のあいだの物理的構造の側にすべての対象を（構造や関係の結節点や結び目として）還元してしまい、それゆえ実在性を物理的構造にのみ認めるのか（OSR：Chakravartty 2004）による。要するに、OSRのほうは、ESRが最終的な実在性のよりどころとする対象を、さらなる解明を権利上要請するものとして（その解明の結果、うまくいけば対象は構造の結び目となる）のみ、つまりさらなる解明の先触れとしてのみ認めるというところに、OSRとESRの違いとして強調されるべき点がある。したがって、ESRとOSRの違いとは、基本的にSRがとるべき存在論のあいだの違いとして理解することができるだろう。[3]

フロリディのIRは以上のような文脈のなかでどのように位置づけられるのか。フロリディはIRを提示するFloridi 2004において、とりたてて科学的実在論について議論されているわけではないように見える。またそこにおいて以上に見たようなSRの本来の動機となっている「悲観的帰納法」にたいする反論のために、IRがどのような寄与をなしうるのかという検討もおこなわれていない。フロリディの本来の意図は、おそらくこのようなSRがもともと埋め込まれていた文脈とは離れて、彼自身が探究している情報科学における存在論的な問題を解決するための枠組みをIRとして提示することにあるのだろう。そのために彼は、構築すべきIRのモジュールとなる部分をSR上の議論からESRとOSRという形で取り出し、それを組み合わせる。したがって、そこでのIRによるESRとOSRのあいだの調停という論争への貢献となるべき点も、SR上の論争を真に収束させることはなく、彼自身のIRという立場を、ESRとOSRと比較することで明確にするという以上のものではないと評価しなければならないように思われる。[4]

三　フロリディのＩＲの枠組みを概観する

次に、フロリディのＩＲについて概観しておく。Floridi 2004 において、彼はＩＲの妥当性を結論づける自らの議論を三つのステップに要約している。
（1）ＥＳＲとＯＳＲが調停可能であることを示す。
（2）すべての関係づけられる項が関係的構造に先立たれるわけではない。つまりＯＳＲは妥当である。
（3）構造的対象の存在論は、情報科学における対象志向型プログラミング（Object Oriented Programing：以下ＯＯＰ）の枠組みを利用することで明確にされる「情報的対象」の概念によって展開可能である。

以下では、おもに（1）の論点に焦点をあてて、フロリディのＩＲについて概観していく。ＥＳＲとＯＳＲの調停。これはフロリディのＩＲに固有の概念である「抽象化レベル」（Level of Abstraction：以下ＬｏＡ）という概念を彼が導入し、それに基づくＳＬＭＳ図式（構造‐ＬｏＡ‐モデル‐システム）を用いることによっておこなわれる。ところでフロリディはこのＬｏＡを以下のように説明している。

ＬｏＡはオブザーバブルの集合からなる。オブザーバブルは、解釈されたタイプ付変項であり、つまり考察されているシステムの諸性質についてのステートメント（言明）と、値からなる充分定義された可能的集合をもつ。システムは、ＬｏＡｓのレンジでアクセスされたり記述されたりするのであり、したがって、それはモデルのレンジをももっている。(Floridi 2004 : 3)

ＬｏＡは、「オブザーバブル」の集合として定義される。そして「オブザーバブル」は、「解釈されたタイプ付変項」と等置される。したがって、まず、Floridi & Sanders 2004 に依拠しながら、「解釈されたタイプ付き変項」の詳細を確認しよう。

「変項」は、「タイプ」が割り当てられていない場合、「自由変更」と呼ばれる。「自由変更」は、ＬｏＡによって記述しようとする現実（この全体を Floridi 2004 は「システム」と呼ぶ）のなかで、ＬｏＡが注目する重要な因子、概念、性質などのあいだの形式的な差異を取り出すものとみなすことができる。つまり「自由変項」の数は、これからＬｏＡに基づいて構築される「モデル」の位相的な次元を規定するものだということである。

次に、ここでいう「タイプ」とは、この「自由変項」の外延をなすもの（これは「システム」に属する）に可能的に割り当てられる指標（これはＬｏＡの一部である）の集合である。たとえば、「身長」という自由変項にたいして、「タイプ」を「0以上の整数」を付けるなら、「身長」を表現する「タイプ付き変項」は、「175」などをその領域にもつような数字の上をわたるべく定義された「変項」ということになる。

最後に、「解釈」とは、この「タイプ」の内容である指標の集合を、どのように外延の要素に割り当てるかということを規定するものである。先の「身長」の場合、175というのは、センチメートルなのか、メートルなのか、フィートなのか、によって同じ外延の要素のどれを指示するのかということが異なる。この違いを明記することを要請するのが「解釈」である。

したがって、「オブザーバブル」とは、このように定義される「解釈されたタイプ付き変項」のことである。これが「オブザーバブル」と呼ばれるのは、まさにこれによって、「システム」のなかで観察によって取り出すことのできるものを差異化することができるようになるからだと考えられる。つまり、観察とは、このような「解釈されたタイプ付き変項」の「システム」への対応付けが規定されてはじめて可能になると考えられるということである。

そして、ひとつのLｏAは、以上のような「オブザーバブル」すなわち「解釈されたタイプ付き変項」の集合として定義される。このとき次のことにあらかじめ留意しておく必要がある。

（1）フロリディのLｏAに基づく「抽象化の方法」［Method of Abstraction］は、微分方程式による相軌道を用いたモデル化と、述語を用いた文によるモデル化の両方を包括するものである（Floridi & Sanders 2004 : 12）。前者を「アナログオブザーバブル」からなるLｏAとして「アナログLｏA」、後者を「離散的オブザーバブル」からなるLｏAとして「離散的LｏA」と呼ぶ。それらのいずれかではない（いずれでもある）ものは「ハイブリッドLｏA」と呼ばれる。[5]

（2）二つのLｏAのあいだに重なりがない場合、「抽象化の勾配」（Gradient of Abstraction：以下GｏA）は、「離散的GｏA」といわれ、重なりがある場合、そのとき異なるLｏAのあいだに推移関係があれば、「入れ子状のGｏA」といわれる。「入れ子状のGｏA」は、近似の関係などを用いて適切なしかたで比較評価することができる（Floridi & Sanders 2004 : 12-13）。

（3）各々のＬｏＡは、理論における「存在論的コミットメント」を明示するのに役立つ。すなわち、その理論において何があるとされるかは、「オブザーバブル」に何が設定されるのか、ということに帰着される。そしてクワインのいう意味で、そのような「オブザーバブル」として設定されたものを用いて「モデル」を構成するとき、理論家は、その項が参照している領域にたいして存在論的にコミットメントしなければならない。裏を返せば、理論家の「存在論的コミットメント」は、ＬｏＡにたいして相対的であり、かつＬｏＡフリーとなるようないかなる存在論も存立しない（Floridi 2004 : 3-4）。

以上のように定義されるＬｏＡをもとに、ＳＬＭＳ図式の概要を確認しよう。Ｌは今見たようなＬｏＡを表している。

次にＭはＬｏＡが含意する「モデル」を意味している。「モデル」は、微分方程式をＬｏＡとしてもつ場合、その相軌道の集合を示している。離散的ＬｏＡの場合、この「モデル」は、「オブザーバブル」を「自由変項」に代入することを許す述語（述語関数）とみなすことができる（Floridi & Sanders 2004 : 6）。そして、このような微分方程式の相軌道あるいは述語関数への代入によって、うまくいくときには現実を適切に描くもの、現実と近似的に対応するものを、その「モデル」の「振る舞い」と呼ぶ（Floridi & Sanders 2004 : 11）。またこのように「振る舞い」を伴う、つまり特定の「モデル」を伴うＬｏＡのことを「調整されたＬｏＡ」［Moderated LoA］と呼ぶ（Floridi & Sanders 2004 : 11）。

そしてＳＬＭＳ図式における「構造 Structure」とは、現実たる「システム」のなかで、このような「モデル」が近似的に一致するところの外的な構造のことを示している。そして、明らかにこの「構造」は、ＬｏＡを要請した現実の全体たる「システム」の部分を占めている。

最後に、この「システム」は、「モデル」と近似的なしかたで一致する「構造」が一部を占め、またそのような「モデル」を可能にしたＬｏＡを措定することを要請したかぎりでの現実の全体である。したがって、ここで「システム」の全体性は、真の全体性ではなく、相関するＬｏＡを要請するようなかぎりでの、フレーム付きの全体だとみなされるべきだろう。

ＳＬＭＳ図式（繰り返しになるが、構造－ＬｏＡ－モデル－システムからなる図式：Floridi 2004 : 4, Table2）は、したがって、現実の側面における全体と部分である「システム」と「構造」にたいして、理論の側面における全体と部分である「ＬｏＡ」と「モデル」とが折り重なっているものとして理解することができる。

それでは、このＳＬＭＳ図式を用いて、フロリディはいかにしてＯＳＲとＥＳＲを調停するのか。フロリディは、一階のＳＬＭＳ図式と二階以上の高階のＳＬＭＳ図式を区別する（Floridi 2004 : 4-5）。そして、結論だけ述べれば、ＥＳＲを一階のＳＬＭＳ図式に、ＯＳＲを二階以上のＳＬＭＳ図式とすることで、両者を共立させる。そのうえで、二階以上のＳＬＭＳ図式の「構造的対象」を、「情報的対象」と呼び換え（このように呼び換えることで、ＯＯＰの文脈において「構造的対象」を解釈することを可能にする）、これを一階のＳＬＭＳ図式において可能になったＬｏＡおよび「モデル」の水準において見出す。そのように考える場合、ＯＳＲがいうように対象が「構造」それ自体であるとみなされたとしても、何の問題もないことになる。いいかえれば、ＯＳＲがいう「構造的対象」

は、それが高階のＳＬＭＳ図式であるかぎりにおいて、最終的には一階のＳＬＭＳ図式に還元されうるということが、少なくとも権利上は保証されているということである。

しかし、そのような還元可能であるにもかかわらず、高階のものがさらに要請される理由として、まさにプログラミングの世界で、「関数型プログラミング」とは別に「対象志向型プログラミング」（ＯＯＰ）が要請されたのと同じように、思惟の経済原則（「オッカムの剃刀」）が高階の対象（「情報的対象」）を導入することによって可能になるからだと論じられる（Floridi 2004 : 4）。要するに、将棋の棋譜について議論するときに、物質的な将棋の駒の物理的特性にまで言及する必要がない（つまりそれに言及可能なＬｏＡを設定しそれに存在論的にコミットする必要がない）ということである。必要なのは、もっぱら将棋の各コマの動きと盤面にかんする規則の束のみであり、これはまさにＯＯＰが記述する「情報的対象」に他ならない（Floridi 2004 : 5）。

もちろん、このような解決には、ＯＳＲの側から見た不都合がないわけではない。第一に、ＯＳＲは一階のＳＬＭＳ図式の存在可能性それ自体を認めないだろう。またこれにともなって、ＯＳＲが対象を還元する構造が、高階のものであるという前提も受け入れないように思われる。

さらに重要なこととして、フロリディがＥＳＲとＯＳＲの食い違いの原因として、ＥＳＲが何らかの関係づけられる項がいかなる関係にたいしても先立つと考えるのにたいし、ＯＳＲがいかなる関係づけられる項も、何らかの関係によって先立たれると考えることにあると指摘し、これを次のように修正することを提案していることを指摘することができる。曰く、すべての関係づけられる項が、関係にたいして先立つわけではない（Floridi 2004 : 5）。

関係づけられる項に先立つ関係として、フロリディは「内的関係」を候補に挙げる。この語彙は未定義のまま使用されるので明確ではないが、文脈を考慮すると、おそらく距離のような量的な関係と対比される質的な関係のことを意味しているものと思われる（「内的関係」の例として実際に論文で引き合いにだされるのは、「婚姻関係」である）。そして、この「内的関係」のなかで、議論の余地なしに関係づけられる項に先立つものとして「差異」それ自体の関係が指摘されている。つまり、いかなる「差異」の概念も前提されないままに、関係づけられる項を差異化することなどできない、ということである。

しかし、ＥＳＲにとってもＯＳＲにとっても、この譲歩はお互いの本質を揺るがすものであるだけに、受け入れることは困難であるように思われる。また、そもそも両立可能性そのものを目指していないように見える両者にとって、この譲歩を受け入れるだけ動機となる議論が、少なくともFloridi 2004 のなかには見出されえない。したがって、真の意味でＳＲ上の論争を調停するには、いまだFloridi 2004 で展開されたＩＲの議論は不十分であるといわざるを得ないだろう。

四　ＩＲに含まれる三つの解釈可能性とカヴァイエスによるフッサール批判

実のところ、郡司 2007 においてすでに指摘されているように、フロリディ自身の意図とは必ずしも一致しているとは思われないとはいえ、このＳＬＭＳ図式によるＩＲの議論には、三つの異なる解釈の方向性が暗に含まれているように思われる。

(1)フロリディ自身がおそらくは向かっているところの、「情報的対象」一元論。一階のSLMS図式への還元は、おそらく対象志向型言語の機械言語への還元と同じ程度の意味しかもたない。つまりそれは実装上必要ではあるが、毎回機械言語への還元が確認できる必要はないのと似ている。情報科学のOSRバージョンとみなすことができる。

(2)カヴァイエスが批判的に検討しているフッサールの『形式論理学と超越論的論理学』における保守的な立場。言語による高階の建築を認める一方で、一階のSLMS図式への還元可能性を権利上のもの以上のものとして認め、むしろその還元によってのみ、高階の図式の本来の「意味」が賦活されるとみなす。高階のものはそのかぎりにおいてのみ相対的な正当性と相対的な意味を有することができる。情報科学の拡張されたESRバージョンとしてみなすことができる。

(3)郡司2007がフロリディのIRを批判しながら提示し(郡司2007:246-248)、またカヴァイエスがフッサールの「還元可能性」の原理を批判しながら提示した(カヴァイエス2013およびそれに含まれる著者による「解説」)動的な立場。この立場は、高階のSLMS図式への拡張が、一階のSLMS図式に含まれるシステムそれ自体の「変形」を含意するような、非収束型循環過程として、SLMS図式の改変と構築の動的な過程を理解する。したがって、実在とは、その場合、対象でも構造でもなく、そのような循環を要請するものそれ自体、したがってわたしの用語でいえば、「問い」あるいは「外」それ自体(郡司2007の語法でいえば「違和感」それ自体)であるということになる。つまり、実在を、理論によって現実を成功裏にとらえた結果として理解するのではなく、理論によって現実を現に近似的にうまくとらえられた時になお残る(かつ、そのときに初めて発見される)「違和感」として理解されるということである。

Floridi 2004 のＩＲの議論のなかにこの三つが混在しているように見えるのは、管見によれば、以下の三点の理由による。

（１）一階のＳＬＭＳ図式の扱いが明確ではない。

（２）あらゆる関係づけられる項に先立つ「差異」の概念が、議論のなかであまり真剣に検討されていない。つまり、「差異」の発生論的な機能についてまったく考慮されていない。

（３）この議論の結論でフロリディ自身が、「グレーボックス grey-box」について言及している(Floridi 2004 : 7)。

つまり、フロリディが自身のＩＲの立場を、俯瞰的で静的な立場として理解するべきなのか、それとも内在的で動的な立場として理解するべきなのか、少なくとも Floridi 2004 の段階では態度決定を充分におこなっていないように見えるということである。

このことを示す根拠として、以上のように動的な解釈を許す可能性を示しているにもかかわらず、少なくとも Floridi 2004 の段階で、以下のような問題が全く検討されていないことを指摘することができる。

（１）ＬｏＡを措定することがどのような過程で実現されるのか。

（２）もし新たなＬｏＡが措定された場合、それは既存のＳＬＭＳ図式からなる全体論的なメタシステムにどのような作用を及ぼす可能性があるのか。

（３）とくに一階のＳＬＭＳ図式において「システム」と呼ばれる現実の全体性の身分は、ＳＬ

ＭＳ図式の高階化、複雑化にともなって実質的な変化を起こしうるのか。

フロリディの態度の不鮮明さは、ＩＲの実質をなす高階化されたＳＬＭＳ図式が、進展する認識の極限を描いているのか、それとも漸進的に進展する認識の「スナップショット」[(6)]を描いているのかということが充分に規定されていないことを含意する。あるいは、もし「グレーボックス」というフロリディ自身の言葉を真に受けるなら、それは「スナップショット」であるはずだ。そして、もしそうであるならば、異なる「スナップショット」のあいだをつなぐことを可能にする媒介的な作用が必要となるはずであり、それについて議論しなければならなくなるはずである。

カヴァイエスの「一般化の理論」が把握しようとしているのは、まさにこの媒介となる作用であり、彼のスピノザ主義的な存在論の議論は、この媒介となる作用においてこそ実在を見出そうとするものであると解釈することができる。ここでは、もっぱらその解釈を提示する前提として、カヴァイエスの立場が、上記（3）に該当することを、彼のフッサールにたいする批判（主にカヴァイエス 2013「第三部」）の観点から確認しておくことにしたい。

カヴァイエス 2013 において、カヴァイエスは以下のような点にかんしてフッサールの議論を批判する。

（1）「還元可能性の原理」（カヴァイエス 2013：49）。

（2）物理学における「学知の進展による景観の変形 transformation du paysage par la marche en avant de la science」の不在（カヴァイエス 2013：59）。

（3）進展の意識（カヴァイエス 2013：67）。

それぞれの論点について、まずフッサールの議論がどのようにカヴァイエスによって理解されているのかを確認しよう。(1)について。ここでは特に数理物理学の問題に特化して検討する。フッサールの数理物理学の位置づけは、おおよそ次のようになる。まず物理学は、根本的には、「生活世界」を意味上の基礎としてもっており、代数学や解析学を用いるためには、その直観的な意味の「理念化」を経る必要がある（カヴァイエス 2013：59）。それゆえ、「理念化」によって得られた物理法則の方程式（たとえばケプラーの方程式やニュートンの方程式）は、それが「理念化」を経たという事実を思い出すことで、その直観的な意味作用を賦活し、いわば「生活世界」との連続性を回復することではじめて、その本来の姿を取り戻すことができるといわれる。また、このとき用いられる数学は、「形式存在論」として理解されるのだが、そこにおける存在者は、「範疇的存在者」とよばれる現実的な存在者の類を横断することのできる空虚な「何かあるもの」であると考えられる（カヴァイエス 2013：47）。この「範疇的存在者」の位置づけは、フロリディの「情報的対象」の位置づけと相同的である。

そして、この「形式存在論」の多様化と複雑化は、「複数の〜」であるとか、「〜の集まり」などというそれ自体では指示対象をもたない「範疇的なもの」（共義的なもの）の「名辞化」を介して、それを主語とする命題を形成することで、既存の「複数の〜」であるとか「〜の集合」といった文を含む階層にそれを重ね合わせることで生じる。そのうえで、「形式存在論」たる数学は、物理数学となることによって、はじめてその実質的な意味を回復するとみなされる。それゆえ、たんなる形式的なものでしかない純粋数学は、物理数学よりも劣ったものとして位置づけられることになる。

つまり、数学もまた、物理学をとおして「生活世界」へと差し戻されることではじめて、その本来の意味を回復するのである。したがって、カヴァイエスのいう「還元可能性の原理」とは、数学や物理学などの高階の学問的建築物が原初的で直観的な意味領野へと還元可能であるとする原理として理解することができる。

（2）について。フッサールにとって物理学における予測は、「生活世界」における予期の「理念化」を介した延長上にしかない。いわば、宇宙ステーションの軌道計算は、ナイル川の氾濫周期の予想の延長でしかないということである（カヴァイエス 2013 : 66-67）。したがって、物理学の意味は、あくまでも（フッサールの意味で）直観的な「生活世界」に還元可能であり、またそこから再構築可能なものでなければならない。つまり、それが「生活世界」を浸食し、変形するということはありえない。したがって、物理学を含む学知の進展による物理学的世界の「景観の変形」などは、フッサールは肯定できない。たとえ、量子力学などの現代物理の進展が、明らかに日常的な解釈を拒むように見えたとしても、そうなのである。

（3）について。フッサールは以上のような議論を、彼自身の超越論的現象学の枠組みの中で展開する。そしてこの枠組みの論理的な帰結から、超越論的な意識そのものは、つねに進展を基礎づけるものとして要請されることとなる。したがって、いかなる実質的な進展があったとしても、意識は変化することなく、つねにその進展の意識が伴うこととなる。つまり、超越論的意識は、実質的には現象学的探求にたいして相対的であったとしても、権利上は俯瞰的でありうる（カヴァイエス 2013 : 67）。

さて、以上のように理解されたフッサールの数理物理学を、ＩＲのなかで解釈するとどうなるだろうか。一階のＳＬＭＳ図式は、「関連性の核」(カヴァイエス 2013:55) と呼ばれるものからなる「生活世界」における直観的領野を現実とする原初的なＬｏＡとそこにおいて真となる「最終的な述語」からなるだろう。そのＬｏＡにおける「モデル」は、還元不可能な原初的な命題からなる。そして、この命題に含まれる範疇的なものの「名辞化」をとおして、高階のＳＬＭＳ図式となる「形式存在論」と「形式命題論」が展開される (カヴァイエス 2013：48)。そして、そのような高階の図式の重ね合わせによって、「理念化」が遂行されるが、その本来的な意味は、つねに一階のＳＬＭＳ図式に戻ることでいつでも回復可能であり、超越論的現象学は、その全体像を描き出すことでそのことを実現する。このように得られる描像は、たしかに先に言及した (２) に相当する。

カヴァイエスの批判は、以上の三点をすべて否定することからなる。まず、「還元可能性の原理」は成り立たないと彼は考える。理論の高階化は、低次の階層に還元不可能な錯綜と内容の富裕化をもたらすのであって、しかもそれによる進展は、理論の内的な要請にこたえるしかたで進むがゆえに「自律的」であるが、しかし同時に「予見不可能」なものであると考える。

また、それにともなって、物理学を含む学知の進展は、物理学の「景観」の実質的な「変形」をもたらすものと考える。つまり、何が実在であるのかは、物理学を含む学知の進展とともに、むしろそれとともにのみ実質的に「変形」、あるいは修正される。

最後に、したがって、そこで問題となるのは、スピノザ的な意味での意識それ自体の進展、つまり誤謬に陥っている欺瞞的で想像的な自己意識からの脱却を可能にする、「概念」の進展である。

いいかえれば、超越論的な意識というものが、ＬｏＡに伴う「存在論的コミットメント」であると解釈するなら、ＬｏＡの変更と高階化は、それに伴う「存在論的コミットメント」そのものを改めることを要請するということを含意する。そして、このことは、確かに別様の「存在論的コミットメント」を立ち上げることになるが、しかし、そのときのＬｏＡの変更と高階化というのは、意識において観察可能で経験可能な変化ではなく、観察や経験を条件づけている意識そのものを規定する「概念」の措定と修正に依存している。

以上のようにカヴァイエスのフッサール批判の要点を理解した場合、カヴァイエスの議論が（3）の解釈バージョンに対応していると考えることができる。カヴァイエスの議論が（1）の解釈バージョンではなく（3）であるということのここでの根拠は、上記批判の二つ目にあたる、物理学における「景観の変形」をカヴァイエスが肯定していることによる。ただし、この「景観の変形」という表現は極めて微妙であり、読者にはさらなる解釈が必要だと思われるかもしれない。たしかに、そこで必要とされる解釈は、カヴァイエスのスピノザ主義の解釈に依拠することになる。その点で、ここで「景観の変形」を根拠に、（3）の解釈バージョンと等しくなる、と主張することは不充分であるかもしれない。この欠点を踏まえたうえであえてここでいえば、「景観の変形」は、一階のＳＬＭＳ図式それ自体の変形が、高階のＳＬＭＳ図式や、それと全体論的に関連する（関連性のパターンが、フロリディのいうように離散的ＧｏＡと入れ子状のＧｏＡだけなのかはもう一度検討しなおす必要があるが）ＳＬＭＳ図式の変更や構築によって引き起こされるということを含意する。

しかし、このことは、（1）の解釈バージョンが含意するように、原因としての高階のＳＬＭＳ

図式の進展が、優位なしかたで、結果として一階のＳＬＭＳ図式を変更するということを意味しているわけではない。そうではなくて、一階のＳＬＭＳ図式の変形は、高階のＳＬＭＳ図式の変更によって引き起こされた「違和感」を調停しようとして、あらためて現実が何だったのかが問い直されるしかたで生じる。したがって、そのときあらためて措定しなおされる一階の図式も、その「違和感」から帰結する一つの結果に過ぎない。そこでの結果の原因となっているのは、ＳＬＭＳ図式の外部の「違和感」それ自体であり、この「違和感」は、たしかに高階のＳＬＭＳ図式の変更によって生じるのだが、そのことは、意図されていたわけでも予定されていたわけでもなく、むしろ予見不可能な進展の内在的原因として生じるのである。したがって、その意味で改めて理解しなおされた現実とは、この「違和感」を強いる何ものかであり、これこそが、（３）の解釈バージョンにとって一階のＳＬＭＳ図式が、（１）の解釈バージョンのように単に相対的なものでも、また（２）の解釈バージョンのように「還元可能性」によるものでもないしかたで、必要とされる理由である。

五　結語

本章で明らかにすることができたのは、カヴァイエスのフッサール批判を、現代の科学哲学の議論枠組みで解釈しようとした場合、フロリディのＩＲをそのための解釈枠組みの一つの候補として挙げることができるということである。このことを指摘するために、本章では、ＩＲのおかれている科学哲学上の文脈を概観し、その内実たるＳＬＭＳ図式およびＬｏＡの議論を概観した。そして、そのような枠組みを用いることで、カヴァイエスのフッサール批判を肯定的に解釈しなおすことができることができることを示した。

しかし、本章の議論においては、カヴァイエスの議論が積極的に肯定しようとしたこととＩＲの枠組みがどれほど適合的なのかについてはいまだ十分には示すことができていない。またとくにカヴァイエスのスピノザ主義の解釈がその積極的な部分において意味をもつことになるのだが、この点についても触れることができなかった。以上の議論を踏まえたうえで、さらにカヴァイエスの「一般化の理論」が、いかなる位置づけのもとで形式化されることになるのかを見る必要がある。本章は、そのための最初の方向付けをおこなったのであり、そのことの確認でもって一応の本章の結語としたい。

12 「問題‐認識論」と「問い‐存在論」
——ドゥルーズからメイヤスー、デランダへ

本章の意図は次のようなものである。現在の思想的、学問的状況のなかで、括弧つきの「現代思想」がどのような拡がりを見せているのか（思想展開の横軸）、またその拡がりのなかにあって、明瞭ではないかもしれないが確かに生じつつある「現代思想」それ自体の内的な展開をどのように捉えることができるのか（思想展開の縦軸）ということについて、ある特定の角度からひとつの可能な見通しを与えることである。

そして、本章の考察は、その道を進むにしたがって、メイヤスー（Quentin Meillassoux）とデランダ（Manuel DeLanda）によるそれぞれのドゥルーズ論（ただしメイヤスーは、ほとんど明示的にドゥルーズの名を挙げない、あるいは意図的にとしかわたしには思えないのだが、誤読したしかたでばかり言及するのだが）の考察へと向かうことになる。そして最終的に、著者自身の考えを、彼らの議論と差し向かいながらそれらと何等か差異化しつつ、提示することを試みたい。その考えというのが、

本章の表題でもある「問題－認識論」と「問い－存在論」である。

一　現在の思想的状況の部分鳥瞰図

「現代思想」と括弧書きでいわれた現代思想に話題を絞ったとしても、まだ充分に範囲は広すぎる。ここでは、そのなかでもドゥルーズ、ガタリ、フーコーの三者に絞ったうえで、さらに議論の足取りの都合上、議論の後半においてはそのなかでもとりわけドゥルーズへと焦点を合わせていくことにしたい。この三者が横並びで焦点化される理由は、わたしの主観的な関心ということを除けば次の点である。すなわち、様々な文脈であまり定義されないまま近年使われ続けているキータームであるところの「内在の哲学」ないし「内在主義（の哲学）」において、この三者の仕事が中心的（あるいは源泉的）な役割を果たしているという了解をわたしがもっているということである。もちろん、三者の思想が完全に一致することなどあるべくもないが（そして、またそれを差異化することに意味を見出すことのできる文脈も当然あるのだが）、それでもそこにはたしかに一定の連続性が見られる。

このように括弧書きの「現代思想」の範囲を限定したうえで、さらにこれから横断する現在の思想的状況にも制限をかけることにしたい。実際のところ、たとえドゥルーズ一人に限定したところで、相当な数の関連分野（それは哲学や文学に限定されない）が、現時点の世界中の各地で動き続けている。ドゥルーズ、ガタリ、フーコーの三者となると、さらにその数は膨らむ。これらをすべて網羅する議論など、わたしにはできない。わたしはただもっぱら自分が実際に目にし、耳にし、肌で感じたもののみを検討の俎上に載せることができるのみである。そして次に述べるように、そのなかの大きな文脈をなすものだけで、実際に五つもあるのだ。

（1）デランダあるいは自然科学および科学哲学の文脈。

（2）メイヤスーおよびハーマンなどの思弁的実在論（Speculaitve Realism）の文脈。

（3）フランス構造主義の実証主義的な思想史、哲学史研究の文脈。

（4）ラトゥールのアクターネットワーク理論（ＡＮＴ）、科学技術社会学（ＳＴＳ）、および科学技術人類学の文脈。

（5）ネグリ、アガンベン、エスポジトなどのイタリア人文系、政治・社会・経済哲学系（あるいは生権力論（生政治／生経済論））の文脈。

以上の五つをすべて等しく検討することは、紙幅の関係上かなわない。それゆえ以下の拙論に直接的にかかわる（1）のデランダと（2）の思弁的実在論についてだけもう少し詳しく見ておく。それ以外の三つについては、以下の註に挙げる参考文献を参照していただきたい。実際のところ、これら五つのあいだには複雑な参照関係が存在する。一例を挙げれば、思弁的実在論の代表者の一人であるハーマン（Graham Harman）は、ラトゥール論（Harman 2009）で有名であり、ラトゥールの実践的存在論を、ハイデガーの議論を介して、自身の立場である「対象志向型存在論」（Object Oriented Ontology）へと洗練させている。（4）の文脈でもたとえば春日 2011 や大村 2014 などのように、存在論が問題になっているとき、この参照関係は重要である。また、（3）の文脈で英語圏において近年重要な仕事をなしたピーター・ホルワードとノックス・ピーデンも、前者はポストコロニアル人類学の分野でも仕事をしている。[1]

（1）デランダの議論は、（2）や（4）の文脈ともかかわるものの、それらに還元されない特異性が認められる。彼の主著は、DeLanda 2002 だが、それを含めて一貫して、デランダは、ドゥルーズの哲学を分析哲学、とくに科学哲学にかんする分析哲学の言語で論じなおそうとしている。そして、そこで取り上げられる自然科学は、主に複雑系の科学をその本質的な部分として含む、シミュレーション科学であり、そこにおいてドゥルーズの認識論的および存在論的語彙がもつ可能性が試されている。それと同時に、またそのような例化を介して、ドゥルーズの抽象的な語彙にたいしてある具体的で現実的なモデルを提供することに、（わたしの見解では、特に『差異と反復』にかんしては）かなりの部分で成功している。彼は、DeLanda 2012 で明瞭に議論しているように、ドゥルーズの立場を、現代の科学哲学の実在論／反実在論論争の文脈のなかに置き入れることで、彼の立場を、特殊な「実在論」（それは何か潜在的なものこそが実在的なものである、ということを主張するかぎりにおいて、分析哲学の文脈において一般的に受け入れられている実在論者の立場とはかなり異なっている）として位置づけ、ドゥルーズの議論を、科学実在論／反実在論の論争のなかで差異化しようと試みている。[2] わたしの見解では、デランダが論じるドゥルーズの実在論の立場は、特に物理系のシミュレーションにおける相空間に注目する点では、科学的実在論のなかでもとくに構造主義的実在論（cf. Worrall 1989 など）に近い。ところで、イタリア出身の分析哲学者であるルチアーノ・フロリディ（Luciano Floridi）は、前章で見たように、自身の立場である「情報哲学」を議論するなかで、「情報実在論 Informational realism」という立場を定立している（Floridi 2004）。そのなかで、彼は自身の

「SLMS図式」（構造－抽象化レベル－モデル－システムの円環からなる図形：Floridi & Sanders 2004）を用いることで、デランダが科学理論の例としてもっぱら力学系を中心に考えているのにたいして、科学理論の具体例を情報科学全体（しかも少なくともその野心においては、解釈学や表象文化論などまでをも含む学問領域）にまで拡張しながら、自身の「情報実在論」を「構造主義的実在論」内部で論争となっている二つの立場、すなわち認識的構造実在論（Epistemic Structural Realism：cf. Worrall 1989）と存在的構造実在論（Ontic Structural Realism：cf. Ladyman 1998）を調停しうるものとして提示している。さらに、郡司ペギオ幸夫は、自身の立場を「ポスト複雑系」と呼び、その立場にとってデランダの議論が重要な示唆を与えるものである（とくにデランダがドゥルーズの『意味の論理学』から引用する「準因果作用子」の議論）ことを論じている（郡司 2013a&b）。そして、わたしの見解では、郡司 2013a&b の「準因果作用子」をめぐる議論と非常に関連の深い観点から、郡司氏はフロリディの「情報実在論」に含まれるはずの「理論」（抽象化レベルとモデルの総体）と「実在」（システムと構造の総体）のあいだの「齟齬」あるいは「違和感」を積極的に、（郡司 2007 の表現にしたがえば、存在論的な寄与において）評価しようとしている（郡司 2007）。ただし、この論点は、フロリディ自身の議論においては表面化せず、むしろそれと郡司 2007 の議論との差異化を促す点として働いていると見ることができる。要するに、郡司 2007、2013a&b の議論を介することで、デランダの議論は、フロリディの「情報実在論」や、科学哲学における「構造主義的実在論」の議論へとつながっていくような広がりの可能性をもっているということである。

（2）「思弁的転回 Speculative Turn」、「思弁的実在論 Speculative Realism」という文脈が、近年、

英語圏で活動する特に現代ヨーロッパ哲学に親しい若い研究者たちによって急速に形成されつつある。雑誌としても、*Speculations* や *Collapse* などで、前者では毎号、後者でもかなり頻繁に関連トピックが扱われている。その新しさのポイントになっているのは、分析哲学や分析系科学哲学（端的に英語圏といってよい）のスタイルを、議論や用語の水準だけでなく、研究グループの組み立ての水準でも取り入れることで、その議論の動き全体が流動性と現在性をかなり重視した作りとなっている点である。この点、ある意味で軽すぎるという評価を受けがちとなることは明らかだが、ただし先に言及した（3）の文脈のような古典的なスタイルの研究者も順次取り込んでいくことで、今後それなりの発展を見せる可能性もある。とはいえ、その中身は玉石混交であり、真に新しいことをいおうとしている論者もいれば、ドゥルーズやガタリやフーコーやデリダやハイデガーがいったことを、薄めて延ばして応用しているだけの論者もいる。当然、この動きが意味をもつかどうかは、後世の思想史家の評価次第であろうが、おそらくそこで評価のポイントとなるようにわたしの目に映るのは、メイヤスーの議論と、先ほども言及したハーマンの議論であるだろう。たとえば、雑誌 *Speculations* の議論のいくつかは、すでに彼らの議論の評価と検討へと向かっている。特にメイヤスーの議論は、議論の細部においてかなり技巧的であるものの、相関主義の克服と根本的な偶然性の肯定という、それ自身一見してわかりやすくも見える主張を展開することもあり、またそこで指摘されているポイントが、確かに「現代思想」において問題とされてきた点を的確かつ一般的に把握しなおしているということもあり、注目に値するものである（Meillassoux 2006a & b）。

わたしが「思弁的実在論」ということで考えているのは、実質的な思想内容（たとえばハーマンが主張しているような「対象志向型存在論」やメイヤスーのいうような「相関主義批判」など）の一貫性ではなく（もしそのような一貫性があるとすれば、それはたとえば、人間主義批判や相関主義批判のように、「現代思想」やそれ以前のものから受け継がれたものの再組織化、再活性化でしかないだろう）、その思想的源泉と議論構築のスタイルと議論集団の形成スタイルのあいだの比率配分である。したがって、それ自体においてすでに、何か新しいことがいわれているというよりも、これから先に新しいことがいわれる可能性が養われる場所として評価しているといってもよい。また、すでに述べたが、議論構築のスタイルとして英語圏のそれを取り込むことによって、えてして文献学よりになりがちな（つまり、批判的な分析から何か新しい論題を提示するというよりも、テクストを名作として鑑賞するという態度を根本にもちがちな）フランス現代哲学についての議論を、自分自身の言葉で語りなおすことをとおして、しかもフランス哲学固有の文脈に引きずられることなく解明しようとする努力を促したことは、評価に値する。

以下では、以上で言及したデランダとメイヤスーの議論を、特にドゥルーズの議論との関連において比較検討し、そこに含まれる問題を明らかにする。そのうえで、その問題を解決するための一つの提案として、わたしの定立する「問題 – 存在論」と「問い – 認識論」を提示し、展開することにしたい。

二　デランダとメイヤスーの共通項としての「潜在性 virtuality/virtualité」

デランダとメイヤスーの議論（ここでは特に、DeLanda 2012 と Meillassoux 2006b を具体的には想定している）[3]を表面的に比較すると、対照的であるという印象を受けるかもしれない。デランダは、一見して科学主義的であり、ドゥルーズの哲学を徹底して自然科学によって例証しようとする。それにたいして、メイヤスーは、グッドマンなどの分析哲学に言及するものの、一貫して哲学的な論題の定立と論証を貫こうとするし、一見すると科学主義的な哲学の外部で哲学の領域を確保しようとしているようにも見える。そして、前者は力学系における相転移や進化史などに言及するために、その結果として生成における必然的なものを重視しているように映るし、後者は、一貫して生成の「偶然性」を、自然科学の外部で哲学的なしかたでのみ論じるので、反対に「偶然性」を前面に押し出しているように映る。しかし、その見かけ上の大きな違いは、彼らの議論の実質的な内容を詳細に検討すれば、それほど大きな違いではないことが理解できる。

その共通項となるものこそが、両者が用いる「潜在性」概念のそれぞれの議論の内での位置と用法である。ただし、メイヤスーの「潜在性」がドゥルーズのそれと類比的であるというわたしの見解には、疑義をさしはさむことができるかもしれない、ということは認める必要があるだろう。メイヤスーは確かに Meillassoux 2007 のなかで、ドゥルーズの内在主義をかなり詳細に検討している。しかしながら、少なくとも Meillassoux 2006b のなかでは、ドゥルーズへの明示的な言及はほとんどないし、Meillassoux 2006a においては、強い相関主義の一種（いわゆる主観主義）としてドゥルーズにたいして批判的に言及してさえいる。しかしながら、Meillassoux 2006b において展開される「潜在性」の議論は、管見によれば、明らかにドゥルーズの『差異と反復』の第四章での議論を引き受けている。そのもっともわかりやすい徴が、「賽子一擲」の解釈、「偶然性」、そして「潜在性」のつながりである。(4) Meillassoux 2006b では、「運 hazard」と「偶然性 contingence」を区別することで一見するとマラルメを想起させる「賽子一擲」を批判しているようにも見えるかもしれない。ただ、そこでの議論を注意深く読めば、確かに単なる「賽子一擲」は批判されているものの、「賽子」を粉砕し、その目を彫り刻む「潜在性」が（つまりマラルメが真に肯定した「賽子一擲」が）それによって肯定されているとも読むことができる。実のところ、ドゥルーズが『差異と反復』の第四章で、マラルメの「賽子一擲」に言及しながら、ニーチェの「永劫回帰」の肯定について論じているその時、まさに「決して負けない賽子振り」が言及されているのであり、そこではメイヤスーが反復しているように、賽子が振られるそのたびに賽子の目それ自体が彫り刻まれることがドゥルーズによっても考えられている。あとでデランダについて論じるときに言及するように、これは「特異性の存在と割り振り」のやり直し（デランダはこれを「特異性の存在と割り振りの分岐のカスケード」によって表象するが）それ自体である。他方でデランダの議論がドゥルーズのそれの解明を試みるものであることは、ほぼ自明である。以上から、ここでは、メイヤスーとデランダの議論を、ドゥルーズの『差異と反復』の「潜在性」概念の解釈という観点から、比較検討することを試みることの正当性が帰結するのである。

三　デランダの展開する潜在的なものの実在論

デランダの議論（DeLanda 2012）の重要性として、その分析哲学および科学哲学への参照関係を除いて、ここでは次の二点に注目したい。

（1）「潜在性」の概念を、「問題」の概念と正しく結びつけている点。

（2）細部において指摘すべき点があるという留保付きではあるが、「問題」の概念を存在論の水準で考えている点。

これにたいしてわたしの観点からするとより慎重な議論が必要であるように思われるのは、次の点である。

・存在論の観点と認識論の観点の区別があいまいであり、そのあいだで用語の横滑りが起こっている点。

デランダの議論の肯定的な面から順に説明しよう。彼は DeLanda 2012 の議論を、もっぱら認識論の問題から説き起こす。認識論の問題とは、たとえば妥当である認識とは、真に実在をとらえているがゆえに妥当であるのか否か、もしとらえているのならば、それをとらえていること自体はどのように正当化されるのか、逆にとらえていないのならば、認識の真の取り分とは、つまり認識の妥当性の意義とは何なのか、という一連の問題群である。ところでデランダがここで議論している科学的実在にかんする問題とは、一つのわかりやすい例としては、直接の実験観察に引っかからないような理論的存在者は、真に実在する対象を指示しているのか、それとも関連する経験的な知識を説明するのに適したフィクションでしかないのか、というようなものである（もちろん、科学的実在論のひとつの代表的なバージョンが、前者である）。これは、外的実在とはそもそも何なのか（何が存在するのか、存在するものにはどのようなカテゴリーがあるのか）、という議論への参照（これは存在論にかかわる）なしに可能なので、まずは認識論の問題として理解されるべきであるだろう。その意味で、デランダが議論する科学的実在論の議論は、まずは存在論の問題というよりも、認識論の問題である。

そこでデランダが立てる問題とは次のようなものだ。物理系の科学的認識において、ある実験環境において生成したデータ群の幾何学的像が、その実験環境と同じ自由度を次元にもつ微分方程式からなる数理モデルの振る舞いの幾何学的像と一致するということをどう考えるのか。問題の要点は、数理モデルの側の余剰をどう思考するかにある。つまり、数理モデルのほうは、それが複数の相軌道を可能性として同時にもつが、現実においては、当然そのうちの一つが対応することになる。そのとき、現実と対応していない可能的な相軌道は、何を指示していることになるのか。もっとも単純な回答は、可能世界が複数あって、実験環境において実現されたのは、そのうらの一つであるというものだ。しかし明らかにこの解答は、存在者のインフレを引き起こす。もっとも抑制的な回答は、そういった数理モデルの相軌道は何も指示しておらず、単に実験データの解釈や未知のデータの予測に役立つフィクションでしかないというものであるだろう。デランダは、ドゥルーズが後者の立場を取らないという点では、前者の立場と共通点をもつが、前者と同じように可能的なものが実在する（あるいは可能的なもののうち現実的なものと対応しているもののみが実在する）とはみなさない点で、それとも異なっていることを指摘する。ドゥルーズが人間の心から独立しているという意味で（この意味は、デランダによる解釈が入っているが）実在しているとみなすのは、「何か潜在的なもの」である。「潜在的なものこそが実在的である」、とドゥルーズは確かに述べているし、彼は、ベルクソンの議論を引きながら、「潜在的なもの」を可能的なものから区別してもいる。

では、実際のところ、物理系の数理モデルにおいてこの「潜在性」はどのように現れるのか。デランダは、これもまたドゥルーズの『差異と反復』の「第四章」を引きながら、ベクトル場の大域的パターンを規定する「特異点の存在と割り振り」によってであると答える。[5] たしかに、「特異点の存在と割り振り」は、方程式の次元の数や、その変数の組み合わせ方に依存する。そして、実験現象への数理モデルの適用ということを念頭に置けば、このことは、何を「問題」とみなし、何と何のあいだに関係があると見込み、何が重要なものではないとみなすのか、ということと直接的にかかわっている。たとえば、実験環境において三次元の自由度のデータを取る時、それ以外のデータはスクリーニングによって捨象することになる。このとき何を自由度とし、何をスクリーニングするかということが、その後の実験の成否（あるいはその有為性）を決定づけることになる。そして、何をデータとし何を捨てるかということは、まさに何が「問題」であると把握されるのかということから導かれる。この意味で、ドゥルーズが述べているように、確かに微分法は、「問題」のもっとも重要な表現の技法なのである。そして、その「問題」の「解」が、解析解によって（あるいは差分方程式の数値解によって）相軌道という形で与えられる。そして、その「解」の群れは、無軌道ではなく、「特異点の存在と割り振り」にしたがう。その大域的なパターンが特異点において鞍部点をなすのか結節点をなすのかトーラスをなすのかといったことは、「問題」の次元にしたがうということである。

この「特異点の存在と割り振り」それ自体の把握は、古典的な意味での本質の把握と類比的に理解することが必ずしも不可能ではない。もちろん、ドゥルーズはそのような理解の可能性から確実に離れていくのだが、事柄それ自体としてはそうである。デランダは、それにたいして、対称性崩壊のカスケードにおける「特異点の存在と割り振り」の「分岐」という論点を、『差異と反復』に依拠しながら接ぎ木することで、「特異点の存在と割り振り」が、真に「潜在的なもの」であるということを肯定しようとする。デランダの読み込みのポイントは、ドゥルーズが確かに『差異と反復』の「第四章」で議論しているガロア群における部分群の入れ子構造の話を、対称性崩壊によって形成される諸パターンの列の話と結びつけ、さらにこの結びつきによって構成された議論を、ドゥルーズ自身は参照していないクラインの対称群による幾何学の入れ子構造と重ね合わせることで、「特異点の存在と割り振り」の入れ子構造、いわば「問題」の入れ子構造のようなものを浮かび上がらせる点である。そして、このある「問題」からそれと無関係ではない別の「問題」へと移行するそのときに、「特異点の存在と割り振り」のやり直しがあるのであり、ここに「潜在性」という概念の還元不可能な特徴を見ることができるのである。わたしの考えでは、これは、『差異と反復』の「第四章」の「着衣の反復」の議論の解明としては、不十分ではあるものの、一つの明確な表象を与えてくれるという点では有益であるように思われる。

二つめのよい点として指摘した「問題」概念を存在論の水準でも理解しているということは、たとえば、次のことである。生物の進化（とりわけ種と器官の形成）を、ドゥルーズとベルクソン（の『創造的進化』）に依拠しながら、「問題」を解こうとする過程として理解している点である。デランダの固有の例は、水の強制運動によって引き起こされるパターン形成とその変化を典型とするような、自然界において自律的に最適値へと向かう（自己組織化現象）の臨界値での振る舞い（自己組織化臨界現象）である。強制運動する水の速度が上昇し閾値を超えると、水の運動が新たな問題を「賜る」と彼がいうとき、「問題」はまさに自然に内在したものとして考えられている。(6)

ところが、彼の議論の問題点は、まさにこの点にある。確かに、水の運動における自己組織化臨界現象では、自然は計算をしているといいたくなる。ところが、この自然が計算していることと、定数と変数の組によってモデル化することをとおして把握されたその自然の計算の表象は、無媒介的に同一視することができないのではないか。なぜなら、もしそれができるのだとすれば、自然はまさにある時点において達成された認識によって認識されたとおりにあるか、あるいは認識されないのであればそれは存在しないということになり、認識論における実在論と反実在論の論争が、ここに再び戻ってくることになってしまうからだ。しかし、そもそもデランダの議論は、これを「潜在性」の実在論という立場から乗り越えようとするものだったのだから、この帰結は不条理である。とはいえ、デランダの議論全体がこの不条理によって壊滅的になるというわけではない。重要なことは、認識論的な問題と存在論的な問題（これをわたしは「問い」と呼ぶことにするが）を区別することである。

四　メイヤスーの展開する潜在的なものの偶然性

メイヤスーの議論は、グッドマンの帰納法の問題の検討から始まる。帰納法の問題は、いわずと知れた認識論の問題であり、つまりある法則がこれまで正しかったとき、その有限の事実からこの先もその法則が妥当することが導けるのか、という問題である。そして実際うまく導けないのだが、うまく導けないということがパラドックスだと思われる理由は、そもそも自然は斉一的であり、自然界に「実在する必然性」が自然の事象を法則として支配していなければならないという存在論的な（つまり外的事物の存在にかんする）原則が暗黙裡に前提されていることによる。もしこの存在論的な原則を擁護できないものとして退けるのなら、帰納法が過去の有限の事象から正当化できないこと自体はパラドックスではなくなる。そして、メイヤスーはこの原則を退けたうえで、存在論的な一切の検討と手を切るように見えるグッドマンからも離れて、なお帰納法の正当化されないような世界を、そのまま肯定するような存在論の可能性を吟味し、実際に可能であると主張する。

メイヤスーは自然の「法則」が「偶然的」であると主張する。この主張は一見してパラドックス的である。しかし、彼の議論によれば、それがパラドックスに見えるのは、「偶然的」という言葉のうちにある「運 hazard」と「偶然性 contingence」を区別しないことに起因する。

メイヤスーは次のように説明する。「運」とは、あらかじめ起こりうること（つまり「可能的なものpossible」）の集合に含まれていた事象が現実化することによって理解される。このとき、この現実化していない「可能的なもの」の集合のことを、「潜勢力 puissance」と呼ぶ。これにたいして、「偶然性」とは、簡単にいって（カントールの対角化の議論などを媒介せずにいって）、起こりうると前提されていないことのうちのあることが起こることであり、そのとき起こりうると想定されていないことからなる開かれた集合のことを「潜在性」と呼ぶ（開かれた集合というのは、その枚挙可能性が、その枚挙された集合よりも高度の濃度をもつ集合を帰結するという意味で、その全体に決して到達不可能であるという意味である）。

これによってなぜパラドックスが回避されるのか。自然の「法則」が「偶然的」であるという主張が問題となるのは、「法則」は必然的であるが、それにたいして事象が偶然的にのみしたがうような場合ではなく、「法則」それ自体が頻繁に変化しうると考える場合である。このことはまず現実に自然の「法則」はそれほど頻繁に変化していないように見えるという点で矛盾的である。次に、この現実の事実を受け入れるなら、頻繁に変化しうるのに、その変化の契機ごとに同じ「法則」が偶然選択され続けてきたということが帰結する。このことは、頻度の発想（確率論の発想）を前提とするなら不条理である。したがって、「法則」が「偶然的」であるということを、「法則」それ自体が頻繁に変化しうるということとして理解すると、いずれにせよ矛盾することになる。しかし、「偶然性」と「運」を区別し、「潜在性」と「潜勢力」を区別する観点が示唆するのは次のことである。変化しうるからといって変化しなければならないと考えるのは、変化しうる可能性が最初に含まれているなら、その可能性は現実化されなければならない（現実化の可能な契機が繰り返されるたびごとに現実化されないことが続けば、なお現実化されないことはますます希少になっていく）という発想であり、いいかえれば、これは賽子振りの発想と同じである。つまり賽子を振り続けるのに1の目が出続けるということは、賽子に鉛が詰められているということでしかない。それにたいして「潜在性」は、そういった可能性の外部で、むしろ「可能的なもの」の集合それ自体の新たな、そして無尽蔵な（その全体に到達不可能な）設定とかかわる。それゆえ、その「潜在性」の発露である「偶然性」は、頻繁に変化するとか、頻繁に変化するはずなのに変化しないといったような確率論的な思考とは無縁である。むしろそれは何か新しいことが起こるなら、何の根拠も何の予定もなしに、無から（ex nihilo）突如として生じるのでなければならない。さらには、この「潜勢力」の否定と「潜在性」の肯定によって、あらゆる存在には理由があるというライプニッツの「充足理由律」もまた否定されることになる。なぜなら、そこで理由とされるものは、結局のところ、起こりうることが起こりうるがゆえに起こったということに帰着されることになるからだ。そして、メイヤスーは「充足理由律」を否定することも、何の躊躇もなく断行する。むしろ彼は、「充足理由律」と手を切ることこそが、合理性の哲学を肯定するための必要条件であるとさえ述べる。

以上のようなメイヤスーの議論の問題点は次のものである。メイヤスーのいう「法則」(「定数」、「定性」）とは、認識論的なものなのか、存在論的なものかが整理されていないように見えることである。メイヤスーは「実在する必然性 nécessité réelle」を否定しているし、それに伴って「充足理由律」を否定する。これはいったんよしとしよう。ところが、この「実在する必然性」は、明らかに認識論的な必然性と存在論的な必然性が過不足なく一致することによって（あるいは現実にはしていなくても権利上は一致しうるものとして）表象されているように見える。認識論的な必然性とは、論理学、数学によって形式化される、いわゆる科学的認識において把握された必然性である。存在論的な必然性とは、そういった認識以前にすでに外的事物の存在と歴史を支配している必然性である。実のところ、メイヤスーが「実在する必然性」の否定によって実効的に実現することができているのは、いかなる認識可能な必然性も、存在論的な必然性というものがもしあるとすれば、それとは一致しないということにすぎないのではないか。

この批判は一見するとメイヤスーの議論を誤解していることから来るものと思われるかもしれないので、もう少し丁寧に論じよう。わたしの指摘したいことは、メイヤスーのいうとおり、いわゆる「実在する必然性」というものを否定したとしても、そこで否定できる必然性というのは、結局のところ、われわれが認識できる必然性でしかないということである。たしかに、生命や社会を含む自然のあらゆる法則というものを宇宙進化史において考えるとき、それのすべてが始まりの時にすでにあらかじめ決定されていたと考えることには困難を感じる。なぜなら、地質学的現象や生命現象や心理現象や社会現象は、それが前提する階層（フロリディのいい方を参照するなら、「抽象化レベル」（LoA））にとっては偶然的な帰結でしかないようなことがら（つまりそうであることもそうでないこともありうるようなことがら）のうちの特定の偏ったことがらの集合を必要条件として前提するように見えるからである。[7]このとき、メイヤスーとともに、異なる階層が創発する歴史的過程において、創発した階層を支配する「法則」は、創発以前の階層を支配する「法則」からは直接導くことができないということを認めたとしよう。このとき、「実在する必然性」ということで、否定されているのは何か。それは、この創発の歴史的過程を支配する一つの「法則」というものが存在しないということである。ただし、このとき「法則」という言葉で意味されているのは、ある階層の事象の継起を支配する規則として科学的認識によって把握されたパターンでなければならない（フロリディが指摘するように、このような階層＝「抽象化レベル LoA」と切り離されたいかなる理論も不可能である）。「法則」が認識論的なものでしかないことは、彼によって「法則」の「最小の規定」と呼ばれるものが、「可能的なものどもからなる索引づけられた集合」とされていることからも理解できる。この方法は、まさにデランダが述べているように、物理系を数理モデルで把握するための方法の、一つの解釈（可能世界解釈）に他ならない。

デランダが「準－因果作用子」ないし「準－因果性」ということでいおうとするのもまさにこの点である。すなわち、物理系（数理モデルと実験環境から生じるデータの適切な対応をもつペア）の内部で認識論的な過程を経て見出されるのが「因果性」ないし「因果作用」であるのにたいし、その物理系と物理系のあいだの移行、先の例でいえば対称性崩壊による「特異性の存在と割り振り」の「分岐」において働いているものこそが、「準－因果作用子」ないし「準－因果作用」に他ならない（DeLanda 2002、郡司 2013a&b）。だからこそ彼はこれを、「ある操作のその目標物への適用は、たとえば、小ベクトル場を主ベクトル場に加える操作が、それによって生じる分岐の原因となるのと同様に、つねにひとつの出来事である。そして出来事とは、本質とは異なり、必然的でなく、偶然的である」（DeLanda 2012）と述べるのである。この点で、実のところ、メイヤスーとデランダのあいだで「偶然性」という用語の使用法はおおよそのところ一致している。

いいかえれば、わたしの目に移るメイヤスーの欠点とは、認識論的な必然性の不十分さを指摘するあまり、そこから先に積極的に議論することがらが残っている可能性を検討しそこなっている点にある。この欠点は、メイヤスーがドゥルーズのなした真の思考の革命である、「解」、「問い」、「問題」のあいだの区別を見落としていることから帰結するようにわたしには思われる。

五　問題―認識論

認識論とは、それ自体は有限なものでしかない人間の認識のありかたにとって重要な事柄を言葉でもって関係づけた言説的あるいは同様に関数的な構築物である。ところで、古典的には、認識することとは妥当な観念をもつことである。ところが、ドゥルーズの導入した区別にしたがえば、観念のうちには、少なくとも「解」と「問題」の区別が認められなければならない。いわば、妥当な観念とは、確定された「解」のことであり、その妥当性は、「問題」にたいして依存的である。いかなる「問題」の「解」でもないような妥当な観念など存在しない。つまり、その観念が妥当であるのかそれとも虚偽であるのかということは、その観念がいかなる「問題」の「解」であるのかということに依存するということである。スピノザ的ないい回しによって、真理は内的規範をもつといってもよい。重要なことは、ドゥルーズが強調するように、「問題」は、いかなる意味でも「解」の欠如ではなく、「解」が妥当なあるいは虚偽の観念であるための不可欠かつ先行する条件である、ということだ。このことは、たんに「問題」の認識は、「解」の認識に先行するということを述べているだけではない。「問題」は、思考に固有の実在性（観念の形相的存在）をもっているのだが、それは、何かが現にあるというようなしかたであるのではなく、何かを有らしめるよう要求するもののようにある。何かが現にあるとき、それが現にあることを要求しているものとしてあるものが「問題」である。「法則」の「直観」とは、正しく理解されたなら、それは「解」ではなく「問題」である。そしてその「問題」に答えるために認識論的なしかたで、つまり科学的なしかたで因果的な「法則」が措定されるのだが、それぞれの「法則」は結局のところその「問題」において試練にかけられる「解」なのであり、それぞれは問題の要求にこたえるものの「候補者」であるに過ぎない。それはプラトンにおける「求婚者たち」を想起させる。

「問題」とは、ある意味では、ゲームの主人であり、「解」とはそのゲームの競技者たちである。「問題」は、それが「問題」であるかぎり、徹底して競技者たちを篩にかけ、順位づけることになる。「充足理由律」は、このひとつのゲームの内部でのみ（したがってそこに限定するなら）意味をもつ。むしろ、ゲームはその原則を充足させるべく、展開し、それが飽和に至るまで（ドゥルーズ流には「問題」が措定する「潜勢力」を「消尽」するまで）種別化を重ねる。

しかし、「問題」と「解」のゲームは、二重のしかたで逸脱が可能である。それは、ドゥルーズがいうように、皮肉（アイロニー）と諧謔（ユーモア）によってである。皮肉とは、主人である「問題」にたいして、「そもそもお前は真の問題ではない」という特異な事実を突きつけるしかたで、「問題」の「問題性」を直接的に剥奪するやり方である。また諧謔とは、「問題」のゲームのなかで動き回っているのだが、「問題」が想定していない別の「問題」をその「問題」のゲームのなかで始めてしまうことで、かつての「問題」がもつ主人としての地位を実効的に無効化するやり方である。実際のところ、数学や論理学を含めて科学的認識の多くは、このようなやり方で進んでいく。デランダが言及しているアーベルとガロアの例も、この二つが同時に起こった典型的な事例の一つである。つまり、それまでの方程式の代数的解を探すという「問題」は、そもそもはや「問題」ではないのであって、そこでの真の「問題」は、解のあいだの対称性のなす群の入れ子構造であるというしかたで、「問題」それ自体が新しくなる。もちろん、この「問題」それ自体の立て直しは、それ以前の「問題」の立て方では解に至らないという行き詰まりの（つまり「潜勢力」の「消尽」の）経験によって要請されていたものではある。そして、このような「問題」の立て直しのあとでは、もはや重要なのは、代数的解法の非存在を証明することではなく、群の構造的な性質の探究それ自体へと移っていく。これはある意味で諧謔のやり方の一種である。

科学的認識においてはこのような「問題」の次元こそが先行するものであるとすれば、そしてメイヤスーが言及するような「定数」や「定性」や「法則」が、結局のところすべて「解」の次元でしかないと認めるとすれば、科学的認識によって措定される「法則」が、メタ的な水準での必然的ではなく、メイヤスーがいうようにたとえ「偶然的」であるとしても（もちろん、その「法則」の枠内では、「法則」それ自体は必然的である）、何のパラドックスもない。いかなる存在者も、「問題」から「問題」への移行を一挙に展開し、見渡すことができないのだから（もしできるものがいると考えるなら、それは「問題」の固有性を認めないということと等しい）、「問題」の展開は、常に「潜在的」であり、その「潜在性」は歴史による現実的な展開を、ただひたすら待つことによってのみ、したがってメイヤスーとデランダがともに指摘するように「偶然」によってのみ実現される。われわれに認められる自由は、「問題」の「潜在性」の歴史的かつ現実的な展開から逃れることではなく、もっぱら「解」の次元に充足しようとする「表象 imaginatio」の世界から離れることで、その「偶然性」を自ら肯定することのみである。この意味で、真に内在的な合理主義は、「問題 - 認識論」の合理主義である。

では、「問題」の実践的な技法とはいかなるものであるのか。それは実際には、『差異と反復』「第四章」で書かれているとおりである。ただし、その散文のなかに現れる多様な例証に惑わされてはならない。抽象的なしかたで取り出すなら、それは次のようなことである。

（1）何が重要で何が重要でないか、何が特異的で何が一般的であるのかという最初の差異を差異化すること。そのうえで、その差異化された差異を表現すること。

（2）表現された差異同士を入れ子状に組み合わせるやり方を規定すること。

（3）その差異から出発して入れ子状の組合せの反復によって差異そのものの（メイヤスーのいう意味での）「潜勢力」を漸進的に規定すること。

いうまでもないが、この三つは、ドゥルーズが「第四章」でいう「未規定性の原理」、「相互規定の原理」、「十分な規定作用の原理」に対応している[8]。

ドゥルーズ解釈においても問題となるのは、デランダのいうように、やはり「特異性の存在と割り振り」のやり直し、つまり「準 - 因果作用子」による「着衣の反復」を、どう解釈するかである。以上の三つの原理のなかには、これが位置づけられないことは明らかである（デランダの解釈の難点は、（3）を「準‐因果作用子」と同一視している点である。ただし、確かに「潜勢力」の「消尽」という経験的条件を実現するために（3）は不可欠ではある）。確かに、それが起こるときには、（1）、（2）、（3）が再び繰り返されるのであり、その再開にはやはり（1）が来る。したがって、実践上（あるいは経験上）においては、（3）から（1）をやり直すことが、その方法となるだろう。しかし、このことは、実践的に循環をなしているがゆえに、新たな「問題」が要請されただけであるから、「問題」の技法をあらためて実践することが可能であることの合理的な説明を与えたことにはならない。何より、そのような「着衣の反復」は、まさに「偶然」によってのみ「外」から与えられるのである。それゆえ、この説明を可能にするためには、まさにこの「外」とかかわる「問い‐存在論」を考慮することが必要となる。

六　問い‐存在論

デランダ、ドゥルーズ、ベルクソンにしたがって、自然とは、「問い」と「答え」からなる無限に多様なゲームを同時に進行するものであると考えてみよう。ある一つのゲームは、一つの「強度的なシステム」を前提する。ドゥルーズの『差異と反復』の「第五章」にしたがえば、この「強度的なシステム」は、作用‐反作用の関係にある二つの異なる要素がなす連続体と、その二つの連続体のあいだの「非対称性」と、その非対称性が形成する作用‐反作用するもののあいだの比によって規定される「特異性の存在と割り振り」、この三つによって規定される。デランダが論じている水の運動の例の場合、作用とは、強制運動させる力であり、反作用とは水分子が導く分子間結合力や重力、またすでに運動していることから生じる慣性力であるだろう。この間の非対称性は、強制運動させる力の上昇によって閾値が超えるときに現れる。そのとき、水の運動は、あらたに最適解を求めて、運動の大域的パターンを変化させる。つまり、「特異点の存在と割り振り」が変化する。生命進化の場合、ベルクソンの『創造的進化』の議論にしたがうならば、物質に戻ろう、とどまろうとする作用と、物質から自由になろうとする反作用があり、「非対称性」の発露とは、まさにベルクソンのいう「生の飛躍」であり、種の分化とは、それによる「特異点の存在と割り振り」の変化から生じると考えることができる。自然とは、このような「強度的なシステム」が自律的に展開する「問い」と「答え」からなるゲームの無限に複雑な錯綜である。

「問題－認識論」との決定的な違いは、第一に、「問い－存在論」は、「問題－認識論」を、ベルクソンが人間の知性について論じるように、権利上はその特殊な一部として含むということである。ただし、「問い－存在論」についてわれわれが「問題－認識論」を介して知りうることのなかには、個別の「問題－認識論」の諸帰結をその一部として含むことができない。したがって、カント流にこういいかえることができる。われわれは「物自体」を認識することはできないが、「物自体」の存在を思考することができる。ただし、そのとき思考された「物自体」は、そのかぎりにおいてのものであり、それが含む諸々の事物についてそこから直接導かれる以外のこと、つまり諸々の具体的な事柄を認識することができるわけではない。諸々の具体的な事柄については、われわれはやはり「問題－認識論」の形式をとおしてのみ認識することができるからである。

第二の決定的な違いは、「問題－認識論」は、それが認識にかんするかぎりにおいて、「構造」あるいは「対称性」を求めるのにたいし、「問い－存在論」には、「非対称性」、「差異」、「齟齬」が存続し続けるということである。別のいいかたをすれば、「問題－認識論」は、十全な観念、すなわち真理を求めるがゆえに、その「問題」の内部においては必然性あるいは「対称性」に固執するし、それによってすべてを包摂し、「潜勢力」を尽くそうとする。このような「対称性」、あるいは無時間性は思考の本性に含まれているように見える。それにたいして、「問い－存在論」が主張することは、メイヤスーのいうような「非－全体」そのものが存在するということに他ならない（そしてこれこそが思弁的に思考された「物自体」の姿であるだろう）。この「非－全体」としての実体についての存在論的な論証はここではできないが、これこそが、内在的合理主義が必要とする外部の存在証明の根拠をなすものとなるだろう。

この「問題－認識論」の「対称性」と、「問い－存在論」の「非対称性」のあいだには、次元の異なる非対称的な相補性、あるいはむしろ永続的に解消不可能な「齟齬」が導かれる。すなわちここでいう相補性とは、問題－認識論が、その反復の根拠を「問い－存在論」における「非対称性」の不滅性に求めるのにたいし、「問い－存在論」は、その「非対称性」の認識論的な確信を「問題－認識論」における「問題」の再開の不可避性に求める、ということである。それにたいして「齟齬」とは、「問題－認識論」が「潜勢力」によってすべてを覆い尽くそうとするのにたいし、「問い－存在論」がつねにその「外」として作用し、「問題」の「潜在性」を開示することで、「問題－認識論」の再開を不可避とするということである。そして、この観点の二重性を区別することによってはじめて、メイヤスーの議論の問題点と、デランダの議論の問題点の双方を乗り越え、両者の議論の共通する地平としての、内在的合理主義の道が開かれるのである。

追記

本章の後半で議論されている「問題－認識論」と「問い－存在論」の議論について、これを書いた当時には未だ十分に理解されておらず、現時点から見てより正確に語り直すことができることがある。そのもっとも重要なことの一つは、「問題－認識論」と「問い－存在論」のあいだの関係である。ここではそのあいだの関係について「相補性」という語が用いられているが、このような表現になってしまうのは、それらの間の関係を、次元の異なるレイヤーが二つ重なっているものとして見ていることに由来する。この見方は結局のところ、どうあっても垂直的な構図をなし、下のレイヤーが本物であり、上のレイヤーが偽物であるという思考を導く（あるいは逆でも同様）ものであり、それ自体価値評価的な構図を含意している。本書第三部第16章の「郡司ペギオ幸夫『天然知能』の要約と註解」において明示的に自己批判されるように、この構図は、前著『数学的経験の哲学――エピステモロジーの冒険』以来の困難から逃れていないことを示している。しかし、同時に、『天然知能』において郡司氏によって示された（しかしそれ自体は実際には、郡司2013a&bなどでも用いられているが、わたし自身が理解したという意味では『天然知能』を待つ必要があった）直交二軸の一対三項からなる動的図式として、「問題－認識論」と「問い－存在論」の関係を考えることができるという点では、過渡期的な議論だともいえる。ここでの議論であいまいにされているのは、実は認識論と存在論の本性上の差異という、本章で強調されている論点それ自体である。認識論は認識論で閉じており、存在論は存在論で閉じておりお互いは独立である、というのが実際のところ、オーセンティックな哲学の知識である。ここでの議論はそのあいだの関係が区別されつつも、問題の回帰において問い－存在論がかかわるという形で、その無関係の関係が論じられている。ここまではよい。その関係図式が、上下構造に陥るのがよくないところである。これは図式的には直交する二軸として考えられるべきである。直交するということは、それらはそれら自身の文脈に限定されるかぎりにおいては、決してお互いとは出会わないということを意味する。ポイントはこれら無関係な二軸が無関係のままに出会うところにおいて（それが直交の交の意味である）、ただしその出会いはお互いの固有の文脈から逸脱することが常に要請されるわけだが、そこにおいて本章でも取り上げている「準因果作用」が生じるということである。

この認識論と存在論の直交関係は、「要約と註解」でも指摘するように、スピノザの二属性間関係（思惟と延長の関係）と実体様態間関係として読み解くことができるようにも思われる。またそれとは別に、認識論と（実際には形而上学であるかぎりでの）行為論が直交するということを論じたのは、『実践理性批判』におけるカントであるだろう。あるいは同様に、非法則的一元論を唱えるデイヴィッドソンについてこの図式で理解することももしかしたら可能かもしれない。いずれにせよ、二層ではなく直交二軸だという図式の変更は、小さくない思考上の差異を導くことになるように思われる。

第三部　〈内在の哲学〉への道程

13 普遍的精神から、ネットワーク状のプシューケーでなく、特異的プシューケーへ
——思考の脱植民地化とEndo-epistemologyへの転回のために

一 概要

本章では、思弁的転回以後の大陸哲学の動向、哲学と連動しているかぎりでの人類学の近年の動向、わたし自身の科学認識論上の立場の先鋭化[1]を踏まえた見解として、特異的プシューケー論（あるいはEndo-epistemology）を展開する。それにあたって、まず第一節でヴィヴェイロス・デ・カストロによる『食人の形而上学』における思考の「脱植民地化」の困難について論じる。次に第二節で、思考の「脱植民地化」の問題を西洋近代哲学史の問題としてとらえなおす。第三節ではこの「脱植民地化」の一つの候補となりうる思考様式であるポストモダンを代表するネットワーク状のプシューケー論について検討し、その問題点を指摘する。最後に第四節と第五節ではこのネットワー

ク状のプシューケー論から区別される特異的プシューケー論の足掛かりとなる議論を提示する。

二　人類学と哲学の交差性：《思考の》脱植民地化

ヴィヴェイロス・デ・カストロは、近著『食人の形而上学』で、次のように述べている。

人類学と哲学を交差させる読み方には、一方で、アマゾンの思考を頼りにするものがあり、他方で、ジル・ドゥルーズによる、「異端」の構造主義を頼りにするものがある。目的もふたつある。〔哲学が〕思考の永続的な脱植民地化の運動としての人類学という理念に接近すること、そして、〔人類学が〕哲学のやり方とは異なる概念創造の方法を提案することである。（ヴィヴェイロス・デ・カストロ 2015：28、〔　〕内は引用者による補足）

ここではもっぱら「思考の永続的な脱植民地化」について考える。「植民地化」（コロニアリザシオン）とは、まずは大航海時代以降の近代西洋諸国における産業資本主義体制による資源収奪の要請によって、西洋国家とは異なる土地においておこなわれる土地、身体、権利、生産手段にかんする収奪全般のこととして理解することができる。このかぎりにおいて、「脱植民地化」は、教科書的な世界史で論じられるように、第二次世界大戦の前後、アジア・アフリカ諸国の民族自決と独立運動の隆盛によって成し遂げられた、政治的（そして、しばしば困難ではあるものの経済的）な独立であり、近代国家としての自立のことであると理解される。

しかし、脱植民地化というのは、二重の意味で単純ではない。第一に、現在の脱植民地化の状況は、実際には旧宗主国あるいは場合によってはそれにかわる先進国とのあいだに経済的かつ心理的な負債関係を残すものであり、旧宗主国にとって旧植民地国の政治的独立は必ずしも経済的主従関係を清算するものとはなっていない。第二に、脱植民地化を促進する一つの駆動因となったそれ自体では肯定しうる民族自決の理念は、常にレイシズム、ナショナリズム、諸々のラディカリズムへと堕する危険を伴う。植民地となった土地の被搾取民族への肩入れが、現地の民族主義へと豹変することは常にそして現に起こり続けている問題である。後で見ることになるが、このような民族主義やナショナリズムは、それぞれが同一性による支配を求めるものであるかぎりにおいて構造的には植民地主義を支える思考と大差はないという点で、《思考の》脱植民地化にとっては、きわめて重大な問題である。

このように語ると、近代西洋が支配者でそれ以外が被支配者であるという構図を想起させるが、この想定は歴史的かつ政治経済的に正しいものの、《思考の》脱植民地化を考えるうえでは根本的に読み違っている。近年の「自発的隷従」の議論やフーコーによる「主体化＝隷従化 subjectivation」の議論を踏まえるならば、歴史的には《思考の》植民地化は植民地においてだけでなく、近代西洋の内部においても同時に遂行されてきたのであり、一八世紀に相次いで生じた「国民国家」という制度であり装置であるもの、あるいはむしろ「人口」と呼びうる集塊の形成は、根本的にはこのような近代西洋自身の《思考の》植民地化の成果とみなされうるのである。

わたしの想定では、《思考の》植民地化／脱植民地化の議論抜きに、植民地化／脱植民地化を議論することは根本的には無意味であり、むしろ危険でさえある。なぜなら、《思考の》植民地化が叶うのであれば、政治経済的な植民地化という制度をやめることで、建前上は脱植民地化したとみなされる（したがって脱植民地化の運動が停滞する）にもかかわらず、実質的には以前と同じシステムを、むしろより効率的かつ生産的に維持することを可能にするからであり、それこそが、現在の状況を可能にしているように思われるからだ。なぜか。それは、《思考の》植民地化が、根本的には産業・金融資本主義体制における能動的エージェントとして機能するべくその個体の精神を去勢することを意味するからだ。つまり、ドゥルーズ＝ガタリが『アンチ・オイディプス』で論じるように、そのように去勢された精神とは彼ら固有の意味で「神経症」の主体であり、要するに多かれ少なかれ《ちゃんとした》近代的市民である。植民地化の最終形態は、植民地の人間たちが、みずからを近代的市民として生産／再生産し、未来に借金をして現在に投資をし、グローバル市場と資本により大きなエネルギーを備給するようになることである。

しかしここに問題があるのだとして、それ以外のいかなる未来がありうるというのか？　貧しい農村での生活をよくするために、子供たちを学校に行かせ、知識と技術を身に着けさせ、その結果彼ら自身が労働者として働き、また投資を受けて起業し、企業活動をとおして社会をよりよいものにしていく以外にいかなる選択肢があるというのか？　もちろん本書の序論で見たように環境・資源・人口の問題を考慮に入れれば、これが根本的な解決につながらないとしても、多分、それをする以外に方法があるわけではないのだ。しかし、ここで立ち止まる必要もまたない。なぜなら、こう付け加えることができるから。「そう。ただしかし、それがすべてではない、というだけだ」

われわれは常に近代人である。だがしかしそれがすべてではない。

Nous sommes toujours modernes, mais ce n'est pas tout.

この語の選択には、ラトゥールの著作の仏語題名、Nous n'avons jamais été modernes（邦題は『虚構の「近代」』、直訳すると「われわれはかつて一度も近代（人）であったことはなかった」）が意識されている。わたしは「近代」にたいするこの題名に表象されているラトゥールの解決にたいして長らく強い違和感を覚えてきたが、ここにようやくその問題を定式化することができた。生粋の西洋近代人であるラトゥールが、「対称性人類学」を提起しながら「われわれはかつて一度も近代人であったことはなかった」というのにたいして、そのようなラトゥールに比べれば未だ「現地人」の資格をもつであろうわたしが、哲学の名のもとに「われわれは常に近代人である、だがしかしそれがすべてではない」と語ることの対比には、まさに人類学的な観点からそれなりの意味がある。

ここでこそPas-Tout、Not-Wholeの論理[2]に頼らなければならない。われわれは、確かにこのシステムのなかで生き延びるために、近代的市民として振る舞えたほうがよい。むしろたんに有利だというべきか。この事実は動かない[3]。ただしかし、われわれは近代的市民であることだけがすべてではない。近代的市民として生きないことは、近代的市民ではないことを必ずしも含意しない。近代的市民であるか、さもなくば死＝革命＝絶望＝狂気か、というアイロニカルな二項対立は、実のところ、神経症的なシステム側の命法が、革命者の側に転移したものにすぎないのではないかと疑ってみる必要がある。だから真の革命は、われわれは近代的市民ではあるが、ただそれがすべてではないというだけだ、という命題からしか生じないだろう。

だから、「思考の永続的な脱植民地化の運動」というヴィヴェイロス・デ・カストロの言葉は、むしろ哲学の側にとってこそ、極めて重いものだということになる。相手にするべきは、単なる帝国主義でもなければ、政治経済的な搾取構造でもない。むしろそのようなものを告発する主体としてみなされてきた近代精神あるいはこういった方がより衝撃的かもしれないが、疎外されるものとして語られる類的本質としての人間それ自体である。おそらくは、だからこそフーコーやドゥルーズは、意図的にとしか思えないほどに、フランスのアルジェリア問題について触れなかったのではないか。彼らが問題にしたのは、常に西洋の全体主義であり西洋のファシズムであり西洋の近代精神だった。しかし彼らにとってそれらは同義だったのではないか。もちろんその同義性には疑義が差し挟まれてしかるべきである。当然、アルジェリア問題には固有の問題群が含まれ、それとして扱わなければならない。ただしかし、哲学がやるべきこと、すなわち「思考の永続的な脱植民地化の運動」は、それを横目にしかと見ながら、それとは異なるしかたで展開せねばならないということを彼らはよく知っていたのだと考えてみることはさほど難しくない。

三　普遍的精神の形式的定義

《思考の》脱植民地化は、脱普遍的精神によって開始されざるをえない。このことを論じるにあたって、まずはここでの「普遍的精神」の規定をおこなう必要がある。後で見るようないくつかの特徴によってこの「普遍的精神」は規定されるが、わざわざこれを規定するのは、先に触れたいわゆる「近代精神」との違いが意識されているからである。近代精神とは、具体的な歴史と、制度的でテキスト的な実質を伴っている具体物であるのにたいし、ここでいう「普遍的精神」とは、そういった具体的なものをその（数学的な意味で）[4]「モデル」として含むような形式的な（公理論的な）構造物、あるいは「形式的対象」である。したがって、それは意図された「モデル」として近代精神を含むものの、それと同じ資格で、レイシズムやナショナリズムも含むことができる。それと同様に、普遍的精神は特定の哲学者の特定の概念を指すものではない一方で、その特徴づけが該当するかぎりで、任意の哲学者の任意の（場合によっては体系の一部のみを切り出したような）概念について妥当する。

定義（1）：普遍的精神とは、それを共有するものが人類に属するメンバーであるとみなされるための要件となるようなものである。ただしここでいう人類とは、生物種名（あるいは生物分類名）としてのホモ・サピエンス・サピエンスではなく、歴史の中で常にその外延を拡張し続けてきた歴史的種概念としての「人類」である（北アメリカにおける黒人奴隷解放を想起せよ、あるいはスペイン人による中米インディオへの懐疑を）。別の観点から述べれば、人類とは普遍的精神を（共）有しているという信仰とその信仰告白によって支えられたクラスのことである。

定義（2）：普遍的精神とは、それを有するものの内面にあるが、それを有するいかなるものも、それ自体としてもつことのできないようなものであり、その普遍的精神に比してはそれを有するものはつねに何かしら欠けたものとされるような、いわゆる理想的なものである。そのかぎりで、フロイトの精神分析的には、いわゆる超自我の形成とほぼ同義となる。ただし重要なことは、内面化された普遍的精神とは、「特定のタイプの」超自我の共有によって生じるのであり、権利上の超自我一般とは異なるものとみなさなければならない。その意味では、普遍的精神をもつという信仰によって支えられた歴史的種概念としての人類は、フロイトがいうように、（懲罰的父を人間の外部に設定する）原始宗教の絶えざる世俗化の運動それ自体によって維持されていることになる。要するに普遍的精神とは、内面化された超越神宗教としての道徳法則のことである。

定義（2）より、普遍的精神は、各個別的精神にたいして、「モデル／コピー関係」（ドゥルーズ 2007a：190）を有することができる。[5] つまり、普遍的精神を内面化した各個別的精神は、普遍的精神を「モデル」とした[6]「コピー」である。「モデル／コピー関係」は図13－1によって表現することができる。

この図のうちの一つのコピーには、ひとつの個別的精神が代入されるが、それと「モデル」を介して「類似性」の関係で結ばれている他のコピーには、同じ個別的精神の他の時空のもの（かつてのわたしや未来のわたし）のほかに、（定義（1）より）同じ人類とみなされるかぎりでの他人が代入される。この図で考えるかぎり、他人の顔に「汝殺すなかれ」が見えるのは、その顔（見えるもの）

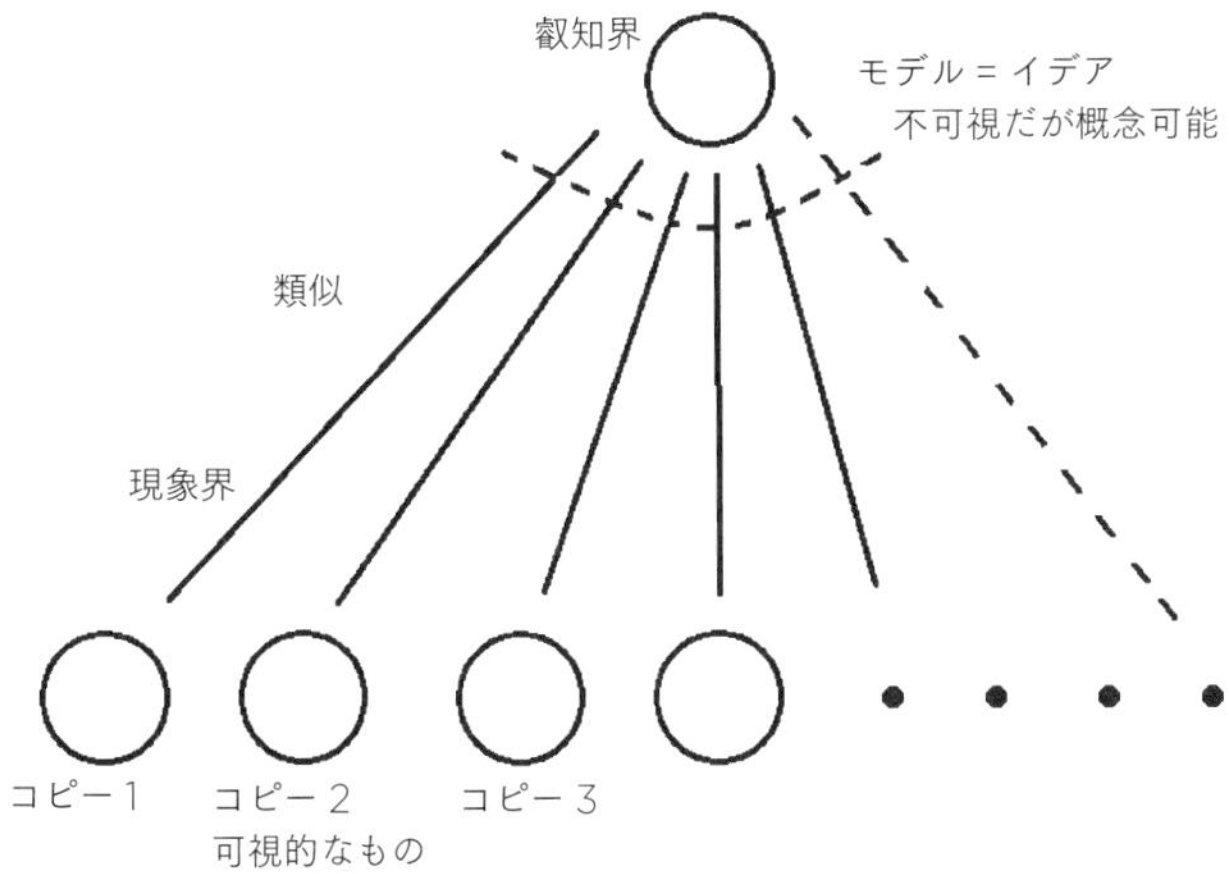

図 13-1　「モデル／コピー」関係

に、道徳法則たる普遍的精神（見えないもの）を見ることができるからであり、それが成り立つのは、それを見るもの自身もまた普遍的精神のコピーだからである。つまり汝の顔に自身の顔を見ることをとおして、見えざるもの（普遍的精神）を見るというわけだ（類的存在としての人類への愛と信仰）。

類似性に度合いを認めるならば、この図13－1は、アウグスティヌスが以上のようなイデア的な図式を基に教師論で論じたように（したがってそれは教会制度のひとつの根拠でもあるのだが）、その類似性の（あるいは分有の）度合いにしたがって容易に階層構造を生み出すことができる。それが図13－2ある。

各コピーは、この階層秩序にしたがって、無数の運動を組織化する。学校での教育から開発途上国の近代化、そしていわゆる「グローバリゼーション」に至るまで、すべての定方向的な時間変化は、この図式に基づく。向かうべき先は一者＝善であり、抗うべきは類似性の欠如たるカオス＝悪である。だか

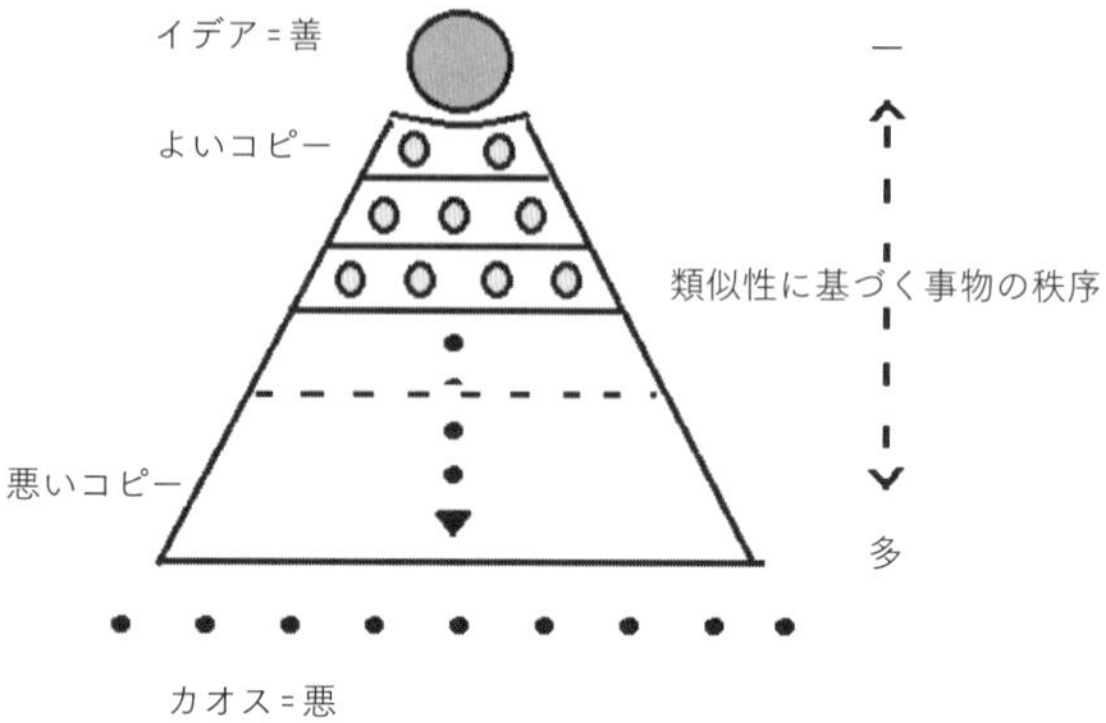

図 13-2　一-多によるコピーの階層秩序

ら、この階層秩序が作動しているシステムに抗うもので、このシステムが転移したものは、この秩序にのるかそるかの二択の選択をせまられることとなり、結果として悪＝カオスを求めざるをえなくなる。彼らにとってはカオスこそが、善にとってかわるべきあらたな善であり、最後の頼みとなるだろう。

普遍的精神は、以上のように「類似性」の度合いに基づく《複数の》「全体」を構成する。近代精神は、このような「全体」のうちの《一つ》である。では、脱植民地化とは、その近代精神から逃れればそれでよいのか。すでに述べたようにそれは違う。なぜなら、それに抗するしかたで構成されたものもまた、普遍的精神という形式的対象を充たすものとなるかぎりで、それがファシズムであれレイシズムであれナショナリズムであれラディカリズムであれ近代精神とは異なる《一つの》「全体」を形成するからである。当然、近代精神の「全体」とそれとは異なる「全体」は、一方で類似しているがゆえに、いずれが真の「全体」であるかをめぐって覇権を争う（近年の西ヨーロッパにおける民族独立の動きを見よ、あるいはロシアと中国）のでなければならず（そうでないならそれは「全体」ではなく、「部分」である）、実のところ、そのかぎりで、奪取すべき「全体」という「モデル」にたいする「コピー」の位置に置かれることになる。そしてそれらの各「全体」は、先に見たのと同じ階層秩序を形成するに至る。つまり、そのやり方では近代精神は逃れることができても、それと類似した別様の何かが回帰するという意味で普遍的精神からは逃れられない。これが真の意味での脱植民地化のアポリアである。

つまり《思考の》脱植民地化とは、以上で定義された普遍的精神を脱するのでなければならない、ということだ。したがって、問題なのは「脱普遍的精神」である。

四　脱普遍的精神の一つの道：ネットワーク状のプシューケー

しかしながら脱普遍的精神は、なにも今に始まった問題ではない。そもそもポストモダンが「大きな物語の終焉」を意味し、そこでの「大きな物語」が先に見た、「類似性」に基づく階層秩序のうえでの上昇運動に他ならない以上、ポストモダンという時代認識は、以上のような普遍的精神の構図が何かしらうまくいっていないことを示すものであった。まさに「同一性」の哲学から「差異」の哲学へ、ドイツ観念論からフランス現代思想へ。[7] 脱普遍的精神は、近代の終焉というテーマのもとで、この半世紀のあいださまざまに論じつくされてきた。いわゆる「現代思想」（つまりそれ自体歴史的な産物としての「現代」思想）とは、この脱普遍的精神の一つの試みとして大筋では理解することができる。

ポストモダンといってもそれ自体が多様であるから、ここではそれを意図的に箱庭化、通俗化して議論しなければならない。そのためにここでいうポストモダンを、普遍的精神同様、公理論的に特徴づけよう。

定義（1）：ポストモダンは、一つの全体（「大きな物語」）ではなく、多種多様なミニマルなもの（「小さな物語」）を求めるミニマリズムである。微小な差異だが多種多様な差異を。大きな構図ではなく、微妙な差異をはらんだデッサンを。大きな統一性ではなく、多様な個性を。

定義（2）：ポストモダンは、局所主義である。大きなものを眺めても何もわからないが、特定の小さい場所を精緻に見ていけば、全体すらもわかるはずだと考える。否、全体はわかることさえ求められていない場合もある。求められているのは、特定の云々のものであり、その微細にして微小な差異の集積である。

定義（3）：ポストモダンは、生命主義という意味でプシューケーを容認する。魂は細部に宿る。細部の微小な差異こそが、生成変化の原因であり、したがってそのような知覚すらされないであろう微小な差異こそが、プシューケー（動の原理という正しい意味で）の実質だと考える。

このようにポストモダンを考えてみると、その特徴を先鋭化することができるし、一九七〇年代以降の文化論のほとんどは、これで説明がつく。ただし定義（3）に突如として「プシューケー」が登場していることについては解説が必要かもしれない。しかしこれは、「普遍的精神」という全体論的構造を否定する以上、ほとんど不可避的なものである。「普遍的精神」が認められる場合、生命は、この普遍的精神のダイナミズムに回収される。まさにヘーゲルにおいては概念の弁証法的運動こそが「生命」であったように。しかしポストモダンにおいてはこの「普遍的精神」が失効していると認められる以上、各々のものが向かうべき方向や秩序もまた存在しないことになる。それゆえそこでは人間と動物と物との区別もまた相対的なものにならざるをえない。「自分を自分で動かすことのできる動」というプラトンによるプシューケーの最も包括的な規定（『パイドロス』245C-E）は、彼の「生命」の規定と結びついている（瀬口 2000：4）。もはや人間の普遍的精神における運動を生成変化あるいは生命の範型とする必要はなく、もっぱら諸々の多様な生成変化こそが生命のあるいはプシューケーの場となる。つまり生命は微小なもの、知覚すらされない微分的なものへと解消される。要するに、ポストモダンとは、モナドロジーの勝利した時代であり、ライプニッツの時代だというわけだ。(8)ラトゥールがネットワークのプリンスなら（Harman 2009）、ライプニッツこそネットワークのキングである。

モナドロジーが問題なのだから、もはや人間と非人間は対称的に扱うことが可能になる。連続的な程度の差こそあれ、すべてはモナドであるから、逆説的にも（モナドには窓はないのだから）、階層秩序にかわって単独の頂点をもたないネットワーク状の組織化を誘発することになる。独立した互いに還元不可能なモナド同士の統一された方向をもたない出会いが、その出会いの頻度にしたがってハブを形成し、ネットワーク状の集塊を自己組織化する。ネットワークのユニット（アクター）、つまりモナドには、人も該当すれば物も該当する。そして、このように自己組織化する世界において、リアリティはネットワークの堅牢さによって担保されるのであり、常にネットワークが更新、再組織化されることをとおして、再帰的にリアリティが醸成され続ける。その様子は、一定の目的と方向に向かっていることだけがリアリティを感じさせた（ある意味で極めて男性的な）普遍的精神による（機械論的な）組織化とはまったく異なったものとなる。複雑系、オートポイエーシス、創発主義。ハーマンの対象志向型存在論も、かなり乱暴ではあるが、このような思考の一つの変奏とみなすことができる。この時そこで論じるべきことは、せいぜいのところ引き籠った対象内的な一次性質（モナド内の無際限な襞、あるいはクオリア）ぐらいだろう。なぜならそれの内にのみ、ネットワークが異なるしかたでつなぎ直される可能性、つまりネットワーク自体が生成変化する可能性が担保されるのだから。マニグリエも指摘しているように、ハーマンとラトゥールを同一視することはできない。それでも少なくともラトゥールが受容されてきた背景で作動している思考にたいしては、以上のような描像は意味をもつものと思われる(9)。

それでは、ポストモダンにおけるネットワーク状のプシューケーは、真に「脱普遍的精神」だと評価できるのだろうか。否、そんなことはないのである。問題は、モナドあるいは部分のうちに隠蔽された全体にある。

ネットワークにおいて主体ではなく対象が問題であるというとき、そこでなされている転換は、普遍的精神の構図からネットワーク状のプシューケーへの転換である。普遍的精神の構図でいう主体とは、その構図における階層秩序のなかで運動するもののことであり、ある種の負い目＝原罪（あるいは目的）にしたがって運動するものである。たとえば、そこでの自由意志とは、カントがいうように、この課されている目的にたいして自らの意志でしたがうことである。それにたいして、対象が問題となっているときには、もはやそういった一つの方向（目的、負債、原罪）によって構成される「全体」を前提することなしに、各部分が（原罪＝負い目＝目的から）《自由に》（原罪から自由であるからこそこれをコジェーヴは「動物（と変わらない）」と呼んだのだ）、その本性にしたがって運動するものと考えられる。部分の自由な運動は、全体として一つの大きな秩序（ネットワーク）を創発すると考えられる。ただし、その秩序は部分にたいしてそれを欠けたものとする全体として課されるのではなく、部分の自由な運動の結果としての秩序であり、その運動を制約するというよりもむしろ下支えするものとみなされる。例えるなら「フェイスブック」や「ライン」上のネットワークがそれであって、部分（アクター）の自由な運動によってこそ、ネットワークという高次の秩序が自己組織化される。主体が問題であったときのように秩序があって運動が生じるのではもはやない。

部分（アクター）は決して全体を把握しないし、全体を正確に認識することもない。また全体を利用するしあてにするが、だからといって自らの存在に先立って全体を論理的に前提することもない。しかし、部分を超えたもの（「モデル／コピー関係」の意味での「モデル」）としての《一つの》「全体」とは異なる「全体」が各部分の自由かつ主体的な運動のうちに隠されている。つまりその部分を部分でありながら自足したものたらしめているその《多数の》部分の「全体」が、つまり、その部分の本性を規定するものとしての、可能的に無限個の性質からなる束という「全体」がその部分には隠されている。この性質は、他のアクターとの二項以上の関係によって現実化する関係的性質（例：ある物体は、可視光線をあてると赤色以外の波長を吸収する性質をもつ、つまり人がそれを見たら赤く見えるという性質をもつ）と、それ自身のみで現実化する固有性質あるいは一次性質（例：もしそのような性質があるとしての話だが、たとえば、あるものがあるときに、そのものが存在するという性質、あるいはわたしのみがもつわたしの痛みという性質）が考えられる。重要なのは、これらの性質が実際に数え上げられていることでも、現実化されていることでも、認識されていることでもなく、《多数の》当の部分において権利上それらが《一つの》束をなしているという前提だけである。なぜなら、もしこれらが束をなさないのだとしたら、当の部分は実のところ《自由》にも主体的にも振舞っていないということになるからだ。あるいは、それが別の同一性のもとで束を形成する（結局、それらがたった《一つの》束を形成しないということは、束自体は常に要請されている以上、《複数の》束が形成可能であることを意味する）ことが常に可能である。ところが、そのことはあらかじめ予測不可能であり、またその束のなかのモジュールのようなものとしてもつこともできない。つまり単純にいえば人格（単に性格のみではなく、身体的な能力も含めた）が複数化し、それらのあいだの相互交流は（それらが共時性をもちえないのだから）何らかのメディアを介さずには不可能だということである。

では、そういった性質が束（つまり何らかの統一性）をなすという前提自体を否定するとどうなるのか（実際この否定が、次節での議論においてなされる）。その場合、その部分のもつことになる諸性質は、すべてつねにそれと接している他の部分とのその時々の関係によって《のみ》現実化することになる。いいかえれば、その部分がいかなる性質をもつのかは、その部分が他の部分と実際に関係をもってみるまで誰にもわからないということである。その部分が何ものであるのかは、その部分がいかなる他の部分と関係をもつのかによって決まる。したがって何をなしうるのか、あるいはむしろ実際に何をなすのかは、他の部分との関係をもつまで本質的に未規定である。したがって、そのような部分は、自らの自由意志にしたがって主体的に行動することは、ありえないということになる。自由意志にしたがってその部分のもつ本性から主体的に行動することができるためには、その行動が《能力》として、いいかえれば「可能性」としてその部分の内に担保されていなければならない。そうであるがゆえに、それは「することもしないこともできる」のであり、そこから自由意志の力によって、「実際にやったりやらなかったりする」ということが導かれる。可能性と現実性の裂け目に自由意志は住まう。自分がそうできるとは知らないことを、そうすると欲すると欲せざるとによらず、実際にそうするのであれば、それはもはや自由意志にしたがった主体的な行動とは呼ばれない。

ポストモダンにおける脱普遍的精神の要請とは、実に金融資本体制における洗練された（産業資本体制における労働者的ではない）合理的かつ経済的な主体的アクターの形成の裏面に他ならない。要するにポストモダンによる脱普遍的精神は、実際そういわれているように、主たる労働形態の変化、第二次産業から第三次産業（産業資本体制から金融資本体制）への移行に対応する労働形態の変化に呼応しているにすぎない。自らのことを対象として見る視角は、主体を普遍的精神の大きな目的性という軛から解放してくれる。特定の超越的な目的なしに、ゲームとして、遊びとして、趣味として能力の自由な発揮を享楽する。わたしも遺伝子も動物も素粒子も、それぞれがそれぞれの性質の束をもとに、特定の目的なしに、そのもてる能力を発揮したり発揮しなかったりする。当然の帰結として能力の発露の是非のあいだの距離が大きくなるにしたがって、自由意志が介在する度合いも大きくなる。無機的な物体においてそれは最小であるが、有機的な生命、特に高等な神経組織をもつ生物になればなるほど、その度合いもまた大きくなるだろう。そして世界はそのようなアクターたちのおりなすゲーム的な実在性を纏うようになる。

普遍的精神が、全体と部分との還元不可能な距離によって定義されたのだとすると、ネットワーク状のプシューケーは、一なる全体を抑圧することで、各部分の内部に、その部分固有のミニ－全体（ラトゥールの表現であれば、「ミニ－超越」）としてそれを回帰させることとして定義される。つまりそのかぎりで、部分と全体の距離がゼロであることによって、ただし各部分のあいだの微小な差異が決して尽くしえぬものとなることによって、定義されるのである。(10)

五　脱普遍的精神のもう一つの道：特異的プシューケー

ヴィヴェイロス・デ・カストロは、こう述べていた。

西洋人は、先住民が身体をもつ（動物もまた身体をもつ）ということを決して疑わない。一方、先住民は、西洋人が心をもつ（動物や死者の霊もまた心をもつ）ことを決して疑わない。西洋人の自民族中心主義は、他者の身体が心を含んでおり、それが形式上、彼ら自身の身体に宿る心と類似するということに疑いをかける。反対に、アメリカ先住民の自民族中心主義では、他者の魂や精神が、先住民の身体に類似した物質的な身体を持っているということが疑われるのである。（ヴィヴェイロス・デ・カストロ 2015：35）

「もしすべてのものが魂をもつならば」（ヴィヴェイロス・デ・カストロ 2015：69）、この「もし」をヴィヴェイロス・デ・カストロは彼の著書においてかなり真剣に扱っているのだが、これは前節で見たような意味でなのか、それともそれとは異なる意味でなのか、ということが本質的な問題である。彼にたいする批判の多くは、彼の設定が前節で見たようなポストモダン的なものに過ぎないのではないのかという疑いから生じるだろう。この「もし」はたとえば、プラトン研究者の藤沢によって次のようにもいわれる。「科学が宇宙の物理的位相について新たに切り拓きつつある知見は、『宇宙のプシューケー』の思想と相互補完的であるか、あるいは同一の事態の異言語――「物」言葉と非「物」言葉――による記述である可能性が大きいのである」（藤沢 2014：13）。

形而上学において「存在」としての「存在」を問うことだけが問題なのではないのだとしたら（Maniglier 2012）、あるいは正統な「形而上学」が結局はそういうものでしかないのだとして（安藤 1965）、それ以外の非正統な形而上学がありうるのだとしたら、そこで問題になるのは、哲学史的な経緯を見れば、（プラトンに遡る）プシューケーであることは明らかである。だが繰り返すように、それが前節で見たようなライプニッツ風のものであるのか、あるいはそうでないのか（後で見るようにスピノザのものなのか）ということが、問うべき問題である。

問題は、やはりPas-Toutをどうするかにある。一見するとスピノザこそが全体主義の哲学者のように映ったりする（Badiou 1988：129-136）が、実のところ反対に、スピノザこそが、ドゥルーズがいうように（ただしかしドゥルーズがそれをどこまで徹底できたかは別だが）、Pas-Tout の哲学、Endo の哲学の尖端まで行った冒険者である。スピノザはむしろ全体というものを、徹底的に部分（スピノザの場合これは「様態」と呼ばれるが）とは「異なるもの」とすることで、内在による思考を徹底したともいえる。これについて少し見ておく。

スピノザは『エチカ』「第一部　神について」で、「永遠・無限の実有」たる神＝自然の概念を定義により導出する。『エチカ』全体の構成を念頭に置かずにこの部分を読むと、あたかも箱庭的な神概念を恣意的に構成しているようにも読める。つまり「あるものすべては神の内にある」（I, 15）という命題に登場する「すべて」にかんして、まさにスピノザは「全体」＝「神」として認識すると意図しているとみなしてしまいがちなのだが、これは誤りである。なぜならそんなことは第二部以降で定義されるわれわれたる人間の精神によっては不可能だからだ。われわれは第一部で定義される有限様態に属する以上、延長属性においても思惟属性においても、いずれにおいても、その変状の原因を欠く。つまり、通常の認識の意味ではいかなる意味でも[11]「全体」を認識することも知覚することもできない。だから、「あるものすべては神の内にある」という命題をわれわれ人間精神のみで可能な認識として読むなら、それは誤りである。それは検証したり経験したりすることが可能な命題ではなく、『エチカ』における概念的設定（公理論的な定義）から必然的に導かれる特定の帰結である。これ自体は、それ以上のしかたでの妥当性を認めることは不可能であり、またそうしてもならないだろう。検証可能なのはこの『エチカ』の概念的設定から第二部以降で導かれる人間についての諸定理のみであって、それを導くために用意された概念的設定それ自体の真偽を、真理の検証にかけることはできない。ただもっぱら、その設定によって検証可能な事柄にかんする妥当な推論を導くことができるということ以上の正当性はもたないし、もってはならない。この意味でこそ『エチカ』第一部は純粋な形而上学であるというべきだろう（第一部は共通概念による第二種認識である。第五部命題三六備考）。そして、ここでの関心である「全体」だが、この「全体」の候補者のことごとくがこの第一部で議論され、それがもつと想像される「全体性」が否定されていき、一なる実体さえもが「無限（定）」であるとされ、さらに無限に多であるとされる。(12)

まず全体の候補となる「本質」だが、これを表現する属性は、それ自体が直接的にも間接的にも無限の様態を含むにもかかわらず、それとは異なる属性が無数にあるといわれる。そして、われわれはたった二つの属性（思惟と延長）しか知らないにもかかわらずそうであり、かつその無数にある属性を無限に含むことのできるものが、無数の実体と同一視されるかぎりでの実体としての神であるといわれる。「すべて」は確かに実体としての神に含まれるのだが、いいかえれば、真の意味での「すべて」は、たとえそれが認められたとしても、神＝自然にしか認められない、ということでもある。まさにその意味で自己原因としての「自由」は、この「神＝自然」にのみ認められ、それ以外のすべてからその意味での「自由」、つまりモナドに認められるであろう「自由」も含めて、最初からその可能性ごと根こそぎにされる。無限に広がる広大な宇宙の全体でさえ、それは間接無限様態に過ぎない。たとえ属性それ自体にまでさかのぼったとしても、その属性がすべてなわけではない。どこまでいっても「それがすべてではない」と付け加えることを可能にする概念的設定こそが「永遠・無限の実有」たる「神＝自然」の定義である。同じことが目的にもいえる。目的の最終的な候補となりうる「神＝自然」を構成しておいて、すべての様態を実体とは異なるものとすることでその目的をそぎ落とし、様態における目的それ自体を不可能なもの（せいぜいわれわれの不可避な誤謬あるいは想像物）にしている。同様のことが「一般的なもの」の規定（第二部、第四九命題備考）にもいえる。

スピノザは、「神＝自然」という全体を積極的に構成しているように見えて、その実、その概念設定によって真に徹底したしかたで（否定神学のように中途半端なものではなく）、「全体」を不可能なものとして破棄しているのである。われわれ様態は、この概念設定を取る以上、絶対にいかなる「全体」にも出会えないし、なりえないし、認識できない[13]。したがって、想定しうるあらゆる全体との出会い、あるいは認識は、原因の欠如の認識を欠いている誤謬であるか、われわれの想像の産物に過ぎない。

ところで、すべての「個体」は、物体という様態の「合一」によって構成され（第二部、第一四命題定義）、「個体は程度の差こそあれ魂 animata をもつ」（第二部、第一三命題備考）。「なぜならあらゆる物について必然的に神のなかに観念があって、その観念は、人間身体の観念と同様に神を原因とするのであり、したがってわれわれが人間身体の観念について述べたことはあらゆる物の観念についても必然的にいわれうるからである」（同上）。そしてその個体の魂＝プシューケーは、人間精神が人間身体を対象としているのと同じく、その個体を対象とする。まさに「あらゆる動物や、その他の宇宙の構成要素は、強度的に人間なのであり、潜在的に人間なのである」（ヴィヴェイロス・

デ・カストロ 2015：69)。ただし、ヴィヴェイロス・デ・カストロのここでの「人間」概念は、まさに「魂」と解さなければならず、それはそれが対象とする個体に応じて異なる（多自然主義）のでなければならない。

スピノザの部分（様態あるいはむしろ個体）は、いかなる意味でもライプニッツのモナド的な「全体」をもつことも、認識することも不可能である。だからその個体には、いかなる意味でも自由意志を自明のものとしては認められないし、またそれゆえ各部分が互いに、同じ全体をもつがゆえに似ているということも起こらない。すべては必然のうちになされるべくしてなされる。ではいかなる意味でこのプシューケー＝animata は特異的であるのか。

この［神にたいする精神の知的］愛は、精神が原因としての神の観念を伴いながら自己自身を観想する働きである。いいかえればこの愛は、人間精神によって説明されうるかぎりにおける神が自己の観念を伴いながら自己自身を観想する働きである。ゆえに精神のこの愛は、神が自己自身を愛する無限の愛の一部分である。（第五部、第三六命題証明）

この帰結として、神は自分自身を愛するかぎりにおいて人間を愛し、したがってまた人間にたいする神の愛と精神の知的愛とは同一である、ということになる。（第五部、第三六命題系）

内在的な（endo 的な）自己の永遠の相の下での認識の可能性、スピノザはこれを「第三種認識」

として認めている（第五部、第三六命題備考：『エチカ』第一部を第二種認識の産物としているのにたいし、第五部での以上の認識を第三種認識の優位性を示すものとしている）。

　ここでの神との一致は、部分の総和としての全体との出会いではない。そうではなくて、己自身が真に特異的かつ永遠的な（つまり now here ＝ no where である）部分だということとの出会いである。神の一部として神がこの個物たる私を見ることと、私が神の中に私を見ることとが一致する。まさに「論証のアノニムな主体がわれわれに自己同一化してくる。自己との生きられた、しかし表象も再認もない出会いである」（上野 1999：158）。「我々の精神の眼が論証そのもの」（上野 1999：159）となって、論証する永遠の相の下におけるこのわれわれ自身をわれわれに見せるのである。この捻じれ、この神＝自然と様態のあいだの両義性、決定不可能な反転可能性、この内在性こそが、「Endo」の意味であり、これを可能とするものが、特異的プシューケーである。(14)

六　Endo-epistemology へ

　最後にエピステモロジーとの関係について一言述べて本章を閉じたい。以上の議論は、実のところ、ほとんどそのままの形で、科学および科学史についての哲学の二〇世紀中の様々な議論の一つのフレーミングとして機能する。

　普遍的精神に対応するのは、ブランシュヴィックからカルナップ、ラカトシュへと至る科学的精神＝科学的方法という定式に基づいて（ただしそれぞれで何を科学的精神と認めるかには内容上の違いが大いにある）、その「コピー」たる個々の科学者の認識を理解することができると考える古典的な科学哲学である。これが科学の社会学による「external approach」と比較されたときに「internal approach」と呼ばれるものとなる（ただしこの呼称はあくまで、エクスターナルアプローチを主張するための相対比較であることには注意したい）。したがって一見するとexternalは、これとは異なるように見えるかもしれないが、それが近代社会にかんする社会学的分析を基礎とする場合、普遍的精神の対応物が、科学的方法からデュルケーム的な集団的精神あるいは超－精神性のほうに移っただけで、普遍的精神の構図であること自体には変わりはない。

プシューケー状の魂に対応するのは、それぞれ系譜によってこれもまた多様なのだが、クワイン以後の自然主義、ファイヤアーベントの方法なき科学がいわゆる正統派科学哲学内でのこれに対応し、フランス系ではフーコー以後の系譜学的権力分析が対応し、externalにおいては、先に見た社会科学の近代性を批判することから出てくるラトゥール以後の科学技術人類学が対応する。

ではは特異的魂に対応するEndo-epistemologyとはいかなるものとなるのか。ここでそのすべてを論じる紙幅はないので、特徴となりうるものを箇条書きで述べることにしたい。

（1）すべては部分であり、すべての部分に（それが個物であれば）程度の差こそあれ魂が認められるのだから、いかなるバリエーションであれ人間と自然の事物（あるいは文化的なものと物理的なもの）を区別する理由はなく、様態（部分）であるという点では、それらは完全に等しい。

（2）すべての特異的なプシューケーは、知や意志によってではなく、無知と隷従によって特徴づけられる。むしろ自らと似ていない還元不可能な他者と出会うことで、無知こそが主題＝問いとなりうる。特異的プシューケーにとって、疑いえないものとは、常に前提なき帰結に過ぎないが、これを疑うことを可能にしてくれるものこそが、自らとは異なる特異な他者（（1）よりその他者は人間とはかぎらない）との出会いである。

（3）（数学と論理学を含めた）自然科学の妥当な認識は、特異な他者との出会いの後で形成される共通概念からなる第二種認識とみなされる。それが妥当であるかぎりその認識は真なる観念をなす。そのかぎりでそれは神のうちにあるものであり、個々の観念となったかぎりでの神を原因とする。つまり、その妥当な認識（再認ではなく、認識、つまり概念の形成）自体もまた、自然＝神の産物であり、様態となったかぎりでの自然＝神の働きそれ自体である。

（4）（3）で論じられたような科学的認識（妥当な概念あるいは真ある観念）を実際に科学者が形成する際に、（3）のような自己認識を伴うことは必ずしも必要ではない（少なくともこれまでは必要なかった）が、そのとき科学者という個体が多様かつ特異な他のプシューケーと共動することで何をなしえているのかを理解するためには、それは必要である。

（5）個々の科学の個々の概念と判断（肯定および否定）それ自体は神＝自然の産物としてみなされる。ただしそのこと自体の認識は、特異的なプシューケーの反照的（内在的、両義的）捻じれによってのみ可能になる。

（6）真理（あるいは真なる観念）は神＝自然が様態化したところの論証（肯定および否定の判断）の構成された個々のその場所にしかなく、それ以外のどこかにあるわけではない。だから発見すべきレディーメイドの真理も、真理の特権的な範型（真理の外部にある真理の真理）も存在しない。

この箇条書きのあとですべきことは次の二つである。一つは、Endo-epistemology を実際の科学的発見（つまり個々の概念と判断の産出）の場面や、力学系のようにある程度体系化されている理論にたいして、どのように関連付けられるのかということを実際のケーススタディによって示すこと。もう一つは、（3）を必要とするような科学（レスラーの Endo-physicsc を敷衍して Endo-sciences と呼ぼう）の可能性について検討すること。

以上のような Endo-epistemology の試みは、科学にかんする哲学のテクニカルな議論ではあるが、たんにそうであるだけでなく、同時に脱普遍的精神の実践であり、したがって「思考の永続的な脱植民地化の運動」の一つの変奏である。ここにおいてこそ哲学は、人類学の理念と不可分な地点にまで至るだろう。

14　「内在の哲学」序説
――知性の問題論的転回

一　知性の問題論的転回

汎用人工知能 Artificial General Intelligence の開発が本格化しつつある近年にあって[1]、人文系の学問においてこそ、知能 Intelligence の定義それ自体とその標準的なモデルを問いなおさなければならない事態が差し迫っている。人工知能という用語において、日本語の「知能」は、すでに見たように、Intelligence の対訳である。この Intelligence は、ラテン語までたどりなおせば、Intelligō、つまり知解する、理解するという語からの派生語に由来する。この語源からの他の派生語には、Intellectus があり、Intelligence の語の形態上の対応は Intelligentia ではあるものの、意味的には、明らかに Intellectus という語がもつ知性の能動的作用という意味と結びついていると考えられる。

哲学史において、この Intellectus という語を見るときには、初期近代を中点にして、カント以後の近現代と、中世以前から古代哲学とを両端に伸びる線分としながら理解するとよい。初期近代において、Intellectus は極めて重要な意味をもつ。たとえば、スピノザの『知性改善論』(*Tractatus de intellectus emendatione*)、ジョン・ロック『人間知性論』(*An Essay Concerning Human Understanding*)、ライプニッツ『人間知性新論』(*Nouveaux Essais sur l'entendement humain*) がある。Understanding がラテン語の Intellectus に対応するとロックが解釈した当時（一七世紀後半）の英語であり、entendement は、ロックの意味での Understanding に対応する一八世紀初頭のフランス語である。注意したいのは、デカルトの『精神指導の規則』やポール＝ロワイヤルの『論理学あるいは思考の技法』のあたりからの顕著な傾向として、Intellectus という語でもっぱら、人間の現実的で実際的な能力としての知能を意味するようになっていることだ。そしてこの傾向がカントにおいて、理性、悟性（＝知性）、感性という三層構造として定められることになる。ただしカントは、単に Intellectus を悟性の範囲に限定的に定めたのみではなく、現象的対象 phenomena が属する感性界と可想的対象 noumena が属する叡知界 mundus intelligibilis を二分するというしかたで、反対に、Intellectus のギリシア語源であるνουςに近い意味のものを、彼の哲学体系の重要な位置に再設定していることにも注意しなければならない。

近世以前の世界において、Intellectus は、プラトンおよび新プラトン派経由の神的知性を表すνουςと人間的知性を表すλογοςの対比という問題と、それとはほぼ独立した問題として（ただし歴史的には様々な理由により混同されてきたが）、アリストテレス形而上学に固有の問題としての、能動知性と可能知性の関係の問題において論じられてきた。この場合、人間の知性は、未完成の可能的状態にあり、その完成を促すべく指導する原理としての能動知性が不可欠であると考えられることから、まず受動的な可能知性は、人間の肉体に宿るのか、あるいはその魂に宿るのか、そしてこの能動知性は人間の魂に宿るのか、それともそれを超えたものである聖霊あるいはむしろ神がもつのか、などといったことがそこでの問題となる。いずれにせよ、Intellectus の意味は、神的なもの、非感性的なもの、非肉体的なもの、非物体的なものとの関係で考えられていた。ところが、Intel-lectus の意味は、労働という発想が生み出されんとする初期近代において大きく変わり、もっぱら人間の現実的な知的能力となる。そして現在のこの語の意味もまた、現在がいまだ近代の一部である以上この流れの端点にある、ということをまずは押さえておく必要がある。

カント以後の顕著な変化は、メイヤスーが指摘するように、ある種の相関主義、つまりは有限性の哲学を基盤として、知性が論じられるようになったことだろう。カントの定式によれば、「人間は、物自体は認識できず、ただもっぱらそれを思惟しうるのみ」である（この定式はメイヤスーによれば、思惟可能な物自体を設定上残すかぎりで「弱い相関主義」に相当する）。それにたいして、カントの以前と以後において変わらないのは、それが本来的に神的なものであれ、人間的なものであれ、知性が把握するべき目標は、本質ないしそれに類するものであるということだ。知性の目標は、本質の把握であると述べるとわかりにくいかもしれないが、要するに与えられた問題にたいして「正解」を導くことができることこそが、知性の能力であるという見方だといってもよい。

この見方は、現代においてもしっかり根付いている。その典型的例が、学力検査や知能テストだ。そこではまず問題が与えられて、それにたいして短時間で知識を参照し、正確に推論することが求められる。ＡＧＩと区別されるためにNarrow AIと呼ばれる現在の人工知能にしても、基本的には、この〈問題－解答〉型Problem-Solution Typeの知能である。ただし、Narrow AIの精度を飛躍的に向上させた機械学習とベイズ推定という開発手法およびその数理的枠組みにおいて、先ほど述べた本来的な意味での本質は、もはやあらかじめ用意されるべき解答としては前提されていない、という変化には十分な注意が必要だ。再帰的な学習の反復によって、ＡＩは半－自動的に最適解へと収束していくのであって、あらかじめ誰か（例えばプログラマー）が正解をＡＩに教えることなしに、自律的により適切な正解を探り当てていく。それゆえにこそ、Narrow AIは、すでにいくつもの分野においては、専門家の知的処理能力を上回ることを実現させている。

ところで、なぜ〈問題－解答〉型の知能が求められるのか、という素朴な問いにたいして、多少うがった答えを用意するなら、それが〈要求－行為〉という労働モデルと結びついているからだろうと答えることになる。労働者の仕事は、基本、特定の要求という入力にたいして、最適な行為ないし状態を出力として帰す一連のプロセスとして形式化することができる。よい仕事とは、そこにおいて、要求に暗に含まれているが明示化はされていないことも含めて考慮したうえで、当該の要求が発生した齟齬のある状態を、齟齬のない最適なものへと移行させることでなされるものと理解される（ex. 齟齬：在庫の発生、最適解：隠れた需要とのマッチング）。

なぜ、〈問題－解答〉型の知能が、〈要求－行為〉という労働モデルと結びつくのか、という疑問にたいしては、近代制度の成り立ちとその思想的背景を考慮すれば自明であると答えることができる。ヘーゲル的市民国家構想において、何ゆえ精神は絶対知へと至れるのでなければならず、何ゆえ国民教育が不可避となるのか。

ところで、エキスパートシステムのようなNarrow AIは、AlphaGoのように、想定された特定の要求にたいして、最適な行為（＝解答）を帰すことに特化している。AGIは、これにたいして、対象とする範囲を特定せず、おそらくは文脈上の齟齬も避けられないような複数の領域にわたって、かつ未知の領域も含めて、学習をとおして最適な行為を帰すことができるようになることが目標とされている（無論、この課題は、現時点ではまだ〈未解決問題〉にとどまる）。だからこそAGIが完成した日には、蒸気機関が発明され、工場制機械工業が主流となった一八世紀産業革命以来の、労働と生の激変が生じると考えられるわけだ[2]。産業の純粋機械化が達成されるなら、複数の異なる文脈において同時に遂行される〈要求－行為〉型の労働を担うことで、その価値が認められてきた人間の労働者は必要なくなる。ある意味では、マルクスの予言通り、人間は労働という苦役あるいは責務から解放されることになるのか、あるいはむしろ、逆なのか。いずれにせよ、「来るべき民衆」（ドゥルーズ＋ガタリ 2012：189, 367）の陰影が浮かび上がってくるトポスは、この問題の周囲においてではなかろうか。

知能の〈問題－解答〉型モデルにおいて、重視される能力を思いつくままに枚挙すれば、

・記憶力（単にデータをストックするだけでなく、適切にそれを現実の要求と関連付けて呼び出せる能力）
・推論能力

・計算能力（推論能力と合わせて記号処理能力としてもよい）
・分析力（与えられたデータに適切にタグ付けして、既存のカテゴリーに分類し秩序正しく位置づける能力）
・汎化能力（総合力であって、既知の整理された無関係のデータから一般性を抽出し、それらを高次の秩序のもとに置きなおす能力）
・適用能力（既知の分類枠組みを新規のデータ、あるいはその枠組みが未適用のデータに適切に適用する能力）

などとなるだろう。現状の人間にたいする知能検査（ここでは学力検査、適性検査を含む）のほとんどは、これらの能力の評価をおこなっているといえる。ゆえに、人文系の学問で今こそ問うべきは、知能Intellectusという語の含意が、本当に、こういった能力をイメージさせるもののみにとどまるのか、ということである。「人間は理性をもった動物である」とは、アリストテレスの人間の定義だが、もしそこで考えられるべき「理性」に相当するものが、以上のようなものだけであるならば、まさにＡＧＩは、動物抜きに理性をもったものとなる。だからこそ知性のイメージが問題となる。なぜなら知性のイメージこそが、教育や社会や労働と結びついているからだ。知的であるとは、どういうことでもありうるのか。それを考えなければならない。

ここではこの要請にたいして、ドゥルーズ＋ガタリの遺作となった『哲学とは何か』の立場から、問題提起型Problem-Posing typeの新しい知能モデルを提案したい。しかし、この一見すると安穏な提案は、実のところ予想以上の広範にわたる思考の枠組みの設定変更を、必然的にではないが、惹起するように私には思われる。重要なのは、問題提起を、問題解決にたいする副次的なものではなく、むしろプライマルなものとすることにある。そして、このことは後で見るように、知性それ自体を、旧来の意味での超越的で平衡的な知性から、むしろ感情や情動を重要軸とする内在的で動的な知性のイメージへと変化させることを含むことになる。以下で論じることになるラディカルな設定変更込みでの〈問題提起〉型の知能モデルの提案を、「知性の問題論的転回」Problematic Turn of Intelligence と呼ぶことにしよう。

二　超越にたいする内在と全体の論理

後ほど徐々に明らかになっていくが、先回りしながら述べれば、〈問題‐解答〉型の知能モデルにおいては、暗黙の前提として、心と物、精神と物体、主体と客体のあらかじめの分離した状態、ただし分離しつつそれらが相関している状態から出発することが認められる。(3) アリストテレスに由来する真理観である、「物と観念の秩序の一致」という規定は、まさにこの分離と相関を前提としたものである。言葉の秩序と物の秩序は、本来的には一致しない。物は自然の秩序にしたがい、言葉は文法の秩序にしたがう。それにもかかわらず両者が一致するとき、そのときにかぎって、真理が顕現する。つまり学的認識たるエピステーメーが成立する。プラトン的イデア論にあっては、この物自体は、カントが正しく述べながら、人間的な認識においては否定しているとおり、叡智界においてのみ認められる。つまり、それは神的知性の観想の対象であって、本来的な形相的本質（ヌーメナ）は、そのかぎりにおいてのみ存在している、ともいえる。その場合人間の認識は、このイデアとの照応によって導かれることで真となる。

自然の秩序と言葉の秩序の座標化を考えることと、叡智界における実在としての物自体を考えることはずいぶん異なることではあるが、それでも結局のところ、言葉の秩序の側の自由度がどうであれ、人間の認識の側の自由度（たとえば、幻想、妄想、思い込み）がどうであれ、そのあらかじめ許された自由のなかで経巡る認識の運動プロセスを、最終的に、事実上ではなくとも少なくとも権利上は停止させることが可能な何ものかが用意されている（両秩序の一致であれ、物自体であれ）、という点においては変わりない。

このとき、一定の自由は認められるが実在とかならずしも一致していない多様なものを主観的とよび、定めることを可能にする一なるものを客観的と呼ぶことができる。そしてここから、主客の分離－相関が導かれる。そして、この意味での主観的なものは、しばしば伝統的に内在と呼ばれてきたものであり、客観的なものは、しばしば超越と呼ばれてきた（超越－内在のカップリング）。このとき、内在は、何らかの超越に内在していることになる。このような内在をここでは「相対的内在」と呼ぶことにする（これについては後で再定義する）。

「相対的内在」の立場においては、「全体」を構成することがきわめて重要である。「相対的内在」における「全体」とはすなわち「在るものの全体」であって、まさにそれが超越の役割を果たすからだ。「在るものの全体」を構成する論理は、古来よりいくつもある。たとえば、デカルトの無限実体としての神の存在証明もそのひとつだろう。しかし別のところで見るようにスピノザの実体は、「相対的内在」における「全体」とは本質を異にしており、それは定義上、(通常の意味で全体が解されるかぎり)いかなる全体でもない。それはむしろ純粋内在の立場における「純粋内在」それ自体として解釈されうるのであって、ここでの「全体」とは質的に異なることに注意されたい。以上の違いは、第四節で明らかになる。

近年の議論においては、バディウおよびそれを受けたメイヤスーの議論がもっとも強力である。たとえばバディウは、集合論こそが存在論であるとし、集合論の形式によって形式化しうるあらゆるバリエーションの数概念の全体をして大文字の数と呼び、このもろもろの数概念と大文字の数のセットのことを「存在」と呼ぶ(バディウ 2018)。もちろん、もろもろの数概念と大文字の数のあいだには絶対的な断絶が含まれる。つまり、大文字の数それ自体をもろもろの数概念に還元することはできない。しかしそのことがかえって、これら二つの項による対概念をして潜在的なものを含む全体の規定を可能にしている。メイヤスーはカオスと偶然性という概念によって、バディウはこれと類似したフォーシングと出来事という概念によって、片方の手でこの全体性を用意しながら、もう片方の手でその全体性からすり抜ける道を描く(4)。それによって、あたかも全体性を批判したかのようである。そしてこのような構想から、バディウによるドゥルーズにたいする全体主義者批判が生じる(5)。メイヤスーによるドゥルーズにたいする主観主義者批判は細部において異なるが、根本においてはこれに通じる。

しかし、バディウやメイヤスーらに見られる相対的内在の立場は、結局のところ実存主義の二の舞いではないのか。片方で科学的真理や客観的事実のようなものは認めながら、もう片方でそれらから慎重に切り分けられた（政治的）行為や文化や価値のようなものを認める。もちろんメイヤスーは、自然法則の根本的変化が不可能であること自体の不可能性を論じるかぎりで、バディウよりも確かにラディカルではある。メイヤスーの立場においては、内在する超越が複数化され、現にある超越の根拠が脱根拠化されることを示すことで、この相対的内在の外を垣間見せる。しかしながら。結局のところそれらが相対的内在にとどまるかぎりは、メイヤスーとバディウの違いは、ニュアンスの問題に過ぎないといえよう。

ラカンは、このような議論の背後にある論理構造を「男性の論理」と呼ぶ。(6) すなわち、$\forall x \phi x$であって、すべてのものは去勢されていると読む。(7) 去勢されることと象徴界に参入することとは同じことだが、先の議論の場合、いかなるものであれ、それは全体の部分であるということである。要するに超越それ自体をのぞいたすべてのものは、超越にたいして内在している、ということだ。つまり「相対的内在」。

超越としての全体は、この世界の内部には存在しない（内在しない）が（なぜならそれは超越だから）、しかし内在を過ぎ去り、またそこに到来するいかなるものも、権利上あらかじめ全体のうちに内蔵されている。超越神は存在しない inexist がゆえにこそ、思考において存立する、いいかえれば、ひとは「神が存在しないがゆえに神を信じる」（Meillassoux 1996 : 389）ことができる。つまりメイヤスーは、無自覚だが忠実なる、(8) ただし若干ヘーゲルによって味付けされた (9) デカルト主義者だということだ。

では、問題が立てられるということはどういうことか。この疑問にたいして相対的内在の立場から答えることは容易だ。つまり、超越と内在の本性上の差異それ自体から生じるあらゆる部分的齟齬が問題と呼ばれうるのであって、それを解消すること、つまり超越との一致を回復することが解決と呼ばれる。後期になるにしたがってドゥルーズは「内在の哲学」を前景化させることになるのだが、しかし『差異と反復』の時点においてはいまだ、このように解釈しうる設定をハイデガー由来の不十分な議論のうちに採用してしまっている。『差異と反復』のなかには部分的にこの設定に収まらない箇所が見られる（たとえば第四章のごく一部、特に特異点からなる星座の箇所）が、全体としてはこの設定と識別不可能になっているということは認める必要があるだろう。特にプラトニズムを転倒することによる間接的なシミュラークルの肯定は、論証の構造上このようにならざるをえない。

しかし、このような問題概念の理解は、容易にわかるように、解を中心にしてその影（あるいは幻影）として問題を構成することから成り立っている。[10] そして既に述べたように、ここまでを含めて〈問題－解決〉型の知能モデルの範疇である。であれば、〈問題提起〉型の知能モデルを論じるうえで、何が必要かということもわかり始めてくる。つまり問題は、超越と内在の差異から生じた齟齬として発見するというようなしかたでは、真の意味で〈問題提起〉型の知能モデルとはいえないということだ。通常の問題提起のイメージは、いま述べたように、どこかで何かがすでに用意した齟齬を見つけることとして理解される。そしてしばしば論文作成などでいわれるように、〈問題－解決〉型の知能モデルにおいては、解ける問題にしぼって適切に提起することが、肝心なのだ。

要するにそこでの関心は問題それ自体ではなく、解決のほうにこそある。だから、〈問題提起〉型の知能モデルとは、クリティカルシンキングなどでいわれるような、問題に気が付くことが重要だといった類の議論とは一切関係がない。それらはすべて結局〈問題－解決〉型の知能モデルの範疇内だからだ。

では「知性の問題論的転回」において問題を提起するとはいかなることとして理解されうるのか。問題論的に転回された知性においては、もはや超越と内在のあいだでの相関的な関係を、議論の外においた前提とすることはできない。なぜなら、その相関関係自体が転倒すべき〈問題－解決〉型の知能モデルによって含意されているからだ。多なる知覚相と一なる対象それ自体が分離しつつ相関しているということを前提としたあらゆる問いが、無効にされる必要がある。このことは容易に理解されるように、哲学の大部分の議論が無効とされるということを含意する。

見かけ上は異なるが同じ内容をもついくつかの描像を描くことができる。たとえば、問題を提起するということは、超越という内在に相対的な外それ自体のさらなる外を前提することだ、と。[11] 超越は、内在にたいする外であるが、権利上問題が解答に先んじるということは、可能な解答の全体をもってしても、問題を尽くすことが不可能となるので、「内在に相対的な外としての超越」のさらなる「外」を問題は前提すると述べることになる。この表現は正しく理解されたなら、ここでの内容とほぼ同じことを述べている。ただし、内在と超越のあいだの相関関係を前提していると理解されるならば不十分な理解となるだろう。[12] ここではむしろ超越と呼ばれるものが不可避に構成されうるにしても、それは内在のうちにおいて、あるいは内在に相対的にのみ認められるというのが、「問題論的転回」以後の描像となるだろう。いわば、内在は内在にたいして内在するのであって、それ自体以外のいかなるものにも内在しない。そして、そのかぎりで「外」は、いかなる「超越」とも混同されえない。このことは後でもう一度確認する。

問題を提起することは、カオスと二重の意味でかかわることになることだ、ともいえる。すなわち、一方でカオスに飲み込まれまいとして、カオスを面前に無底 sans fond において、根拠＝大地 ground を問う問題を描くということ、そして、他方では既存の領土（よきドクサ、あるいは常識と良識の住まう場所）を、切り裂いて脱領土化し（要するにバラバラにして、そこに空隙を導きいれ）、ある意味ではカオスの力を借り受けながら、無底を顕にさせ、異なる大地（根拠となる土地）を切り拓く（再領土化）ということ。要するに、問題を提起する力にあらかじめいかなる制限も認めない、つまり自分がわかっていないことにたいして、わからないものとしておかないこと。大人をいらだたせるような子供の問いを抑え込まないこと。以上の描像のほうが、超越を前提とする描像よりもより適切なものに思われるが、しかし、このような描像を理解するためには、結局のところ、内在の本性についてより直接的に理解する必要がある。

超越をあらかじめ前提することで導出される内在[13]を「相対的内在」と呼び、そうではない内在を「純粋内在」と呼ぶことにする（これについても後で再定義する）。純粋内在の哲学にとって、その先駆者となるのは、何にもましてスピノザであり、純粋イマージュ論を展開した刹那のベルクソン（『物質と記憶』第一章「純粋知覚」にかんする箇所）、そしてドゥルーズ＋ガタリ『哲学とは何か』である。ドゥルーズの『シネマ』は本来的にはこの「純粋内在」の哲学であるし、そのように読まなければならないが、あくまで映画という具体物を参照し続けるかぎりで、哲学ということにおいては、とてもよくできた比喩の水準にとどまっているといわなければならない。

ドゥルーズのプラトン評価は、この「純粋内在」をめぐって二重である。一方の否定的評価としては、まさに古代ギリシアのポリスにおいて、法も正義も真理も能力も結婚もすべてを競技によって決定せんとする純粋内在の思考様式が現れていたのにたいして、まさにそれを批判するしかたで、超越としてのイデア論的構造を導入したという純粋内在の抑圧者としてのプラトンがいる。もう一方の肯定的評価としてのプラトンは、とくに『ソフィスト』におけるプラトニスムの転倒の議論にかかわるが、「非 - 存在」と「シミュラークル」(=ファンタスマ・幻影)を中心に彼自身のイデア論を転倒しようという方向性を隠しもった、第一のプラトンを自ら裏切らんとするプラトンがいる。超越という相関物をもつかぎり「シミュラークル」は、偽の劣ったものでしかないが、超越をもたない「純粋内在」においては、すべてがシミュラークルでしかなくなるがゆえに、それはもはやシミュラークルとは呼ばれないものになるだろう。それは、むしろ「純粋内在」における存在様態、あるいはたんに内在の様態であって、純粋内在とそれ以外の何かがあるわけではない。

三　純粋内在の論理としての非全体の論理

純粋内在について論じるにあたって、いくつかの要請あるいは同じことだが公準 postulate が見いだされる。現時点でわたしにわかっているのは、そのうちの二つであるが、これら(とくに公準(2)

と（3）はいずれ修正される必要があるだろう。まずは、部分－全体関係について述べなければならない。

通常の部分－全体関係は、還元主義にせよ全体主義にせよ、以下の形式に収まる。

$$\Sigma_i \text{部分}_i \leq \text{全体} : i \in I : \text{部分のラベルの集合}$$

還元主義の場合、左と右の式が等号でむすばれ、全体主義の場合、「小なり」で結ばれる。「小なり」で結ばれる場合には、部分と全体のほかに第三の要素が用意されることになり、それが「創発」するとか、構造や関係として実在するとか、いろいろなことがいわれるが、いずれにせよ、巨視的に見た関係式それ自体は動かない。

この部分全体関係式は、男性の論理を帰結する。つまり、超越、境界画定者としての全体が、部分の総和としてであれ、それを超えるものとしてであれ、いずれにせよ設定可能になる。それゆえ、この関係式を純粋内在のための論理においては無批判に認めることができない。

注意しなければならないのは、単に男性の論理を攻撃し排撃し否定すればよいということをいっているわけではない、ということだ。この当然のように前提される部分全体関係式が、平行線公理のように、実のところ、単なる公準でしかないということ、つまり普遍的に成り立つ（古典的な意味での）公理ではなく、特定のモデルにたいして妥当するような理論的公準であるということを認めようということだ。つまり、そうであれば、これとは異なる部分全体関係もまた、それが一緒に前提される他の前提にたいして相対的に無矛盾であるかぎり認められうるということだ。ではいかなるものが考えられるのか。

公準（1）：いかなる真の部分も、そのうちに全体を含む。

注釈：部分と全体は異なるので、部分が全体を含むからといって、部分が全体であるというわけではない。後で見るように、部分のうちに全体が含まれるということは、必然的に、部分それ自体が自律的に運動的であり、プロセス的であるということを含意することになる。

定理（1）：どのような真の部分の総和的組み合わせも、真の部分に含まれる全体を帰結しない。いいかえれば、それが真の部分を含むならば、いかにそれを数え上げても、「それがすべてではない」といわねばならない。いいかえれば、真の部分の組み合わせは、つねにそれにたいする異他的なもののの侵入可能性に曝される。

証明：いかなる全体も、それが真の部分に含まれる全体であるかぎりでの全体であるのなら、真の部分のうちに含まれる。真の部分の総和というものがあったとして、それがもし全体であるなら、それは何らかの真の部分のうちに含まれるのであって、その意味では部分でしかない。またそれが部分でしかなく、それの類あるいはカテゴリーを指定できないということは、その組み合わせそれ自体もまた特異的なものでしかないということであり、そのかぎりで、その組み合わせはまたそれにとって異他的なものを何らあらかじめ排除することもできない。

ただし、このような公準を設けるためには、実のところ、「全体」という概念を新たに定義しなおしてやる必要があった。なぜなら、既存の部分全体関係式は、実のところ、それ自体が「全体」の定義式（全体主義の場合はその一部）となっていたからだ。しかし、ここでは、真の部分に含まれる全体は、真の部分の特徴を定める公準において前提されることになる。したがって、この公準とは別に全体の定義が必要になり、実際これは後でなされる。それにもかかわらず、今これを先に提示したのには理由がある。

全体を枚挙できない、部分からの創発によっても全体が構成できない、つまり絶対的に完全な全体それ自体というものは措定できない、のだとすると、これまでには当然のように前提とされてきた多くのことが不可能になる。たとえば次のことがそれにあたる。

・可能な組み合わせの枚挙によって全体を把握すること。
・内容と形式を分離し、形式から出発して普遍的に妥当する帰結を特権的に導くこと。
・可能性の全体から形式にかんする必然性を導くこと。

これらはいずれも、超越論的と形容されるようなあらゆる哲学において、不可欠な構成要素であるが、そのいずれもが、この公準のもとでは、何らかの制限条件（具体的には、「それがすべてではないが」という但し書きが常に付されるということ）なしには成立しない[14]。つまり、〈問題 - 解決〉型の知能モデルにおいて必要と考えられる多くの特徴が、この公準のもとにおいては、制限抜きには成り立たないということだ。

これらの構成要素が使えないということは、要するに、哲学において客観的あるいは普遍的と呼ばれるようなある種の判断にたいして、その権威および妥当性を保証する審級が機能しないということでもある。そこでさらに根本的に、なぜ哲学はこのような審級を必要としてきたのかと問うなら、その答えは、哲学固有の領土から情動的、感情的、情念的、衝動的なものを排除するためだ、と答えざるをえない。情動的なものとは、いいかえれば、カテゴリー、類、同一性にとっての異他的なものであり、繰り返すが「それがすべてではない」によって代理表象されるところの当のものを肯定することを実現する衝動である。この情動的なもの、衝動的なものを排除、抑圧せよというドグマが肝であり、このドグマこそ、それを退けようとする非全体の論理が、女性の論理とラカンによって呼ばれる理由である。

公準（2）：全体を完全に見渡すことなしに、何らかの限定（規定）があるものにたいして与えられることを可能にするのは、限定される当のものがそのうちに含んでいる全体のそれにたいする異他性である。

公準（3）：それが内に含む全体との異他性は、それを特異な何ものかにする。それのそれらしさとはその特異性あるいは特異性の配置であり、この特異性がそれをそれ自身とし、かつそれをそれとして表現するような衝動（コナートゥス）を生み出す。力あるいは欲望とは、それにおのずから含まれる特異性が、それみずからのものとしてそれに受け入れられたときに、この衝動についていわれる。

注釈：衝動とは、物体の運動においては、ポテンシャルといわれるものであるだろうし、生き物においては自他がもつ力の実感のようなものであるだろう。いずれにせよ、そのような衝動は、それがそれらしく自律的に変化することを可能にするものである。あるいは、より身近なものとしては情動であり、「それではなくこれを選ぶ」という選好や趣味の起源にあるものでもある。

公準（3）でいわれる衝動は、スピノザのいう意味での「コナートゥス」と解釈されたプシューケーだといってもよい(15)。その場合のプシューケーとは、アリストテレス的な意味ではなく、宇宙霊魂をも許容するプラトン的な意味であり、もっぱら「動の原理」と解釈されたプシューケーである。スピノザの場合、コナートゥスは物体の事例で考えるなら「慣性力」との関係をもつが、その場合の「慣性力」とは、むしろ個物がその本質を変じずにその個物のままであろうとする傾向性のようなものとして理解されるかぎりにおいて、ここでの力の理解とそう遠いわけではない(16)。

これらの公準が主張するもっとも重要なことは、いかなる限定（規定）もカテゴリー的に、可能的に、形相的におこなわれることはなく、規定作用の根本は情動的なもの、すなわち衝動（コナートゥス）であるということである。いいかえれば、いかなる限定も特異的なものでしかありえない。なぜなら、そのように限定された部分は、それを含むいわゆる全体を予め前提しえないがゆえに、その部分が一般的なのか、特殊的なのかということを判定することができないからだ。それを含む全体が参照されないのだから、いかなるものも特異的なものでしかありえない。逆に、この意味での情動あるいは力が、制度化された何かによって抑圧され、迂回路あるいはサーキットを形成することが、いわば、男性の論理における去勢に相当する。それに含まれるすべてが去勢されるがゆえに、それが全体なるものとして顕現するのだ。

以上の公準（1）は、本来的には、次節で論じることになる、内在と全体のあとに、公準（2）は、さらに限定の定義の後におかれなければならない。また前節で述べたような問題を提起することにおけるカオスのかかわりを理解するためには、カオスと内在の関係も見ておく必要がある。順序が前後することになるが、これらについて見てみることにしよう。

四　純粋内在の哲学：内在について

定義（1）：内在するという語は、何かが何かに内在するA est immanent à B/A is immanent in Bというように用いられ、この語はAがBのうちにあるということを意味するものと解される。

定理（2）：内在するという語が用いられるものには、何か別のものに内在するものと、同一の何かに内在するものの二つがある。

証明：内在するという語の前後にあらわれるAとBについて、A＝Bの場合と、A≠Bの場合のそれぞれしかないので自明。ただしこの場合の同一性は、いわゆる外延的同一性あるいは同じことだが指示対象にかんする実質的同一性ではなく、定義にかんする形式的同一性しか意味しえない。つまり、同一の何かとは、定義において互いに識別不可能な何かという意味である。なぜなら、ここでは定義されたもの以外のいかなるものの存在も前提とされていないから。同様に、非同一性もまた形式的な非同一性であり、それを表す概念それ自体の差異における非同一性である。つまり異なるものとは、定義が異なるものという意味で解さなければならない。

定義（2）：純粋内在という語によって、同一の何かに内在するもの、あるいはそれ自身のうちにあるもののことと解し、相対的内在という語によって、それとは異なる何かに内在するもののことと解する。

注解：同一の何かに内在するものが純粋内在であるなら、純粋内在は純粋内在に内在するのでなければならない。

定義（3）：超越という語によって、相対的内在が内在する当のもののことを解する。

定理（3）：相対的内在には内在しうるが、純粋内在は相対的内在に内在しえない。

他方で、相対的内在は純粋内在に内在しうる。

証明：純粋内在が相対的内在に内在しうるなら、このことは相対的内在を介して、純粋内在が超越にたいして内在しうることを導くが、これは純粋内在の定義に反する。また相対的内在Aが相対的内在Bに内在することは、相対的内在Bの超越が相対的内在Aの超越でもある場合に、成り立つ（なぜなら相対的内在に超越が内在することは、相対的内在の定義に反するから）。ゆえに、純粋内在が内在するのは、純粋内在のみである。また、相対的内在Aが純粋内在に内在することは、相対的内在Aにたいする超越が、純粋内在のうちにある場合、成り立つ。ゆえに。

定理（4）：純粋内在だけがあるか、純粋内在のなかに内在する超越と相対的内在があるか、相対的内在だけがあるか、のいずれかである。

証明：定理（3）から明らか。

注解：ただし、純粋内在だけがある場合、男性の論理あるいは通常の意味での部分全体関係式はいかなる条件においても成立しない。それにたいして純粋内在のなかに相対的内在が内在する場合、以下で見るような偽の全体が成立するという条件下において、その範囲で既存の部分全体関係式が使用可能になる。以下では、公準（1）および（2）により、後者の場合のみを考え、同様の理由により相対的内在のみがある場合も考えないことにする。

定義（4）：限定するという語は、AがBを限定する、あるいは同じこととしてAがBの限定となるというように用いられ、この語は、AがBにたいして、制限を与え、定めることで、BのうちにBともAとも異なるある何か別のものを構成する、あるいは同じことだが産出することとして解される。

注解：Aという限定が、それによって産出されたものと同じでないことは、たとえば、三辺が等しいことという限定Aが、任意の三角形というBにたいして与えられることで、Bのうちに正三角形というAともBとも異なる別のものを構成することから容易に理解されうる。また公準（2）より、この限定を与える原因となるものは、本質的には、Bが内在するものが内に含む全体との齟齬から生じる力である。

定義（5）：無限なものという語によって、それ自身が何ものによっても限定されないもの、同じことだがそれ自体としていかなる限定もその不可欠な構成要素として含んでいないもののことと解する。また有限なものという語によって、無限なものがそれ自身とは異なる何ものかによって限定されるもののことと解する。

注解：この意味での限定は、古代哲学者アナクシマンドロスの意味での限定であり、したがって無限とは、アペイロンのことと解されうる。したがって、数学的な（あるいは単に集合論的な）無限をここでの無限概念のモデルとして理解することはできない。

公準（4）：存在するのは純粋内在とその様態あるいは同じことだが限定されたものであって、それ以外の何ものでもない。

定理（5）：純粋内在は、いかなる限定であれそれを受け取ることをあらかじめ退けないが、純粋内在がそれであるために何かによって限定されるということはない。つまり純粋内在は無限なものである。

証明：純粋内在は、純粋内在自身に内在するにもかかわらず、もし何かによって限定されることで純粋内在であるならば、それを純粋内在たらしめている何らかの限定と、その限定を受け取る純粋内在ではない何かがなければならない。しかし、これは公準（4）に反する。

注解：純粋内在はいかなるものによっても限定されないにもかかわらず、公準（3）より、ひとつの純粋内在は特異なものでもある。定義において同一であるが、同時にそれは無数に特異なものでもある。

定義（6）：全体という語によって、限定が与えられた当のものと有限なものとの関係のことと解する。部分という語によって、この全体にたいして限定が与えられて産出されたものと限定の与えられたものとの関係のことと解する。

注解：このような定義においては、部分の総和がやはり全体にはならないことに注意されたい。なぜならこの場合の全体とは、限定されたものにたいする無限定なもののことであり、いかに限定されたものを集めても、限定される以前の無限定なものにはならないから。つまり、部分の総和にたいして、「それがすべてではない」といわれうる。器官を集めても万能細胞にはならないし、種を集めてもボディプランにはならないのと同様。

定理（6）：純粋内在は、それにたいして限定が与えられて生み出された有限なものとの関係にかんするかぎりは、それにたいする全体と呼ばれ、その有限なものは、この全体との関係においては、部分あるいは様態と呼ばれる。同様に、ある部分もまた、それにたいして限定が与えられて有限なものが生み出される場合には、その有限なものとの関係にかんするかぎりはそれにたいする全体と呼ばれる。

証明：定理（5）および定義（6）から明らか。

定理（7）：純粋内在がそれ自身との関係において全体と呼ばれることはない。純粋内在は純粋内在にたいして全体ではない。あるいは端的に、純粋内在のみを考慮する場合、純粋内在は全体ではない、あるいは別のいい方をすれば、いかなるものも純粋内在の全体ではない。

証明：定理（5）より、純粋内在は純粋内在であるためにはいかなる限定もなされないがゆえに、定義（6）が妥当しないから。全体はあくまで限定された当のものとの関係においてのみいわれるのであって、それ固有の性質として妥当するのではない。

定義（7）：偽の部分という語によって、真の部分ではない部分のことと解する。

定理（8）：有限な内在あるいは様態は、当の限定の与えられた純粋内在との関係において部分であるが、それが真の部分であれば、そのうちに純粋内在を含む。いいかえれば、真の部分である有限な内在あるいは様態は、そのうちに全体を含む。そしてその意味で、真の部分である有限な内在は、特異なものであり、それらしい衝動をもつ。

証明：公準（1）、（2）、（3）および定理（6）より明らか。様態たる部分にたいする全体は、限定を受け取った当の純粋内在である。ところで、純粋内在は、そのうちに含まれる純粋内在をもつ。ある純粋内在のうちにある純粋内在とそれがうちに含まれる純粋内在とは、定義によって形式的に同一であり、概念上識別不可能である。ゆえに、有限な内在あるいは様態は、純粋内在を含むかぎりにおいて、全体をそのうちに含む真の部分である。

定理（9）：真の部分ではない部分を、真の部分を全体として、そのうちに含まれる純粋内在を切り離すような限定が存在する場合にかぎり、真の部分から偽の部分と真の部分を産出することができる。このとき、この偽の部分のほうは、そのうちに全体を含まないがゆえに、それの総和によって公準（1）を満たさない全体を作ることができる。また同様の理由により、偽の部分は、特異的ではなく、偽の全体にたいして特殊的か一般的かのいずれかである。

証明：定理（6）、（7）、（8）、公準（3）から自明。ただし、ここではそのようなことを可能にする限定がいかなるものでありうるのかについては考慮していない。

定義（8）：超越という語によって、このような偽の部分の総和と一致するような、公準（1）を満たさない全体のことと解する。またこのような超越である全体のことを、公準（1）を満たす全体および先に定義された全体と区別して、偽の全体と呼ぶように定める。
注解：このときこの超越が、純粋内在のうちに内在することは明らかであり、それゆえ相対的内在が、この超越にたいして内在するもののことであることも明らかである。

定理（10）：真の部分である有限な内在あるいは様態は、相対的内在ではない。
証明：相対的内在であれば、それは超越にたいして内在する。もしそれが真の部分であれば、その部分にたいする全体たる純粋内在をその内に含む。純粋内在を内に含むならば、その真の部分の総和は超越とはならない。ゆえに、定義（3）および定義（8）よりそれは相対的内在とは呼ばれえない。

定理（11）：ある純粋内在と、その純粋内在に内在する純粋内在と、その純粋内在が内在する純粋内在は、それら三者がいずれも内在に内在するかぎりにおいて、同じ純粋内在の名で呼ばれなければならないが、内在するという述語的関係のかかわりかた、あるいは同じことだがその関係の方向あるいは述語の相において区別されうる。いい方をかえれば、ある純粋内在はそれが含む全体によって特異なものでしかないがゆえに、そのかぎりでは多であるような一である。また、それらは「AはBに内在する」という述語的関係において、方向において非対称である。
証明：公準（2）および（3）、そして純粋内在がそれ自身のうちにあることであるという定義（1）を考慮し、かつそれらが形式的に同一であることを考慮すれば、容易に理解できる。

注釈：純粋内在が同じ名で呼ばれるにもかかわらず区別されうることに不安を覚えるひともいるかもしれない。しかし、二つのものが同じ定義を満たす以上、つまり、定義を構成している性質や構造をもっている以上、それらはその定義された名にかんするかぎり、同じであるといわなければならないことは自明である。それは、あるひとが描いた三角形と、別の人が描いた三角形が、同じ三角形の定義を満たしている以上、三角形という名において同じであると認めなければならないのと同様である。ところで、異なる長さの三辺をもつ三角形の各辺の中点を結ぶことで新たな三角形が構成され、同様に無限に最初の三角形を含む方向にも最初の三角形が含む方向にも、大きい三角形と小さい三角形を構成することができるが、このとき、それらが同じ三角形であり、それらが無限の系列を形成する場合、もはやどこに最初の始点がおかれたのかさえ判明でなくなるにしても、少なくともある三角形と、その三角形を含む三角形と、その三角形が含む三角形という三者は、容易かつ同時に区別することができる。以上のことを認めながら、ある内在とその内在に内在する内在とその内在が内在する内在とを区別することを不可能とするのは不条理である。

定義（9）：純粋内在Aのうちに含まれる純粋内在Bは、「内在する」という動詞の相、あるいは同じことだがその方向において非対称であり、純粋内在Aの様態にとって、純粋内在Bは、公準（2）および定理（8）より異他性を生み出すところの内なる全体である。このとき、純粋内在Aにおける他者という語によって、この様態に侵入可能な異他性それ自体が、不在それ自体を表現するものとして純粋内在Aの様態となったもののことと解する。

定義（10）：無限速度という語によって、ある純粋内在Aに内在する純粋内在Bと、その純粋内在Bが内在する純粋内在Aとが、概念的に識別不可能であるのみならず、実質的に重ね合わせられることと解する。いいかえれば、実質的に重ね合わせられるとは、この場合、純粋内在Aと純粋内在Bはその特異性において区別され、かつ「内在する」という動詞の方向において非対称であるかぎりで排他的であるにもかかわらず、純粋内在Aでありかつ純粋内在Bであるということが成り立つということを意味する。また、このことはある純粋内在Bをそのうちに含むある純粋内在Aの真の部分においても同様の語が成り立つ。また、それらが実質的に重ね合わせられないとき、それらは有限速度であるといわれる。

注解：無限速度とは、いい方を変えれば、ある運動体の速度が無限であるがゆえに、その運動体が現に運動しているその状況に追いつくことで、自分が運動していることそれ自体に出会ってしまうことである。あるいはあるものによって作られるものとあるものを作るものとが重なりあうこととも解される。つまり能動と受動、主体と客体、表と裏の、ただしそれらの区別それ自体は維持されたままの、無媒介的な接続のことである。

定理（12）：有限速度の無限な純粋内在は、その方向の系列において互いに無際限に区別されうる。そして無際限に区別されたそれぞれの純粋内在は、そのように区別されたある純粋内在をその内に含む。このとき、公準（2）より、内に含む純粋内在とそれ自体との異他性によって（有限速度なので）、衝動が働き、それによってその異他性をその衝動が自律的かつ特異に表現ないし展開する。

証明：定理（11）より、それらの区別が無際限に続けられうることは明らか。また定理の残りの部分は、純粋内在の定義及び公準（2）、（3）より明らか。表現ないし展開とは、力の発動による自律的な運動変化、つまり動的生成（デュナミス）のことである。

定義（11）：内在平面という語によって、内に含むある純粋内在を自律的に表現する有限速度の無限な純粋内在のことと解する。

注解：つまり内在平面は、それが内に含む純粋内在それ自体あるいはその純粋内在の様態にとってその全体との齟齬を自律的に表現する、ということである。端的にいえば、内在平面は一つの純粋内在をそれ自身のうえで表現する。

定義（12）：カオスという語によって、無限速度の無限な純粋内在のことと解する。

注解：カオスは無数に多として異他的である純粋内在が、ある一つの純粋内在として縮約されることで生じるのであって、純粋内在の外にカオスがあるわけではないし、純粋内在がカオスにたいして内在しているのでもない。カオスは純粋内在にかんする諸定義が不可避に引き起こす一つの極であって、その意味では純粋内在の強度的な、あるいは同じことだが連続的なバリエーションのうちの一つである。

定理（13）：カオスなしの純粋内在とは矛盾した概念である。

証明：カオスなしの純粋内在というものがもしあるならば、それは有限速度の無限な純粋内在しかないということと解されうる。このとき、その速度を限定しているものを極限として、異なる内在平面のすべてを数え上げることが可能になる。その場合、この数え上げられた内在平面のすべては、内在平面の偽の全体として絶対化される。絶対化されるということはつまり、そのうちにはもはや未展開の全体が含まれない、つまりいかなる異他性も排除されるということである。このときこの絶対化された偽の全体を超越として、すべての内在平面はそれにたいする相対的内在と化す。ゆえに、それが純粋内在であるという前提に反し、矛盾する。反対に、カオスがあるならば、そのような絶対化は常にカオスそれ自体によって覆される。つまりすべての内在平面ということがいえるならそれはカオスであるということだが、それがカオスなのであれば、カオスは無限速度であるがゆえに、内在平面のすべてを固定し、絶対化することができない。ゆえに。

注解：カオスは、一つの内在平面にとっては破壊者でもあるが、同時に内在平面を純粋内在にとどめておくことを可能にするための不可欠な要素でもある。それゆえ、決して祓ってしまうことのできないカオスとどのように向き合い、むしろその力をいかに借り受けるのか、ということが純粋内在の哲学においては、とりわけ重要な課題となる。

五 内在の哲学の展望：認識論との関係、構成主義的認識論のパラドクスから内在認識論 Endo-Epistemology へ

以上の議論は、内在の哲学の冒頭のごく一部であり、このあとさらに長い道のりが続くことになる。しかし第三節までに提示された主要な概念の多くは以上に登場しているので、紙幅の関係上、ここでやめておく。また、いかなる実在的な指示対象も想定せずに、定義と公準だけから哲学を始めることができることについての、哲学史的な正当化についてもここではやらない[17]。ただ一言、それは第二部第8章で見たように、スピノザ主義者カヴァイエスの「概念の哲学」の構想の解釈から導かれるとのみ述べておく。また第三節でも述べたが、以上の議論は、ドゥルーズ＋ガタリの遺作となった『哲学とは何か』の議論を再構成することを一つの重要な目的としている。たしかにその目的のために、彼らが明示していない多くのことがらに言及しているので、その要不要は、『哲学とは何か』の解釈問題として別途議論されねばならないだろう。

確認しよう。知性の問題論的転回において、そのもっとも大きな設定の変更は、部分が全体をそのうち含む、という部分全体関係の転倒と、全体の絶対的な措定が不可能であるがゆえの情動的である衝動を主軸化しなければならないという二つのことがらが要請されたことである（公準（1）、公準（2）、公準（3））。そしてこのような公準を支え、それとともに展開される「内在の哲学」は、第四節で見たような構成をとることになるだろう。もちろん、ここで不完全なまま開示されたのは、その冒頭のごく一部に過ぎない。

最後に、このような「内在の哲学」がどこまでいくのか、ということの見通しの一部を述べて、結論にかえたい。

ドゥルーズ+ガタリは『哲学とは何か』において、（数学を含む）科学と哲学と芸術の三つをそれぞれ、平面、人物、点というそれぞれ特異性から生じる三要素からなるものとして描き、それが脳において交差するということを論じる。このとき、通常の設定で読めば、これらは単に、人間の三つの高尚な能力を、脳という最近の主題において哲学者らしく位置づけなおしているだけだというように理解される。しかしこれは誤りであることが、テキスト内の随所にちりばめられている細部において確証される。であれば、彼らは何を考えているのか。

ここにおいてもやはり部分はそのうちに全体を含むという公準（1）が効いてくるし、無限速度という概念が意味をもってくる。

詳細を省いて、結論だけ見れば次のようになることが予想される。われわれがいかに物（あるいは自然）を認識するか、あるいはいかに関数を構成するか（つまり科学）は、物（あるいは自然）がわれわれをいかに構成するかということを映しており、われわれがいかに感情（あるいは生）を構成するか（芸術）は、感情（あるいは生）がわれわれをいかに構成するかを映しており、われわれが観念（あるいは脳）をいかに構成するか（哲学）は、観念（あるいは脳）がわれわれをいかに構成するかということを映している、ということになる。なぜなら、構成されたもののうちに構成するものの全体が含まれるということが、内在の哲学においては可能だからだ。つまり、いかなる絶対的な基準ももたない、つまりいかなる超越もその外におかない純粋内在においては、われわれが世界をいかに作るかは、世界が内在においてわれわれをいかに作るのかということと照応しているのだ、ということを前提にしないのであれば、われわれはわれわれがいかに作られているのか、ということを決して知りえない、ということだ。

だから、芸術が情動あるいは力を、科学が物あるいはそれとかかわるかぎりでの知覚を、哲学が脳あるいは観念を表現するからには、それらおよびそれらのあいだの錯綜した関係について理解することは、それら以外のことを理解することでもある、ということになる。ドゥルーズ＋ガタリの『哲学とは何か』において、科学と芸術と哲学が特権的に論じられるのは、しばしばいわれるように単に彼らがエリート主義だからなわけではない。これらこそ「来たるべき民衆」が自らの自由のために新たに奪取しなければならない力だからだ。すべての民衆は、自らの自由のために、科学と芸術と哲学の諸力（もちろん、これらは既存のそれらとはもはや同じではないはずだが）を、それを規制しそれを使って人々の序列階層化をもくろむ可能な諸制度から（ただし、そうとは気づかれないままに）奪い取らなければならない。内在の哲学は、そのことを肯定しまた加速するためにこそ、諸観念を新たに作りなおすだろう。

謝辞

本章の議論は、郡司ペギオ幸夫氏、中村恭子氏、黒木萬代氏、久保明教氏らによる指摘および議論に負っている箇所があるが、とくに郡司氏と黒木氏の指摘は本章においてはいまだ十分に反映させられておらず、今後の課題となっている。ここに記して感謝する。

また、本研究はＪＳＰＳ科学研究費補助金（科研費）26284004, 16K13302, 16H05934の助成を受けたものである。

15　哲学の外部であり同時にその内在平面でもある「脳」

——「思考するのはまさに脳であり、人間ではない。なぜなら人間とはひとつの脳的結晶化にすぎないのだから」というドゥルーズとガタリ『哲学とは何か』結論部の文言の読解について

一　問題提起：主題的に注解される文言の提示

ドゥルーズとガタリの『哲学とは何か』（一九九一年刊）は、ドゥルーズとガタリの（特にこの著作についてはガタリによってドゥルーズの本だといわれるように、ガタリとともに思考したドゥルーズの）哲学を総括するものとして位置付けられており、まさに題名にあるとおり、「哲学」についての著作である。しかし、この著作を実際に紐解いてみると、多くの歴史的に重要である総括的な哲学的著作がそうであるように、非常に重層的でありかつ多面的でもある構造的体系をなしており、その含意を正確に読み取ることは難しい。

まず哲学についての議論に限定してみても、その議論の構造は三層（実際には二層だが）になっていることがわかる。まず基本となる層（第二層）において、ドゥルーズとガタリが哲学一般を構成していると考えている三つの大きな構成要素、すなわち「概念」、「内在平面」、「概念的人物」からなる彼らが哲学を記述するための用語が用意される。また細部を検討すれば、これら大きな構成要素を構成する下位概念として、「強度」、「速度」、「運動」、「無限」、「縦座標」、「不可識別ゾーン」、「カオス」、「カオイド」などが位置付けられており、これらの下位概念によって先ほどの大きな三つの構成要素が規定されていることもわかる。ここでこれらについて立ち入った検討はおこなわないが、いま注意したいことは、これらは他の哲学者の哲学（プラトン、デカルト、カント、フッサールなど）について論じるときにも、ベースとなるコトバとして用いられるということである。そして、この基本となる第二層の上に、この層のコトバによって論じられ、分析され、位置付けられる（ドゥルーズとガタリのコトバでいえば、地図が描かれる）諸哲学の体系からなる第一層が置かれる（これをドゥルーズは、哲学「史」ではなく、「地理哲学」と呼ぶ）。最後に、ドゥルーズとガタリ固有の哲学体系が、この第二層と連続する第三層、むしろ第二層を部分として含んでその外に広がる第三層として即自的に位置付けられると同時に、第一層に属するものとして対自的にも位置づけられる構えを用意する（実際にはそれは構えあるいは理論的可能性にとどまっており実際にはなされていない。それはむしろ読者のための練習問題として用意されているとも読める）。

さらにこの哲学の相（層ではなくフェイズあるいは面という意味での相）が、科学の相と芸術の相との相互干渉関係におかれるために、それぞれの相が独立に分析される。また哲学にも科学にも芸術にもなりきらない、その手前で立ち止まり逡巡するイデオロギー的思考としての「オピニオン（＝ドクサ、臆見）」の相（それは相というよりも混雑し一貫性を欠いたクラウドに近い）も用意される。

実際のところ、議論がこの段階でとどまっていたなら、ドゥルーズとガタリの『哲学とは何か』は確かに重要ではあるが、回顧的な著作として評価されただけだったかもしれない。これらの議論を踏まえたうえで本質的に問題となるのは、その「結論」である。そのなかでも以下に引用する文言は「結論」全体のなかでももっともわかりやすくドゥルーズとガタリの『哲学とは何か』の思考を表現している。

> 思考するのはまさに脳なのであって、人間ではない。なぜなら人間とはひとつの脳的結晶化 cristallisation cérébrable にすぎないのだから。（ドゥルーズ＋ガタリ 2012：353）

思考するのは人間ではなく脳だ。この文言ほど一見してわかりやすいものはない。しかしそれだけ一層、多くの注意と多くの注解が必要とされている文言でもあるのではないか。脳が思考しているというのは、日常的なドクサにおいてはとても自明なことのように思えるだけに一層そうなのだ。そして考えれば考えるほど、そこには「自明である」の一言で済ますことのできない何かがある。本章ではこのことを可能なかぎり明るみに出すべく、以上の文言の注解を試みるものである。

二　予備的考察（1）：この文言はどのようなものとして解釈してはいけないのか

「思考するのは脳だ」というのは誰か。それは第一には脳科学者を筆頭とする自然科学者である。彼ら自然科学者は何の矛盾もなく、思考するのは脳であると主張し、だからこそ人間の思考を解明するためには脳について科学的な実験と理論に基づいて研究することが、そしてそれだけが必要であると主張することができる。二番目に手を挙げるのは、心理学者や認知科学者であり、彼らはもう少しだけ間接的な位置に置かれる。彼らが研究するのは人間の心や認知にかんする振る舞いであるが、最終的にはそれらは脳の作動に還元されるのであり、望むらくはそれが脳科学によって解明される諸事実と矛盾なく関連付けられることで、それが脳の機能の発現についての研究であるといえることが彼らにとってよいことだと考えられている。最後に手を挙げる自然主義（科学的自然主義）を標榜する科学哲学者はもう少しだけ奇妙に自虐的な位置に置かれる。自然主義的な科学哲学者は、自身のおこなう哲学的議論は、最終的に脳科学の成果のために消費され、今は議論というしかたでしか論じれない事柄も、最終的には科学的実験と理論の検証によって置き換えられることが望ましいと考えることで、「思考するのは脳だ」と自己矛盾なく述べることができる。

通常、「思考するのは脳だ」というのは、彼らである。とすると最初に考えなければならないのは、ドゥルーズとガタリは、彼らの一部に属するのかということだろう。もちろん答えは否である。ドゥルーズとガタリのそれまでの議論を念頭におけば、このように即答されることになる。しかし、そうだとすれば、いったい彼らは何をいっていることになるのか。

実際、ドゥルーズとガタリがこれらの人々の一部として発言しているわけではないということを表明している箇所を確認してみよう。

構成された科学的対象として扱われる脳は、オピニオンの形成とそのコミュニケーションの器官でしかありえない、ということに驚いてはなるまい。なぜなら、漸進的な連結、および中心における統合は、いぜんとして再認の偏狭なモデルの支配下にあるからだ（認知と実践、「これは立方体だ」、「それは鉛筆だ」……）。また、脳にかんする生物学は、以上の点で、このうえなく硬直した論理学と同じ諸公準にしたがっているからである。（ドゥルーズ＋ガタリ 2012：351）

「構成された科学的対象として扱われる脳」ということで彼らが述べているのは、端的に科学的探究の対象として解明されつつあり、またされるであろうところの脳ということを意味する。脳を諸機能の統合体としてみなし、それによってたとえば、視覚情報と言語情報（聴覚的情報と運動情報）を統合し、表象を構成して対象を再認し、行為へと連絡するものとしての脳という描像が、被験者の目の前にある対象と、その被験者の発言との対応において考えられているかぎり、思考が何であるのかなど決してわからない。わかるのはせいぜい刺激‐反応的なオピニオン、あるいはその時代のイデオロギーの特性だけである。

以上の批判が脳科学者にとって意味のあるものであるかどうかはここでは問わない。ここで確認すべきことは、ドゥルーズとガタリが、すでに見たような「思考するのは脳だ」というものたちから自らを激しく峻別する素振りを見せているというその事実である。それでもまだ、それは現行の自然科学的探究の不十分さを補う自然主義的科学哲学者とは矛盾しないのではないか、という期待は次の文言によって裏切られる。

脳は、精神そのものである。（ドゥルーズ＋ガタリ 2012：354）

「精神」、これは日常の用法における精神ではなく、いわば哲学固有の概念としての「精神」を指す（そのことが強調によって示されている）。哲学者たちがかつて「精神」と呼んできたものは、実際には脳の機能あるいは作動様態の一種に過ぎない（ゆえに、それは哲学固有の概念ではなく、たんなる物理的な機能として科学的に解明される）、と述べるのが自然主義的科学哲学者である。しかしドゥルーズは、逆のことを述べているように見える。脳を、われわれ哲学者が「精神」と呼んできたものとみなせ、と。かつて「精神」ということで哲学が思考してきたことの一切を譲り渡すことなしに（「一切を」というのはおそらくいい過ぎなのだろうが）、それを脳として拡張せよ。これをいうのが自然主義者であるなら、自然主義は内部崩壊することになりかねない。

もう一つ、自然主義的科学哲学と相いれない点として、ドゥルーズとガタリが考える哲学と科学の関係が、相互外部的関係であり、相互参照もなければ、どちらかによる還元や基礎づけもない関係であり、ただ相互の局在的な干渉と、芸術と三者の外部をも巻き込んだ局在化されえない干渉とによってのみ関係するような関係であるという点を挙げることができる（ドゥルーズ＋ガタリ 2012：

364-)。ドゥルーズとガタリにとって、哲学が自然科学へと解消されることを期待するタイプの自然主義者は自らと相いれるものではない。あるいは端的にいって、自然科学によって探求され、解明されるかぎりでの脳は、そのかぎりでの脳に過ぎない、ともいえる（だからその価値がないということは含意されない。むしろそのかぎりでその価値は絶対的に担保される）。つまり、それ以外の可能性にたいしてもドゥルーズとガタリは開いているということになる。

三　予備的考察（2）：この文言はどのような文脈において解釈されるべきなのか

そうだとすると彼らはいったいどのようなつもりで「脳」といっているのか。これが本章の問題であり、冒頭に掲げた文言が解釈を要する理由である。彼らが実際に脳について何を考えているのか、ということを見るまえに（これは次節でおこなう）、まずは彼らの言説全体がどのような文脈に置かれているのかということを確認することから始めよう。

彼らの『哲学とは何か』がまさに題名にあるとおり、哲学とは何であるのかを問うものであり、いわば「形而上学」の可能性について探求する議論であるならば、そこに「脳」が出てくるのはおかしい、と素朴には考えられるだろう。したがってここでは、形而上学について論じる文脈でありながら、脳という言葉が出てくる可能性のある文脈を探索することになる。

伝統的な形而上学においては、プラトン以来（あるいはそれ以前から）永遠にして不動不滅の叡智界と生々流転する感性界とを峻別し、前者をとくに形而上学の探求領域とみなしてきた。形而上学をアリストテレスの意味で解釈しても同じである。それは同一律や矛盾律といった普遍学を含み、カテゴリーを横断した意味をもつ存在としての存在を探究する存在論と、原因の原因たる神を扱う神論とをもつのであり、それらはいずれもプラトン的な意味での叡智界に属することこそないが、永遠にして不滅のことがらについての探求であることは同じである。古来、形而上学には、諸学の原理・原則にたいする基礎づけ、根本的解明、始原への遡及的探究としての位置が与えられてきた。そして何よりもこの叡智界こそが、真実在であり、真に存在するものは感覚的に与えられうるこの世界ではなく、彼岸としての叡智界に属するものであると考えられてきた。このことは、認識論に存在論の肩代わりをさせることで（このいい方は若干簡単に過ぎるとはいえ）、現代形而上学に大きな改革の足跡を残したカントにおいても変わらない。彼はまさに叡智界を物自体と同一視し、その一部として叡智界に属する自由原因たる「意志」の超越論的概念について実践理性的証明を確立することこそが、形而上学の中心課題であると認めていたのだから。

この前提が大きく揺らぐことになるのは、ニーチェにおいてである、とドゥルーズはハイデガーとともに認める。[1] 問題は「神は死んだ」というあの有名な『悦ばしき知識』における議論である。ハイデガーは『ニーチェの言葉「神は死せり」』のなかで次のように述べている。

カントがまだ行っているように感性的世界をやや広い意味で自然的（形而下的）世界と名づけるならば、超感性的世界は形而上学的世界である。『神は死せり』という言葉は、超感性的世界は影響力を失っている、ということを意味する。それはもはや生を恵まない。形而上学は、すなわちニーチェにとっては、プラトニスムと解されたヨーロッパ哲学は、終わった。ニーチェは彼自身の哲学を、形而上学に対する――すなわち彼にとってはプラトニスムに対する――反対運動と解している。（ハイデッガー 1954：12）

ハイデガー自身は、このあとこの「神は死せり」という文言が含意する「ニヒリズム」の思想について検討したのち、『力への意志』と『ツァラツストラはかく語りき』において展開されるニーチェ自身の形而上学を「力への意志」と「同じものの永劫回帰」を軸とした思想として解明していく。ドゥルーズ自身もまた『ニーチェと哲学』において、ニーチェの哲学を一つの体系哲学として解明しようとしており、その点でハイデガーと比較されうるが、ここではハイデガーの解釈とドゥルーズ自身のニーチェ解釈を比較することはしない[2]。

確認すべきは、ドゥルーズは初期の著作から一貫して、ここでハイデガーが指摘しているものを「プラトニスムの転倒」と呼び、自身の形而上学、すなわち「差異の哲学」の創設の出発点に位置付けてきたということである[3]。必ずしもそのことはドゥルーズの哲学とハイデガーの哲学の近さを導くものではない。ドゥルーズはここからむしろ『差異と反復』とその前後においては「シミュラークル」の思想を導いたのであり、『スピノザと表現の問題』以降一貫して中心的な概念として位置付ける「存在の一義性」についての独自な思想を導いたのであり、クレール・パルネとの共著である『対話』（一九七八年刊）以降、「内在平面」の思想を導いたのだ、ということを確認しておけばよい。つまり、ドゥルーズが己のものとして肯定する形而上学は、先の意味での「叡智界」あるいは「超感性的世界」すなわち「形而上学的世界」の失墜を、つまりニーチェ的な「ニヒリスム」の克服を前提している。彼の前期の「差異の哲学」、あるいは後期の「内在の哲学」つまりは超越へと向かう哲学にたいする批判の哲学は、基本的にはこの前提から導かれている。つまりこのことは、たとえドゥルーズとガタリが哲学を何かしら独立した活動として位置付け、その自律した意義を認めているように見えたとしても、それは伝統的形而上学がそうであったように叡智界を真実在として認め、その真実在を探求領域とするものとしての形而上学を独立自存せしめているわけではない、ということを意味する。形而上学が、純粋に思考によってのみ把握されるものを対象とした探究だとしても(このことに近いことは『哲学とは何か』における「哲学的概念」の議論でも認められている)、叡智界の存在価値を単純に認めているわけではない以上、形而上学が何をやっていることになるのか、ということはなお問題として残る。

ドゥルーズとガタリは、形而上学において、叡知界というその対象による統一性を放棄するかわりに、それをある種の思考の運動としてとらえている。それは文字通り運動であって、彼らは哲学者をスポーツ選手に例えることすらする。形而上学は一つの正解を求め、また一つの正解を保存し、それを伝達する学ではなく、「キルケゴール風に跳ぶ、ニーチェのように踊る、メルヴィルのように潜る」(ドゥルーズ+ガタリ 2012:126) ことこそをその真の課題とするものである。「カオスに抗して己の力量を競う」こととしての、ひとつのスポーツのような哲学が問題となっているのだ。ニーチェ的にいえば、それは一つの価値を超越として受け入れるのではなく、そのような価値の超越的絶対性を断念したのち、なおある価値を創設する実効的な思考の運動である形而上学という創造行為を、己のものとして内在的に引き受けるということであるだろう。

また、「脳が《主体》であり、主体へと生成する」（ドゥルーズ＋ガタリ 2012：353）という本章の主題として引用した文言の直前の文言からも明らかなように、ドゥルーズとガタリは、従来繰り返されてきた古典的な主体概念の批判の文脈にも、彼らの「脳」の議論を置いていることがわかる。そしてもちろんこのことのうちにドゥルーズの盟友であるM・フーコーの思想の全体の反響が聞き取られる。少なくとも「主体」なるものは、「プラトニスムの転倒」以後、自明視することは許されない。「主体」という同一性と自明性の中心から出発するのではなく、無意識という暗がりから進むべきだ、といったのは精神分析だが、ドゥルーズとガタリがここでいうことは、無意識からですらなく、むしろ「脳」から進むべきだということだ。もちろん、だからこそその「脳」がいかなるものであるのかということはなお問題であり続けるわけだが。

最後に「人間」が「脳的結晶化」に過ぎないと述べられていることの背景文脈についても触れておこう。「脳的結晶化」というのはおそらくドゥルーズとガタリの造語だが、「結晶化」という言葉には、ドゥルーズが好んで引用するG・シモンドンの『個体化の哲学』における「結晶化」の議論が想起されるべきだろう。そこでシモンドンは、「結晶化」を物理的個体化の典型例として示しつつ、それが個体状のものとして「準安定状態」に至っているように見えることを指して、生命の個体化をそのような結晶化に至るまでの物語的個体化のプロセスを遅延させ、そのプロセスの途上に、別の生命的個体化の相を立ち上げることで成立するものと論じていた。その点でいえば、「結晶化」とは「脳」の「個体化」（これについては後程論じる）の暫時的終端（疑似的な終了状態）とみなしうる。

「人間」とは、そのような脳の個体化における一つの定型的終端だ、ということである。そして、このことは、同時に現象学批判としての意味をも担わされている。

現象学によれば、思考は人間と世界の関係に依存しているのであり——脳はそれらの関係から天引きされるがゆえに、それらの関係と必然的に合致するのであり、そこでは刺激が不確実さを含めて世界から天引きされ、反応がその不調を含めて人間から天引きされるかのようである。「人間が思考するのであって、脳が思考するのではない」と現象学はいうだろう。しかし、機械論と力動説への二重の批判のもとで、世界内《存在》へ向かって脳を越え出てしまう現象学の上昇は、わたしたちを、ほとんどオピニオンの圏域の外へは出してくれないのであって、ただ、根源的なオピニオンあるいは諸意味の意味として措定された根源的臆見へと連れてゆくだけなのである。(4)(ドゥルーズ＋ガタリ 2012：352)

ここでこの現象学批判の当否を問う余裕はないが、少なくとも彼らが「人間」ではなく「脳」が思考するのだというとき、それは明らかに「人間が思考する」と主張するであろう人間学的現象学全体にたいする批判を含意しているということは見逃してはならないだろう。問題にすべきは、現象学が措定するような人間など存在しないのであり、それを措定することは結局のところ、ドクサから逃れるという形而上学あるいは哲学の使命を放棄するだけである、と彼らが考えていたということである。誤解をおそれずにパラフレーズすれば、人間とはまさにドゥルーズとガタリが論じる意味での「脳」において作られたものであり、そのかぎりでこの「人間」はわたしたち脳－身体の唯一の形象ではない、ということである。

四　「結論」において論じられる「脳」の六つの特徴について

では、以上のような文脈におかれたドゥルーズとガタリの「脳」という概念には、どのような特徴が与えられているのだろうか。わたしはここでそれを六つの特徴として分節化して提示することにしたい。

第一から第四までの特徴は、結局のところ、先に述べた、哲学、芸術、科学、オピニオンという三つの相と一つのクラウドに合致するものである。したがって、ここで本来的に考えられるべきは第五と第六の特徴ということになる。

第一の特徴は「俯瞰」である。

「俯瞰」とは、概念の状態、あるいは概念に固有の無限性である。［……］概念はまさに、そうした意味で、思考の行為である。それは、無限な速度（しかしそれにもかかわらずより大きかったりより小さかったりする速度）で作動する思考なのである。（ドゥルーズ＋ガタリ 2012：40）

哲学的概念を特徴づける「無限速度」の運動によって「俯瞰」は特徴づけられている。そして「無限速度」の例としては、スピノザの『エチカ』第五部における「第三種の認識」が繰り返し挙げられている。すなわち己の永遠なる現実的本質を無限に無限な神即自然に含まれているものとして認識するあの認識である。すなわち、明らかに、ある無限が、少なくともスピノザの『エチカ』においては問題なく「永遠」と述べることのできたようなある無限がここでいわれる「俯瞰」にはかかわっている。いわば、形而上学に固有の認識（それを「認識」と呼ぶことは、カントにおいては許されないだろうが、ヘーゲルにおいては許されるような、またスピノザにおいてもヘーゲルとは違ったしかたで許されるような意味での認識）において、それを他の科学的認識から区別する「概念」の特徴は「無限速度」の「俯瞰」だとドゥルーズとガタリはいうのである。ではこの「俯瞰」と「脳」はどのように関係づけられるのか。

その脳は、脳の背後にあるひとつの脳ではなく、なによりもまず、大地とすれすれの、或る〈距離なき俯瞰の状態〉であり、いかなる奈落も、いかなる襞も裂孔も失われていない自己俯瞰である。（ドゥルーズ＋ガタリ 2012：353）

要するに、哲学に固有の概念が一つの「俯瞰」であるのだとして、その「俯瞰」するものが「脳」であり、また俯瞰されるところの当のものもまた「脳」であるということだ。「脳」は己を俯瞰することで、あるいは俯瞰することを可能にすることで、哲学を生み出す。「俯瞰」とは、ある種の観照（ただし後で見るような感覚としての、すなわち縮約としての観照とはまた異なるタイプの観照）であって、能動的であるよりもむしろ受動的である。焦点を合わせ、どこかに注意を向けるというよりも、その俯瞰されるものの全体を、細部をそのままに、統合することなしに、眺め、保存することなしに被ることである。

その脳は、リュイエが定義したように、第一の「真の形相」である。それは、ゲシュタルトでもなければ知覚された形でもない。それは、いかなる外的な観点をも参照しない即自的な形相であって、ちょうど網膜や皮質〔下構造〕の線条体がそれとは別のものを参照しないのと同じである。つまり、そうした脳は、絶対的な共立的形相なのであって、こうした形相は、あらゆる補足的な次元に依存せずに己を俯瞰し、したがっていかなる超越にも訴えることなく、次元がいくつあろうと唯一の側面しかもたず、己のすべての諸規定に対して近さも遠さももたずに共－現前したままであり、〈限界－速度〉をもたずに無限速度でそれらの規定を走り抜け、こうして、それら諸規定をみな不可分の変奏へと仕立てあげ、これらの変奏に、混乱なきひとつの等ポテンシャルを与えるのである。（ドゥルーズ＋ガタリ 2012：353-354）

ここでドゥルーズとガタリが何を「真の形相」と考えているのか、ということについてはR・リュイエの議論を参照しなければならないだろう。しかしここではその点は置いたとしても、以上の引用から少なくとも、ドゥルーズとガタリが、「脳」こそが、「俯瞰」としての哲学的概念と、その概念が場所をえる「内在平面」を「創造する能力」として現れるのだと考えていることは確認できる。

すなわち「俯瞰」とは、理性的認識に相当するものであり、悟性的には互いに矛盾するような、あるいは一方が現前するときには他方が非現前化するような諸規定を「無限速度」で走り抜けることをなしうる。「俯瞰」とは、そのような「共 - 現前」を可能にする理性的能力である。たとえば、部分のうちにその全体が包蔵されているものとして部分を眺めることは、おそらくはその意味で「無限速度」をもつ「俯瞰」の一つの例となりうる。

しかし、脳は、そうした絶対的な形相という第一のアスペクトのもとでは、まさしく諸概念の能力、すなわち諸概念の創造の能力として現れる。それと同時に、諸概念がそのうえに置かれ、置き換えられ、そのうえで秩序と関係を変え、更新され、そして絶えず創造される当の内在平面を、まさに脳が描き出すのである。（ドゥルーズ＋ガタリ 2012：354）

形相を創造するのは誰なのか。これは古来アリストテレス哲学の解釈において大問題であった。古代哲学においてそれを創造するのは、何かしら神的なものであって、アリストテレスはそれを「能動知性」と呼んだ。中世のキリスト教化（あるいはイスラム教化）された解釈において、現実態としての能動知性は神の知性と同一視され、人間に与えられるのは受動知性としての可能態としての知性のみであるとされた。その場合、人間が知りうることで、神が現に知らないことは何もない、ということになる。それはデカルトにおいても同様であり、同じ構図が神による永遠真理の創造の理論として維持されることになる。カントはその点でいえば、神の知性という古い教説のほとんどを放棄しているように見える。その代わりカントが用意するのは、人間の意識にアプリオリに備わるカテゴリーという悟性能力であり、これにしたがって諸々の概念が形成されることになる。しかしそのカントにおいてすら、カテゴリーそれ自体のアプリオリな不動性は疑われていない。「プラトニスムの転倒」という先に指定した文脈で考えるなら、ここでの「形相」を創造する「脳」とは、カテゴリー自体を否定するということではなく、むしろそのようなものを創造するのが「脳」だという意味でいわれていると解釈することができる。まさに問題になっているのは、形而上学的平面それ自体の発生である。ドゥルーズとガタリはその現場として「脳」を指定していることになる。

第二の特徴は、「縮約」である。「縮約」は、芸術の創造と生の力（あるいは生気論的な力）と特異性の感性的認識にかかわる。

《私》というのは脳である、が、《私》とは一個の他者＝異である。それは、超越が存在しないにせよ、二次的な連結と統合からなる脳と同じ脳ではない。そしてこの《私》は、哲学としての、脳の「私は概念的に理解する」であるばかりでなく、芸術としての、脳の「私は感覚する」でもある。感覚は、概念におとらず脳である。（ドゥルーズ＋ガタリ 2012：355）

「縮約」それ自体がすでに哲学史的に長い歴史をもつ概念であり、ドゥルーズ自身も『差異と反復』の第一の時間的綜合において「縮約」の議論を、ヒュームとベルクソンに関係づけて論じていることが思い出される。特に、ベルクソンにおける光の振動を眼が収縮してひとつの質を形成するという例を思い出しておく必要がある。そこにおいて「縮約」は感覚的質を創造するプロセスとして考えられていた。ドゥルーズはそれを「脳」の特性、「脳」の「感覚する」という能力にここでは位置付けなおしている。

感覚が反応へと漸進的に引き継がれ移行するかぎりにおいてではなく、感覚がおのれを保存し、おのれの振動を保存するかぎりにおいて、感覚は刺激そのものなのである。感覚は、神経の表面であるいは脳の容積のなかで、刺激物の振動を縮約する。すなわち、先行するものは、後続するものが現れるとき、まだ消えないということだ。それが、カオスに応答する感覚なりの仕方である。感覚は、いくつもの振動を縮約するがゆえに、それ自身振動する。感覚は、いくつもの振動を保存するがゆえに、それ自身を保存する。要するに、感覚は《モニュメント》である。感覚は、おのれの倍音たちを共振させるがゆえにそれ自身共振する。（ドゥルーズ＋ガタリ 2012：355-356）

気を付けなければならない。ここでドゥルーズとガタリは、通常理解されるような意味で「感覚」あるいは「感覚する」という語を用いていない。なぜなら、通常の意味で理解された場合、感覚とは、体表面にある感覚器の刺激によって励起した神経パルスが、脊髄反射することで運動を引き起こす筋肉に伝えられるだけでなく、同時に脊髄の神経を通り脳の関連づけられている神経領野にその電気刺激が伝えられることで（さらにそこで何層にもわたる処理を経たうえで）、感覚として成立するものと考えられているからだ。素朴に考えた場合、感覚するのは体表面にある感覚器である。光刺激を受容し、光を感覚するのは網膜上の桿体細胞と錐体細胞である、と。ドゥルーズとガタリは、この素朴な考え方にたいして、感覚するのは脳であると述べる。これは一見すると脳科学的に擁護できそうな主張ではある。しかし彼らの主張は、いわゆる脳のたとえば視覚野において視覚が形成されるのであって、網膜が見ているわけではないという脳科学的に正しい主張を繰り返しているわけではないようにも見える。何かそれ以上のことをいおうとしている。

おそらく彼らがいおうとしているそれ以上のことの一つは、このわたしたちの感覚を生み出しているのが脳である以上、わたしたちは同時に脳を感覚しているのでもある、ということである。感覚に含まれる振動、たとえば感覚の揺らぎやクオリアは、「いくつもの感覚を縮約するがゆえに」生じた感覚それ自身の「振動」である。わたしたちは、その意味で、外部を感覚すると同時に、己自身を感覚しているのである。だから「感覚は《モニュメント》」となりうるのではないか。

感覚は、純粋観照である。というのも、ひとがそこから生じてくる当の諸要素をひとが観照するのに応じて、ひとはおのれ自身を観照しながら、要するに観照によって、縮約をなすからである。観照すること、それは創造することであり、受動的創造の神秘であり、それが感覚なのである。感覚は、合成平面を満たし、自分が観照するもので自分を満たしながら、自分自身で自分を満たすのである。要するに、感覚は、「享受」であり、「自己－享受」である。（ドゥルーズ＋ガタリ 2012：356）

この感覚の「自己－享受」は、感覚の本性を、識別や認識といった行動に資する働きから区別することを可能にする。通常であれば感覚の目的は、外部環境からの生存に必要な情報の識別にこそあるのであって、それは何らかの生存に適うという目的があってのことだ、と進化論的に考えるだろう。ドゥルーズとガタリはこの目的自体を一切否定しているわけではない（それはむしろファンクションの創造かあるいはオピニオンの形成という別の役割に任せられる）が、彼らにとって感覚することは端的にいってそのような能動的な働きにあるのではないということである。むしろ彼らにとって感覚することは、ずっと植物的、あるいはむしろ鉱物的ですらある。「縮約」とは何よりも絶対的に受動的な「保存」にある。その意味で、すべてを保存することなしに「俯瞰」する「思考」と、一切を（記憶としてではなく）保存するために「縮約」する「感覚」とは相関関係に置かれる。

心（あるいはむしろ力）は、ライプニッツが語っていたように、何もつくらないし、能動的に作用もせず、ただ現前するだけであるということ、心は保存をするということだ。つまり、縮約は、能動ではなく、純粋受動であり、先行するものを後続するもののなかで保存する或る観照である。それゆえ、感覚は、メカニズムや、力動や、合目的性とは別の平面のうえにある。それは、つまり、或る合成平面であり、そのうえで、感覚は、その感覚を合成するものを縮約しながら、そしてその感覚がさらに縮約する他の諸感覚とともに合成されながら、形成されるのである。（ドゥルーズ＋ガタリ 2012：356）

そのかぎりで、一切の運動や能動的識別とかかわらないように見える植物においても、またそもそも生命機能すらない鉱物においてすらも、「感覚」はある、といわれることになる。より理解しがたいであろうもう一つのことは、これである。すなわち「脳」が「縮約」という意味で「感覚する」のみならず、そのように「感覚」するものであるならば、それもまたひとつの「脳」である、ということだ。

プロティノスは、すべての事物を、すなわち人間や動物ばかりでなく、植物や大地や岩をも、観照として定義することができた。概念によって《イデア》を観照する、というのではない。反対に、感覚によってまさしく物質の諸要素を観照するということである。植物がそこから生じてくる諸要素、たとえば光、炭素、そして塩を、当の植物は縮約しながら観照し、そのつど自分の多様体の、そして自分の合成の質を表す色や匂いでもって、自分自身を満たすのである。植物は、即自的感覚である。あたかも花は、神経と脳をもつ作用者によって知覚される前に、あるいは感覚される前にさえ、最初の視あるいは嗅覚の試みを感覚しながら、つまりその花を合成するものを感覚しながら、自分自身を感覚するかのように。（ドゥルーズ＋ガタリ 2012：357）

ここでのドゥルーズとガタリの主張は、実際、「自然」をどう思考するかということと深くかかわっている。少なくともこのようにいえるためには、プロティノス流の一者流出説をとるか、ヘーゲル流に自然を即自的概念とするか（ただしスピノザと違って、その自然たる実体はまたひとつの主体でもあるのだが）、あるいはスピノザのように神即自然とし、あらゆる個的存在には思惟属性に属する様態としての観念が伴うとするか、ベルクソンのように、すべてを持続の運動とするかでなければならない。

あらゆる有機体が脳をもつというわけではないし、あらゆる生が有機的だということもない。だが、或るいくつかのミクロ脳を、あるいは事物の或る非有機的な生を構成している或る力が、いたるところに存在するのである。（ドゥルーズ＋ガタリ 2012：358）

ドゥルーズとガタリがどのような自然観をもっているのか、ということについては別途検討する必要があるものの（これについては次節で論じる）、さしあたり確認すべきは、この「非有機的な生を構成している力」が「縮約」する「感覚」だと考えられていることである。すべての個物が概念的に思考しているとは当然のこととしていえないが、しかしすべての個物は己を己として「自己–享受」しているのであり、そのかぎりで、それは「力」を有している。それは脳以前の「脳」、「脳」がその後構成されることを条件づけている脳以前の「ミクロ脳」である（ここでスピノザのコナートゥスと、ニーチェの口と脳が一致した蛭が想起される）。別のいい方をすれば、わたしたちの「脳」は、この数えつくせないほど多様な「ミクロ脳」たちの「縮約」を「縮約」しているひとつの「感覚–脳」だということである。生のざわめきとは、この「感覚–脳」によって縮約される「ミクロ脳」

たちが「縮約」する「振動」の「振動」であって、「感覚」によって「保存」されたそれら無数の「振動」との「共振」である。したがって「わたし」は「わたし」であると同時に、目の前で太陽に照り映える石の輝きでもあるのだ。

第三の特徴は、「ファンクション」である。あるいはより正確には、リミット（限界、極限）とヴァリアブル（変数、変項）とコンシステンス（定数、定項）の設定によるファンクション（関数、機能）とそれが位置づけを得るレファレンス・プラン（参照平面、指示平面、相空間）の形成と、それによるプロスペクト（予見、予想、見通し）の確立である。これは、端的にいえば、悟性的認識あるいは科学的認識に相当する。ドゥルーズとガタリは、脳がこれをやっていると考えている。このようなファンクション等の形成は必ずしも近代科学のみがやっているわけではなく、おそらくは人類の歴史のかなり早い段階から、外的事象を制御しようとする脳がやってきたことのように思われる。たとえば、カレンダーの発明や気象予測の創意工夫において。したがって、その点だけ見れば、「脳」がという点を除くなら、ここでのドゥルーズとガタリの主張はさほど奇妙でもないかもしれない（そしてそれすらも脳科学から見れば、さほど奇妙ですらない）。

しかしドゥルーズとガタリは、この第三の「脳」の特徴について（いわば科学的認識の役割について）、すこし変わったことを述べている。それはこの第三の「脳」の特徴は、「疲労」を知らないということについてである。はっきりそう述べられているわけではない。「俯瞰」を形成することもできず、何を「縮約」してよいのかわからないほどに「脳」は「疲労」し、芸術と哲学、感覚することと思考することは、「ドクサ」へと引き下げられると、述べていることを次の箇所で確認することができる。

〈主体‐脳〉のそれら最初の二つのアスペクトあるいは二つの葉層、つまり概念ならびに感覚はとても脆い。べとつくようになった諸感覚が、しだいに縮約しがたくなるもろもろの要素と振動をとり逃がす、という事態をつくるのは、［……］ある計り知れない疲労である。老いとは、まさにこうした疲労なのである。（ドゥルーズ＋ガタリ 2012：359）

しかし、それにたいしてこの科学的認識たる「ファンクション」は、ある意味で堅固であることを特徴としている。そしてこの堅固さが、他の二つの薄層にたいして干渉し、それらが己を維持するのに役立てられる。だからこそ、それはまた異なる堅牢さをもつ「ドクサ」との区別が不可欠ともなる。それらはその堅さにおいてつねにまじりあう傾向にあるのだが、実際には全く異なるものである。オピニオンの堅さは、現象学のいう「根源的臆見」の堅さに由来する一切の根拠を欠いた確実さである。それにたいして「ファンクション」の堅さは、それが「カオス」からある「極限＝限界」を引き出し、「カオス」の「無限速度」の「無限運動」を減速させ、漸化する工夫によって引き出されたある人工的な相空間のもつ一貫性の堅牢さである。「ドクサ」のもろさと強さはその無根拠さに由来するが、「ファンクション」のそれらはそれがその力量を競う「カオス」に由来する。定数の背後に隠れる、あるいはより別の次元の理論においては変数とされるような定数の相対的な安定性の原因は、単なる無意味な思い込みという次元には起因せず、それが覆っている「カオス」

にこそあるのだ。公理と「オピニオン」（ドクサ、臆見）は、その見かけの不確実さにおいては（古代の懐疑論者が示したように）区別しえないが、その出自と方向性においてははっきりと区別されうる。

もう一点注意すべきこととして、この「ファンクション」という第三の特徴を科学的認識の能力として見るとしても、それはカントのようにあるカテゴリーに適合していることを適切に判断する能力のことではなく、むしろそのような「ファンクション」を構成する能力を意味する、ということを指摘しなければならない。もはや科学を論ずるにあたっては、心的対象として構成された対自としての科学が問題なのではなく、科学する（科学的に認識する）という「脳」の能力が問題となっているといえる。あるいはむしろ、脳が、認識する「脳」となることが問題となっているといってもよい。そのうえで、ドゥルーズとガタリの形而上学固有の問題として考えなければならないのは、彼らが認識の問題を、徹底的に数学的なモデルで考えているということの当否である。彼らは非常に自覚的にカント以来（あるいはむしろライプニッツ以来）、主流の科学哲学によって科学的認識のモデルとしてみなされてきた言語と表象のほとんどすべてを、捨て去ることこそしないが、感覚－反応的な「ドクサ」の場所へと押しやっている。認識とは「ファンクション」の形成である、ということが意味するのは、（ドクサ的認識ではなく、科学的）認識とは命題による再認ではない、ということをも含意している。ある意味で、カルナップ流のセンスデータによる科学的認識の構築にたいする批判とも読める。再認と表象の場所とは、フーコーが分析したような意味で「権力」を背景に構成される「光」と「言葉」の秩序体からなる「歴史的アプリオリ」だ、ということになるだろう。それはまさに規律訓練と監視を用いる「権力」によって「歴史的アプリオリ」として、われわれの身体、とりわけ「脳」のうちに形成されるのである。

以上三つの「脳」の特徴によって、「脳」は《思考する－脳》へと生成し、一つの主体へと、すなわち《主体－脳》へと生成するといわれる。この意味は次節で再度検討しよう。

第四の特徴である「ドクサ」は、すでに見たように「脳」の再認と表象の機能の形成に基づく。通常の脳科学や人工知能研究が対象とするのは、この領野である。しかしそこにはさほど不思議はないのだともいえる。問題はむしろ、われわれ自身が、われわれのことをそのようなものとして考えるというドクサに訓育されているところにこそあるが、このことは脳科学によって問うことができることの限界をも示している。

第五の特徴は、以上のような「脳」が「カオス」に潜み、かつ「カオス」に立ち向かうものだとされることだ。


ところで、それら三つの〈非〉は、脳平面から見ればまだ区別があるのだが、脳が潜んでいるカオスから見ればもはや区別はない。（ドゥルーズ＋ガタリ 2012：367）

哲学、芸術、科学は、三つのアスペクト――それらのもとで脳が主体へと、《思考－脳》へと生成する――であり、三つの平面、三つの筏――それらのうえから脳がカオスへと潜り、カオスに立ち向かう――である。（ドゥルーズ＋ガタリ 2012：353）

以上のような「脳」とともに考えなければならない最大の問題はここに登場する「カオス」をどう解釈するか、である。「カオス」は「脳」にかかわる。「脳」がそこに潜み、「脳」がそれに立ち向かうものとしての「カオス」。これをどのように有意味なものとして解釈できるのか、ということが問題である。なぜなら、ドゥルーズとガタリはこれ以上のことを明かしていないからだ。これについては次節で改めて論じられることとなる。

最後の第六の特徴は、「脳」が「個体化」し、「分岐」するものであるということだ。

指示平面あるいは座標平面の周囲ばかりでなく、つねに発動している可変的なその表面のいくつもの褶曲のなかで、まさにカオスが執拗に持続していることを証言する活動がさらに存在する。それは、分岐と個体化という活動である。（ドゥルーズ＋ガタリ 2012：362-363）

これによって、科学的認識は「認識主体であるかぎりでの脳そのものが潜んでいるカオスを明らかにすること」を己の仕事とするのである。ドゥルーズとガタリはおそらくここで、一九八〇年代の複雑系科学の議論を念頭において考えているように読める。しかし、むしろここではあえて、シモンドンの「個体化」の文脈と、現代の脳科学でいわれる「シナプス刈り込み」の文脈で考えてみたい。シモンドンの「個体化」の文脈であれば、「脳」もまた「個体化」の途上にある存在であり、それは己の「前個体的な場」を形成する「ポテンシャル」を、たえず「個体化」をとおして現働化し続けているものと考えられる。そして「シナプス刈り込み」という近年の脳科学の議論は、まさに脳は、その初期においては未発達というよりもむしろニューロンの過剰接続の状態から出発しそれが実際の生存の過程のなかでの様々な要因（そこにはもちろん環境要因だけでなく遺伝的要因やその要因を発現させるエピジェネティックな要因も含まれるだろう）によって、文字通り刈り込まれていくことで、分岐し、実際に脳が個体化（特異的な存在として特異化するともいえる）することを明らかにしつつある。まさにこれを明らかにしつつあるのは科学の仕事であり、それによってむしろ「脳が潜んでいるカオス」が明らかにされつつあるといえるのではないか。それにしても、それがなぜ科学的認識の仕事といわれうるのか、ということは改めて考えなければならない。

五　六つの特徴のなかで、とりわけカオスと脳の関係について

以上の六つの特徴を箇条書きで整理しよう。

（1）脳は俯瞰する。
（2）脳は感覚する。
（3）脳は認識する。
（4）脳は疲労する（あるいはドクサを形成する）。
（5）脳はカオスに潜み、カオスに立ち向かう。
（6）脳は個体化し、分岐する。

（1）から（3）は、「脳が主体－脳へと生成する（「主体－脳」への生成）」という論点として総

括できる。（6）は重要な論点ではあるが、（3）と（5）によって条件づけられている特徴である。これらのなかでもっとも問題的であるのは、（5）である。それはすでに述べたように、「カオス」という『哲学とは何か』における最重要概念と関係しており、かつその概念の解釈と深く関係しているからに他ならない。

ドゥルーズとガタリは「カオス」をおおよそ「無限速度の無限運動」として概念的に規定している。ただもちろん、「無限速度」という概念が「俯瞰」の特徴として、とくに哲学における「思考」についていわれるように、それは物理的な運動が、無限であり、無限速度であるということを意味しない（反対に、物理的な運動は、たとえ光速の運動であれ、光速という限界が設定される以上、相対的な速度しかもたないし、そのようにしかもたないことこそが科学的認識にとって本質的であるとさえいわれる。なぜなら科学的認識を可能にするのは、無限速度の無限運動をある限界にたいして漸化することにこそ意義があるのだから）。

カオスを特徴づけるものは、実際、諸規定の不在というよりも、むしろ諸規定が粗描されたり消失したりするときの無限速度である。それは、二つの規定のあいだの相互的な運動ではなく、反対に、二つの規定のあいだの関係の不可能性である。なぜなら、一方の規定は、他方の規定がすでに消えているのでなければ、現れないからであり、また、他方の規定が粗描されてまた消えるとき、一方の規定は消失してまた現れるからである。カオスは、惰性的あるいは停留的な状態ではない。それは偶然の混合ではないのだ。カオスはカオス化する、すなわち無限のな

かであらゆる共立性を壊す。（ドゥルーズ＋ガタリ 2012：77）

「無限速度」をもつ概念の「共立性」は、哲学における特徴としてすでに述べられていた。したがって、その「共立性」すらも成立不可能にしてしまう「無限速度」の「無限運動」（「概念」は「無限速度」の「有限運動」といわれ、「内在平面」は「有限速度」の「無限運動」といわれる）が「カオス」である。むしろ共立不可能性（「関係の不可能性」）としての「カオス」がここでは考えられているのである。

ここでなされている「カオス」の概念化は、おそらく三つの解釈格子を受け入れることができる。「諸規定の不在」ではないといわれているとき、おそらく考えられているのはプロティノスの「一者」からの流出説であろう。「一者」それ自体にはいかなる「規定」もないが、その「一者」から最初に流出する「ヌース」が一者を観照することで、諸々の「イデア」、つまり諸規定が流出する、というあの説である。

これにたいしてその出発点において、互いに齟齬し打ち消しあう異質な規定が、矛盾したものとして含まれていると考えると、ヘーゲルの存在論として解釈することになる。存在でもあり無でもあるものから存在と無が相互否定によって産出されることで、空虚な存在はより豊かなものへと自己展開するとヘーゲルはいうだろう。しかし、おそらくドゥルーズとガタリは、実際のところヘーゲルの『大論理学』とかなり近いことを考えているにもかかわらず、それと同じではない。なぜなら、すでに見たように、ドゥルーズの、あるいはガタリとの形而上学は、ニーチェ以来の「プラトニスムの転倒」を前提としているからだ。

そうすると、最後に残る解釈格子の候補は、「プラトニスムの転倒」の問題をどう考えるか、ということと本質的にかかわるのだが、スピノザの実体論あるいは神即自然についての議論である。

このスピノザの解釈格子について論じる前に、以上で論じられた格子やそれ以外（たとえばカント）とすらも共有される基本的な自然観について確認しておきたい。それはすなわち、自然はカントの意味で「自由原因」によって自律的に展開するという、ある意味でアリストテレスの「原因の原因」論に由来する描像である。「自由原因」とはすなわち己以外のいかなるものによっても規定されない原因という意味であり、スピノザはこれを「自己原因」と呼んでいる。「自己原因」である「実体」のみが、いかなる外的規定によっても左右されないという意味で「自由」である。もちろん、この「実体」と同一視されたかぎりでの「自然」の内部での事象は、それが客体として認識される際には、常に何らかの因果系列に属しており、したがって各事象は常に、何かしら事前の事象の結果であり、同時に事後のいくつかの事象の原因でもある（スピノザ的にはこれは延長属性に属する様態の連鎖ということになる）。したがって、客体として認識されたものであるかぎり、これらの諸事象それ自体は「自己原因」をもちえない。ここに、スピノザの「無知の隠れ家」の議論と、カントの「物自体は認識しえない」という議論がわずかに共鳴する箇所がある。なぜか。もしわたしたちが客観的に（あるいは科学的に）認識しうるものと無限な「実体」たる「神即自然」あるいは「物自体」としての「自然」が過不足なく一致するのであれば、それらはむしろわたしたちの認識の形式にしたがうことになる。しかし認識の形式は、スピノザの「第二種の認識」で考えるとしても、カントの「悟性認識」

で考えるにしても、とらえられるのは認識対象の一般性（あるいは共通性）と合致することがらのみであって、客観的認識によって認識されるのはその合法則的性格のみである。その場合、「物自体」あるいは「神即自然」は、「自由原因」あるいは「自己原因」ではなく、これらの法則によって規定されるもの、つまり他律的なものと考えられることになる。したがって、「神即自然」あるいは「物自体」が、客観的に認識可能であるということでの仮定が誤りであるか、あるいは「物自体」あるいは「神即自然」は「自由原因」あるいは「自己原因」であるという概念規定が退けられるかのいずれかでなければならない。そして両者は当然ながら前者の仮定を、後者の概念規定を選ぶことで退けるのである。ここにおいて、たとえばスピノザの必然主義が、物理的決定論から区別される。というのもスピノザの必然性はあくまで「自己原因」たる「神即自然」があらゆる「様態」の「内在的原因」でもあるということから導かれるのみであって、それが合法則的性格のみをもち、かつその法則性のすべてをわたしたちが客観的に認識しうるということを含意しないからだ。

したがって、以上の議論から、ここでの議論にとって必要な論点だけをとりだせば、「神即自然」は「自己原因」であるという意味で根本的かつ本質的に「自由」であり、何によってもとらわれない。しかもその「神即自然」は、合法則的であるかぎりにおいてのみ客観的に認識しうるが、必ずしもそれ自身が合法則的であるということを含意しない。そのかぎりで、その「自然」は、わたしたちの客観的認識にとって根本的に異質なものであり、最後まであずかり知ることのできないものである。

カントにとっては若干曖昧なままにとどまるが（それは主に『判断力批判』において議論される）、

スピノザにとっては明確に、この「自己原因」の原因性は、「様態」たる各「個物」にまで及ぶことになる。つまり客観的に（あるいは法則的に）認識しえないという制約は、単に大文字の《自然》のような（巨大な？）実体のみではなく、もちろん部分的にではあるが、その実体を「内在的原因」とする個々の「様態」においても、そのかぎりにおいて成り立つことになる。カントもある意味でそれを認めるが、ただしそれを認めることができるのは、「自由意志」を含む「理性能力」に預かる「理性的存在者」のみであるとされる。カントとスピノザはこの地点において明確に袂を分かつことになる。

ところで、スピノザの「神即自然」は、『エチカ』第一部の冒頭において、それ自身無限である本質を数かぎりなしにもっている唯一の「実体」で、己を原因とするそのかぎりで存在しないとは概念することのできないものとして導出される。そして、この唯一の「実体」たる「神即自然」と異なるものはすべて、この「実体」が変状した「様態」であるとされる。そして「属性」はというと、この数かぎりなしに余すところなくもたれている本質が、「知性」によって把握されたものと規定され、あらゆる「様態」はこの「属性」のうちで表現される。

ところで、この「実体」すなわち「神即自然」の規定は、ドゥルーズとガタリの「カオス」の規定とかなりの部分が重なり合う。わたしたちは何事かを知るとき、それは属性のもとで知られるのであり、しかもその属性は「実体」の互いに独立な本質を表現したものである以上、ある「属性」の内部での事象は、他の「属性」に属する事象によっては説明されない。つまり異なる「属性」は、同じ「実体」の異なる本質を表現するかぎりにおいて、互いに交わることがない。いわば、「実体」

が有する本質は、それ自身が無限であるがゆえに、「属性」として表現される際には、互いに打ち消しあう関係、「関係の不可能性」という関係にある。スピノザの「実体」の規定が一種異様なのは、この「関係の不可能性」にあるような無数の本質たる実体が、余すところなくひとつの「神即自然」であるかぎりでの「実体」のうちに現実的に包蔵されているという点である。わたしたちは、しばしばこの点を「無知の隠れ家」の議論が示すように、安易に有限なものからの類推によって、問題のないものとして納得しがちである。しかし、スピノザのこの規定は、むしろそのようなしかたでは決して理解できないものであるという規定として逆から読むことができる。そのように考えれば、ドゥルーズとガタリが、それをもはや「実体」の名で呼ばず、哲学史的にはより古い名であり、むしろ哲学の外部を参照するような「カオス（＝ケイオス）」の名で呼ぶことで、以上のような特徴にむしろ光を当てていると考えることができる（もちろん、そのことには一九八〇年代以降の「カオス理論」の影響、つまり科学的認識においてさえ、この「カオス」の問題を考える余地がでてきたということを証し立てる概念との連続性を隠喩的に、あるいは外部干渉的に維持したいという考えもあったかもしれない）。さらにこれがスピノザがそうしたように「神」の名で呼ばれないのは、ドゥルーズとガタリがニーチェによる「プラトニスムの転倒」以後の、つまり「神は死んだ」というニヒリスム以後の、それを克服する形而上学を構想しているからに他ならない。それにしても、もし単に「神即自然」から「神」の名だけを削ぎ落したのだとしたら、単なる科学的自然主義か、ロマン主義的な大いなる自然が、最初に想起されることだろう。そしてこれまで見てきたように、ドゥルーズとガタリはそのいずれも自身の立場として容認していない。だからこそ、そのバランスのなかで選択されるのが「カオス」という概念であり、もはやそこでは「自然」とさえいわれないことで、その本来の意味を確立しようとする。彼らにとって「自然」という語は、あまりにもドクサに近すぎるといってもよいかもしれない。何が「自然」であるかということは、彼らにとっては思考の問題であり、解決済みの事実ではありえない、ともいえる。そうであるのは、むしろ「関係の不可能性」としての「カオス」こそが、彼らにとって重要なものだからである。それに比べると、「予定調和」の概念がそうであるように、「自然」という概念は、いまだあまりに関係的すぎる。しかし、そうはいっても、ドゥルーズとガタリが何を考えているのかということを理解するためには、あるいは何を考えながら「カオス」という概念を創造しているのかということを理解するためには、このような解釈格子を用意してやることが必要だったのだ。そうでなければ、それをどのようなものとして受け取ってよいのかすらわからないのだから。

つまり、ドゥルーズとガタリの「カオス」という概念は、「無知の隠れ家」の議論とニーチェの「神は死んだ」という「プラトニスムの転倒」の議論を前面化したうえでの、スピノザの「自己原因」たる「神即自然」に相当する概念として受け取ることができるということである。

ではそのように考えることで、当初の問題の文言である「脳はカオスに潜み、カオスに立ち向かう」はどのように解釈されるのか。カオスについては、すでに見たとおりだとすると、残るのは、本章の冒頭からずっと問題であった「脳」をどう解釈するかということになる。

いくつか自明と思われることを確認しよう。わたしたちの脳は各々の身体の一部である。各々の身体は、科学的に探究される場合は、何らかの法則にしたがって因果的にふるまう物体として理解される。またそれは「自然」の一部であり、「自然」が変状した「様態」である。

ここで先ほどの「無知の隠れ家」の議論を想起すると、この因果的に振る舞う科学的対象としての物体の一部であることと、「自然」の一部ないしその「様態」であることとのあいだには若干の、しかし看過することのできない隙間あるいはむしろ齟齬が介在していることに気が付く。身体は物体として理解されるかぎり、科学的認識の対象として探求可能であるが、そのように理解された身体は、自然の一部である身体のすべてではない。

スピノザは「身体が何をなしうるかをこれまで誰も規定しなかった」というが、これは誰かが規定すれば身体が何をなしうるかのすべてを理解することができるということを意味しない。問題は個別性、あるいは特異性（スピノザにおいてそれは数えつくすことのできないほど無数にある現実的本質に相当する）にある。ライプニッツはこれを「事実の真理」（偶然的真理）と「理性の真理」（必然的真理）を分けることで、なんとか乗り切ろうとしているように見えるが、『モナドロジー』で問題になるように、個々の個体が無限の履歴をその個体の特異性のうちに宿している以上、それを一般性あるいは合法則性によって把握することはできない。あるいはスピノザの描像に近づければ、身体はそれ自体非常に複雑な要素から合成された合成体であり、その各々が己の特異性を宿している。むしろ身体とは、よくできた機械というよりも、重層的に織り上げられ、調整されたたくさんの個体の群れからなる群体である。もちろんこれを確率と頻度の問題として考えようとしても同様に届かない。わかるのは大域的な可能性の空間において成立する一般的に妥当な主張であって、個々の事例をいい当てることは原理的にできない。それにもかかわらず、現実は刻一刻と多様性と特異性を生み出していく。

「脳」は、このような重層的で多様な特異性という個々の要素的身体によって実現された巨視的な身体の特殊な一部である。身体は、「自己原因」たる自然が「内在的原因」をなすかぎりにおいて、それ自身もまた「カオス」の一部である。しかし身体は「カオス」の一部であるとはいえ、マクロカオス（という表現をドゥルーズとガタリは用いないが）たる自然と同じカオスであるミクロカオスである。ちょうどそれはヘラクレイトスのミクロコスモス／マクロコスモスの構造を転倒させたものとなる。コスモスが同一性の起源を問題にしているとすれば、カオスは差異と特異性の起源を問題にしているともいえる。「存在の一義性」は、ここにおいてむしろ「カオス」の一義性、すなわち「差異の一義性」と読み替えられるだろう。

「脳」は、このようなミクロカオスたる身体の一部として、文字通り、「カオスに身を潜めている」。つまり、「脳」はそれ自身もまたミクロカオスの一部でもあるということに他ならない。したがって、脳が「脳」となるということは、このミクロカオスたる身体が「脳」になること、ひいては「主体」となることに他ならない。

では「カオスに立ち向かう」とはどういう意味なのか。それはもちろんこの「カオス」から一抹の秩序を、「カオス」の娘たちと呼ばれる「カオイド」を借り受けることである。秩序（コスモス）を借り受けるとはどういうことか。それは「自己原因」たる「自然」を「内在原因」とする身体の「カオス」を、すべてではないにせよ、その一部であれ、己のものとする、ということである。つまり、唯一の「自由」なものである「自己原因」たる「自然」の「自由」を、おのれのものとすることでおのれを「主体」として取り違えることである。[5]

この取り違えは根本的であって、引き返すことのできない取り違えである。スピノザがいうようにわれわれは、「目を空けたまま眠っている」のであるが、その眠りからわたしたちが覚めるということはありえない。ありえるのは、眠りながら眠っていることを自覚することだけであり、そのような自覚のあとも眠りから覚めることはないという意味で、この取り違えは引き返し不可能な取り違えである。あるいは眠りから覚めるとはすなわち眠りさえ維持されないということとしてのみ成立する。

この取り違えこそが、主体と認識（思考としての、感覚としての、認識としての認識）へと「脳」が生成することの条件である。つまり、「脳」は、文字通り、身体を折り返すことで形成された「襞」あるいは「褶曲」であるということだ。その「褶曲」にカオスを取り込むことで、「主体」が形成される（とドゥルーズはかつて『フーコー』において述べていた）。そして、かくして「脳」は、たんなる身体の一部から、「脳」に、つまり「主体‐脳」になる。科学的対象としての脳は、このような「主体‐脳」としての「ファンクション」が形成された後で、その平面の内部で構成された心的対象なのである。

「カオス」に潜んでいる「脳」は、形而上学の外部としての、つまりミクロカオスの一部である「脳」であり、その「脳」が、自らの潜む「カオス」に立ち向かって、自らの内に生み出す一つの「筏」が「内在平面」である（同様に、感覚のための筏が「合成平面」であり、ファンクションのための筏が「指示平面（レファレンス・プラン）」である）。そしてそのように哲学が語ることができるとき、「脳」は一つの「内在平面」となり、「脳」は〈脳$_{外部}$―…―脳$_{内在平面}$〉というしかたで二つのあいだに齟齬をあいだに挟み込んだまま二重化して概念化される。つまり「脳」はひとつの特異性となる。[6] いわば、「褶曲」それ自身が「脳$_{外部}$」であり、その「褶曲」のうえに展開される平面が「脳$_{内在平面}$」ということになる。かくして、「脳」は、哲学の外部であると同時に、哲学の内部の概念でもあるような、「哲学的概念」として構成されることで、哲学において議論することの可能な対象となる。

　スピノザ的に考えると、これは何をやっていることになるのか。おそらく、『エチカ』冒頭部、「属性」の定義のなかで未定義のまま登場する「知性」の発生学である。「知性」なしには、「実体」から「属性」を引き出すことができない（この設定自体は実はプロティノスのそれと似ているところがある）。しかし『エチカ』ではその当の「知性」は、もちろん事後的に説明されはするものの、その説明のための最初の定義で未定義のままに登場している。バディウは『推移的存在論』の「第五章」でこの問題を集中的に扱っているが、ドゥルーズとガタリの『哲学とは何か』における「主体－脳」[7] の発生学は、この同じ問題にたいしてバディウとは異なる答え方を用意してくれているように見える（バディウは結局、スピノザの『エチカ』の空間の外部に「出来事」の次元を設定することでのみ解決可能だと述べ、スピノザの哲学を「閉じた哲学」として批判している）。そして、その道は、ニーチェ以後、ベルクソンとともに共立するスピノザの『エチカ』という、スピノザ解釈からするとかなり奇妙な（ともすると矛盾している）描像をもたらしてくれるように見える。

　「脳」を哲学的概念として取り込むことで、哲学は、「脳的結晶化」である「人間」以後の「脳」の「主体化」について議論することができるようになる。それは「主体化」する「脳」の力それ自体を、ニーチェ的にいえば、価値定立的な「意志の力」それ自体を議論する哲学となる。だからこそ、ドゥルーズとガタリにおける「超人」に相当する「来るべき民衆」の影は「カオスから引き出される」(ドゥルーズ+ガタリ 2012：367)といわれるのである。そして、この「知性」の発生学という観点からこそ、「思考するのはまさに脳である」という文言が解釈されなければならない。最後に、問題であった文言を引用して、本章を閉じることとしたい。いまやその文言は、おそらく文字通り読むことができるものとなったのではなかろうか。

> 思考するのはまさに脳なのであって、人間ではない。なぜなら人間とはひとつの脳的結晶化にすぎないのだから。(ドゥルーズ+ガタリ 2012：353)

16　郡司ペギオ幸夫『天然知能』の要約と注解

郡司ペギオ幸夫氏の『天然知能』は稀に見る驚異的な本だ。そして、ドゥルーズとガタリの『哲学とは何か』における哲学の特徴づけにしたがうなら、この本は真に哲学の書である。なぜなら、第一にそれは哲学的概念とよぶべきものを実際に創造しているからであり、第二にその創造にあたってドゥルーズとガタリのいう意味での「カオス」へと潜航し、そこから一抹の秩序様のものである「カオイド」をもち帰っているからだ。ここで創造された「天然知能」という表題となっている概念が内蔵しているポテンシャルは、それが生まれた『天然知能』のなかで多様な方向性で展開されているにもかかわらず、いまだ計り知れない。

以下では、各章の内容を要約しながら本書にたいする注解という形で、未展開にとどまっているポテンシャルのうちのいくつかについて実際に折り開いてみたい。

要約「1　マネコガネ」

「天然知能」という概念は、まずは「一・五人称的知性」として定義される。一・五人称とは、一人称と三人称を否定的に包含する概念として規定されるが、「一・五人称的知性」それ自体としては「知覚できないが、存在する外部を受け入れる知性」として直接的なしかたでも特徴づけられる。

「1　マネコガネ」と題された章では、この直接的な特徴づけにたいして具体的な弁別特徴を与えるべく、「一人称的知性」と「三人称的知性」が、「人工知能」（一人称的知性の例化）、「自然知能」（三人称的知性の例化）それぞれとの対比がなされる。人工知能とは、主観的で一人称的なデータを収集・蓄積して、そのデータの範囲内での正解にたどり着こうとする知能のあり方である。この知能のあり方は人工知能によって例化されているが、必ずしも実際の人工知能のみを意味するのではなく、人工知能のようなわれわれの知性の働かせ方をも含むものとみなすことができる。「自然知能」とは、戯画化されたサイエンスにおける知性の働かせ方であり、往々にして哲学者が「科学的実在論」という形で議論したがるような世界観に基づく知性の働かせ方である。要するに、絶対的かつ超越的な真理があると措定し、その評価軸にしたがうことで一切の認識が評価可能となることを前提することで働く知性のあり方である。これら一人称的知性と三人称的知性の両方に共通するのは、一人称的データの蓄積によって内側から閉じるにせよ、超越的な評価軸によって外側から閉じるにせよ、その全体は閉じており、そのかぎりで「すべて」が確定しているということだ。これらに比して「一・五人称的知性」は、ラカンの「pas-tout（それがすべてではない）」の論理を想起させるしかたで、「他になにかあるんじゃないか」という感覚をもち続けるような知能であり、「知覚できないが、存在する「外部」に開かれた知性」の働きのあり方である。

注解1−1

本章の最後では、デジャヴの論理を「天然知能」を用いて説明しており、「既知」と「未知」のバランスがなぜ崩れるのか、そしていかにしてそこから、「既知」と「未知」が矛盾なしに共立すると考えられる「デジャヴ」という感覚が生起するのかを論じている。ここではしかし「時間」一般については論じられていないにもかかわらず、時間の問題についても「天然知能」の概念で切り込めるのではないかと思わせる。時間の問題は二〇世紀以降、様々な文脈で論じられてきたが、そもそも人間の思考が時間を主題として問題にできるということ自体が、「天然知能」における「外部」を受け入れる能力を前提しているようにすら思われる。むしろそういうものとして、たとえば『差異と反復』の三つの時間的綜合を読みなおすことができるかもしれない。すなわち、第一の時間的綜合である習慣形成は、一人称的知性によって把握された時間であり、第二の時間的綜合である過去による現在の根拠づけは、三人称的知性によって把握された時間であり、第三の時間的綜合である未来による現在の脱根拠化の運動は、一・五人称的知性によって把握された時間であるというように。ここで気を付けなければならないのは、この立場において、三つの時間的綜合として把握されるところの当の大文字の〈時間〉それ自体は、もはや「外部」そのものとなるということである。つまり、この「外部」たる〈時間〉にたいする知性の働かせ方によって、第一の時間的綜合、第二の時間的綜合、第三の時間的綜合が分岐するということ、このことが重要である。そもそも、たんなる物質の状態遷移に過ぎないものに、それ以上のものを見るのはただ天然知能のみである。したがって時間とは、それが初めて見出されたとき、素朴な実在というのではなく、天然知能によって発明された概念だったのではなかろうか。この天然知能によって発明された概念から「外部」の痕跡が除去されることで、一人称的な習慣的時間と、三人称的な過去的時間が分岐するのであり、一人称と三人称の時間の接続（根拠づけ関係）にたいして、〈時間〉本来の脱根拠的なものが訪れるとき、そこに第三の時間的総合（一・五人称的知性による時間把握）が成立するということだ。

注解1－2

本書をわたしは常にスピノザの、特に『エチカ』と対比させながら読むことになるのだが、ここでの三つの知能（人工知能、自然知能、天然知能）は、まったく偶然にも、スピノザの『エチカ』における三つの認識様態、すなわち「第一種の認識」、「第二種の認識」、「第三種の認識」とほぼ重ねて読むことができる。「第一種の認識」とは「記号」や「記憶」による認識であるが、これが「人工知能」のあり方と重なる。これらの重要な共通点は、双方とも客観的真理と直接にはかかわらない点である。

「第一種の認識」は誤謬の起源ともいわれる認識であり、別のいい方では、認識となった観念の原因を伴わない観念である。それはたまたま正しいこともあるかもしれないが、それが真である根拠となる原因を伴っていない。それはまさにたとえ真であったとしても、蓋然的にのみ真であるにとどまる。「人工知能」による認識もまったく同様だ。データの蓄積とそこにおける推論からその範囲内でもっとも蓋然性の高いものが認識となるが、決してその認識の妥当性の根拠を、その一人称的なデータの蓄積以外にはもたない。

「第二種の認識」とは、あらゆる様態（荒くいえば存在者と解してもよい）およびその様態が属する属性に共通な性質の認識（これを「共通概念」と呼ぶ）から導かれる認識であるとされ、これが成立するときにはそれは必然的に真であるとされる。常に全体を指定できることを要請する(したがって、仮にできていなくてもできたことにすることを要請する)「自然知能」のあり様は、この「第二種の認識」と一致する。そして、第二種の認識は、しばしば公理論的な物理学的認識（いわゆる合理的力学）と同一視されるように、疑似的な科学者（むしろ古典的な科学者）を想起させさえする「自然知能」との相性はよい。

最後の「第三種の認識」は、『エチカ』全体をとおして実現される認識であり、「神への知的愛」と「神の自己愛」との一致ともいわれる。スピノザの「神」は、第15章で見たように徹底的に概念化された「外部」であると解釈することができる。神への知的愛を、新プラトン主義の神への還帰に、神の自己愛を神からの往来に重ねるような解釈もあることから、「第三種の認識」とは、「外部」との往還だと解することができる。しかし、この「第三種の認識」は、その登場以来、多様な解釈が与えられてきたように、その理解可能性には問題が残されている。ここではすぐに展開できないが、「天然知能」の概念およびそれに伴う概念図式によって解釈することで、スピノザの「第三種の認識」にたいして新たな理解可能性を提示することができるかもしれないと思われた。そのためには、二軸直交の四項関係における不断の運動、すなわち文脈の逸脱と再生、意味論の確定と転覆の直交によって生じる運動を、スピノザの『エチカ』のなかに見ることが肝心である。これは、おそらく、実体と様態のあいだの絶対的異他性と、属性のあいだの絶対的無関係な関係における一致（いわゆるライプニッツがいうところの並行論）によって実現されることになるだろう。そして、同じことが、おそらくスピノザによるアリストテレスの四原因の解釈にも、この二軸直交図式が見いだされる可能性がある。すなわち、形相因としての観念系列、質料因としての延長系列（これらは互いに完全に異質であり無関係のまま、外部たる実体が召喚されるかぎりにおいてそのつど一致していることが確認される）、目的因あるいは存在それ自体としての実体＝神＝自然、そして決定的に存在原因（目的因）を欠いた作用因としての「コナートゥス」（これは個々の個物の特異的本質から生じるとされるが、この本質はその存在原因を伴わないことで、その作用因の方向性、すなわち己の存在に固執するという方向性が規定される）である。これについては、「5　オオオウツボカズラ」で再度検討することにしたい。

要約「2　サワロサボテン」

「2　サワロサボテン」では、「指定の軸」と「文脈の軸」という直交する二軸を、かつて本書の著者によって論じられた「自己言及問題」と「フレーム問題」の接続の問題として論じなおすことで、本書をとおして（特に後半において）重要な役割を果たす「外部」と接続された「無意識」概念が規定される。つまりこのように無意識概念が規定されることで、われわれはわれわれの内部に外部を内蔵している、ということが理解される。

また本節で問題にされている「痛み」は、素朴な知覚概念としての「痛み」ではなく、むしろ解決不可能とすらいわれることのあるクオリアを伴う特異的性質として認知されるにもかかわらず概念的には共有されうる「痛み」である。なぜ（概念的に、あるいはコミュニケーション的に）同じと評価される「痛み」が、これほどまでに共有不可能で特異的でしかありえないのか、という問題がここでの問題である。それにたいして、「痛みの原因」と「痛み」のあいだの「指定の軸」が破綻し、そこに無際限に「文脈」を探しに行く「文脈の軸」が接続することで、「痛みの原因」と「痛み」のあいだに開いたギャップに、一見してまったく無関係なイメージが流れ込んでくることによって、この特異で一回きりの「痛み」が生成するのだと論じられる。この説明様式は、後に言葉一般にたいしても同様に与えられるように、意味やクオリアが哲学的問題として問題にされる際の、「特異性」の成立過程を非常によく説明してくれる。

注解2－1

本節最後の「川床は痛みを感じるか」という問題設定は極めて重要な含意をもつ。「川床」とは、枯れた川で尻もちをついて痛みを感じているわたしにとって徹底的に受動的なものとして現れたのであり、わたしの痛みにとって、その原因の一部でもあるかぎりで、徹底して無視されうる非対称な他者である。それにたいして勝手な自己投影（一人称的知性）でも、自分の共通領域（しかも低層の部分）からのボトムアップ（三人称的知性）によってでもなしに、その痛みの感覚をただ待つことができるものこそが、天然知能だといわれる。このあり様は、そのまま、カウンセリングの「傾聴」と呼ばれる実践に応用可能であるだろう。相手の話を、自分の体験から理解しようとするのでもなく、あるいは相手の話を一般論から説明的に理解しようとするのでもなく、ただ相手の話を聴き、それを受け入れることが大切だと「傾聴」においてはしばしばいわれるが、そこにおいてなされていることは、まさに川床の痛みを待つ天然知能のあり方を要請していると理解することができる。そして、おそらく同じことが、文化人類学におけるフィールドワークの実践においてもいわれうるだろう。多くの場合、そこでの実践は、主観的な何事かとしてしばしば切り捨てられ、同業者の外からは理解不可能のレッテルを張られがちだが、「天然知能」によってこそその真の（一人称的知性とも三人称的知性とも全く異なる）知解作用を理解することができる可能性が開かれるのではないか。

注解2－2

ベルクソンは、『思考と運動』のなかで「直観」とは最終的には「共感」であると述べたことでその後批判にさらされることになったが、そこで彼がいわんとしていたことはまさにここで「天然知能」が説明していることだったのではないかと理解することができる。ベルクソン的「直観」は、外部の侵入であるかぎりにおいて、外部との「もつれ」であり、そのかぎりで内に外を観ずることである。

注解2‐3

スピノザは、あらゆる個物には己の存在に固執しようとする傾向性、すなわちコナートゥスが等しくともなうと述べた。そして、そのコナートゥスを基本にして、その増大を観念することが喜びの情念を、減少を観念することが悲しみの情念を引き起こすと述べた。ここにある種の汎心論的主張が見られることは多くの解釈者によって指摘されている。しかし、同時にスピノザは擬人化による認識を「無知の隠れ家」として徹底的に批判しており、牧歌的な汎心論の描像とまったく相いれない。このギャップに解釈の余地があるのだが、ここでスピノザが述べていることは、実際には、「4　カブトムシ」でいわれているように、あらゆる個物は外部に開かれていることで、逆説的に個物としての境界を自己生成しているということとして理解できないだろうか。そしてこのように解釈するなら、シモンドン『個体化の哲学』で述べられている個体化には常に「問題論的な場」という「前個体的なもの」（つまり外部の侵入口）が伴うという主張と並行して解釈する余地が出てくる。

要約「3　イワシ」

「3　イワシ」では、まず「イワシとは何か」という問題‐解決の軸と、それを問うわたしによって指定される文脈とその外部のあいだの軸という直交する二軸の接続が論じられる。さらにそれと類似した構造としての網膜像における両眼視による視差という問題を、視覚以外の感覚（具体的には触覚）を巻き込んだ逸脱する文脈に接続することで「向こう側」感を伴う「奥行」の感覚として説明している。この第三章の最後では、サールの中国語の部屋の議論において、中に入る人間が実際にルールを完全に順守できないという現実原則から、むしろ中国語の部屋が中国語を理解するということが起こりうることを説明している。途中で「おのずから」が「みずから」に質的に変化するという議論に触れているが、本書全体の一つの主題は、まさにこの能動と受動の矛盾対立を越える論理を構成しようとしているところにこそある。というのも、このことによってこそはじめて、決定論的でしかない外的自然において、「みずから」と僭称しうる「わたし」が立ち上がることを説明可能にしてくれるからである。

注解3−1

わたしはかつて『数学的経験の哲学』という著書において、ドゥルーズとカヴァイエスの読解を基礎として、解としての「概念」から論を起こし、「概念」を解として要請する「問題」を解に還元されえないものであると論じ、さらにその「問題」自体を「問題」たらしめているものとして「問い」というそれ自体はいかなる「問題」形式にも拘泥しないがゆえに、多様な「問題」によって反復されうる次元に言及し、そしてまた「懐疑の脈」とわたしが名付けたこの「問い」自体を逸脱させる外部との接続を論じ、最終的にこの「懐疑の脈」が「自然それ自体」へつながるということを論じていた。この時点でわたしは、この流れを線形的なもの、あるいは階層的なものとしてイメージしており、結果として議論の動きが、上るか下りるかの二択（つまり自然のほうに遡行するか、解のほうに順行するか：すなわち認識論か自然主義かという二択）の運動しか考えることができていないことに、自分の議論の限界を感じていた。しかし、いまこれを「3　イワシ」で論じられている図式に当てはめて考えることもできることに気が付かされる。すなわち、問題－解の軸はそのままとして、その文脈を指定するわたしが「問い」であり、逆にその解決に満足していないわたしが「懐疑の脈」であり、それによって侵入するのが「外部」すなわち「自然そのもの」というように描きなおすことができるということである。このように描きなおすことで、もっとも強調できるのは、図式上の価値の置き所の変化である。すなわち、階層性図式のイメージの場合、最初か最後の項（自然か解か）のいずれかが重要となるのだが、直交二軸四項の運動図式の場合、直交する二軸の刹那的な邂逅を支えるものとしての二軸それぞれの運動という形になる、ということだ。当時のわたしは、自分では理解しないまま、「懐疑の脈」の向こう側には、得たいの知れないスピノザ的自然があるはずだという考えにとらわれ、とらわれたまま理解することなしに（したがって論としては飛躍と破綻を含んだまま）それを論じていたのだが、なぜそうでなければならなかったのか、ということがここでの直交二軸四項（一対三の非対称構造）の運動図式によってようやく理解することができるようになった。

注解3－2

中国語を理解するようになる中国語の部屋の議論は、実は母国語を習得する幼児の脳において何が起こっているのかということのモデルとなりうるように思う。これはかつてラカンおよびラカン派がさんざん議論してきたことではあるが（しかし十分な解明にはつながっていないとわたしは思うが）、その議論を刷新する可能性のある論理ではないか。要するに、象徴界において生じる去勢の問題として論じられてきたことを（そのように論じることでしか触れることのできなかった問題を）、まったく別次元の論理で解明する可能性を示唆しているように思われる。なぜわれわれは徹底的に外部であり他者でしかない（脳の中から内発的には決して出てこないように思われる）特定言語の特定文法体系を（したがって文法一般という抽象物ではなく）あたかもわたし自身の思考のように身に着けることができるのか、という問題は、じつは中国語の部屋に入った中国語を介さないわたしが、なぜ中国語を理解できるようになるのか、という問題と同じだからだ。

要約「4　カブトムシ」

「4　カブトムシ」では機械論と擬人化を対比させつつ、擬人化の向こう側へと突き進む天然知能のあり方について論じられる。機械論と擬人化の対立は、哲学的には、唯物論と汎心論、あるいは機械論と生気論の対立として読み替えることができる（おそらくそのようにそもそも著者によって想定されているだろう）。近年特に生物学においてしばしばルーズに用いられる擬人化の論理（たとえば、「臓器同士は常に情報物質を介してコミュニケーションをしている」など）をかすめつつ、そこに陥らない天然知能の論理を示している点で非常に重要であり、天然知能が生き物を扱う科学の基礎的論理となりうることを示している。

また擬人化の向こう側を論じるにあたって、VRと意識の相同性について論じられるが、VR的な世界を一人称的な知性による擬人化と同一視することで、VRにとって故障でしかない外部が、（取り外すことのできない超VR装置とみなされた）意識においては、まさに外部の侵入として体験されるということが論じられる。

さらに意図によってコントロールされているはずの造語行為においてさえ、むしろ造語する際の意図が宙吊りにされることで、異質な外部が入り込み、文脈を逸脱させ異なる意味を生成すると論じられる。

注解4－1

唯物論と汎心論の対立の乗り越えという図式は、常に唯物論的解釈と汎心論的解釈が共立するスピノザ解釈にとっても非常に示唆的である。スピノザは、無からの発生を絶対に認めない点で、極めて唯物論的であるが、同時にすべての様態的個物にたいしてコナートゥスを認める点で汎心論的でもある。しかし他方で、擬人化の論理を無知の隠れ家として厳しく批判する点では、反－汎心論的でもある。ここに矛盾する解釈が共立するギャップが形成されることは先に述べた。しかしどちらの立場に立つにしても一貫した解釈は成り立たないように思われる。ところが、著者による、無からの発生を禁じながら、擬人化による説明が成立してしまうような気がする論理を解明することによって、むしろ勝手な擬人化の向こう側にある外部の侵入を論じることを可能にするという天然知能の枠組みは、おおよそそのままスピノザの解釈に適用可能なのではないか。外部の侵入と呼ばれているものは、スピノザがいうところの実体（ただし、神即自然と同一視されたかぎりでの実体、すなわち外部）とは、超越的原因ではなく、内在的原因であると述べていることに相当すると解釈できる。またこの同じ論理が、意識の発生の問題について論じることにもつながることは、スピノザが、自然という王国のなかに意識という別の（治外法権の）王国を作ることはしてはいけない、と述べていたことと整合的である。

注解4－2

「異質な外部を全面的に受け入れること」というのが「天然知能」の特徴づけであるが、この世界に内蔵される知能なるものの本性をいい当てているのではないか。スピノザは、知能を、無形容の「知能」、思惟属性から直接生じる「直接無限様態」としての直接的な無限知能、実際に様態として全宇宙において展開されている「間接無限様態」としての間接的な無限知能、そして実際の個物において実現される有限な知能という四つを区別していた。そして延長属性に属するすべての延長的物質には、つねに思惟属性に属する観念系列もまた共立すると述べていた。人間の意識的な知能もまたこれの有限なバリエーション、つまり人間身体という特殊性を伴う延長的物質に共立する観念系列として、認められる。スピノザ解釈の困難は、擬人化なしに、いかにして人間以外の知能を理解するか、しかも人間の知能がその部分となるような知能を理解するかにあるのだが、唯物論を受け入れつつ、それが外部を全面的に受け入れることを認めることは、すなわちスピノザの意味で、あらゆる物質的延長が同時にその特殊性に応じた知能をもつということと解することができるのではないか。

注解4－3
微妙に異なる環境下において、それにもかかわらず、決められた入力にたいしてだいたい同じ出力をするということを可能にする知能の理解は、すでに述べたシモンドンの個体化の論理のもとで、判断形成プロセスを解釈する、つまり一つの判断行為をひとつの個体化の過程ととらえるという描像と親和的であるように思う。シモンドン自身はこのような認識論を展開していないだけに重要だが、認識論の全体をこれによって書き換えるということもまた可能であるのではないか。

要約「5　オオオオウツボカズラ」
「5　オオオオウツボカズラ」では概念の質的変化の説明を「天然知能」の構造に見出す議論を足掛かりにしつつ、さらにアリストテレスの四原因論のうち、とくに目的論についての考察をへて、非同期オートマトンに見る臨界現象の普遍化（臨界現象が実際には偏在するという見方）へと進む。本節では、天然知能の議論を科学的方法へと展開するうえで多くの示唆的議論を含んでおり、その射程は極めて長いといわなければならない。特に、アリストテレスの四原因を再考するにあたって、デカルト以降の近代科学のスタンダードとなっている機械論を天然知能化することで、目的論をある意味で内蔵した機械論へと移行する箇所は、アリストテレス、デカルトを経た科学思想史全体を念頭においた議論として読まれるべきである。もちろん科学思想史的に意味があることが即科学的に意味があることにはならない。しかしこの点については非同期オートマトンの実例によって、機械論を天然知能化することで臨界現象が普遍化することが明らかにされており、その科学としての意味が保証されているように思われる。臨界現象の普遍化の論理（少なくともその骨子）を明らかにしたここでの議論は、胚発生の医学あるいは発生過程において臓器が分化していく（まさに同じではない環境下において、にもかかわらずだいたい同じ結果を出力する：つまり場合によっては発生異常をも引き起こす）メカニズムを解明するうえで必要な論理ではないのか（肺の気管支の分岐構造が自己組織化されるに際して、枝を作れという指令物質と枝を作るなという互いに矛盾した指令物質の相互作用によって、分岐構造の自己組織化のシミュレーションに成功したといわれているが、これはすでに古典的となったライフゲームの論理を用いたものであるだろう。普遍化した臨界現象の論理は、現在急速に進みつつある発生メカニズムを支える論理となりうるのではないか）。臨界現象の普遍化の論理の解明は、もっと広く認知されるべき、科学史的に見ても非常に重要な成果でありうるのではないだろうか。

注解5

アリストテレスの四原因に遡るのは、一見すると必要以上に大袈裟な哲学的振る舞いに見えるかもしれないが、実際には、機械論を天然知能化するという、いわばデカルト以来の近代科学の基本枠組み（これ自体は相対論も量子力学も手を付けていない）である機械論的因果関係論に手を付けることになるので、そうでもない。そして、この機械論的因果関係論に手を付けるということは、そもそもではそのような機械論的因果関係論は、いつ、どこから、どのように、なぜやって来たのかという問いと結びつく。そしてこの問いには、アリストテレスの四原因論において、目的論を否定して、形相因、質料因、作用因の三原因によって因果関係を一意化することに成功したデカルトの功績から来たのだ、と答えることになるだろう。デカルトは、形相因、質料因、作用因というい方を頻繁にはしないと思われるが、実際には、彼の三実体論、すなわち思惟実体、延長実体、神実体にそれぞれが配分されている。思惟実体とは、延長を思惟する真である明晰判明な観念を含み、延長は思惟とは独立に、離散的な位置を占めることで空間を形成することを可能にし、神実体はそれら二実体を創造し、かつそれらによって形成される機械論的世界を駆動する最初の一撃を与えるものとして作用因を司る（最初の一撃以降、すべては、神の誠実さに依拠しつつ、ビリヤードのように、最初の力を保存しながら永遠に運動を展開するとされる）。

アリストテレスの目的因は、たとえば物体を投擲すると地面に最終的に落ちるのは、投擲される物体が大地の性質を比率的に多くもち、大地の性質を比率的に多くもつものは、地面に向かうことを目的としているからだと説明される。この場合、運動は運動担体において自律的であると解されるがゆえに、振り子運動や落下運動について誤った解釈がなされることになる。ガリレイやデカルトが運動の第一法則として「慣性の法則」を置いたのは、このような運動担体による自律的な運動を否定し、すべてを機械論的な運動として理解可能にすることにあった。

そして、デカルト的機械論を否定するという著者による目論見は、アリストテレス的目的論的自然観に立ち返ることになるのではないか、という二律背反図式に基づく反問を乗り越えているところにこそ、機械論の天然知能化の意味がある。そのもっとも重要な仕掛けとなっているのが、目的因を、「存在それ自体」すなわち、哲学的には「存在因」と呼ばれるものに置き換えていることにある。また作用因を「文脈を指定し、かつ文脈を逸脱するもの」と置いていることにも後で見るように重要な意味がある。

真面目な読者はおそらくここで困惑する可能性がある。アリストテレスの四原因論を扱っているのに、なぜアリストテレスの四原因論ではないのか。そうであれば最初からアリストテレスをもち出す必要はなかったのではないか、と。もちろん著者は思想史を記述しているわけではないのだから、それは無用の批判である。しかし、わたしはこれを見たときに、初めていくつかの思想史的な問題を解決する糸口を得ることができたようにも思った。すなわち、スピノザは、デカルト主義を引き受けつつ、本当のところ何をやっていたことになるのか、ということについてである。スピノザは、デカルトをアリストテレスの枠組みに差し戻したという解釈もかつてしばしばあったのだが(例えば、コナートゥス概念にかんして)、その真の意味を見出すことができる。

すなわち、スピノザは、様態について、存在原因と、それが駆動する作用原因を分離し、前者を実体に帰し、後者を様態の特異的本質(現実的本質)として様態に帰している(実体は存在原因と作用原因が一致するものとされるのでこのような腑分けは見られない)。この特異的本質は、すでに述べた「コナートゥス」となり、その様態的個物が己の存在に固執することを引き起こす(これはデカルトの慣性の法則に部分的に一致するが、それ以上を含む)。そして、この様態的個物は、つねに、無関係であるところの二属性、すなわち思惟属性に含まれる観念と、延長属性に属する物体とを同時に駆動することで(つまり形相因たる観念の系列と質料因たる物体の系列を駆動することで)、己の存在に固執する(なぜなら個物はみずからをみずからの存在原因とすることが禁じられたままに、作用因のみが置き入れられているから)。重要なのは、この現実的本質が特異的であるということ、つまりそれは普遍的本質ではないということである。普遍的本質とは、多くの主語によって述語づけられるものをいう。たとえば、馬という本質は、複数の個々の馬について述語づけられるだろう。それにたいして本質が特異的であるとは、本質が複数の主語によって共有されたり分有されたりしないということである。スピノザは普遍的本質の可能性を完全に否定しているように見える（馬という自然種の存在も認めていないだけでなく、無限な属性として表現される神の本質さえも特異的本質である）。であるから、個々の様態的個物は、それぞれが己の文脈を生きることになり、それゆえ、他の様態的個物が、その文脈の指定を逸脱させるものとして常に闖入してくる（また自分もそのように闖入する）ことが必然になる。いいかえれば、個々の様態的個物における文脈の指定はそれ自体文脈の逸脱と切り離せないということである。

そして、これらすべての様態的個物において、存在原因の一義的な源泉である「神即自然」であるかぎりでの実体は、「内在的原因」として働くことになる。何よりも、あらゆる様態的個物は、この内在的原因たる「実体」の「変状したもの」つまり「様態」なのであって、まさにそのような様態が様態であることの根拠を与えるものが「実体」なのである。まさに実体は、これら機械論的になろうとする様態的な圏域にたいして外部として立ち現れ、逸脱させる「他者＝異」として侵入し、文脈の逸脱からの再生を駆動するのである。

かくして、スピノザは、デカルトの機械論的自然観を徹底させることで、その機械論の逸脱を許容する〈生ける唯物論〉を、天然知能化した機械論を展開する可能性を示そうとしていたのだ、という解釈の可能性が開かれる。ただし、このように解釈することがスピノザ理解にとってたとえ事後的に自然なものに見えたとしても、スピノザのテキストからこのような解釈がこれまで決して導かれなかった、したがってそこからは機械論を乗り越える新しい因果関係論が提出されることはなかった、という歴史的事実を忘れてはならない。この解釈は、機械論の天然知能化の説明を、哲学史的に根拠づけようとするときにのみ出てくるものであり、むしろ試されるのは、スピノザの哲学のほうだということになる。

ちなみに上記設定は、特にスピノザの汎神論として忌み嫌われてきた図式の本体をなしているので、スピノザのこの立論以降、カントやドイツ観念論、さらには現象学によって批判こそさたものの、肯定的に受け入れられたことはほとんどなかった。あえていえばそれに近いもの（恐る恐るながら近づいているもの）には、いわゆる「内在の哲学」の系譜を形成するものがある。ヴィクトール・デルボ、アンリ・ベルクソン、ジャン・カヴァイエス、ジル・ドゥルーズ、ミシェル・アンリらがそれである。しかし、「6　ヤマトシジミ」でいわれることになるように、「内在の哲学」は、ともすると意識への内在の哲学となってしまう危険がつきまとう。そのかぎりで、意識へと内在した哲学は、「わたし」によって文脈を指定してしまい、結局のところ外部を「わたし」にとっての外部にしてしまう。たとえばデルボはカントとスピノザを調停してしまうことで外部を隠蔽、あるいは無害化し（キリスト教的な神としての大文字の《生》）、ベルクソンも解釈次第では主観主義に陥り、特にミシェル・アンリは現象学という装置によってそうなっているように見える。この危険を意識して逃れようとしているのが、意識の哲学を批判するカヴァイエスと、後期のドゥルーズとガタリであるだろう。しかし、カヴァイエスにも、前期ドゥルーズにもいえることだが、「内在の哲学」

を徹底しようとするときにスピノザを逸れて、ヘーゲルの『大論理学』の議論、すなわち存在それ自体が主体となって、己の矛盾を自己展開することで、絶対精神へと至り、その絶対精神による存在それ自体の自己認識によって絶対知が成立するとするヘーゲル的弁証法と共鳴してしまうという別の傾向性が生じる。拙著『数学的経験の哲学』における失敗もこれとほぼ同じことが起こったと考えられる。であるがゆえに「内在の哲学」を貫徹するためには、スピノザとの徹底した共闘が不可欠であり、後期ドゥルーズの限界をこれによって乗り越えるというのが目下のところわたし自身の仕事である。

要約「6　ヤマトシジミ」

「6　ヤマトシジミ」では、思弁的実在論や新実在論の議論が検討され、外部を全面的に受け入れる「天然知能」とのかかわりが検討される。メイヤスーの議論は、「ハイパーカオス」という形で、相関主義（つまり意識相関）の外部を導入しているように見える点で、重要であるが、それとわたしたちのかかわりという点では、徹底した無関係主義を貫く点で批判される。さらに、マルクス・ガブリエルの議論は、文脈の複数性自体を擁護しても、その逸脱の運動には至らない点で、そもそも外部自体が見えていないと批判される。最後にハーマンの議論は、唯一外部とのかかわりについて論じられている点で評価されるとしつつも、2×2の反復によって4に至る静的な二項対立図式にとどまるハーマンと、一対三の非対称的四項図式によって徹底した外部を召喚する仕掛けとしての構造を描く「天然知能」が対比されることになる。

注解6－1

メイヤスーが「ハイパーカオス」を擁護する真の目的が、未だ存在したことのない神の無根拠な創発というところにあるのなら、無から有の発生を徹底して退けることが論の基本条件に含まれる「天然知能」とはそもそも決定的に相いれないだろう。

注解6－2

メイヤスーも、それのベースとなっているバディウも、ともに形而上学的構造としてはデカルト主義であると評価することができる。バディウの「カオス」にせよ、メイヤスーの「ハイパーカオス」にせよ、そこで問題になっているのは、実のところデカルトの神実体（無限実体）の再生にあるように思われる（その内実は、二人のあいだでかなり異なるが、いずれにせよ結果としてそれぞれの「正義」が実現されるとする点では同じである）。外部を証明するがそれとかかわらないメイヤスーと、それを召喚する装置を構想する「天然知能」との違いは、まさに有限実体の基礎づけのために神実体を証明するが、それとコギトを無関係のものとして切り離すデカルトと、それを「第三種の認識」によって捕獲しようとするスピノザとの違いに相当する。

それにたいしてハーマンは、ライプニッツ的汎心論に近づいている点で批判されうる。

ガブリエルは、無理にここでの文脈に合わせるならパスカルか、あるいは人文主義のモンテーニュに相当するといったところか（むしろシェリングだろうというのはそのとおりである）。いずれにせよ、「天然知能」の議論を哲学で引き受ける際に、外部というものをどう考えるか、という点で、デカルト以後の実体主義的哲学の枠組みが援用可能であるように思われる。あるいは、思弁的実在論というのも、結局のところ、形而上学的転回によって、現象学と言語哲学と構造主義（カント主義）を離れて、それ以前の実体主義的哲学を現在的なものとして再起動する際のある種のポーズとして解釈することもできるのかもしれない。

要約「7　ライオン」

「7　ライオン」の章は、『天然知能』の中心ともいうべき章であり、非常に多くの示唆に富む議論が詰め込まれている。筋立てとしては、まず量子力学における自由意志・決定論・局所性のトリレンマの議論を枕として置き、それをダメッドのライオン狩りの成功を祈る酋長の議論によって拡張する。この拡張のときに実際重要なのは、局所性の概念も一緒に拡張している点である。この拡張は、量子力学的な条件下において生じる非局所性（量子もつれ）を、古典的条件下において生じる古典的非局所性とは異なるしかたで、より自然に拡張している点である。そのとき、非局所性の概念を支えているのは、認識しようと試みることが、認識結果に影響を与えてしまうという条件である。本章の注六にあるように、この一般化された非局所性の定義は、内部観測の定義と読み替えてもかまわないとされる。つまりここが実際には本章の核である。やぶをつついたら蛇が出たり、石橋をたたきすぎて叩き割ったりするというように、認識行為の結果への侵襲は、日常的に認められる現象である。しかし同時に一般論的な認識論においては、認識の成功条件によって否定されるがゆえに、その特徴は認識の本質から無自覚に除外される傾向にあるものでもある。むしろ認識の非局所性を認めるということは、より一般的な条件下（つまり実験室的な特殊な条件下ではなく）において認識を論じることであって、通常認められる局所性が成立している状況を特殊状況として位置付けることでもある。この意味で、内部観測は、コントロールされた認識である外部観測の否定ではなく、より高次の一般化（つまり特殊条件下において外部観測が成立することを説明することを可能にする論理）とみなすことができるのではないか。

本章の議論は、この非局所性の議論をステップボードとし、さらにダメッドの酋長の議論を脳の中の酋長の議論として意識の問題へと接続することで、それによって自由意志・決定論・局所性のトリレンマにたいして三つの意識タイプを分類する。タイプⅠの意識は自由意志が否定されることで、局所性と決定論が成立するタイプの意識であり、この場合、脳内他者（無意識と呼びうるもの）と自己意識が区別不可能になる（つまり無意識的なものにたいして自己意識上の感覚と同様に敏感になる）と同時に、外部にたいして強い感受性と志向性をもつことになるとされる。タイプⅡの意識は決定論が否定され、自由意志と局所性が成立するタイプの意識であり、この場合逆に自己意識の外部にある無意識が、他者と同一視（あるいは無視）される。タイプⅢの意識は、局所性が成立しないことで、自由意志と決定論が共立するタイプの意識であり、自己意識と無意識と外部が互いにもつれている（局所性の不在から成立する関係）。

これらの意識タイプの分化過程は、ミラーニューロンの働きの強弱によって説明可能かもしれないという論が示されることで、これら三つの意識タイプの相互への移行可能性もまた同時に示される。そしてタイプⅢの意識は、境界がもつれていることで、何者かによって動かされているという受動性を、「誰でもない」ことを示す「ノーバディ」の記号を媒介することで借り受け、自らの「能動性」へと置き換えることができると論じられる。ここに「おのずから」が「みずから」に変質する論理が示される。

最後に、この三つのタイプの意識と「天然知能」との関係が論じられる。ここで「天然知能」と三つのタイプの意識構造との関係は、すでに論じた一対三の非対称的四項図式として論じられる。つまり、タイプⅠが自由意志の不在から外部を直観し、タイプⅡが決定論の不在と自由意志の前景化から文脈の逸脱を可能にし、タイプⅢが局所性の不在から外部とのもつれを可能にする。これら三項を端成分とした一対三の非対称四項図式として、天然知能が描かれる。本文中にも注意されているように、タイプⅠやタイプⅡを人工知能や自然知能と同一視することはできない。天然知能を規定する際に参照された二つの知能タイプと、ここで論じられている意識の三タイプは全く別のものとして考える必要がある。

注解7−1

非局所性の一般化がなされている条件について考えたい。量子力学的条件下において、非局所性（ベルの実験）が目に付くのは、それが一種の遠隔作用のように、空間的距離の制約を超えているといわれるところにあると思われる。それにたいして古典的状況下において（つまりわたしたちが知覚によって直接経験するマクロなレベルにおいて）非局所性を成立させるための古典的手法であるものは、情報の全体に制限をかけることで（たとえば、一〇円か一〇〇円のどちらかしか袋に入ってないという制限）、このような空間的距離の制約を超えた情報のやり取りを成立させる。それにたいして、内部観測の定義と読み替えることのできる非局所性は、認識行為による認識結果への侵襲性をその特徴としている。そのため、日常的に確認できる事例において、その事象はほとんど近接作用となっている。たとえば、石橋をたたきすぎてその石橋が壊れるのも、たたくものとたたかれるものは直接接触しているし、アイスクリームのあたりを知るために、買う前にそれを食べると失格になるという例でも、アイスを食べるものと食べられるアイスは直接作用している。ここから、内部観測と同義となる非局所性の特徴は、量子力学的条件下において成立する非局所性の特徴のうち、遠隔作用的特徴ではなく、認識行為による認識結果への侵襲性のみを取り出していることが導かれるはずだ。逆にいえば、情報の遠隔的かつ瞬時の受信と認識行為による認識結果（現実世界）への侵襲性という独立の特徴が、量子力学的条件下においては同時の成立するようになるとも考えられる。

つまり、

非局所性Ⅰ（情報の遠隔作用）＋非局所性Ⅱ（認識行為の世界への侵襲性）＝量子力学的非局所性

という定式が成立するということである。おそらく論じるべきは、この非局所性ⅠとⅡのうちどちらがより根源的な非局所性かということで、それにたいしてあらかじめ想定される結論は、侵襲性のほうが先で、それに何かしらの量子力学的条件を加えると、情報の遠隔作用が派生するというものであるように思われる。

注解7―2

非局所性Ⅱについて様々論じるべきことがあるが（おそらくわたしは学究生活のほぼ最初の学部生の頃に、このことを郡司氏の様々な論文から学んだのだと思う。そしておそらくこれをカヴァイエスの『論理学と学知の理論について』のなかに見出したことで（カヴァイエス2013には「条件づけられたもの」による「条件づけるもの」への侵襲性の議論が含まれる）、カヴァイエス研究へと向かったものと思われる、ということがここにきてようやく自覚された）、古典的条件下において、空間的制約を被らない非局所性Ⅱ（侵襲性）の例として、数学的認識の進展を挙げることができる。ゲーデルの第二定理や様々な数学史的事例から、ある前提された理論体系において証明不可能だが有意味な命題について、それを証明するためにはその理論体系に何らかの新しい概念を加えて、その体系を実質的に拡張することが必要となる場合があることがわかる。ところがそれによってうまくその命題を証明することができたとしても、その新しい概念のおかげで、再び同様の命題が出現するという事態が予想される。単純な例として、無理数の導入によって代数方程式の可解性の制約が緩められるが、それによって無理数の構造的特徴が自然数の構造的特徴と一致しないという予測されざる問題が生じるという事態を挙げることができる。これの解決のためには、実数論の理論体系を導入する必要があり、そうすると今度はその結果として集合概念を導入せざるを得なくなったという歴史的経緯がある。このほかにも同様の事例は数学史上に無数にある。自然科学のもつ侵襲性は、理論モデルによる現実予想とモデルの現実への適用による逸脱として理解されてきた（カヴァイエスはこれをもって科学（知）の技術への応用は一種の「賭け」であると述べていた）。科学思想史的な文脈においては、特に後者の状況を深刻に受け取ることで、知における侵襲性を否定的なものととらえるという筋道が示される（例えば金森修氏の晩年の議論にはそういったところがある。たとえば金森・近藤 2014）。啓蒙（知）の果てに啓蒙の存立基盤そのものを食い破ってしまう道を見るというこの種の議論は、実のところルソーの『学問芸術論』以来繰り返されてきた主題でもある。しかし実際には、このように侵襲性を否定的なものとする考え方は、そもそも外部の存在を否定することを前提とし、否定された外部が否定されたがゆえに、想定されないまま突如（と見えるしかたで）出現することで、文脈が暴力的に（と見えるしかたで）逸脱すると考えるからではないか。外部の到来に単に備えるだけでなく、それを積極的に捕獲する装置を構想するという「天然知能」のあり様は、このような極端な革命的描像とは無縁であるように思われる。「5　オオオウツボカズラ」で論じられた臨界現象の普遍化が肯定されるなら、実際に生じていることは、トーマス・クーンが描き出したと見られるような1か0かの革命による進展ではなく、もっと連続的な質的変化の積み重なりではないか。天然知能を科学思想史の記述のための装置とするということは、ともすると非連続的な革命的変化とみなされるところに、より微細な質的変化の連続性を見出すことにあるように思われる。このように書いてて気が付くことは、フーコーが『知の考古学』で科学思想史の方法論として述べていることもまたこれに近いことだということである。

注解7－3

著者が論じる酋長の踊りと受験の結果発表前の祈りは、本質的に類似しているように思う。これを侵襲性とのかかわりで考えると、ライオン狩りに出かけた若者の成功を祈って踊りを踊り続ける酋長が踊りをやめられないのは、実際に若者がライオン狩りに成功したことを知る手管を講ずることが、ライオン狩りの不成立を帰結するからだ。同様に、受験生が結果発表前に祈ることしかできないのは、たとえ試験結果が確定していたとしても、それを発表前に知ろうとしてしまえば、そのことによって失格となり仮に合格だったとしても失格となるからだ。つまり、酋長の例も受験結果の祈りの例も、情報の遠隔性よりも侵襲性が基本的な特徴となっているということである。

注解7－4

この侵襲性としての非局所性の成立と、部分のなかに、完全には認識不可能な（非全体的）全体が内蔵されている（つまり、外部を全面的に受け入れている）ということの間には、何らかの論理的関係があるように思われる。感覚的には、後者（全体の部分への内蔵、以下包蔵性と呼ぶ）が条件で、前者（侵襲性）が条件づけられているように思われる。しかしより詳しく検討してみる必要がある。侵襲性と包蔵性のあいだに入る媒概念は、おそらく「境界のもつれ」として本書で論じられていたものだ。「境界のもつれ」は、境界において接している内と外が、境界によって隔てられているにもかかわらず、もつれているということを表す。このもつれは、デジャヴのように、知っている気がするけど思い出せない（あるいは、知らないはずなのになつかしい）というような互いに矛盾する規定を共立させる働きをもつとされる（反対に似た者同士のもつれというのはそれらに共通する部分を原因とするものとして容易に理解できてしまう）。「境界のもつれ」（以下境界もつれと呼ぶ）は、侵襲性としての非局所性が遠隔性を伴わないことと一貫性をもつ。つまり、「量子もつれ」は遠隔性と侵襲性の両方を引き起こすが、「境界もつれ」は近接性と侵襲性を引き起こす。とすると、論理的には（感覚的なものとは逆に）、侵襲性が「境界もつれ」によって条件づけられ、同時に「包蔵性（外部の受け入れ）」もこの「境界もつれ」によって条件づけられていることになるのではないか。なぜ包蔵性も境界もつれに条件づけられるかといえば、部分のうちにある（非全体的）全体を可能にするのは、その全体を囲う境界の性質にこそあるからだ。いずれにせよ、侵襲性、境界もつれ、包蔵性（外部の受け入れ）の三者の関係をさらに検討する必要があるように思われる。

注解7－5

ここでの「外部」の規定は、わたしがかつて「「内在の哲学」序説」（本書第14章）で論じた特殊な部分全体関係に基づく内在の哲学の実在論と接続可能であるように思われる。すなわち、

十全には認識されていないが、部分的に認識されているものの全体といったものは決してそれ自体十全に認識されえないにもかかわらず実在すると考えなければならない。

というものである。これとカントの物自体の規定（それ自体認識されえないが思惟されることのできるのでなければならないのが物自体である）との違いを説明するうえで、「天然知能」が明らかにした侵襲性という特徴が重要なものとなるはずだからだ。そして物自体と外部の違いをうまく説明する

ことで、弱い相関主義（カント）をその最も重要な論敵とみなすメイヤスーとは違うしかたで、「物自体」的なものについての思考を再構築する道を説明可能となるのではないかと期待できる。

注解7－6

三つの意識タイプの分析は、それ自体まったく似ていないにもかかわらず、ドゥルーズとガタリのスキゾ分析を想起させる。「天然知能」が提起されたいま、もはやドゥルーズとガタリのスキゾになろう、というスローガンは、「天然知能」になろう（ふったとう）というものによって更新されるように思われる。近年、ドゥルーズ研究では、統合失調症よりも自閉症のほうがスキゾ分析のモデルに近いのではないかという議論が、斎藤環氏による提言以降（もしかしたら同時的に複数の影響関係を介して）示されているが、自閉症のモデルとなりうるタイプⅠの意識と統合失調症のモデルとなりうるタイプⅡの意識と、常識的なタイプⅢの意識モデルの三項関係によって、そのいずれでもない「天然知能」を構想するという議論は、最晩年の『哲学とは何か』におけるドゥルーズとガタリの意図をもっともよく受け継いでいるように思われる。

『哲学とは何か』の議論に接続するなら、「天然知能」それ自体がさらに三つに分化したものとして、芸術を創造する脳、科学を創造する脳、哲学を創造する脳を理解することができる。そしてこれら三つの脳によってそれぞれ、ドゥルーズとガタリのいう外部であるところの「カオス」から「カオイド」を捕獲するというのが『哲学とは何か』の筋書きであるだろう。しかし『哲学とは何か』においては、いかにしてオピニオン（ドクサ）から創造へと至るのかの道がはっきりと示されていない。もしかしたら中期のスギゾ分析が前提とされているのかもしれないが、本文中にははっきりとそのことは示されていない。そこに『天然知能』において論じられた三つの意識タイプからの「天然知能」の構想という論理をさしはさむことによって、その道をより明らかなものとすることができる。いずれにせよ『天然知能』はドゥルーズとガタリの著書に親しむ者にとっては、『哲学とは何か』の議論を更新し、そこに残された数多くの課題（不完全に提起され、解かれていない問題群）にたいしてかなり長い射程における見通しを与えてくれるものとなるように思われる。

注解7－7

ここでの自由意志と「おのずから」から「みずから」への質的変化の論理の関係を、スピノザの自由意志論と比較することが可能であるように思われる。スピノザにとって、人間が自由意志をもつと考えるのは、目をあけながら夢を見ているようなものだ、としつつも、人間は決してその夢から覚めることもできないとスピノザが考えているように思わせるところは、「おのずから」を奪取して「みずから」と誤認することでのみ能動性を獲得するというタイプⅢの意識構造と類似しているように思われるからだ。そしてそれを真の能動性と結びつけることができるのは、スピノザにおいては「第三種の認識」においてのみだが、「天然知能」においては外部を受け入れて創造性を発揮することによってのみだ、という点でも比較可能であるように思われる。

要約「8　ふったち猫」

「8　ふったち猫」では「猫である」と「猫でない」の共立が可能となることで、猫ではないかもしれない猫としての「ふったった」猫が論じられる。そしてそこからふったった人間の可能性として「ださかっこわるい」が論じられる。「かっこわるい」のは、意図と実現が一致しないことであるとされ、「ださい」のは異質な外部が局在化していることであるとされる。そしてださかっこいい（異質だが、ある文脈が指定されることで、意図と実現が一致しているさま）のですらなく、ださかっこわるいこそ、ふったったわれわれの可能性を示しているとして本書は閉じられることとなる。

注解8

ふったったわれわれというのは、ニーチェの「超人」よりも、ドゥルーズとガタリの「来るべき民衆」よりも魅惑的な「概念的人物」である。われわれはふったつことができる。もしできるなら、それは「超人」がかつて示唆したような絶望的な革命によってではなく、目立たないかもしれないが決定的な質的変化の連続によってなされることだろう。

17　現代思想の古層と表層のダイアグラム

制作意図の説明あるいは釈明

本章の地図によってわたしが示したかったことをできるだけ誤解のないように伝えるために、蛇足とも思われるこの端書きをあえて記しておきたい。わたしが示したかったことは、二〇世紀から二一世紀にかけての哲学・思想と呼ばれるものの全貌を地図に表すこと、ではない。もしそうしたいのであれば、ここで取り上げた系譜だけでなく、少なくともイタリア思想、ロシア思想、ポーランドなどの東欧思想、スペインおよびポルトガル思想および南米思想、カナダ思想、アフリカおよび西アジア思想、東アジア思想、インド思想、日本思想について少なくともその関連系譜を書き起こさねばならない。それは不可能ではないが、ここでわたしに与えられた責務を大きく超えるものである。では、いわゆる英米系および大陸系（主にドイツとフランス）の二〇世紀および二一世紀の哲学と思想の全貌を地図にすることであったのか、といえばそれも違う。もしそうであれば、それぞれの文脈における政治・経済思想と倫理思想の系譜がほぼ完全に抜け落ちていることの釈明ができない。これらだけでここに掲載した地図と同じだけの規模のものを作成することがおそらく可能であろう。

ではこのような地図を作製した意図は何だったのかといえば、近年の現代思想のなかでも、とくに何らかの形で「形而上学」と関連づけられるようなそういった流れに与する動きを取り上げ、そこにつながる二〇世紀の系譜を一九世紀末から書き起こすということがその意図であった。管見では、この近年の「形而上学」(ただしこの語は、その意味がもはやほとんど一義性を備えなくなるほどに、それぞれによって異なる意味で用いられており、その意味でそれは括弧書きで記さねばならないが)と関係する大きな流れとして、分析形而上学、現象学、思弁的実在論があるように見える。地図を一見してわかるように、それぞれには異なる系譜が綜合され組み合わされており、そのことがそれぞれの特性を形成している。それぞれが「形而上学」とかかわりをもつようになる事情や歴史的背景は異なるにもかかわらず、この問題に収斂しつつあるという点については一致しているように見える。その理由を理解するためには、わたしの考えでは少なくとも一九世紀終わりからの思想の動きを理解しなければならないように思われたのである[1]。

地図は古来より長期的戦略および現場における戦術の両方にとって重要な道具であり続けてきた。この地図は正確さと精密さという点では明らかに不十分ではあるが(それはわたしの能力の不足と表現形式の限界に由来する不十分さである)、差し当たりの道具としては使用に堪えうると期待している。

最後に地図の見方について必要と思われる事柄を述べておきたい。人名および著書の選択は、わたしの判断に由来するが、紙幅の関係上遺憾ながら割愛したものも多数ある。選択の基準は流れと関係を把握するのに必要なものと判断されたことにつきる。数字は原著の出版年（翻訳の場合は「英訳」などと付してある）である。時間軸は横軸で、左から右に向かって現在に近づいている。縦の点線は左から順に、「一九〇一年：二〇世紀の始まり」「一九三九年：第二次世界大戦開始」「一九四五年：第二次世界大戦終結」「一九八九年：冷戦終結」を示しているが、項目の配置が周囲との位置関係上その点線の前後で年数がずれている場合もあり、あくまで目安としてのみ意味がある。濃淡のある丸囲いは項目同士で関連性の高いものの関係を示している。

なお人類学にかんしては久保明教氏（一橋大学）に助言いただいた。ここに記して感謝する。

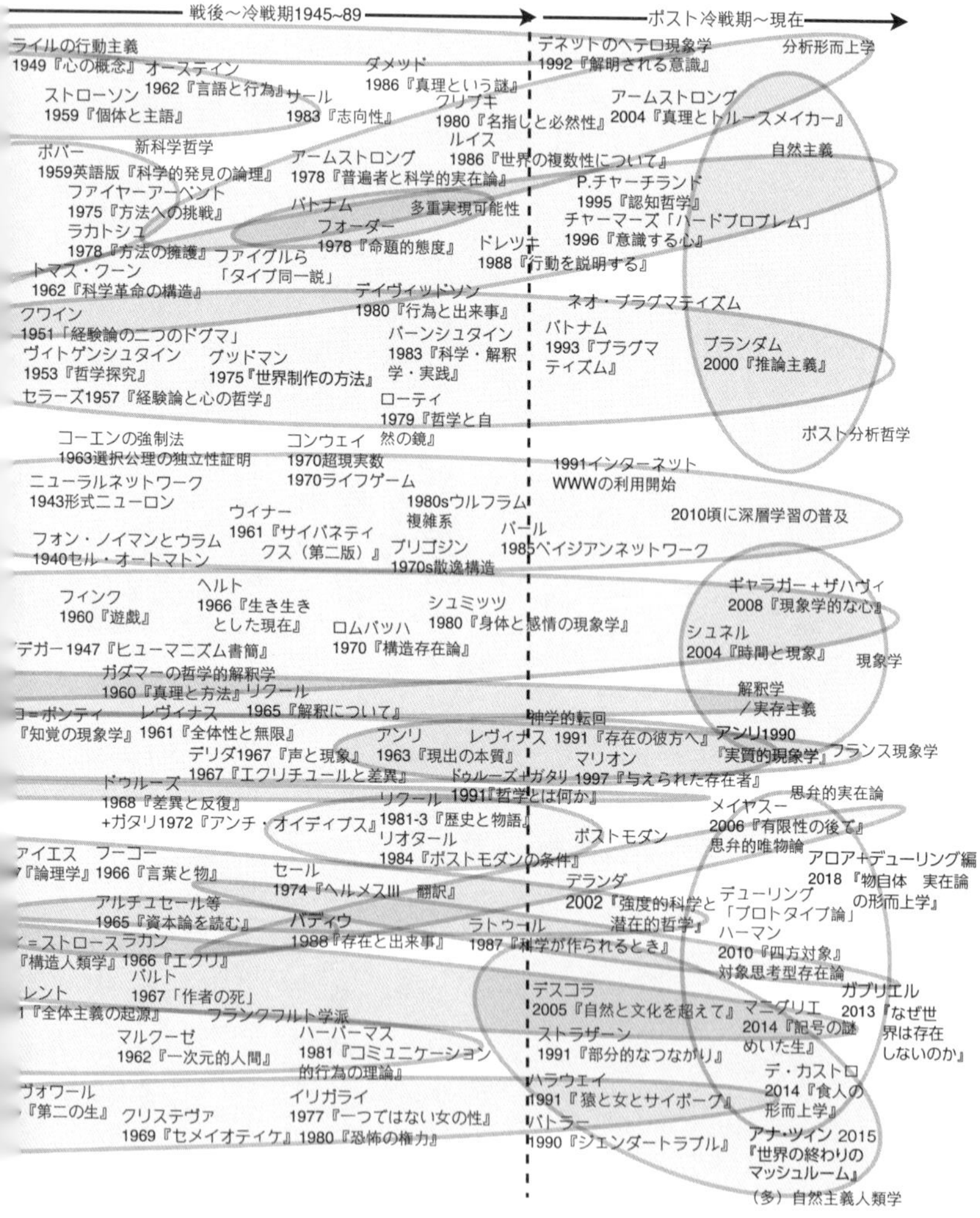

戦後～冷戦期1945~89
ポスト冷戦期～現在
ライルの行動主義
1949『心の概念』
オースティン
1962『言語と行為』
ストローソン
1959『個体と主語』
サール
1983『志向性』
ダメット
1986『真理という謎』
クリプキ
1980『名指しと必然性』
ルイス
1986『世界の複数性について』
デネットのヘテロ現象学
1992『解明される意識』
分析形而上学
アームストロング
2004『真理とトルースメイカー』
自然主義
ポパー
1959英語版『科学的発見の論理』
新科学哲学
ファイヤーアーベント
1975『方法への挑戦』
ラカトシュ
1978『方法の擁護』
トマス・クーン
1962『科学革命の構造』
ファイグルら
「タイプ同一説」
アームストロング
1978『普遍者と科学的実在論』
パトナム
多重実現可能性
フォーダー
1978『命題的態度』
ドレツキ
1988『行動を説明する』
P.チャーチランド
1995『認知哲学』
チャーマーズ「ハードプロブレム」
1996『意識する心』
クワイン
1951「経験論の二つのドグマ」
ヴィトゲンシュタイン
1953『哲学探究』
グッドマン
1975『世界制作の方法』
セラーズ1957『経験論と心の哲学』
デイヴィッドソン
1980『行為と出来事』
バーンシュタイン
1983『科学・解釈学・実践』
ローティ
1979『哲学と自然の鏡』
ネオ・プラグマティズム
パトナム
1993『プラグマティズム』
ブランダム
2000『推論主義』
ポスト分析哲学
コーエンの強制法
1963選択公理の独立性証明
コンウェイ
1970超現実数
1970ライフゲーム
ニューラルネットワーク
1943形式ニューロン
ウィナー
1961『サイバネティクス（第二版）』
1980sウルフラム
複雑系
フォン・ノイマンとウラム
1940セル・オートマトン
プリゴジン
1970s散逸構造
パール
1985ベイジアンネットワーク
1991インターネット
WWWの利用開始
2010頃に深層学習の普及
フィンク
1960『遊戯』
ヘルト
1966『生き生きとした現在』
ロムバッハ
1970『構造存在論』
シュミッツ
1980『身体と感情の現象学』
ギャラガー＋ザハヴィ
2008『現象学的な心』
シュネル
2004『時間と現象』
現象学
イデガー1947『ヒューマニズム書簡』
ガダマーの哲学的解釈学
1960『真理と方法』
リクール
1965『解釈について』
解釈学
／実存主義
ロ＝ポンティ
『知覚の現象学』
レヴィナス
1961『全体性と無限』
デリダ1967『声と現象』
1967『エクリチュールと差異』
アンリ
1963『現出の本質』
神学的転回
レヴィナス 1991『存在の彼方へ』
マリオン
1997『与えられた存在者』
アンリ1990
『実質的現象学』
フランス現象学
ドゥルーズ
1968『差異と反復』
+ガタリ1972『アンチ・オイディプス』
リクール
1981-3『歴史と物語』
リオタール
1984『ポストモダンの条件』
ドゥルーズ＋ガタリ
1991『哲学とは何か』
ポストモダン
メイヤスー
2006『有限性の後で』
思弁的唯物論
思弁的実在論
アリエス フーコー
7『論理学』1966『言葉と物』
セール
1974『ヘルメスⅢ 翻訳』
アルチュセール等
1965『資本論を読む』
バディウ
1988『存在と出来事』
ラトゥール
1987『科学が作られるとき』
デランダ
2002『強度的科学と潜在的哲学』
デューリング
「プロトタイプ論」
アロア＋デューリング編
2018『物自体 実在論の形而上学』
ハーマン
2010『四方対象』
対象思考型存在論
＝ストロース ラカン
『構造人類学』1966『エクリ』
バルト
1967「作者の死」
レント
1『全体主義の起源』
フランクフルト学派
マルクーゼ
1962『一次元的人間』
ハーバーマス
1981『コミュニケーション的行為の理論』
デスコラ
2005『自然と文化を超えて』
ストラザーン
1991『部分的なつながり』
マニグリエ
2014『記号の謎めいた生』
ガブリエル
2013『なぜ世界は存在しないのか』
デ・カストロ
2014『食人の形而上学』
ボーヴォワール
『第二の性』
クリステヴァ
1969『セメイオティケ』1980『恐怖の権力』
イリガライ
1977『一つではない女の性』
ハラウェイ
1991『猿と女とサイボーグ』
バトラー
1990『ジェンダートラブル』
アナ・ツィン 2015
『世界の終わりのマッシュルーム』
（多）自然主義人類学

現代思想の古層と表層のダイアグラム

狭義の現代思想とそれと肯定的／批判的に関連する哲学・思想・科学諸分野の関係図

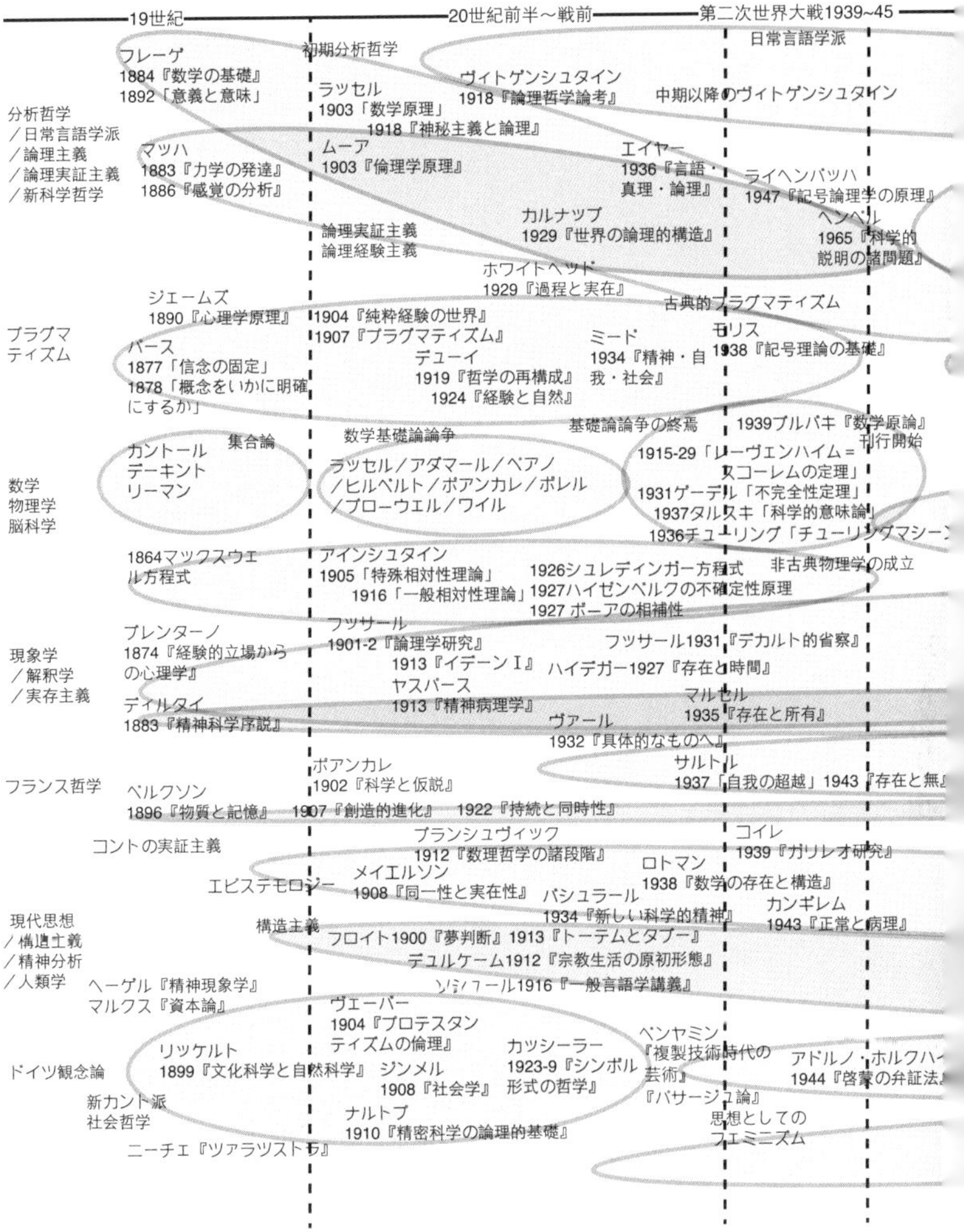

註

序　現在の〈外〉を思考するために

(1)「人新世」については、『現代思想』二〇一七年一二月号「特集＝人新世」の各論を参照されたい。また、放送大学が提供する「生涯学習支援番組・クロス討論・〝人新世〟時代の人類と地球の未来――人類学からの問い」（本多俊和、篠田謙一、湖中真哉、棚橋訓、大村敬一）四月一四日・四月二八日放送、ＢＳ２３１での議論もここでの議論の参考とした。

(2)「人新世」における技術の科学化という観点は、有賀 2017 を参照のこと。わたしとしてはこの科学化自体は古代ギリシアより一部で始まっていたが、それが大規模化するのは、技術の科学化が、資本蓄積の自律的運動と結びついた一七世紀だと考えたい。また、経済活動を新しい地質年代の主たる原因と考える場合、これを「資本新世 Capitalocene」と名付けなおすという考え方もある。これについては Moore 2016 を参照されたい。

(3) このような独立した増殖運動を展開するものを「ネットワーク」と呼び（そのネットワークを構成するものが、自律的に運動する「エージェンシー」すなわち「アクター」である）、この独立したネットワークのあいだでの接続のことを「翻訳」と呼ぶとラトゥールの「アクターネットワーク」に近似することになる。

(4) ここで、かつて繰り返されてきたように哲学それ自体の終焉を主張するという選択肢は確かにありうる。「完新世」の終焉とともに、近代社会の出発に深くかかわり「完新世」を終わらせた哲学もまたその役割を終えたのだ、ということは不可能ではない。しかし、そのようにいうことの目的は、厭世的な現状追認を是とする以外には見当たらない以上、そのような言葉は批評家に任せておけばよいだろう。
(5) 本序論を執筆するにあたって、太田和彦氏と大村敬一氏のそれぞれと議論したことによって考えたことが大いに役立った。ここに感謝の意を記したい。

1 カヴァイエスの問題論的観点から見た科学的構造の生成

(1) この一文を証明しようとすると実際にはそれだけでかなりの議論とその批判的吟味が必要となることは確かだが、ここでそれをやることはできない。想定されているのは、デュルケーム的社会学、レヴィ＝ストロース的構造主義人類学、新カント派の哲学、フッサール現象学、論理実証主義の哲学などだが、もっと漠然とした広がりも同時に想定されている。またこのような把握のしかた自体がフーコーの『言葉と物』の影響下にあることもまた明らかであるが、以下で論じるようにそのことは自覚的である。
(2) エピステモロジーという言葉で想定されているのは、以下で論じるように主にフランス・エピステモロジー(金森修氏の命名にしたがえば「科学思想史」あるいは「科学思想史の哲学」)であるが、必ずしも「フランスの」という国家的・言語的枠組みに強調点が置かれているわけではなく、むしろ歴史的偶然的にフランス語圏という地理において発達したある種の知のスタイルに強調点が置かれている。
(3) エピステモロジーの全体像を見るためには Bitbol et Gayon 2006 および Cassou-Noguès et Gillot 2009、金森 2008 を参照されたい。
(4) かつて拙著『数学的経験の哲学』においても指摘したことがあるが、この「知－存在」とでも呼ぶべきものは、ポパーの「三世界論」と共通点を多くもっているように思われる。
(5) このような評価構造の変化について、かつて最も詳細に議論したのは、G－G・グランジェであり、小林 1996 の議論は、グランジェの議論を下敷きにしながら、具体的な物理理論のなかでこれを検討している。
(6) だから、ブランシュヴィックは、人類学者レヴィ＝ブリュールの有束の論理を擁護したのだし、構造主義人類学を展開し、未開の思考の内的構造を解明したレヴィ＝ストロースは、昼の実証的思考と夜の詩的夢想のあいだの構造論的な関係をとりだしたバシュラールから決定的な影響を受けることができたのである。

（7）この区分とエピステモロジーを「インターナル・アプローチ」に分類する考え方については、金森 2000 を参照されたい。

（8）たとえば以下を参照されたい。Pickering 1992、ラトゥール 1999、金森・中島 2002。

（9）このような観点からラトゥールのアクターネットワーク論を乗り越えようとする試みとして、すでに Jensen & Rödje 2010 がある。そこではドゥルーズのマイナー科学論と接続することでラトゥールの議論の乗り越えが試みられているが、エピステモロジーという可能性そのものは充分に検討されてはいない。

（10）カヴァイエスは日本ではほとんど知られていない哲学者であり、本来であれば伝記的記述を多少なりともおこなうほうが好ましいのだが、紙幅の関係上割愛する。彼の伝記的記述についてはカヴァイエス 2013 に付された拙著「解説」にそれなりに詳しく書いたのでそちらを参照していただくことにしたい。また、カヴァイエスの哲学の全体像にかんしても、近藤 2011a を参照していただきたい。

（11）カヴァイエスの哲学から「問題」という概念が、実際にテキスト内的なしかたで取りだされうるものだということについては拙著近藤 2011a 第四章および第五章を参照していただきたい。また本書第9章「カヴァイエスの哲学における「操作」概念の実在論的理解のために」も参照されたい。

（12）カヴァイエスとほぼ同時にこの「問題」概念を主題化した一人にロトマンがいる。この点については、中村 2011a を参照されたい。また、彼らの後でも、彼らの影響のなかで、ドゥサンティが「第三種の問題」というキー概念を措定したし、また彼とは独立にアルチュセールが「問題的なもの」という概念を提示した。以上のように、「問題」概念がエピステモロジーにとって常に重要な参照項であり続けたということは明らかである。

（13）ここで、ほぼ唯一の例外としてドゥルーズの『差異と反復』の、とりわけ第四章で展開された「問い」と「問題」にかかわる議論を挙げることができる。ここでの議論にはヴュイユマンを媒介したカヴァイエスのものだけでなく、ロトマンの議論もはいり込んでいるが、いずれにせよこの問題論的な観点を存在論的な水準で議論したことは注目に値する。また問題論をエピステモロジーの根幹に位置付け、存在論的あるいは真理論的な議論として展開するべきであるという考えもドゥルーズのここでの議論から少なからず影響を受けている。
(14) 証明の基礎としてそれ自体は証明されない公理系の公理と、証明された命題としての真理とは、本来であれば同列に扱うことができない。しかし、「問題」という観点に立つならば、公理系もまた、「問題」の要求に答えるしかたで、既存の数学的な場を拡張することで産出された「解」だと理解することができる。これについては、近藤2011a 第四章および近藤2010を参照されたい。
(15)「問題」、「解」、解けないこと、「知」、「非‐知」、構造の歴史性については、近藤2009a のなかでもう少し踏み込んで議論しているのでそちらを参照されたい。
(16) これが「弁証論」であるのは、このような生成が、原理的な基礎概念そのものの「動揺」によって引き起こされるからである。ここでの「弁証論」という語の使用は Cavaillès 1947 によるものだが、バシュラールの使用ともかなりのところ重なっている。バシュラール 2011 による「弁証論」の使用を参照されたい。
(17) フーコーもまた、ここでの意味とは異なるが、フーコー 1986 で知の意志の力について議論をおこなっていた。
(18) たとえば Cavaillès 1938a & b でこのようなことが述べられている。この歴史的過程を再現的に分析したものとして近藤 2009b があるのでそちらも参照していただきたい。
(19) 公理系の措定があらたな問題の場となるプロセスについては、近藤 2011a および近藤 2010 で具体例とともに論じている。
(20)「理念化」についてカヴァイエスは、Cavaillès 1937a、Cavaillès 1938b および Cavaillès 1939 で論じており、「主題化」については Cavaillès 1937a、Cavaillès 1938b および Cavaillès 1947 で論じている。詳細は、近藤 2011a の「第四章」を参照していただきたい。
(21) このように「力」を「知」の時間的契機として解釈することをフーコーの読解から導くことは不可能ではない。これについては近藤 2011b を参照されたい。

2　ドゥルーズの科学論

（1）本章は、もともと第二回アジア・ドゥルーズ会議において英語で口頭発表された原稿の日本語版である。そのときの英語題名は Science Theory of Deleuze. "Overturn Platonism" for "Question-Being". A Interpretations of *Difference and Repetition.* というものだった。本章はそれをもとに加筆修正をおこなった。とくに引用情報について、英語での発表慣習に合わせて英訳のものを参照していたが、ここでは邦訳のみを参照する。

（2）ちなみに述べておけば、ドゥルーズの著作、特に『差異と反復』にはこのような参照不明な箇所が少なからずあり、また指定された参照があっても実際には異なるものだったりすることが稀にある。これはドゥルーズが何か意図的にやっているというよりも、当時のフランスにおけるある程度一般的な慣習と、ドゥルーズの不注意が織り交ざった結果であると考えるのが妥当なように思う。当時は（あるいは人によっては今でも）カードと呼ばれるものに図書館で読んだ本の重要箇所を書いていって、それを蓄積して論文や本にしていたといわれるが、この編集過程にはそういったミスが伴いがちであるだろう。またこういう参照群の確認と特定という作業は、ドゥルーズ研究のための準備として有効ではあるが、本当に何か重要なものが出てくることは、かけた労力の割に多くない。

（3）ドゥルーズの引用は以下である。（1）「特異性に出会わないすべての線のうえで解析接続可能な解の基礎となる系を規定可能にする」、（2）「特異点の役割は写像を保証する関数が特定の領域において定義可能になるように、その領域を区分けするところにある」、（3）「特異点は、微分方程式の局所積分から、その微分方程式の解である解析関数の大域的な特徴付けへの移行を可能にする」という三か所である。御覧のとおり、この引用にドゥルーズによって付された番号と、そのもとになる「一般的なテーゼ」の番号には直接の関係がない、あるいは少なくともその関係は曖昧なものにとどまる。

（4）「分有されないもの」、「分有されるもの」、「要求者たち」の三幅対は、プロクロスによる。

（5）さらに本書第16章の「郡司ペギオ幸夫『天然知能』の要約と註解」の議論をもとにすれば、これは次元の違いという上下構造としてとらえるよりも、直交する二軸の関係としてとらえるほうが、より適切である。問題－解の軸にたいして、問い‐外部の軸が直交するということだ。わたし自身がこのことを理解できたのは、この「要約と註解」を書いたときである。

（6）おそらく唯一の例外は、ドゥルーズの盟友であったフランソワ・シャトレの追悼文のなかでシャトレがその初期にカヴァイエスを研究していたことに触れたときだけだろう。

（7）まさにこのことを明らかにしたのが、シモンドンによる個体化論である。したがって、ドゥルーズとカヴァイエスは、ロトマンに加えて、スピノザとシモンドンによって結びつくことになるだろう。

（8）この識別不可能性という表現は、重要なことを覆い隠してしまっている。より重要なことは、この二つのあいだの決定的かつ消去不可能な齟齬と、それにもかかわらずそのあいだがつながってしまうこととのあいだの、約束なき一致であり、その間に生じる運動と静止（動と静）である。この齟齬と一致（異と同）において存在（有）の一義性が要請される。

3　エピステモロジーの伏流としてのスピノザ、あるいはプラトン

（1）この点について、たしかにフランスのエピステモロジー研究者の多くがそう認めてきたのだが（たとえば Cassou-Noguès 2001 の記述）、近年の著者や中村大介氏による研究によって（上野修代表の科研プロジェクト「二つのスピノザ・ルネッサンスの狭間――十九世紀フランス哲学におけるスピノザの影」における研究）、ブランシュヴィックと同時代の、ヴィクトール・デルボの二つのスピノザ論（『スピノザ主義の道徳問題』（一八九三年）と『スピノザ主義――ソルボンヌ講義一九一一―一九一二』（一九一六年））や、アランのスピノザ論、そしてアランの師であるジュール・ラニョーのスピノザ論などの影響が明らかにされつつある。

（2）たとえば、上野 2014 所収「ネグリのマルチチュード論とスピノザ」を参照。

（3）カヴァイエスの一九三〇年一〇月七日付のボルヌへの手紙の標的はもっぱらガブリエル・マルセルの『存在と有』である。

（4）『論理学と学知の理論について』に基づくカヴァイエスのフッサール批判については、同翻訳書所収の拙著「解説」に詳しいのでそちらを参照されたい。

（5）この行為と認識のあいだの平行論は、ボルヌ宛の手紙において最も具体的に論じられ、また数学の認識においては、「知性－感性の混成体」としての「記号」という『公理的方法と形式主義』での議論に現れるが、抽象的な定式としては、『論理学と学知の理論について』の以下の文言に現れる。「作用 acte なしに意味 sens は存在しないし、新しい作用を発生させる意味なしには新しい作用は存在しない。」（カヴァイエス 2013：32）

（6）さらにいえば、この「何か神的なもの」は「内在的原因」としての「神すなわち実体」のことと解することができるかもしれない。

（7）一九三九年のブランシュヴィックへの手紙に登場するフッサールの『ヨーロッパ諸科学の危機』への評価としての「コギトの法外な使用」（Ferrières 2003：182）を参照。

（8）これに加えて、すでに別の註でも述べたように、ヴィクトール・デルボの形而上学の理解、すなわちスピノザとカントの理解が重要な役割を果たしている可能性がある。

（9）シナスールは、Sinaceur 2009 でこれを、「プラトニスム」を「ラディカルな合理主義」（Cavaillès 1925：132）とみなすカヴァイエスの特殊な見方として指摘している（Sinaceur 2009：11）。シナスールも議論していない重要な論点は、ここでわたしが指摘しているように、この「プラトニスム」によって暗に示されているものが、具体的に何を内実としてもちうるのか、ということの可能性を明示することである。

（10）既存の方法である一人の哲学の著作をコーパスとする言説分析ではほとんど証拠を挙げることのできない関係性が含まれている。たとえばドゥサンティとアルチュセールの関係性などは、彼らの公刊された著作をコーパスとしたのでは、確証されるものではない。

（11）ゲルーがヒルベルトの形式主義に共感を示しており、カヴァイエスのそれと一致するというピーデンの論点の一つはここでは省略した。というのも、カヴァイエスの数学基礎論の立場を単純にヒルベルトの形式主義のそれと一致させることは難しいとわたしには思われ、そのかぎりで、この点でもって両者を結びつけるのは無理があると判断したからである。

(12) すでに注で述べているように、ブランシュヴィックから影響を受けたことは事実だが、ブランシュヴィックから受けた影響が最も重要なものでありかつそれがすべてだという見解には議論がありうる。カヴァイエスとゲルー双方にとってのデルボの影響というのは十分にありうる。

(13) おそらくこの解釈の源泉はバディウによるスピノザ解釈にあるのだろう。

(14) 現象学それ自体のドイツでの文脈というよりも、少なくともフランス哲学においてはという意味で。ただし、新カント派の現象学とフランス哲学両方への影響関係を考慮に入れ、新カント派のもつ古代哲学と観念論と科学史への関心を考慮にいれることで（たとえば、コーヘンとカッシーラーのプラトニスムにかんする業績およびそれと連携した関係をもつツェラーの業績を参照）、「フランス哲学において」という制限も解消される可能性はある。ただし、その場合、新カント派と現象学の関係を今よりもいっそう近づけて理解することにはなるだろう。

4　ドゥルーズはシモンドンの議論をいかに理解し使用したか

(1) シモンドンの個体化論は、ソクラテス以前の自然哲学的な伝統と宇宙発生論的な神話の文脈においてより理解することができるのではないか（廣川 1997 の付録「自然について」（旧版の二章に相当）を参照。本章のコスモゴニアという用語もこれによる）。宇宙発生論的といっても、現代の宇宙形成史のようにビックバン前後から宇宙の膨張と分裂そして熱冷却に始まる過程を描くわけではない。描かれるのは、あくまで存在者の階層的発生の論理的秩序であって、シモンドンはそれを発生の歴史的秩序とは厳密に一致させていない。

(2) これにたいして『技術的対象の存在様態』（オービエ社、一九六九年）のほうでは、比較的新しい技術的対象（内燃機関、ガソリンエンジン、ディーゼルエンジンなど）の「絶対的起源」という節題のもとに、系譜学的研究がおこなわれている（中村 2011a）。ただし、その観点は歴史的観点というよりも、正しく系譜学的、系統分類学的発想に基づいている。この点についてはは後述する。

(3)「宇宙霊魂論」と「コスモゴニア」（＝「コスモロジー」）との関連については藤沢 2014 を参照されたい。

（4）『技術的対象の存在様態』においては、技術の系譜学が試みられるが、この視線の先にあるのは、技術にかんする学知あるいはその理論的概念の歴史内的な生成過程ではなく、個体としての技術的対象それ自体の発生的系譜学にあり、ひいてはここで論じるように「宇宙発生論的」な視線に導くものであるように見える。これらのあいだの異同には繊細な問題を含むことになるが、ここでは展開しないでおく。

（5）カヴァイエスの宇宙発生論的観点については、カヴァイエス 2013：40-41 を参照。Lautman 1938 結論におけるイデア論を参照されたについては Lautman 1946 の『ティマイオス』への言及および Lautman 1938 結論におけるイデア論を参照されたい。この箋また、ある意味では文脈が異なるが、コイレ 1999 などの仕事もその文脈でとらえることができる。また、フランスにおけるホワイトヘッド哲学の受容が重要な役割を果たしていることも見逃せない。若くしてどいして、ン・ニコの業績とジャン・ヴァールによるアメリカ哲学の紹介によって一九三〇年代にはフランスでホワイトヘッド哲学はよく知られていた。

（6）この論文自体の発表は、一九五八年に書かれたとされるシモンドンの博士論文よりも時間的に後になる。ただカンギレムのこの論文で暗示しているように、問題意識そのものはカヴァイエスの「概念の哲学」に由来するものであり、シモンドンがカンギレムに影響を与えたかどうか、という問題を確定することのできる根拠は今のところ見当たらない。

（7）ドゥルーズによるシモンドンについての書評ではシモンドンについて詳しく扱っているが、それについての分析は含めていない。

（8）章立ては『形態と情報の概念からみる個体化』にしたがう。

（9）ただし、それがチャーマーズなどの典型的な物理主義と異なるのは、「情報」概念がすべての個体化をつなぐ軸となっている点である。その意味では、橘 2012 が論じていることは正しく、ベルクソンの「スピリチュアリズム」（霊魂論）を介して、本章で論じている「宇宙霊魂論」を含む「宇宙発生論」へとつながっていると見るべきかもしれない。この点が物理主義とシモンドンの議論の本性的に相いれない点である。また階層性とスケールの有無は、「宇宙霊魂論」を認めるか否かとは独立である。これの展開である中世の天使論と「階層性」の本性上の結びつきを想起する必要がある。

(10) ドゥルーズ自身も、強度的差異のシステムでは、齟齬や、高低差を認めている以上、局所的な階層関係までをも否定しているわけではない。局所的な階層性までも否定してしまっては、ドゥルーズがシモンドンから何も受け継いでいないということになる。むしろドゥルーズによるシモンドン哲学の受容は、局所化され、かつ線形化されえない階層性とスケールにこそあるともいえる。

(11) レヴィナスとの可能な比較のためには〈他〉と訳したほうがよいかもしれないが、ここではプラトンの著作の翻訳の文脈にしたがう。

(12) この二つの参照はともにモーリス・ドガンディヤックによる新プラトン主義についての業績に関連付けられている。

(13) この「捻じれの位置としての主体」について、ドゥルーズは『フーコー』などで一貫して「外の力」と「褶曲」ということで論じているが、これは『哲学とは何か』における「主体‐脳」の議論につながるものとして読むことができる。

(14) たとえばこれにたいして、カンギレムの「概念と生命」においてはこの捻じれ(概念を用いるわたしと、用いられる概念としての生命の捻じれ)が見られるし、同様のことをカヴァイエスの議論、とくにその「賭け」についての議論に見出すこともできる。

(15) 加えてシモンドンとホワイトヘッドを比較するラトゥールの立ち位置や、タルドとの対比も以上の文脈から理解することが可能であるだろう。ドゥルーズは、ホワイトヘッドを新プラトン主義の文脈に結び付けながら、てえて、「経験論」と呼ぶ。それにたいしてラトゥールは、ドゥルーズが重視する主体の違和感を平板に[illegible]かもしれないように見えるが、この平板さは彼の「アクター」概念の理解の深度によってとらえなおすことも手帳』で『ソない。また、そもそも「シミュラークル」の問題についてドゥルーズが参照を附しているのがピステス』を論じた精神分析家のグザヴィエ・オデュアールであることとの関連も考える必[illegible]あろう。

5　アナロジーとパラロジー

（1）本章はもともと春日 2016 の第一五章だったものを本書のために改稿したものであ

（2）このカヴァイエスとロトマンの対立は、本章にとって極めて重要な示唆をもつ（Sin 1987）。カヴァイエスは、一見して数学の内に留まりながら、本質的には外を思考し、ロトマン 1987、Heinzmann に踏み出しながら、その内に留まってしまっている。ここに超越と内在のあいだの本来的な困難が見ら 数学の外

（3）「イデア的弁証法」とは dialéctique idéale の訳である。仏語の dialéctique は、プラトンの「ディアレク の仏語訳だが、慣例通り「弁証法」と訳した。

（4）「プラトンが、最初に、プラトニスムを転倒することの方角を定めたのではないのか。」（ドゥルーズ 2007c：138）

（5）階層と超越の関係については、ドゥルーズ 2004 を見よ。とくに偽ディオニシュウス・アレオパギダが哲学史と宗教史に果たした役割への言及が重要である。

（6）リオタールが『ポストモダンの条件』の最終章で論じた「パラロジー」と、ここでの「パラロジー」は独立に考えられているが、表面的には類似点が見られる。また、その派生語である「パラログ」という語は、現代の進化生物学における遺伝子重複の議論に登場する専門用語となっているが、これとも比喩的類似以上の関係はない。

（7）ベイズの議論に基づく主観的確率における客観性の具体的な導出方法は、たとえば内井 1995：177-180 を参照されたい。

6　存在論をおりること、あるいは転倒したプラトニスムの過程的イデア論

（1）この情況判断は二〇一五年一月の本章のもととなった論文の発表当時のものであり、二〇一九年の時点から見

ると不適切・不十分な判断も含まれているかもしれないが、そのままとした。

(2) ここでいう「われわれ」は、主に哲学・思想系の人間をさしている。少なくとも一九世紀以降の哲学・思想において、人倫、法、道徳を考察する際に、国民国家の現実的介在は、明に語られないとしても、暗黙の前提とされていたように思われる。

(3) つまり、一部ではすでに進行しているゲットー化、受け入れがたいレベルでの苛烈な格差の容認と定着など。ただしこれはすでに労働者と資本家という一九世紀的な階級によって最初から実現されていたことの進展ととらえるべきだともいわれるだろう。違いがあるとすれば、資本家と労働者の対立にたいして国民国家という装置を媒介者とすることで、その対立を調整しようというのが二〇世紀的な解決方針だったのにたいして、グローバル経済の進展によってそのような解決方針が実質的に無効化したという点が、一九世紀的な階級との違いであるだろう。

(4) とはいえ、やはりバディウという名前そのものの使用のあり方、とくに英語、仏語圏でのそれが、学者政治的であるということは否めない。このあり方にナイーヴに惹きつけられることは極めて危険であることは間違いないだろう。それにもかかわらず、そこはそれだけで収まらない部分が確かに含まれており、その部分は確実に仏語圏と、むしろとくに英語圏では成長しつつある。Duffy 2006、Gabriel Catren の最近の論文、Peden 2014、Smith 2003、Zalamea 2012 を参照。状況は、戦前のフランスにおけるブランシュヴィックとその周辺の雰囲気に近づきつつあるとわたしは見ている。

(5) この「縫合」sutures という概念は、明らかに Miller 1972 からのものだが、Badiou 1990 自体には、ミレール[illegible]ついての言及はない。バディウとミレールの関係については、Hallward & Peden 2012b を参照。

(6) よく知られているとおり、この générique の概念は、コーエンの連続体仮説の独立性証明において[illegible]ジェネリック拡大と概念イメージとしてつながっているが、ここではこの点については取り上げないかわり、本論の後の個所で、その概念イメージのおおもとにあるところの過程的なイデア論理解との関係を示唆しておくことにする。管見によれば、彼のジェネリックのイメージは、もちろんバディウ自身の初期のモデル論にかんする認識論的研究に起源をもつとはいえ、フランスの数理哲学におけるイデア解釈のある種の伝統により深く根ざしているように見える。この点について、機会をあらためて論じたい。

（7）原文の訳出に当たっては、黒田昭信・遠藤健太訳を参照したが、必要に応じて改めた。
（8）あくまで比喩としてだが、このような彼の視点設定自体は、一見すると独立している複数の構造を横断して「見る」ことを可能にする圏論のそれと比較可能であるし、実際その点について彼はBadiou 2014でかなり踏み込んだ検討をおこなっている。
（9）アリストテレス2013に所収の『カテゴリー論』補注E「ウーシア」の訳語」および『カテゴリー論』補注F〈ある・これなるもの〉」（九五－九八頁）を参照。
（10）ドゥルーズは、これを「外の線」あるいはそれによってふたたび「特異点」から「特異点」への移行がやり直されることと呼んだと理解することができる。Deleuze1986：125/187を参照。ここでの読み方が成立するなら、「外」をめぐる二〇世紀のフランス思想のすべてを、ポストモダンの棚からどこか別の場所にそっと移し替える必要がある。
（11）この点については別途論証が必要だが、この「よきクロノス」と「悪しきクロノス」のいずれにも還元されない思考の野生の力が働く非時間的時間を、ドゥルーズは「アイオーン」と呼んだように思われる。
（12）とはいえ、実際のところプラトンの議論をすべての時期をとおして一貫して読むというのは簡単なことではなく、それ自体複数の解釈を許容する。したがって、ここでわたしが述べていることはそのごく一面に過ぎない。
（13）ドゥルーズのサルトル的な他者の理論を、イデア論として解釈することの可否については、別途論じなおす必要がある。
（14）アリストテレス1968：27-30, 458-466を参照。
（15）松浦2006を参照。また同氏の運営するブログに掲載の記事も。http://matsuura05.exblog.jp/i12（二〇一四年一二月三日閲覧）。また、「無限定の二」と「限定の二」については、ドゥルーズの『差異と反復』第四章の、イデアの「未規定なもの」と「規定可能性の原理」の対との対応関係を考察することが可能であるように思われる。また、「一」について「限定」の側面でのみ思考するというアリストテレスの欠点は、そのままバディウの「一者」を「限定」と「全体」の側面でのみ思考するという欠点に対応し、このことが一層、バディウの読む「一者論」としてのドゥルーズが含む躓きを示してくれている。
（16）これについても別稿での議論が必要だが、ブラウアーの有名な講演である「数学、言語、世界」に登場する「二」

と「不定の二」が直観主義数学の存在構成の原理とされていることをどう考えるか、またロトマンのプラトン主義解釈においてもここが中心になっていること、そしてカヴァイエスのブラウアー解釈についてもこの「不定の二」がある程度肯定的に引き受けられていることをどう考えるか、ということは、根本的に「直観主義」というものをどう考えるか、という数学思想史上の問題に一つの別解を提示する可能性を示しているように見える。

(17) 伊藤 2002 を参照。

(18)「存在論」の呪縛から逃れた後に生じるこのような問題は、ドゥルーズのスピノザ解釈の理解を改める必要性を示唆している。神と識別不可能なしかたで思考する「第三種の認識」と、デーデキントの概念創造における「神の種族」という自認。これについては別稿において論じなければならないだろう。

7 メイヤスーとバディウ

(1) 本章では、メイヤスーによるバディウのマラルメ論については触れない。そこにここで論じられない大きな論点があることは疑いないとはいえ。

(2) 岡嶋 2018：92-93 に基づく。

(3) 主として展開されるのは『世界の論理』においてだが、バディウ 2018 の最終章でもその要約（というよりもむしろ計画）を見ることができるので参照されたい。

(4) ここでポパーの「三世界論」が想起されるのは奇妙ではない。なぜならバディウもメイヤスーも異なる文脈においてではあるが、ポパーの「三世界論」に言及しているからだ。「有限性」を超えるものとしての「第三世界」を考えることについての異なるアプローチとして、近藤 2013 がある。

(5) 直訳すると『地上の静謐なる街区』ぐらいか。

(6) この点で、フッサールの『形式存在論と超越論的論理学』の議論、およびそれについてのカヴァイエスの『論理学と学知の理論について』の議論を参照することが望ましい。

（7）存在論と公理化の関係について、バディウは自身の議論をいくつか展開しているが、バディウ 2018 での議論がよく筋が通っている。すなわち、バディウの想定では、存在は多であり、多は一の多ではなく、多の多である以上、多は空からなるのでなければならない。ところで、この空からなる多を規定する方法は、実在的対象を事前に要請しない公理論的方法のみである。それゆえ多の存在論は公理論的方法に基づかなければならない、というものである。そして多を扱う形式学が集合論であるということが認められるなら、存在論は公理論的集合論でなければならない、という帰結が導かれることになる。おそらくこれの唯一の現時点での正当な理論的ライバルは、スピノザの『エチカ』であり、それゆえにこそ『推移的存在論』やそのほかの著作においてもスピノザの「幾何学的方法」に基づく存在論が批判されることになる。

（8）因果のなかでも行為者因果的な意味での因果作用に相当する。ドゥルーズはこれを、物体間の（ある意味）正当な因果作用から区別して「準‐因果性」quasi-causalité と呼んでいる。cf.『意味の論理学』。

（9）この点について未公刊の発表原稿は複数存在しているが、刊行されたものとしては近藤 2017 がある。

（10）バディウとドゥルーズの違いについて、とくにドゥルーズの立場から近藤 2019 で検討している。

8　カヴァイエス、エピステモロジー、スピノザ

（1）数学基礎論論争の文脈におけるラッセルは、フレーゲの二階算術にパラドックスを発見し（ラッセル・パラドックス）、ポアンカレの半‐直観主義の立場と論戦を展開し、ホワイトヘッドとともに『プリンキピア・マテマティカ』を書いて論理主義の立場から集合論をふくむ数学の論理的形式化をおこない、ヒルベルトの形式主義に多大な影響を与えた数学者としてのラッセルである。もちろん数学者としてのラッセルは、分析哲学の創始者たる哲学者としてのラッセルと連続的であり（いうまでもなく同一人物なのだから）本来的には切りはなすことはできないが、ここでは歴史的影響を評価する観点からあえて切りはなしつつ論じていることに注意されたい。

（2）メルロ＝ポンティのカイマンが一九三五年からであったという言説が複数あることから、一九三六年は実際に

はカヴァイエスとメルロ＝ポンティの複数人体制であったものと思われる。実際、一九三五年度の新学期あたりからカヴァイエスはドイツに三か月ほど滞在しており、その後も一九三六年の前半にかけてドイツとフランスを往復しながら、彼の博士主論文である『公理的方法と形式主義』の仕上げをおこなっている。ちなみに、カヴァイエスのアミアン高校への赴任は、一九三六年の新学期（九月）からである。

（3）より詳細なリストについては、Cortois 1998、あるいは近藤 2013 末尾の文献表を参照されたい。

（4）ちなみにこれ以前の時期には、宗教関連の論文、報告書などが複数あるが、そこでもスピノザの名前はほとんど出てこない。

（5）この文章は、初出は上野修・米虫正巳・近藤和敬編『主体の論理・概念の倫理』（以文社、二〇一七年）の第一部序論に相当するものを、書籍化のために一部書き直している。したがって、ここで列挙されている問題のうち、第三のものは次の著者の論文によって扱われるが、他の論点については元の版の第一部の他の論文が扱っている。

（6）厳密にいえば、『論理学』は未完草稿であり、真の意味では署名がなされていないが、出版する意図があったことは、そのコピーが姉に預けられていたことなどから明らかであったとみなし、公刊物に数えている。

（7）このわたし自身による自己批判は、主に本書のもとになっている「エピステモロジーの伏流としてのスピノザ研究会」での議論に端を発したものであり、その多くを上野修氏による指摘に負うことを明記しておく。

（8）さらにここでの議論では、『公理的方法』の「一般化の理論」が『論理学』の思考の産出過程の議論と連続的であるということが前提されている。この前提にはたしかに疑義をさしはさむ余地があり、例えば、Cassou-Nogès 2001 は、『公理的方法』の時期は、まだ「意識の哲学」への自覚的な批判が見られないことに注意しながら、その批判が現れる『論理学』とのあいだには断絶があるとみなしている。それゆえ、彼の議論では、『論理学』の議論が、『知性改善論』＝『エチカ』と対応するとみなされている。それにたいして近藤 2011a では、『公理的方法』＝『論理学』の議論が、『知性改善論』と対応するとみなされており、双方の関係は微妙にねじれている。いずれにせよ、ここでは、『知性改善論』ではなく『エチカ』と『公理的方法』（＝『論理学』）の関係が問われることになろう。

（9）「結論」と『数学的思考』、「数学の基礎への反省」から読み取れることについては、近藤 2011a で議論しているので、ここでは意図的に考察の対象から外している。また、そこから読み取れることからのスピノザ解釈は、概ね思考の産出過程の議論と結びつくことになる。

（10）「普遍数学」について、とくにエピステモロジーあるいは哲学の分野において検討しているものに、Vuillemin 1962 の結論、Rabouin 2009 があるが、数学史や思想史においてなされてきた蓄積はいまだ十分に扱われていない。科学史研究に属する佐々木 2003 では、その蓄積がふんだんに利用されているが、ここではその資料への参照はおこなわない。詳細は佐々木 2003 を参照のこと。

（11）この実体概念の根本的二義性の問題については、すでに Delbos 1912、Delbos 1916 がその重要な論点を指摘している。

（12）この論文では扱えなかったが、この「定義」と「公理」の違いを踏まえたうえで、「定義」による概念は、そのかぎりで第三種の認識においても用いることができるということから、いかにして人は、『エチカ』をとおして、第二種認識としての神の認識から出発しながらも、第三種認識としての神の認識へと〈移行〉することができるのか、ということを理解可能にしてくれる議論を展開することができるかもしれない。

（13）一つ前の注でも述べているように、「形而上学」を開始することは重要だが、それ以上にその学が導く先もまた重要であることには違いない。そして、少なくとも『エチカ』の設定においては、それが導く先は、単なる唯名論ではなく、その証明を理解するもの自身の生にかかわるかぎりで、特異的に実在的なものである。それにしても、その帰結に到達することを可能にする出発点を保証することの重要性は、強調してもしすぎることはない。

9　カヴァイエスの哲学における「操作」概念の実在論的理解のために

（1）カヴァイエスはこの特異な経験を「数学的経験」と呼んだ（Cavaillès 1994 : 601）。

（2）ここでメルロ゠ポンティの議論に接続することの正当性について、一九四〇年から一九四二年にかけて、カヴァイエスがメルロ゠ポンティと定期的に接触をもっていた実証的事実が、その根拠として挙げられている（cf. Cassou-Noguès 2002 : 319, note）。

(3)カヴァイエスは実際以下のように述べている。「直観主義数学と古典数学の間の分離は解析学と非可述的定義(換言すれば、無限体系をその出発点とする定義であり、排中律はそこで未だいかなる役割も演じない)とともにのみ現れるのである」(Cavaillès 1938a：155)。

(4)超限順序数の定義、およびそれをめぐる歴史的経緯とその周辺の事態、そしてそれとカヴァイエスの哲学との関係、以上にかんする詳細は、近藤 2008a を参照のこと。

(5)ブラウアー自身のこの問題にたいする解決は、「意志の作用」と「自由選列」のアイデアによってえられることになる(Brouwer 1930)が、カヴァイエスはこの直観主義的解決を批判して、「概念」による解決を提示している(Cavaillès 1938a：176-179)。

(6)この新しい公理は単なる既存の概念には還元できない、というかぎりで「理念化」の対象である。その典型例は、デーデキントの「カット」概念に見ることができる。カットの概念のもととなる性質は有理数体で形成することができるが、そこからカットなるものが存在すると主張することは、実数体の存在を要請することになる。このように、既存の性質を概念として存在を肯定すると、存在領域自体の本質的な拡張が必要となる場合がある。カヴァイエスが「非可述的定義」と呼んでいるのは、このような拡張を要請するタイプの定義であると思われる。

(7)「主題化」のより適切な例として、例えば、位相変換の間の位相的関係を扱うホモトピーや、関数を要素とし、その間のノルムが定義される関数空間などを挙げることができる。

(8)また、この超限順序を利用したゲンツェンの算術体系の無矛盾性証明やゲーデルの連続体仮説の相対的無矛盾性証明から、超限順序の構成が恣意的なものではないことが知られる。

(9)この「問題」と可解性および数学の生成との関係については、近藤 2009a を参照のこと。

(10)単に「ある」ではなくあえて「潜在的にある」と述べたのは、「現実的にある」ということからの区別を明示するためである。もしそれが「現実的にある」のだとすれば、そのことは、「概念の哲学」のような構成的な立場においては、「操作」の遂行が伴っているということを意味し、したがってそれは「解」として「ある」ということになってしまい、「問題」は消滅してしまうだろう。

(11)これは数学者に多く見られるが、ゲーデルによって明示的に主張された立場である。

10　ある理論が美しいといわれるとき、その真の理由は何でありうるか

（1）このように系譜を描くと、カントの『判断力批判』の美にかんする判断の位置づけが困難になる。ロマン派と共有する部分がとくに「崇高」概念の位置づけと役割において見いだすことができるとはいえ、よく知られているように、カント自身は「崇高」概念に基づく美的判断を認めていない。さらに「批判哲学」固有のドイツ啓蒙主義からの距離感というものがそこには付け加わり、ドイツロマン派（たとえばゲーテやシェリング）の美学に抜き差しならない影響を与えているとはいえ、それと同一視することもやはりできない複雑さがある。

（2）このカヴァイエスの引用にこだわってもっと真剣にその含意を汲みだすことができるが、ここではそれをやる余裕はない。この引用個所が含まれる一九三〇年八月のエティエンヌ・ボルヌ宛書簡では、当地での彼の宗教的な活動についての報告も含まれていることから、宗教的な含意をこの地名に読み込む必要がある。また高木の判断は、おもに複素数の世界全般について述べられたものであり、特にここでカヴァイエスが解析接続に言及していることの本来的含意が、ルルドとカヴァルニーをどのように結ぶことになるのか、ということについてさらなる考察が必要である。

（3）崇高概念と美的判断とを単純に結びつけることはできないことは前の注でも述べた。しかし他方で「崇高」を詩における美的判断と結びつける伝統もまた存在しており、カントはこれを意識しつつ、その伝統から批判的に距離をとっているといえる。

（4）もちろん、特段説明する必要もない、なぜなら、それが選ばれたのは主観的な偶然にすぎないからという答えもありうるが、ここではこの答えは検討しない。

（5）「計算されつくされた」という表現は、近代建築にこそ該当するが、数学理論の公理系には必ずしも該当しないのではないか、ということはとくに公理系が導入された当初、二〇世紀初頭における算術、解析学（二階算術含む）および集合論の公理系形成にかんする論争を見るといいたくなるかもしれない。数学における公理系が真に「計算されつくされた」ものであるかどうかは、この形容詞の数学的な意味を確定したうえで、数学的な定理としてそれを含

む定理を証明ないし反証する必要があるが、ここではできない。
（6）クリストファー・アレグザンダーの晩年の議論の重要性および特にその「センター」概念の意義については郡司ペギオ幸夫氏によって直接教えられた。郡司氏自身によるアレグザンダーについての議論は中村・郡司 2018：21を参照されたい。
（7）このとき、センターという概念を理論的に補強するために、アレグザンダーは量子力学者であるデイヴィット・ボームの「インプリケイト・オーダー」（ボーム 1996：259）という概念に言及しているのだが、このボーム晩年の議論にいたる以前、その萌芽としてボームがルイ・ド・ブロイの「パイロット波」の概念を練り上げようとした一九五〇―六〇年代の議論にたいして、ジルベール・シモンドンが彼の博士論文で言及しており（Simondon 2013：140）、さらにはドゥルーズがこの箇所を参照して『差異と反復』と『意味の論理学』以降の「特異点」の議論を構築しているという事情がある。だから、以下でドゥルーズ（とガタリ）の特異点にかんする議論が、アレグザンダーの議論と結びつくのは、文献的に見れば必然的でもある。
（8）ドゥルーズとガタリは、数学の関数（ファンクション）と哲学の概念（コンセプト）を厳密に分けて考えており、指示平面と内在平面を区別して論じているが、ここでの議論ではあえて分ける必要がない。なぜなら「問題」が関与するのは、ファンクションや概念を作った後の話ではなく、それを作る手前の議論だからである。その水準において、方向性の差異こそあれ、数学と哲学は極めて近似的な関係にある。だからこそ、『哲学とは何か』ではそのあいだの差異を明確にする必要があった。

11　カヴァイエスの「一般化の理論」の形式化に向けた考察

（1）本章のもととなった論文が鹿児島大学人文学科紀要に掲載された時点では、本章は全体二部構成の論文の前半として書かれた。しかしその後第二部に相当する論文はいまだ書かれていない。
（2）SRおよびそのカテゴリーのなかでのESRおよびOSRの立場について概観できるものとして、Ladyman

2016がある。
（3）ここまでの構造実在論についての議論の多くは、野内2012に負っている。
（4）紙幅の関係上本章では議論しないが、カヴァイエスの「一般化の理論」の観点を接続可能な形で修正したIRにおいて、この問題に新たな解答を与える可能性を検討することは重要なことであるように思われる。
（5）この観点から、ドゥルーズが『差異と反復』の「第四章」で議論している「構造」についての議論（フロリディと同様、数学、物理学、生物学、社会学に共通のものとして理解されている）は、「抽象化の方法」によってモデル化可能であることが喚起される。実際、「第四章」でいわれる「未規定なもの」とは、「自由変項」あるいは「解釈されたタイプ付き変項」のことであり、「相互規定の原理」は、それをセットとするLoAの設定であり、「十分な規定作用の原理」は「モデル」の構築として理解することができる。そして、このことから、DeLanda 2002におけるドゥルーズの哲学の物理系による解釈も改めて検討しなおすことができる。この点については、稿を改めて論じることとしたい。
（6）ここでの生成と「スナップショット」の関係の理解は、澤2013に負う。

12　「問題－認識論」と「問い－存在論」

（1）（3）の文脈。Hallward & Peden 2012a & b、Peden 2014、金森2013。平成二五年度から三年間おこなわれた上野修氏を代表とする科研プロジェクト「エピステモロジーの伏流としてのスピノザ」。
（4）の文脈。何が参照されるべきかを含めて以下の文献を参照されたい。春日2011、『思想』二〇一三年二月号（岩波書店）、*Critique. «Bruno Latour ou la pluralité des mondes»*, Novembre 2012, t. LXVIII, n. 786, Les Edisions de Minuit. また関連するものとして、大村敬一氏を代表とする科研プロジェクト「在来知と近代科学の比較研究：知識と技術の共有プロセスの民族誌的分析」および森田敦郎氏の科研プロジェクト「環境インフラストラクチャー：自然、テクノロジー、環境変動にかんする民族誌的研究」など。

（5）の文脈。『現代思想』二〇一三年六月号（青土社）、右の（4）で言及した『思想』二〇一三年二月号（岩波書店）など。

（2）分析哲学の文脈において科学的実在論の議論は、T・クーンなどの科学史に基づく反実在論的な議論が登場したところに、それにたいする反論として、Maxwell 1970 などによって、展開されるようになった。また反実在論の側を象徴するのは、B・ファン・フラーセンによる「構成的経験論」の議論と、R・ランダウによる「悲観的帰納法」に基づく反実在論的主張だろう。この科学的実在論論争の文脈の、歴史的かつ理論的な検討は、野内氏の博士論文（野内 2012）など含めて、他にもすでに日本語でいくつかの論文でおこなわれているので、そちらを参照していただきたい。

（3）メイヤスーは、Meillassoux 2006a において展開した「相関主義」批判としての立場を Meillassoux 2012 において修正しているようである。ただし、本論の考察は、「相関主義」には直接的にはかかわらないので、この態度変更については言及しないこととした。

（4）回顧的な観点から、このメイヤスーとドゥルーズの表面上の類似性にたいして、ここで気が付かれていないことに言及することができる。それはバディウの存在である。近藤 2019 で詳細に論じているように、バディウが検討し、自分の議論として用いている概念の多く（そこには特に「賽子一擲」が含まれる）は、ドゥルーズに由来している。そして、そのあいだにはかなり決定的な違いが隠されている。そして本書第一部第7章の「メイヤスーとバディウ」（この論文は、本章として書籍化された論文よりも時間的に後に書かれている）が明らかにしているように、メイヤスーの議論は、根本的にバディウの議論とのあいだに密接な関係をもっている。したがってドゥルーズとメイヤスーのあいだの表面上の一致とそのあいだの本質的な差異は、あいだにバディウを挟むことによってより明瞭に見ることができるようになると思われる。

（5）このベクトル場の理解は、ドゥルーズが書いているように Lautman 2001 の議論に依拠している。ただし、デランダはこの点はあまり評価していないように見える。

（6）このように「問題的なもの」を最初に自然に内在したものとしてはっきり提示し、理論化したのは、シモンドン 2018 である。そしておそらくはそのシモンドンにこの着想を与えているのは、『見えるものと見えないもの』のころの晩年のメルロ゠ポンティの議論であるだろう。ドゥルーズの『差異と反復』はこの両者から決定的な影響を受けていることが知られている。

（7）この階層性と創発の関係にかんするエピステモロジーの伝統的な思考の蓄積については、三宅2012を参照されたい。

（8）公理論的方法とは、真の意味では「問題」の技法である、ということをカヴァイエスはCavaillès 1938aにおいて論証しようとしていたのではないかと考えられる。カヴァイエスが公理的方法から導き出す形式化の方法とドゥルーズの以上の三つの原理が対応することについては、近藤2014を参照されたい。

13 普遍的精神から、ネットワーク状のプシューケーでなく、特異的プシューケーへ

（1）本章での議論は、近藤2015a（本書第6章）の議論を暗黙裡に前提し、またそれをさらに展開させたものである。過程的イデアというパラドックスを妥当なものとして論じるうえでの必要な契機として、イデアそのものよりも、その過程性と本質的にかかわり、また動の原理でもあるプシューケーについて論じなければならず、またこの点においてこそ、多様な問題の根本的な綜合が可能になるという見通しのもとで、本章は書かれている。

（2）Pas-Toutの論理ということで、七〇年代のラカンの議論が想起されるだろうし、実際に関係がある。しかしここではその関係について論じるだけの準備も余地もないので、これについては別の機会に譲らざるをえない。

（3）もちろん、このことを踏まえたうえで、このシステムにおいて明らかに不利となるものにたいして積極的な優遇措置をおこなうことで、その不利を解消することは、システムの面から見ても、それ以外の面から見ても（その意味は異なるが）、いずれにせよよいこととなる。しかし、このことは根本的な変化を可能にするものではないので、ここでの興味の対象とはならない。

（4）たとえば、整数の足し算引き算が群のモデルであるという意味で。

（5）「モデル／コピー関係」はドゥルーズが、中期プラトンのイデア論を定式化するうえで用いた構図であるが、図

13－1はわたしによるもの。

（6）用語上の混乱を導きかねないが、ここでの「モデル」は数理論理学的な意味での「モデル」とは全く関係ない。むしろ日常的な語感での「モデル」に近い。ここでの「モデル」のフランス語上のいいかえは、Paradigmeであり、ギリシア語の「パラディグマ」、つまり「イデア」のことである。用語上の混乱はあるものの、ドゥルーズの用語法を尊重して、元のままとした。

（7）このようないい方だと、あたかもフランス系の哲学は、普遍的精神の問題とかかわらないかのように見えるが、そんなことはない。私見では、ルヌーヴィエ、ラヴェッソン、ブトルー、ベルクソン、ドゥルーズと続くいわゆるフランススピリチュアリスムの系譜は、特にラヴェッソンとブトルーの哲学において顕著であるが、先に見た普遍的精神の階層秩序構造を色濃く反映させている。ドゥルーズによるスピリチュアリスムの系譜にたいする精神分析関連の概念の導入は、この問題を彼なりに批判的に解消しようとした試みだったと理解することもできる。このことはたとえば『差異と反復』第二章の、時間の第一の綜合と第二の綜合が、それぞれラヴェッソンとベルクソンを主たる形象としているのにたいして、それを批判するものとしてサド／フロイトによるタナトスに基づく第三の時間を置いていることからも理解することはできる。また、同じことだが、フランススピリチュアリスムとドイツ観念論との関係にも注意する必要がある。それらはいずれもポストカントをめぐる二つの反応系だったと見ることはさして難しくない。ここからさらに問題を拡張して、それぞれにおけるライプニッツとスピノザの受容を比較することもまた重要な意味があるだろう。

（8）このように述べると、あたかも近代精神が駆逐されたあとにポスト近代精神が現れたかのような断絶が想起されるが、実際には、並立であり、現在においても近代精神とポスト近代精神は、両方作動している。ポスト近代精神を体現するアクターの割合が一部西欧および北米先進国で増えている（増やされている）ことと、外需型から内需型への経済構造のシフトは連動しているように見える。

（9）さらには、後で述べるように、このようなネットワーク状のプシューケー論が、実のところ完遂した普遍的精神のプログラムを表すのだとしたら（まさにコジェーヴ的に「ポストモダン」の正しい意味で。つまり近代の終焉として）、これはより厳しいしかたでラトゥールの宗教的な思考と、つまりカトリックの完全な還俗化という思考と結びついているといわなければならない。その意味でも、まさにこれは護教論者＝ライプニッツ的なのである。

(10) マニグリエが描くラトゥールは、実のところ、ライプニッツ的であるよりもむしろスピノザ的であり、ヴィトゲンシュタイン的である。その点でわたしのいう特異的プシューケーの側にラトゥールの議論がかぎりなく近づけられている。たとえば「両義性」、「駆け引き」、「対照的再カテゴリー化」、「存在様態」などの概念はすべて特異的プシューケー論の概念として援用可能である。ただしマニグリエが指摘しているように、ラトゥールの護教論的な側面には問題があり、そこにおいてライプニッツ的なものへと引き戻される危険がないわけではない。そのかぎりでラトゥールの評価は、わたしの中では両義的なものにとどまらざるをえない。

(11) もう少し慎重な物いいが必要なところだろう。この原因たる全体の認識は、第三種の認識においては認められうるようにも読めるだろう。ただし、それは通常の意味で、われわれがある現象の原因を特定するという意味とは本性的に異なるものである。それは次章で論じることになるように、部分の総和とは異なる全体としてのみ全体といわれうるものであるだろう。

(12) スピノザにおける「無限」概念およびそのバロック的背景、またそれとライプニッツとの差異については、谷川2005を参照のこと。

(13) この不可能性のうえでのみ、第三種の認識の真の意義が理解されうる。それは確かに全体への回帰、神人合一の思想と響きあっている。しかし、それは「わたしではないものがわたしであり、またわたしはわたしではない」という命題が自明になる水準においてであって、通常の認識のモードとは根本的に異なり、そのかぎりで通常の全体概念とも異なるものが想定されているに違いない。

(14) 「内在物理学 Endo-physics」の提唱者であるオットー・E・レスラーがこの「Endo」を説明するためにダニエル・F・ガルーアイのSF小説『シミュラクロン－3』(バンタムブックス、一九六四年、映画は『13F』(監督ジョセフ・ラスナック、一九九九年、アメリカ)) に言及していることをこのスピノザの第三種の認識との関連で考えてみることは不可能ではない。

（1）ＡＧＩについては、ゲーツェル 2014、Goertzel 2014 を参照した。
（2）ＡＧＩと労働の産業の純粋機械化については井上 2016、井上 2017 を参照した。
（3）この相関関係を一‐多構造において理解しうること、そしてこの一‐多構造が近代を特徴づけるものであることについては、近藤 2016a を参照のこと。
（4）ここではバディウとメイヤスーの類似性を強調するためにあえて同じようなものとして提示しているが、仔細に検討すると小さくはない違いがあることがわかる。本書第一部第7章の「メイヤスーとバディウ」で検討しているように、バディウは存在論と出来事の次元をはっきり分け、前者に数学を、後者に哲学を割り当てている。それにたいしてメイヤスーはこの点に強い批判を（それほど明らかなしかたでではないが）向けており、「事実性の原理」と彼が呼ぶ形而上学的な知を、存在論を射程に含むものとして考えているように読める。ただし大きな構図はやはり共有されており、その間の差異をはっきりさせるのには、さらなる検討が必要となるだろう。
（5）バディウによるドゥルーズ批判とその意義およびそれにたいするありうる後期ドゥルーズの立場からの反論の検討については近藤 2019 を参照いただきたい。
（6）バディウが自らの議論において、ラカンの女性の論理を強く意識しながら、愛の問題について論じていることはよく知られているが、だからといって、彼の議論が男性の論理ではないとはいえない。
（7）バディウ自身が、このラカンの「女性の論理」を重視し、それについて独自の理論化をおこなっていることを知らないわけではない。それを知ったうえであえてその不徹底を批判している。
（8）メイヤスーの議論がデカルトに忠実だからといって、メイヤスーがデカルトの解釈史に通じているということは意味しない。むしろこの場合逆であることはありうる。
（9）近年のフランスでのヘーゲル解釈の隆盛については、メイヤスーの博士論文『神の非存在』L'inexistence divine（一九九七年受理）の指導教員でもある、ベルナール・ブルジョワの仕事を参照する必要があるだろう。彼の仕事は、フランスにおけるヘーゲル理解を一新するものだったと幾人かのフランス人エピステモローグが述べていた。
(10) ドゥルーズが『差異と反復』の第三章で、解の影として問題を理解する思考のイメージを批判しているのは周知の事実だが、このように批判したからといって、ドゥルーズ自身がそのように実際に考えていないとはいえない。結局、『差異と反復』においては、問いと問題のイメージが、ハイデガーの存在論的差異のイメージに強く引っ張られ過ぎている。開示としての真理の構造を問いといいかえただけでは、問題を理解したことにはならない。
(11)「外のさらなる外」という表現は、たとえば郡司ペギオ幸夫氏の第二回アジア・ドゥルーズ国際会議(二〇一四年)での発表において見られた。
(12) たとえば近藤 2016b の議論がこの形式になっており、ここで述べる点では不十分なままである。とくにこの議論の形式は、メイヤスーの議論の形式とかなりの部分でいまだ識別困難にとどまる点において、その決定的な難点が見いだされる。
(13) 具体例を挙げよう。デカルトで考えると、「わたしは狂っているのかもしれない」といっている方法的懐疑の前半においては純粋内在であるが、神の形相的観念の存在証明のあと、神の誠実性が導かれることで、コギトあるいは思惟の内在性は、誠実な神を前提とした相対的内在へと変質する。超越が問題になるのは、常に内在が主題であり、内在が出発点にあるからに他ならない。そうでなければ、超越について論じることはない。悪についての思考がなければ、裁きと善についての思考には至らない(例えばアウグスティヌスの『告白』を見よ。あるいはその逆としてのサド侯爵の『悪徳の栄え』を見よ)。つねに「内在」は危険で厄介な問題であり、その危険を制御するために「超越」が生み出されてきた。これを逆手にとるのが近代以降の思考である。つまり、「超越」が前提されるかぎりにおいて「内在」における自由は保障される、ということだ。ジョン・ロックの生得観念批判は、確かに内在的なものだが、しかし他方で彼は神と知性の観念だけは、生得的なものとして保存していた。そのかぎりにおいてのみいかなる観念連合も個人の経験に任されるがゆえに、常軌を逸することはない。ヒュームはまさにこの超越を内在から除去しようとした一人であるだろう(だからドゥルーズはヒュームを高く評価するわけだ)。カントのカテゴリー論及び理念の統制的使用の理論は、現象と仮象の全体を可能なかぎり保存するために導入された相対的超越だといえる。したがって、近代以降の自由あるいは内在の理論は、基本的にはそれを統制する相対的超越を予め前提し、それとのある意味での契約によって制限付きの自由あるいは内在を保障するものに他ならない。むしろ近代以前においては、内在が厄介で危険なものであり真に問題だと思われているかぎりにおいて、内在は野生状態で把握されていたことになる。ただし近代以前の思考の多くは、これをいかにして飼いならすかを問題にしていたという点で、内在の哲学からは批判される（『哲学とは何か』におけるプラトンにかんする両義的な記述を見よ）。したがって、この数百年のあいだ絶えず駆動してきた近代のシステムが、この「相対的内在」とともにあるかぎり、それを批判することはその歴史的経緯の全体を覆すことが必要となるだろう。「純粋内在」という概念は、その意味で現代においてこそ意味がある概念だということになろう。

（14）このことを最初に徹底して批判したのが、カヴァイエス2013である。

（15）この意味でのプシューケーについては、近藤2016aを参照のこと。

（16）このように表現してしまうとだいぶアニミズムよりあるいは汎心理主義よりの議論だと思われるかもしれないし、実際これを書いている時点ではそうだったかもしれない。しかし回顧的に見ると、この内在の観点はむしろ生物と無生物の差異それ自体をその都度のものとして流動化するものと見るべきである。その意味で、本書第三部第16章の『『天然知能』の要約と註解」においていわれる「生ける唯物論」という立場こそが、真に内在主義的立場だといえるかもしれない。

（17）近藤2017（本書第8章）を参照されたい。

15　哲学の外部であり同時にその内在平面でもある「脳」

（1）ここにベルクソンを介在させる余地があるのではないか。むしろドゥルーズにとってそれはニーチェとベルクソンによって、ということになるのではないか。「すべてを永遠の相のもとに」見るスピノザを転倒させて「すべてを持続の相のもとに」見るベルクソンは、スピノザをニーチェ以後の形而上学においてやり直しているのではないか、という疑いがある。しかしベルクソンとニーチェの関係は明示的ではない（もちろんドゥルーズのなかでそれらが関係づけられていることは自明である）。しかし、ここにベルクソン以前のベルクソン主義者として、A・フーイエと、その義理の息子であると同時に協力者でもあるM・ギュイヨーの存在を介在させるとどうだろう。ギュイヨーはフランスのニーチェとも呼ばれ、実際彼らのあいだには、間接的な影響関係があったこと（特にここで問題となる『悦ばしき知識』において）がフーイエによって明らかにされている。ベルクソンが、自分の同時代人であり自分と近い実証主義者的形而上学者たる彼らの仕事に無頓着であったとは考えにくい。

（2）この点についてドゥルーズのニーチェ解釈とハイデガーのそれとの対立構図は、田中（敏）2005を参照されたい。

（3）ドゥルーズのプラトニスムの転倒の解釈については、近藤2015bを参照されたい。

（4）この引用は邦訳を参照しつつも原典に照らして修正を施した。特に最後の一文の「諸意味の意味として措定された」は邦訳では「諸意味の定立された」となっており誤っているように思われた。

（5）この外部の自由を己の自由として「乗っ取る」という考え方は、郡司2018の序章において展開された議論に大きく負っている。

（6）齟齬をはさんだ概念化が特異性となるという議論については、近藤2019：480を参照されたい。

（7）Cerveau-sujetは、通例「脳−主体」と訳されてきたが、フランス語としては「主体−脳」のほうがより適切である（つまり、「時間−イマージュ」などと同様に、基体となるのは「脳」であり、「主体」はその形容となるという意味）ということが意味する含意とスピノザの主体論の関係について、二〇一八年九月七日の上野修氏との会話によって大きな示唆を得たことをここに記す。

17　現代思想の古層と表層のダイアグラム

（1）「形而上学」の動向を歴史的に本当に追いかけるのであれば、古代ギリシアから盛期スコラ哲学までの一貫性とは別に、デカルトとベーコン以後の近世形而上学における大転換以後の歴史を、本来であれば一望のもとに収めるべきであると思う。しかしこの仕事はとても一人で背負いきれるものではない。ここで始まりを一九世紀としたもう一つの隠れた理由は、実のところ、『現代思想』創刊号（一九七三年一月号）における総展望が、実際この一九世紀後半の思想を起点としていたこと（マルクス、ニーチェ、ソシュール、フロイト）に掛けている。つまり、半世紀におよぼうとする『現代思想』の歴史そのものにかかわる転換として、この〈形而上学〉への転換とでも呼ぶべきものをわたしはイメージしているということである。

参考文献

有賀暢迪 2017「地質学的時空間における科学技術史の変容――あるシンポジウムと展示の経験から」『現代思想』第四五巻二二号、青土社、二二二―二三五頁。

アリストテレス 1968『形而上学（アリストテレス全集12）』出隆訳、岩波書店。

アリストテレス 2013『カテゴリー論　命題論（新版 アリストテレス全集1）』中畑正志ほか訳、岩波書店。

アルチュセール、ルイ 1994『マルクスのために』河野健二、田村俶、西川長夫訳、平凡社ライブラリー。

アレグザンダー、クリストファー 2013『ザ・ネイチャー・オブ・オーダー――建築の美学と世界の本質 生命の現象』中埜博監訳、鹿島出版会。

安藤孝行 1965『形而上学――その概念の批判的概観 増補版』勁草書房。

伊藤邦武 2002『偶然の宇宙』岩波書店。

井上智洋 2016『人工知能と経済の未来――２０３０年雇用大崩壊』文春新書。

井上智洋 2017「経済的特異点――汎用人工知能が経済に与えるインパクト」人工知能学会全国大会（第三一回）「オーガナイズドセッション：ＯＳ‐６ 汎用人工知能とその社会への影響（２）」。

イポリット、ジャン 1975『論理と実存――ヘーゲル論理学試論』渡辺義雄訳、朝日出版社。

ヴィヴェイロス・デ・カストロ、エドゥアルド 2015『食人の形而上学――ポスト構造主義的人類学への道』檜垣立哉、山崎吾郎訳、洛北出版。

ヴィトゲンシュタイン、ルートヴィヒ 2003『論理哲学論考』野矢茂樹訳、岩波文庫。

上野修 1999『精神の眼は論証そのもの――デカルト、ホッブズ、スピノザ』学樹書院。

上野修 2010「語句解説「真理条件」「大文字の他者」」永井均、入不二基義、上野修、青山拓央『〈私〉の哲学を哲学する』講談社。
上野修 2012「スピノザ『エチカ』の〈定義〉」『アルケー：関西哲学会年報』二〇号、関西哲学会、四二―五三頁。
上野修 2014『スピノザ『神学政治論』を読む』ちくま学芸文庫。
内井惣七 1995『科学哲学入門――科学の方法・科学の目的』世界思想社。
江川隆男 2003『存在と差異――ドゥルーズの超越論的経験論』知泉書院。
大村敬一 2014「ムンディ・マキーナとホモ・サピエンス――イヌイトの存在論に寄り添うことで拓かれる人類学の課題」『現代思想』第四二巻一号、青土社、一三四―一四七頁。
大村敬一 2017「宇宙をかき乱す世界の肥やし――カナダ・イヌイトの先住民運動から考えるアンソロポシーン状況での人類の未来」『現代思想』第四五巻二二号、青土社、一八〇―二〇五頁。
岡嶋隆佑 2018「訳者解題」カンタン・メイヤスー『亡霊のジレンマ――思弁的唯物論の展開』岡島隆佑、熊谷謙介、黒木萬代、神保夏子訳、青土社、九二―九五頁。
カヴァイエス、ジャン 2013『構造と生成II 論理学と学知の理論について』近藤和敬訳、月曜社。
春日直樹編 2011『現実批判の人類学――新世代のエスノグラフィへ』世界思想社。
カッシーラー、エルンスト 1979『実体概念と関数概念――認識批判の基本的諸問題の研究』山本義隆訳、みすず書房。
金森修 2000『サイエンス・ウォーズ』東京大学出版会。
金森修、中島秀人編 2002『科学論の現在』勁草書房。
金森修編 2008『エピステモロジーの現在』慶應義塾大学出版会。
金森修編 2013『エピステモロジー――20世紀のフランス科学思想史』慶応義塾大学出版会。
金森修、近藤和敬 2014「科学批判学の未来」『現代思想』第四二巻一二号、青土社、一二六―一四四頁。
カンギレム、ジョルジュ 1991「概念と生命」『科学史・科学哲学研究』金森修監訳、法政大学出版局、三九〇―四二八頁。
クーン、トーマス 1971『科学革命の構造』中山茂訳、みすず書房。
グランジェ、ジル゠ガストン 1996『哲学的認識のために』植木哲也訳、法政大学出版局。
郡司ペギオ幸夫 2007「情報リアリズムが内在する情報単位の解体」『情報の科学と技術』第五七巻五号、情報科学技術協会、二四四―二四八頁。
郡司ペギオ幸夫 2013a「ポスト複雑系――因果律と準因果作用子の邂逅 生命論」『現代思想』第四一巻一号、青土社、七六―七九頁。
郡司ペギオ幸夫 2013b「不動点としての永遠回帰・内在平面としての永遠回帰」『現代思想』第四一巻二号、青土社、八〇―九八頁。
郡司ペギオ幸夫 2018『生命、微動だにせず――人工知能を凌駕する生命』青土社。
ゲーツェル、ベン 2014「汎用人工知能概観」『人工知能』第二九巻三号、人工知能学会、二二八―二三三頁。
ケプラー、ヨハネス 2009『宇宙の調和――不朽のコスモロジー』岸本良彦訳、工作舎。
コイレ、アレクサンドル 1999『コスモスの崩壊――閉ざされた世界から無限の宇宙へ』野沢協訳、白水社。
小林道夫 1996『科学哲学』産業図書。
米虫正巳 2011「個体化に立ち会うこと――シモンドンと「第一哲学」の（不）可能性について」『フランス哲学・思想研究』一六号、日仏哲学会、三―一五頁。
近藤和敬 2008a「数を数えることとはどういうことか――カヴァイエスの『超限順序と連続体』読解」『現代思想』第三六巻一四号、青土社、一七四―一九四頁。
近藤和敬 2008b「カヴァイエスと数学史の哲学――《時間の外にある真理の歴史性》というパラドックス」金森修編『エピステモロジーの現在』慶応義塾大学出版会、九三―一五〇頁。
近藤和敬 2009a「カヴァイエスの哲学における「操作」概念の実在論的理解のために」『フランス哲学・思想研究』一四号、日仏哲学会、一五三―一六二頁。
近藤和敬 2009b「ヒルベルトの数学における公理的方法からカヴァイエスの概念の哲学へ」『哲学』六〇号、日本哲学会、一六九―一八四頁。
近藤和敬 2010「「数学的経験」における「問い」と「問題」――カヴァイエスの「数学的経験」概念のために」『現代思想』第三八巻一一号、青土社、七二―九一頁。
近藤和敬 2011a『構造と生成Ⅰ カヴァイエス研究』青土社。
近藤和敬 2011b「生命と認識――エピステモロジーからみた「生権力」の可能性」檜垣立哉編『生権力論の現在――フーコーから現代を読む』勁草書房、一六九―二一四頁。
近藤和敬 2013『数学的経験の哲学――エピステモロジーの冒険』青土社。
近藤和敬 2014「カヴァイエスの「一般化の理論」の形式化に向けた考察（1）フロリディの「情報実在論」とカヴァ

イエスのフッサール批判」『人文学科論集』七九号、鹿児島大学、一七―二八頁。
近藤和敬 2015a「存在論をおりること、あるいは転倒したプラトニズムの過程的イデア論」『現代思想』第四三巻一号、青土社、二〇〇―二一五頁。
近藤和敬 2015b「ドゥルーズに影響を与えた哲学者たち――「プラトニスムの転倒」をめぐる」『ドゥルーズ 没後20年 新たなる展開』河出書房新社、三四―四一頁。
近藤和敬 2016a「普遍的精神から、ネットワーク状のプシューケーでなく、特異的プシューケーへ――思考の脱植民地化とEndo-epistemologyへの転回のために」『現代思想』第四四巻五号、青土社、二二六―二八八頁。
近藤和敬 2016b「アナロジーとパラロジー：内在性の浜辺でシミュラクルに賭けること」春日直樹編『科学と文化をつなぐ――アナロジーという思考様式』東京大学出版会、二八八―三〇六頁。
近藤和敬 2017「カヴァイエスとスピノザ『エチカ』のあいだに見出しうる一つの関係」上野修、米虫正巳、近藤和敬編『主体の論理・概念の論理――二〇世紀フランスのエピステモロジーとスピノザ主義』以文社、一一一―一三二頁。
近藤和敬 2019「思考-生-存在――バディウの批判から見るドゥルーズの後期思想」檜垣立哉、小泉義之、合田正人編『ドゥルーズの21世紀』河出書房新社、四四六―四九二頁。
佐々木力 2003『デカルトの数学思想』東京大学出版会。
佐々木力 2014「文庫版解説 パスカル数学思想の歴史上の意味」ブレーズ・パスカル『パスカル数学論文集』原亨吉訳、ちくま学芸文庫、三九六―四三〇頁。
澤宏司 2013「数学・概念・共創」第一四回計測自動制御学会システムインテグレーション部門講演会SI2013の発表原稿。
シモンドン、ジルベール 2018『個体化の哲学――形相と情報の概念を手がかりに』藤井千加代監訳、近藤和敬、中村大介、ローラン・ステリン、橘真一、米田翼訳、法政大学出版局。
シャピロ、スチュワート 2012『数学を哲学する』金子洋之訳、筑摩書房。
シュル、ピエール＝マキシム 1985『プラトン 作品への案内』花田圭介訳、岩波書店。
菅野盾樹 2003『新修辞学――反「哲学的」考察』世織書房。
スピノザ 1951『エチカ（上・下）』畠中尚志訳、岩波文庫。
スピノザ 1958『スピノザ往復書簡集』畠中尚志訳、岩波文庫。

スピノザ 1959『デカルトの哲学原理――附形而上学的思想』畠中尚志訳、岩波文庫。
瀬口昌久 2002『魂と世界――プラトンの反二元論的世界像』京都大学学術出版会。
高木貞治 1961『解析概論 改訂第三版』岩波書店。
橘真一 2012「ジルベール・シモンドンにおける information の概念について――ベルクソン受容という背景から照らした考察を中心に」『年報人間科学』三三号、大阪大学大学院人間科学研究科社会学・人間学・人類学研究室、九九―一一三頁。
田中一之 1997『逆数学と2階算術』河合文化教育研究所。
田中尚夫 2005『選択公理と数学――発生と論争、そして確立への道 増訂版』遊星社。
田中敏彦 2005「フランス現代哲学とニーチェ――フーコー／ドゥルーズの場合」哲学史研究会編『現代の哲学――西洋哲学史二千六百年の視野より』昭和堂、二一五―二三七頁。
田邊元 1925『数理哲学研究』岩波書店。
谷川多佳子 2005「ライプニッツとスピノザ――バロック、実体、魂」『哲学・思想論集』三一号、筑波大学人文社会科学研究科哲学・思想専攻、三五―六五頁。
ツィン、アナ 2017「根こそぎにされたランドスケープ（と、キノコ採集という穏やかな手仕事）」藤田周訳、『現代思想』第四五巻四号、青土社、一二八―一五〇頁。
ドゥルーズ、ジル 2004「内在の浜辺」『狂人の二つの体制 1983-1995』宇野邦一訳、河出書房新社、九五―九九頁。
ドゥルーズ、ジル 2007a『差異と反復（上）』財津理訳、河出文庫。
ドゥルーズ、ジル 2007b『差異と反復（下）』財津理訳、河出文庫。
ドゥルーズ、ジル 2007c「プラトンとシミュラクル」『意味の論理学（下）』小泉義之訳、河出文庫。
ドゥルーズ、ジル 2008『カントの批判哲学』國分功一郎訳、ちくま学芸文庫。
ドゥルーズ、ジル、フェリックス・ガタリ 2010a『千のプラトー（上）』宇野邦一、小沢秋宏、田中敏彦、豊崎光一、宮林寛、守中高明訳、河出文庫。
ドゥルーズ、ジル、フェリックス・ガタリ 2010b『千のプラトー（中）』宇野邦一、小沢秋宏、田中敏彦、豊崎光一、宮林寛、守中高明訳、河出文庫。
ドゥルーズ、ジル、フェリックス・ガタリ 2010c『千のプラトー（下）』宇野邦一、小沢秋宏、田中敏彦、豊崎光一、宮林寛、守中高明訳、河出文庫。

ドゥルーズ、ジル、フェリックス・ガタリ 2012『哲学とは何か』財津理訳、河出文庫。

長坂一郎 2015『クリストファー・アレグザンダーの思考の軌跡――デザイン行為の意味を問う』彰国社。

中村恭子、郡司ペギオ幸夫 2019『TANKURI――創造性を撃つ』水声社。

中村大介 2005「技術のエピステモロジー――ジルベール・シモンドンの哲学の一側面」『フランス哲学・思想研究』一〇号、日仏哲学会、一九六―二〇八頁。

中村大介 2010「「修正された形式主義」から「概念の哲学」へ――ジャン・カヴァイエスの数理哲学におけるスピノザ主義」『哲学』六一号、日本哲学会、二七七―二九二頁。

中村大介 2011a「シモンドンの技術論におけるイマージュと構想力」『フランス哲学・思想研究』一六号、日仏哲学会、一六―二四頁。

中村大介 2011b「問題としてのイデアと一なる〈宇宙〉――アルベール・ロトマンのハイデガー読解」『VOL 05』以文社、三四―四三頁。

野内玲 2012「科学的知識と実在――科学的実在論の論争を通して」名古屋大学大学院文学研究科博士論文。

ハイデッガー、マルティン 1954『ニーチェの言葉「神は死せり」 ヘーゲルの「経験」概念（ハイデッガー選集II）』細谷貞雄訳、理想社。

バシュラール、ガストン 2011「相対性概念の哲学的弁証論」『VOL 05』森元斎訳、以文社、八四―八七頁。

バディウ、アラン 2004『哲学宣言』黒田昭信、遠藤健太訳、藤原書店。

バディウ、アラン 2018『推移的存在論』近藤和敬、松井久訳、水声社。

ハラウェイ、ダナ 2017「人新世、資本新世、植民新世、クトゥルー新世」高橋さきの訳、『現代思想』第四五巻二二号、青土社、九九―一〇九頁。

ヒルベルト、ダフィット 2005『幾何学基礎論』中村幸四郎訳、ちくま学芸文庫。

廣川洋一 1997『ソクラテス以前の哲学者』講談社学術文庫。

フーコー、ミシェル 1974『言葉と物』渡辺一民、佐々木明訳、新潮社。

フーコー、ミシェル 1981『知の考古学 改訳新版』中村雄二郎訳、河出書房新社。

フーコー、ミシェル 1986『性の歴史I 知への意志』渡辺守章訳、新潮社。

フーコー、ミシェル 2006「生命――経験と科学」『生政治・統治（フーコー・コレクション6）』廣瀬浩司訳、ちくま学芸文庫、四二〇―四四三頁。

藤沢令夫 2014『プラトンの認識論とコスモロジー――人間の世界解釈史を省みて』岩波書店。

フッサール、エドムント 1968『論理学研究Ⅰ』立松弘孝訳、みすず書房。

フラーセン、B・C・ファン 1986『科学的世界像』丹治信春訳、紀伊國屋書店。

プラトン 1974「ゴルギアス」『ゴルギアス　メノン（プラトン全集9）』加来彰俊訳、岩波書店、一―二四三頁。（慣例にしたがってステファヌス版全集の参照記号と頁数を用いた。引用の場合には、邦訳の頁数も付した。以下プラトンについては同様。）

プラトン 1975a「パルメニデス」『パルメニデス　ピレボス（プラトン全集4）』田中美知太郎訳、岩波書店、一―一五三頁。

プラトン 1975b「ティマイオス」『ティマイオス　クリティアス（プラトン全集12）』種山恭子訳、岩波書店、一―一七八頁。

プラトン 1976「ソピステス」『ソピステス　ポリティコス（政治家）（プラトン全集3）』藤沢令夫訳、岩波書店、一―一六九頁。

ブレイエ、エミール 1953『現代哲学入門』河野與一訳、岩波新書。

フレーゲ、ゴットローブ 2001『算術の基礎（フレーゲ著作集2）』野本和幸、土屋俊編、勁草書房。

フレーゲ、ゴットロープ 2002『書簡集 付「日記」（フレーゲ著作集6）』野本和幸編、勁草書房。

ベッカー、オスカー 1992『ピュタゴラスの現代性――数学とパラ実存』中村清訳、工作舎。

ボーム、デイヴィット 1996『全体性と内蔵秩序』井上忠、伊藤笏康、佐野正博訳、青土社。

ポプキン、リチャード 1981『懐疑――近世哲学の源流』野田又夫、岩坪紹夫訳、紀伊國屋書店。

松浦明宏 2006『プラトン形而上学の探求――『ソフィステス』のディアレクティケーと秘教』東北大学出版会。

三宅岳史 2012「階層と実在――原子論論争とフランス科学哲学」金森修編『合理性の考古学――フランス科学思想史』東京大学出版会。

メイヤスー、カンタン 2016『有限性の後で――偶然性の必然性についての試論』千葉雅也、大橋完太郎、星野太訳、人文書院。

メイヤスー、カンタン 2018『亡霊のジレンマ』岡嶋隆佑、熊谷謙介、黒木萬代、神保夏子訳、青土社。

山下正男 1983『論理学史』岩波書店。

山森裕毅 2013『ジル・ドゥルーズの哲学——超越論的経験論の生成と構造』人文書院。

ラトゥール、ブルーノ 1999『科学が作られているとき——人類学的考察』川崎勝、高田紀代志訳、産業図書
ラトゥール、ブルーノ 2008『虚構の「近代」——科学人類学は警告する』川村久美子訳、新評論。

ローラン、ステリン 2011「シモンドンにおける存在の問いとしての個体発生」『VOL 05』以文社、一二八—一三九頁。

Badiou, Alain 1988, *L'être et l'événement*, Éditions du Seuil.
Badiou, Alain 1990, *Le nombre et les nombres*, Éditions du Seuil.
Badiou, Alain 2004, *Theoretical Writings*, Continuum.
Badiou, Alain 2006, *Logiques des mondes. L'être et l'événement 2*, Éditions du Seuil.
Badiou, Alain 2013, *La clameur de l'Etre*, Fayard/Pluriel.
Badiou, Alain 2014, *Mathematics of the Transcendental*, Bloombury.
Badiou, Alain 2018, *L'immanence des vérités. L'être et l'événement 3*, Fayard.
Becker, Oskar 1927, *Mathematische Existenz: Untersuchungen zur Logik und Ontologie mathematischer Phänomene*, Max Niemeyer.
Bitbol, Michel et Jean Gayon 2006, *L'épistémologie française 1830-1970*, Presses Universitaires de France.
Bolzano, Bernard, 1837, *Wissenschaftslehre*. vol. 1-4, Seidelsche Buchhandlung.
Boniface, Jacqueline 2004, *Hilbert et la notion d'existence en mathématiques*, J.Vrin.
Boutroux, Pierre 1920, *L'idéal scientifique des mathématiciens dans l'antiquité et dans les temps modernes*, Librairie Félix Alcan.
Brouwer, Luitzen E. J. 1930, *Die Struktur des Kontinuums*, Komitee zur Veranstaltung von Gastvorträgen ausländischer Gelehrter der exakten Wissenschaften.

Brunschvicg, Léon 1912, *Les étapes de la philosophie mathématique*, Librairie Félix Alcan.

Canguilhem, George 1945, ≪Jean Cavaillès, Résistant≫, *Bulletin de la Faculté des Lettres de Strausbourg*, 22-23, decembre 1945.

Canguilhem, George 1947, ≪Jean Cavaillès (1903-1944)≫, *Mémorial des années 1939-1945, Publications de la faculté des lettres de l'université de Strasbourg*, Fascicule 103, Les Belles Lettres, pp. 141-158.

Canguilhem, George 1967, ≪Inauguration de l'amphithéatre Jean-Cavaillès à la nouvelle faculté des lettres de Strasbourg, 9 mai 1967≫, in Canguilhem 1996.

Canguilhem, George 1969, ≪Commémoration à l'ORTF. France-Culture, 28 octobre 1969≫, in Canguilhem 1996.

Canguilhem, George 1989, ≪Commémoration à la Sorbonne. Salle Cavaillès, 19 janvier 1989≫, in Canguilhem 1996.

Canguilhem, George 1996, *Vie et mort de Jean Cavaillès*, Éditions Allia.

Cassou-Noguès, Pierre 2001, *De l'expérience mathématique: Essai sur la philosophie des sciences de Jean Cavaillès*, J. Vrin.

Cassou-Noguès, Pierre et Gillot, Pascal (éds.) 2009, *Le concept, le sujet et la science: Cavaillès, Canguilhem et Foucault*, J. Vrin.

Catren, Gabriel 2009, "A Throw of the Quantum Dice Will Never Abolish the Copernican Revolution," *Collapse: Philosophical Research and Development*, Volume V, Urbanomic, pp. 453-498.

Cavaillès, Jean 1925, ≪Enquête. La jeunesse protestante et l'avenir du protestantisme en France.≫, *Foie et vie chaier A*, 1 1925: 130-135.

Cavaillès, Jean 1928, ≪Au fil des livres. La philosophie de Plotin.≫, *Foi et vie* 20 (12 1928): 1166-1175.

Cavaillès, Jean 1934, ≪L'école de Vienne au Congrès de Prague≫, *Revue de métaphysique et de morale*, 42, pp. 137-149, reprise dans Cavaillès 1994, pp.565-576.

Cavaillès, Jean 1937a, ≪Réflexions sur le fondement des *mathématiques*≫, *Travaux du IXᵉ Congrès international de philosophie*, t. 6 (Série "Actualité Scientifiques et Industrielles", n. 535), Hermann, pp.136-139, reprise dans Cavaillès 1994, pp. 577-580.

Cavaillès, Jean 1937b, ≪Logique mathématique et syllogisme≫, *Revue philosophique*, no. 3-4, mars-avril, reprise dans

Cavaillès 1994, pp. 581-592.

Cavaillès, Jean 1938a, *Remarques sur la formation de la théorie abstraite des ensembles. Etude histrique et critique*, Hermann. Réédition 1962, 1994.

Cavaillès, Jean 1938b, *Méthode axiomatique et formalisme: Essai sur le problème du fondement des mathématiques*, Hermann. Réédition 1981, 1994, pp. 1-202.

Cavaillès, Jean 1939, ≪La pensée mathématique (Conférence donnée avec A. Lautman à la Société française de Philosophie en 4 février 1939)≫, *Bulletin de la Société française de Philosophie*, 1946, t. 40, n. 1, pp. 1-39, reprise dans Cavaillès 1994, pp. 593-630.

Cavaillès, Jean 1940, ≪Du collectif au pari≫, *Revue de métaphysique et de morale*, 47, pp. 139-163, reprise dans Cavaillès 1994, pp. 631-652.

Cavaillès, Jean 1947, *Sur la logique et la théorie de la science*, G. Granger et Ch. Ehresmann (éd.), P.U.F.

Cavaillès, Jean 1949, ≪Mathématique et formamisme≫, *Revue internationale de philosophie*, no.8, avril, 1949, in Cavaillès 1994, pp. 659-664.

Cavaillès, Jean 1962, ≪Transfini et continu.≫ dans *Philosophie mathématique*, Hermann, pp. 253-274.

Cavaillès, Jean 1981, *Philosophie mathématique*, Hermann, reprise dans Cavaillès 1994, pp. 203-472.

Cavaillès, Jean 1994, *Œuvres complètes de philosophie des sciences*, B. Huisman (éds), Hermann.

Cavaillès, Jean 2009, ≪Lettres à Etienne Borne (1930-1931)≫, Présentées par Hourya Benis Sinaceur. *Philosophie*, n. 107, automne 2009, pp. 3-45.

Chakravartty, Anjan 2004, "Structuralism as a Form of Scientific Realism," *International Studies in the Philosophy of Science*, Vol. 18, pp. 151-171.

Cortois, Paul, 1998, ≪Bibliographie de Jean Cavaillès≫, *Philosophia Scientiae*, tom. 3, no 1, Éditions Kim, pp. 157-174.

Crutzen, Paul & Eugene F. Stoermer 2000, "The Anthropocene," *Global Change Newsletter*, 41, pp. 17-18.

Crutzen, Paul 2002, "Geology of Mankind," *Nature*, 415(3): 23.

DeLanda, Manuel 2000, *A Thousand Years of Nonlinear History*, Swerve Edition.

DeLanda, Manuel 2002, *Intensive Science and virtual Philosophy*, Continuum.

DeLanda, Manuel 2003, "Deleuzian Ontology: A Sketch," *New Ontologies: Transdisciplinary Objects*, March 3.

DeLanda, Manuel 2010, *Deleuze: History and Science*, Atropos Press.

DeLanda, Manuel 2012, "Deleuze, Mathematics, and Realist Ontology," Daniel W. Smith & Henry Somers-Hall (eds.), *The Cambridge Companion to Deleuze*, Cambridge University Press, pp. 220-238.

Delbos, Victor 1912, ≪La doctrine spinoziste des attributs de Dieu≫, *L'année philosophiaue*, pp. 1-17.

Delbos, Victor 1916, *Le spinozisme: cours professé à la Sorbonne en 1912-1913*, Société française d-imprimerie et de librairie.

Deleuze, Gilles 1968, *Différence et répétition*, Presses Universitaires de France.

Deleuze, Gilles 1986, *Foucoult*, Éditions de Minuit.

Desanti, Jean-Toussant 1981, ≪Souvenir de Jean Cavaillès≫, dans Jean Cavaillès 1981, pp. i-iv.

Duffy, Simon (ed.) 2006, *Virtual Mathematics. The Logic of Difference*, Clinamen Press.

Ferriéres, Gabrielle 2003, *Jean Cavaillès. Un philosophe dans la guerre 1903-1944*, Édition du Félin.

Floridi, Luciano 2004, "Informational Realism," *Computing and Philosophy Conference*, Canberra, Conferences in *Research and Practice in Information Technology*, Vol. 37. J. Weckert & Y. Al-Saggaf (eds).

Floridi, Luciano & Jeff W. Sanders 2004, The Method of Abstraction, in *Yearbook of the Artificial. Nature, Culture and Technology: Models in Contemporary Sciences*, M. Negrotti (ed.), Peter Lang.

Goertzel, Ben 2014, "Artificial General Intelligence: Concept, State of the Art, and Future Prospects," *Journal of Artificial General Intelligence*, 5(1): 1-46.

Gonseth, Ferdinand 1926, *Les fondements des mathématiques: de la géométrie d'Euclide à la relativité générale et à l'intuitionisme*, Blanchard.

Granger, Gilles-Gaston 1947, ≪Jean Cavaillès, ou la montée vers Spinoza≫, *Les études philosophiques*, n.s. 2, no. 3 / 4, Paris, P.U.F., pp. 271-279.

Granger, Gilles-Gaston 1967, *Pensée formelle et sciences de l'homme*, Éditions Aubier-Montaigne.

Hallward, Peter & Knox Peden (eds.) 2012a, *Concept and Form. Vol. 1 Key Texts from the Cahier pour l'Analyse*, Verso.

Hallward, Peter & Knox Peden (eds.) 2012b, *Concept and Form. Vol. 2 Interviews and Essays on the Cahier pour l'Analyse*, Verso.

Harman, Gilbert 1965, "The Inference to the Best Explanation," *Philosophical Review*, 74: 88-95.

Harman, Graham 2002, *Tool-Being. Heidegger and the Metaphysics of Objects*, Open Court.

Harman, Graham 2009, *Prince of Networks: Bruno Latour and Metaphysics*, re.press.

Heidegger, Martin 1973, *The End of Philosophy*, translated by Joan Stambaugh, Harper & Row Publishers.

Heinzmann, Gerhard 1986, *Poincaré, Russell, Zermelo et Peano: Textes de la discussion (1906-1912) sur les fondements des mathématiques: des antinomies à la prédicativité*, Blanchard.

Heinzmann, Gerhard 1987, ≪La position de Cavaillès dans le problème des fondements en *mathématiques*, et sa différence avec celle de Lautman≫, *Revue d'histoire des sciences*, 40(1), pp. 31-47.

Husserl, Edmund 1891, *Philosophie der Arithmetik: Psychologische und logische Untersuchungen*, Erster Band, Pfeffer.

Husserl, Edmund 1929, *Formale und Transzendentale Logik, Versuch einer Kritik der logischen Vernunft*, mit ergänzenden texten herausgegeben von Paul Janssen, Martinus Nijhoff, 1974.

Jensen, Casper B. & Rödje, Kjetil (eds.) 2010, *Deleuzian Intersections: Sicence, Technology, Anthropology*, Berghabn Books.

Ladyman, James 1998, "What is Structural Realism," *Studies in History and Philosophy of Science*, 29, pp. 409-424.

Ladyman, James 2016, "Structural Realism," *The Stanford Encyclopedia of Philosophy* (Winter 2016 Edition), Edward N. Zalta (ed.) (https://plato.stanford.edu/archives/win2016/entries/structural-realism)

Laudan, Larry 1981, "Confutation of convergent realism," *Philosophy of Science*, 48(1), pp. 19-49.

Lautman, Albert 1938, *Essai sur les notions de structure et d'existence en mathématiques*, Hermann, reprise dans Lautman 2001, pp. 125-234.

Lautman Albert 1946, *Symétrie et dissymétrie en mathématiques et en physique: Le Problème du temps*, Hermann, Réédition 2001.

Lautman, Albert 2001, *Les mathématiques, les idées et le réel physique*, J. Vrin.

Maniglier, Patrice 2012, ≪Un tournant métaphysique? Bruno Latour, *Enquête sur les modes d'existence: Une anthoropologie des Modernes*, Paris, La Découverte, p. 504≫, Critique, no.786, novembre 2012, Éditions du Seuil, pp.

916-932.

Maxwell, Grover 1970, "Structural Realism and the Meaning of Theoretical Terms" in *Analyses of Theories, and Methods of Physics and Psychology*, Stephen Winokur & Michael Radne (eds.), Minneapolis: University of Minnesota Press, pp. 181-192.

Meillassoux, Quentin 1996, *L'inexsistence divine*, Thése sous la direction de Bernard Bourgeois, Université de Paris I.

Meillassoux, Quentin 2002, ≪Nouvauté et événement≫, in Ramon 2002, pp. 39-64.

Meillassoux, Quentin 2006a, ≪Potentialité et virtualité≫, *Failles. Situation de la philosophie*, n. 2, printemps 2006, pp. 112-129.

Meillassoux, Quentin 2006b, *Après la finitude. Essai sur la nécessité de la contingence*, Éditions de Seuil.

Meillassoux, Quentin 2007, ≪Soustraction et contraction, à propos d'une remarque de Deleuze sur *Matière et mémoire*≫, *Philosophie*, décembre 2007, n. 96, pp. 67-93.

Meillassoux, Quentin 2011a, ≪Destinations des corps subjectivés≫, in Rabouin et al. 2011.

Meillassoux, Quentin 2011b, ≪Décision et indécidabilité dans *L'être et l'événement* I et II≫ in Rabouin et al. 2011.

Meillassoux, Quentin 2012, ≪Iteration, Reiteration, Repetition: A Speculative Analysis of the Meaningless Sign≫, translated by Robin Mackay, Frele University, Berlin, 20. April 202.

Miller, Jacques-Alain 1972, ≪La suture. Éléments de la logique du signifiant≫, *Cahiers pour l'analyse*, 1/2, — La vérité — (Repris d'un exposé prononcé le 24 février 1965 au séminaire du docteur J. Lacan).

Moore, Jason W. (ed.) 2016, *Anthropocene or Capitalocene? Nature, History, and the Crisis of Capitalism*, PM Press.

Morganti, Matteo 2004, "On the Preferability of Epistemic Structural Realism," *Synthese*, Springer, 81-107.

Noether, Emmy und Jean Cavaillès (hrsg.) 1937, *Briefwechsel Cantor-Dedekind*, Hermann.

Peden, Knox 2014, *Spinoza Contra Phenomenology: French Rationalism from Cavaillès to Deleuze*, Stanford University Press.

Pickering, Andrew (ed.) 1992, *Science as Practice and Culture*, The University of Chicago Press.

Putnam, Hilary 1975, *Mathematic, Matter and Method*, Cambridge University Press.

Rabouin, David 2009, *Mathesis universalis. L'idée de ≪mathématique universelle≫ d'Aristote à Descartes*, Presses

Universitaires de France.

Rabouin, David, Feltham, Oliver & Lincoln, Lissa (édités et réunis par) 2011, *Autour de Logique des mondes d'Alain Badiou*, Editions des archives contemporaines.

Ramon, Charles (édités et réunis par) 2002, *Alain Badiou: penser le multiple*, L'Harmattan.

Rockström, John 2009, "A Safe Operating Space for Humanity," *Nature*, 461(24), pp. 472-475.

Rössler, Otte E. 1998, *Endophysics: The World as an Interface*, World Scientific Publishing Co. Pte. Ltd.

Shrift, Alan D. 2006, *Twentieth-Century French Philosophy: Key Themes and Thinkers*, Bluckwell.

Shrift, Alan D. 2008, "The effects of the agrégation de philosophie on twentieth-century French philosophy," *Journal of the History of Philosophy*, 46(3), pp. 449-473.

Shapiro, Stewart 2000, *Foundations without Foundationalism: A Case for Second-Order Logic*, Oxford University Press.

Simondon, Gilbert 1964, *L'individu et sa genèse physico-biologique*, P.U.F.

Simondon, Gilbert 1969, *Du monde d'existence des objets techniques*, Aubier.

Sismondon, Gilbert 1989, *L'individuation psychique et collective*, Aubier.

Simondon, Gilbert 2005, *L'individuation à la lumière des notions de forme et d'information*, Éditions Jérôme Million.

Sinaceur, Hourya-Bennis 1987, ≪Lettres inédites de Jean Cavaillès à Albert Lautman≫, *Revue d'historire des sciences*, t.40, no.1.

Sinaceur, Hourya-Bennis 1994, *Jean Cavaillès. Philosophie mathématique*, Presses Universitaires de France.

Sinaceur, Hourya-Bennis 2009, ≪Jean Cavaillès, Lettres a Étienne Borne (1930-1931), avec presentation par H. B. Sinaceur≫, *Philosophie*, 107, pp. 3-45.

Smith, Daniel W. 2003, "Mathematics and the Theory of Multiplicities: Badiou and Deleuze Revisited." The Southern *Journal of Philosophy*, no. XLI, pp. 411-449.

Stephan, Will et al. 2015, "The Trajectory of the Anthropocene: The Great Acceleration," *The Anthropocene Review*, 2(1), pp. 81-98.

Troelstra, Anne S. & Dalen, Dirk van 1988, *Constructivism in mathematics an introduction*, Elsevier Science Publischers B. V.

Vuillemin, Jules 1962, *La philosophie de l'algèbre*, tom. 1, Presses Universitaires de France.
Worrall, John 1989, "Structural Realism: The Best of Both Worlds?" *Dialectica*, 43, pp. 9-124.
Zalamea, Fernando 2012, *Synthetic Philosophy of Contemporary Mathematics*, Urbanomic.

あとがきと謝辞

この書籍化のお話を担当編集者の足立朋也さんからいただいたとき、最初に思ったことは、じつは「だいじょうぶかなぁ」だった。もちろん出版不況といわれて久しい昨今、このような話を頂けること自体たいへんありがたいことだし、本当にありがたいなぁとも思った。でも「わたしの本なんか出してもだいじょうぶなんですか、青土社さん」というひとの心配のほうが実際は強かった。あるいはわたし自身がその価値に見合うのかという確信がなかった。すでに一冊出していただいているのだからそう考えること自体失礼なことではあるのだが。要するに、自分にたいする客観的な評価ができていないのだ。一週間ほどお返事をペンディングさせてもらっているあいだに周りの人たちに相談したりして、次第に腹をくくった。そして出すからには、『現代思想』誌上に掲載した論文をなんとなく集めただけのものにはしたくない、ちゃんと一冊の書籍として自信をもって提供できる体裁にしたいという欲もでてきた。そこで足立さんに無理をいって、関連する論文も併せて、わたしの考えてきたこと自体の変遷を追体験できるようにぎりぎりまで頁数を増やしていただいた。

前回の『数学的経験の哲学』のときは、連載開始時から書籍化を念頭において連載計画を立てていたので、ある程度書籍としての全体像が見えるなかで各章を書けたのだが、今回はそういう計画なしにばらばらに自分が書いてきたものを使って、ある有意味な連関が見えるようにしなければならなかったのでその点に不安があった。しかし、それも必要なリライトをおこなうことで何とか乗り切ることができたように思う。逆に自分の考え自体が前著を書き終えた時点から現在のあいだでかなり大きく質的に変化した形跡があり、その変化自体をうまく書籍としてのプロットに活かそうと試みてみた。

わたしがはじめて二〇〇六年に『現代思想』に論文を掲載してもらったとき、担当編集者は栗原一樹さんだった。途中、栗原さんが『現代思想』の編集長に抜擢されたあと、彼に前著のもととなる連載「真理の生成」を企画していただいた。そのあともたびたび本書のもととなった論文を掲載する特集を企画していただいたことが本書の執筆へとつながった。その栗原さんは『現代思想』二〇一九年一月号の「特集＝現代思想の総展望二〇一九――ポスト・ヒューマニティーズ」を最後に、講談社にうつられたとのことである。そのかん何度か神保町の喫茶店で打ち合わせをしたり、一度は鹿児島大学の文理融合型授業の企画のために鹿児島にまで来ていただいたこともあったことは今でもよい思い出である。

二月にこの話をいただいてから出版までかなりタイトなスケジュールだったのだが、なんとかこなすことができたのは、二〇一九年度の四月から一年間のサバティカルをわたしの所属する鹿児島大学法文学部に認めていただいたことが大きかった。同僚の先生方にはご迷惑をおかけしたけれど、すこしでも学究によってお返しできたらと思う。

本書のもととなっている論文の多くは、いくつかの科学研究費やその他研究施設の予算が使われているし、その予算によって開催された研究会での成果や参加された他の先生方との議論が活かされている。詳細を記すと長くなるので、関連する課題名を併記して謝辞としたい。科研費として「フランス科学認識論の成立にかんする思想史および文化・社会史の複合的研究」（若手研究B：二〇一二―二〇一三年度）、「フランス・エピステモロジーの伏流としてのスピノザ」（基盤研究B：二〇一三―二〇一五年度）、「「在来知」と「近代科学」の比較研究：知識と技術の共有プロセスの民族誌的分析」（基盤研究A：二〇一三―二〇一七年度）、「ドゥルーズ研究の国際化拠点の形成」（基盤研究B：二〇一四―二〇一八年度）、「科学的・文化的実践のネットワークにおいて抽象的観念が果たす役割の解明」（挑戦的萌芽研究：二〇一六―二〇一八年度）、「一九―二〇世紀のフランス哲学の動向に対する古代哲学研究の影響にかんする研究」（若手研究A：二〇一六―二〇一九年度）、「二つのスピノザ・ルネッサンスの狭間――十九世紀フランス哲学におけるスピノザの影」（基盤研究B：二〇一七―二〇一九年度）。その他研究機関の研究費として、東京外国語大学アジア・アフリカ言語文化研究所、AA研共同利用・共同研究課題「思考様式および実践としての現代科学とローカルな諸社会との節合のあり方」（二〇一二―二〇一四年度）、同「ダイナミズムとしての生‐情動・思考・アートの方法論的接合」（二〇一七―二〇一九年度）。この際にかかわった先生方のおひとりおひとりの名前を挙げることはできないが、わたしが何かを考えることができているとすれば、その方々のおかげである。ここに記して感謝したい。また各論文の完成段階以前のものや以後のものについて、学部や大学院の講義や演習で関連する話題を取り上げて学生のみなさんと議論することができたことが大いに刺激となったことも明記しておきたい。
最後に、いつも近くで苦楽をともにしてくれる妻と子供たち、そして遠方にいながら苦しいときには助けてくれる両親たちへの感謝を。みんなの支えと協力があっての日々の研究活動です。

近藤和敬

二〇一九年五月

初出一覧

書籍化にあたって大幅に加筆修正をおこなっている。

序　書き下ろし。
1　『VOL 05 エピステモロジー——知の未来のために』以文社、二〇一一年。
2　The 2nd Deleuze Studies in Asia Conference 2014 in Osaka, 二〇一四年六月、大阪大学での口頭発表。元タイトルは、Science Theory of Deleuze. "Overturn Platonism" for "Question-Being".
3　『人文学科論集』鹿児島大学法文学部紀要、第八二号、二〇一五年。
4　『人文学科論集』鹿児島大学法文学部紀要、第八三号、二〇一六年。
5　春日直樹編『科学と文化をつなぐ——アナロジーという思考様式』東京大学出版会、二〇一六年。
6　『現代思想』二〇一五年一月号。
7　『現代思想』二〇一九年一月号。
8　上野修、米虫正巳、近藤和敬編『主体の論理・概念の倫理——二〇世紀フランスのエピステモロジーとスピノザ主義』以文社、二〇一七年。
9　『フランス哲学・思想研究』第一四号、二〇一〇年。
10　『現代思想』二〇一七年三月臨時増刊号。
11　『人文学科論集』鹿児島大学法文学部紀要、第七九号、二〇一四年。
12　『現代思想』二〇一四年一月号。

13 『現代思想』二〇一六年三月臨時増刊号。
14 『現代思想』二〇一六年一〇月臨時増刊号。
15 『人文学科論集』鹿児島大学法文学部紀要、第八六号、二〇一九年。
16 第一三回内部観測研究会・第三二回計測自動制御学会SI部門共創システム部会研究会、二〇一九年三月、早稲田大学でのポスター発表。
17 『現代思想』二〇一八年一月号。

人名索引

あ行

か行

さ行

た行

な行

は行

人名索引

ま行

や行

ら行

わ行

近藤和敬（こんどう・かずのり）

1979年生まれ。福井県で育つ。哲学者。大阪大学人間科学部卒業、同大学院人間科学研究科博士課程単位取得退学。大阪大学博士（人間科学）。専門はエピステモロジー、概念の哲学、現代思想。現在、鹿児島大学法文教育学域法文学系准教授。フランス現代哲学を基礎に、古代・中世・近代と時代を越えた哲学相互の関係・連環をさぐる。主な著書に『数学的経験の哲学——エピステモロジーの冒険』（青土社）、『構造と生成Ｉ カヴァイエス研究』（月曜社）などがある。

〈内在《ないざい》の哲学《てつがく》〉へ　カヴァイエス・ドゥルーズ・スピノザ

2019年6月10日　第1刷印刷
2019年6月20日　第1刷発行

著　者　近藤和敬《こんどうかずのり》

発行者　清水一人
発行所　青土社
〒101-0051　東京都千代田区神田神保町1-29　市瀬ビル
電話　03-3291-9831（編集部）　03-3294-7829（営業部）
振替　00190-7-192955

印　刷　双文社印刷
製　本　双文社印刷

装　幀　鈴木一誌

ISBN978-4-7917-7169-1